Methods in Behavioral Research, 11th Edition

1 2 3 4 5 6 7 8 9 10 PHS 20 15

Original: Methods in Behavioral Research, 11th Edition © 2012
By Paul Cozby, Scott Bates
ISBN 978-0-07-803515-9

This authorized Korean translation edition is jointly published by McGraw-Hill Education Korea, Ltd. and Pak Hak Sa. This edition is authorized for sale in the Republic of Korea.

This book is exclusively distributed by Pak Hak Sa.

When ordering this title, please use ISBN 978-89-98521-40-0

Printed in Korea

역자 서문

이 책은 Paul C. Cozby와 Scott C. Bates의 『행동과학을 위한 연구방법론(*Methods in Behavioral Research*)』의 열한 번째 판을 번역한 것이다. 이 책의 전반적인 구성은 실제로 행동과학적 연구를 계획하고 수행하는 과정과 유사하게 이루어져 있다. 즉, 인간의 행동을 이해하기 위해서 우리는 왜 과학적 접근을 해야 하는가(1장), 연구 아이디어를 어떻게 생성하는가(2장), 연구를 수행하는 데 중요한 윤리적 문제는 무엇인가(3장), 어떤 유형의 연구를 선택해야 하는가(4장), 변인들을 어떻게 측정해야 하는가(5장)와 같이 연구의 준비단계로부터 시작한다. 그런 다음 다양한 연구방법들, 즉 관찰법(6장)과 조사연구(7장), 기본적인 실험설계(8장)와 실험에서의 중요한 고려사항(9장) 및 더 복잡한 실험설계(10장), 그리고 특정한 유형의 실험설계들(11장)을 소개한다. 후반부에서는 획득한 연구 결과들을 이해하기 위한 기본적인 절차(12장)와 통계적 추론이 필요한 이유와 그 핵심적인 개념들(13장)을 다루며, 마지막으로 그 결과를 일반화하는 과정(14장)에 대해 살펴본다.

이 책의 원판은 14장까지의 본문 내용과 더불어 부록에 통계분석에 필요한 공식과 계산법이 포함되어 있지만, 이 번역서에서는 제외하였다. 그 이유는 첫째, 행동과학을 다루는 다양한 학문 분야에서는 연구설계를 다루는 방법론 강의와 함께 결과를 어떻게 분석하고 해석할 것인가를 다루는 통계 강의가 함께 제공되기 때문이다. 둘째, 대부분의 학생들이 행동과학적 방법론을 다루는 강의를 어려워하는 경우가 많은데, 경험적으로 보건대 이는 대체로 후반부 통계와 관련된 내용에 기인한다. 물론, 13장에서 추론통계에 관한 개념적 설명은 하고 있지만, 개념적인 이해에 필요하지 않은 수식들은 본문에 포함되어 있지 않다.

또한 이 책의 원판에 포함된 다른 부록도 이 번역서에서는 제외하였다. 그중 하나는 추론통계와 관련된 통계치의 임계치를 나타내는 표들로, 구체적인 추론통계 내용을 다루지 않기 때문에 자연스럽게 제외하였다. 또 다른 부록은 연구 보고서를 작성하는 과정에 대한 것인데, 이는 영어 논문을 기본으로 하고 있기 때문에 제외하였다. 우리나라에서 출판할 목적으로 연구 보고서를 작성하기 위해서는 여러 학회에서 제공하는 학술 논문 출판 지침을 참조하는 편이 낫고, 영어논 문을 작성하기 위해서는 이 책에서도 소개하는 미국심리학회지 출판 지침을 참조하는 편이 더 낫다.

역자가 이 책을 번역하기로 결정한 이유 중의 하나는 이 책의 구성이 쉽다는 것에 있다. 더불어, 결과를 해석하기 위한 추론통계의 개념을 매우 쉽게 설명한 것도 이 책의 장점이라 할 수 있다. 따라서 역자는 행동과학을 전공하는 모든 학생들이 좀 더 쉽게 방법론을 접하고, 이를 통해 더 깊은 방법론적 이해에 도달할 수 있기를 바란다.

끝으로, 마지막까지 세심하게 원고 교정을 도와준 실험실의 대학원생들에게 깊은 감사를 표하며, 이 책의 출판을 위해 많은 도움을 주신 박학사 여러분들께 감사를 드린다.

2015년 8월

역자 김초복

저자 서문

『행동과학을 위한 연구방법론(*Methods in Behavioral Research*)』의 열한 번째 판인 이 책은 새로운 저자인 Scott C. Bates(유타 주립대학교)의 참여로 큰 덕을 보았다. 이 책의 주요한 초점은 그대로 유지되어 있다. 즉, 우리는 연구방법론에 관해 가르치고 배우는 것이 어렵기도 하지만 매우 즐거운 것이라는 믿음을 가지고 있으며, 따라서 흥미로운 예들을 이용하여 개념들을 명확하게 이해하는 것을 최우선적으로 생각한다.

이 판에서는 예들을 추가하고 최신의 것으로 바꾸었고, 전체적으로 개념들을 명확하게 하였으며, 방해가 되거나 혼동이 되는 자료들은 제거하였다. 우리는 책의 전반에 걸쳐 다양한 맥락에서 중요한 개념들을 설명함으로써 학습을 향상시키고자 하였다. 또한 우리는 다양한 연구 접근법을 사용하여 행동을 연구하는 것의 필요성을 강조한다. 한 가지 중요한 변화는 대부분의 장에서 읽을거리를 추가한 것이다. 즉, 학생들이 최신의 특정 학술지 논문을 찾아서 읽어 보고, 해당 장에서 소개된 개념들을 사용할 필요가 있는 질문들에 답을 하도록 구성되어 있다.

타당도

이 책은 행동 연구에서 **타당도**의 범위를 확장하고 강조하고 있다. 책 전반에 걸쳐 **내적 타당도**, **외적 타당도**, **구성 타당도**의 핵심 개념들을 강조함으로써, 이러한 근본적인 아이디어에 대한 이해를 돕고자 하였다. 더욱이, 이 책 전반에 걸쳐 한 가지 논지를 제공하는데, 이는 **타당도**가 행동 연구 전반을 흐르는 논지인 것과 마찬가지다.

구성

이 책의 구성은 전반적으로 어떤 연구를 계획하고 수행하는 절차를 따르고 있다. 1장은 지식에 대한 과학적 접근법에 대한 개관을 제공하고 기초연구와 응용연구를 구분한다. 2장은 연구에 대한 아이디어의 출처와 도서관 연구의 중요성에 대해 논의한다. 3장은 연구 윤리에 초점을 맞추고 있다. 윤리 문제가 여기에서 깊게 다루어지며, 책 전반에 걸쳐 강조하였다. 4장은 타당도를 소개하며, 심리학적 변인들을 살펴보고, 변인들 간 관계를 연구하는 실험적 접근법과 비실험적 접근법 사이의 차이점을 고찰한다. 5장은 신뢰도와 타당도를 포함하는 측정과 관련된 문제들에 초점을 둔다. 자연관찰이나 사례연구, 내용분석을 포함하는 비실험적 접근법은 6장에 소개되어 있다. 7장은 질문지와 면접의 설계뿐만 아니라, 표집에 관해 다룬다. 8장과 9장은 실험을 설계하고 수행하는 것에 관한 기초를 제공한다. 요인설계는 10장에서 특별히 다루고 있다. 11장은 단일사례 실험설계, 발달연구설계, 준실험 설계와 같은 특수한 경우에 대한 설계들을 논의한다. 12장과 13장은 연구결과를 이해하는 데 도움이 되도록 통계의 사용에 관해 초점을 두고 있다. 이 두 장들은 효과크기와 신뢰구간과 같은 내용도 포함한다. 마지막으로, 14장에서는 일반화 문제, 메타분석, 반복의 중요성에 관해 논의한다.

유연성

장들은 상대적으로 독립적이어서, 교수가 장들의 순서를 유연하게 할당할 수 있도록 해준다. 예컨대, 연구 윤리와 조사연구법은 이 책의 앞부분에 제시되어 있는데, 이 내용을 강의 순서에서 후반부에 배치하고 싶은 경우에는 손쉽게 그렇게 할 수 있다. 또한 대부분의 장들에서 일부 절들의 내용을 포함하지 않는 것도 상대적으로 쉽다.

특징

명확성: 이 책은 직접적이고 명확한 글쓰기가 되어 있다는 장점을 지닌다. 서로 다른

맥락에서 기술된 개념들이 이해를 높인다.

흥미로운 예: 잘 선택된 연구의 예들이 어려운 개념들이나 복잡한 연구설계를 이해하는 데 도움이 될 것이다.

읽을거리: 대부분의 장들에서 해당 장의 내용을 의미 있는 방법으로 실증적으로 보여주고 기술하는 전문 학술지에서 논문을 선택하였다. 각 논문은 흥미롭고 매력적이며, 학생과 관련이 있는 예를 장을 맺는 실습으로서 제공하고 있다. 이들 각각에 대해 출판된 경험적 논문에 대해 APA 양식으로 나타낸 참고문헌이 간단한 소개 및 요약과 함께 포함되어 있다. 3~5개의 핵심 논의 질문들이 해당 장에 대한 응용적이고, 비판적 사고 중심적이며, 누적적인 학습 경험을 제공한다.

유연성: 교수는 자신의 강의계획에 맞도록 장의 순서를 원하는 대로 손쉽게 바꿀 수 있다.

의사결정의 강조: 다양한 연구설계들을 구별 짓는 것이 언제 특정 유형의 설계를 사용하는지를 이해하는 데 도움이 된다.

강력한 교수법: 각 장은 학습목표로 시작한다. 복습문제와 실전문제는 학생들이 그 내용을 이해하는 데 도움이 되는 실습을 제공한다. 굵은 글씨의 주요 용어들이 각 장의 끝에 나열되어 있다.

학생과 교수를 위한 자원

온라인 학습센터가 학생과 교수 모두에게 이용 가능하다(www.mhhe.com/cozby11e).

학생을 위한 온라인 재료는 학습 경험을 향상시키기 위한 수많은 학습 보조 수단을 제공한다. 학생들은 본문에 포함된 연습과 링크를 통하여 인터넷에 접속해 볼 수 있을 뿐만 아니라, 다양한 실전 퀴즈를 풀어볼 수 있을 것이다.

암호로 보호된 온라인 학습센터의 **교수** 판은 매뉴얼과 문제은행, 파워포인트 슬라이드, 이미지 갤러리, 그리고 인터넷 링크들을 포함하여, 수업 자료를 만드는 데 도움이 된다.

또한 Paul C. Cozby는 http://methods.fullerton.edu에 연구방법론에 관하여 학습을 할 수 있는 웹사이트를 운영하고 있다. 이 웹사이트는 본문에 제공된 주제들에 관한 더 많은 정보를 인터넷에서 쉽게 이용 가능한 자원들을 통해 제공하고 있다.

감사의 글

많은 분들이 이 책과 이전 판을 만드는 데 도움을 주었다. McGraw-Hill의 편집장이었던 Krista Bettino, 또한 이전 판의 편집자들이었던 Franklin Graham, Ken King, Mike Sugarman의 많은 도움을 받았다. 원고를 만드는 데 귀중한 도움을 주었던 편집자 Kirk Bomont에게 감사를 표한다. 이 책을 위해 중요한 노고를 제공해 준 Diana Kyle, Jennifer Siciliani, Kathy Brown에게 또한 감사를 드린다. 우리는 이 판에 관한 상세한 검토를 제공해 준 다음 분들을 포함한 많은 학생들과 교수들의 노고에 무한한 감사를 표한다.

Kimberley Duff, *Cerritos College*
Traci Giuliano, *Southwestern University*
Leona Johnson, *Hampton University*
Michael MacLean, *Buffalo State College*
Mark Stellmack, *University of Minnesota*

우리는 항상 학생들과 교수들로부터 그들의 견해와 제안을 받고자 한다. scott.bates@usu.edu 혹은 cozby@fullerton.edu로 이메일을 보내 주기를 바란다.

저자 소개

Paul C. Cozby는 캘리포니아 주립대학교(California State University, Fullerton) 심리학과의 명예교수다. Cozby 박사는 리버사이드에 있는 캘리포니아 대학교(University of California, Riverside) 심리학과에서 학부를 보냈고, 미네소타 대학교(University of Minnesota) 심리학과에서 박사학위를 받았다. 그는 미국심리학회(American Psychological Association)와 심리과학회(Association for Psychological Science)의 회원이다. 또한 컴퓨터 심리학회(Society for Computers in Psychology)의 임원을 역임하였다. 그는 서부 심리학회(Western Psychological Association)의 회장이다. 그는 *Using Computers in the Behavioral Sciences*의 저자이며, Daniel Perlman과 함께 *Social Psychology*의 공저자이다.

Scott C. Bates는 유타 주립대학교(Utah State University) 심리학과의 부교수다. 휘트만 대학(Whitman College)에서 심리학을 전공했고, 웨스턴 워싱턴 대학교(Western Washington University)에서 실험심리학 전공으로 석사학위를 받았으며, 콜로라도 주립대학교(Colorado State University)에서 사회심리학 전공으로 박사학위를 받았다. 그의 연구 관심과 경험은 다양하다. 그는 청소년기 문제행동과 문제행동 중재, 고등교육에서의 교육과 학습, 그리고 우주공간에서 식물 키우기의 심리학적 결과와 같이 매우 다양한 분야에서 연구를 수행하였다.

차례

제4장 연구의 기초 85

제5장 측정의 개념 117

제11장 단일사례 실험설계, 준실험 설계 및 발달연구 설계 261

제12장 연구 결과의 이해: 기술과 상관 291

1

행동에 대한 과학적 이해

학습 목표

- ❖ 연구방법을 이해해야 하는 이유를 설명하기
- ❖ 행동에 관하여 학습하기 위한 과학적 접근법을 기술하고, 이를 사이비 과학적 연구와 대조하기
- ❖ 과학적 연구의 네 가지 목표를 정의하고 이에 대한 예를 제시하기: 기술, 예측, 원인 규명, 행동의 설명
- ❖ 인과관계 추론을 위한 세 가지 요소에 대해 논의하기: 시간적 순서, 원인과 효과의 공변, 대안적 설명의 제거
- ❖ 기초연구와 응용연구를 정의하고 묘사하기

공격성과 폭력의 원인은 무엇일까? 우리는 어떻게 기억하고, 무엇이 우리로 하여금 망각하도록 하며, 어떻게 기억이 향상될 수 있을까? 스트레스가 많은 환경이 건강에 미치는 영향은 무엇일까? 어린 시절 경험이 이후 발달에 어떻게 영향을 끼칠까? 우울증을 치료하는 최선의 방법은 무엇일까? 어떻게 편견과 집단 간 갈등을 줄일 수 있을까?

이러한 질문들에 관한 호기심이 아마도 많은 학생들이 행동과학에 대한 강의를 수강하기로 결정하는 가장 중요한 이유일 것이다. 과학적 연구는 이러한 질문들을 다루고 이에 대한 답을 찾는 가장 좋은 수단을 제공한다. 이 책에서 우리는 행동 연구를 위한 과학적 연구방법에 대해 살펴볼 것이다. 이 서장에서는 연구방법에 관한 지식이 우리 주위의 세계를 이해하는 데 유용할 수 있는 여러 방법에 초점을 둘 것이다. 나아가 행동 연구에 대한 과학적 접근법의 특징과 행동과학자에게 중요한 연구 질문들의 일반적인 유형을 살펴볼 것이다.

연구방법의 사용

우리 사회에서 교육받은 시민들은 연구방법론에 대한 지식을 점점 더 필요로 하고 있다. 신문이나 잡지, 그리고 다른 매체들은 지속적으로 연구 결과들을 이렇게 기사로 보고한다. '행복이 심장병을 막아 준다', '불황이 10대의 데이트 폭력을 증가시킨다', '모유 수유를 받은 아이들이 더 똑똑하다', '페이스북 사용자들이 대학 학점을 더 낮게 받는다'. 이러한 기사들과 책들은 개인의 성생활이나 성격, 건강에 미치는 특정한 식단이나 비타민의 유용하거나 해로운 영향에 대한 주장을 만들어 낸다. 다양한 주제에 관련된 우리의 믿음에 관하여 결론을 이끌어 내는 조사 결과들이 자주 기사로 보고된다. 여기서 핵심 질문은 "당신은 그러한 기사들을 어떻게 평가하는가?"다. 당신은 그러한 발견들이 과학적일 것이라고 가정하고 단순히 받아들이는가? 연구방법론에 대한 배경지식은 이러한 기사들을 비판적으로 읽고, 사용된 방법을 평가하며, 그 결론들이 합리적인지를 결정하는 데 도움을 줄 것이다.

많은 직업들이 연구 결과를 사용하는 것이 필요하다. 예컨대, 정신건강 전문가들은 치료 방법, 서로 다른 시설물에 대한 환자의 배정, 약물 처방, 검사 절차에 대한 결정을 내려야만 한다. 이러한 결정들은 연구에 기초하여 내려진다. 즉, 좋은 결정을 내리기 위해 정신건강 전문가들은 그 분야의 연구 문헌들을 읽을 수 있어야 하며 이를 직업적 삶에 적용할 수 있어야 한다. 이와 마찬가지로, 기업 환경에서 일하는 사람들은 마케팅 전략이나 직원들의 생산성과 사기를 향상시킬 방법, 새로운 직원들을 선발하고 교육할 방법에 대한 결정을 내리기 위해 연구 결과에 의지한다. 교육자들은 특수 학생 문제를 다루는 서로 다른 교수법이나 프로그램의 효율성과 같은 주제의 연구에 대해 잘 알고 있어야 한다. 연구방법론에 대한 지식과 연구 보고서를 평가할 수 있는 능력은 여러 분야에서 유용하다.

공공 정책 결정에서 과학적 연구의 중요성이 점차 두드러지고 있다는 것을 인식하는 것 또한 중요하다. 정부 각계의 입법자들과 정치 지도자들은 빈번하게 연구 결과에 기초하여 정치적인 입장을 취하거나 법안을 상정한다. 또한 연구는 사법적 판단에도 영향을 줄 수 있다. 이에 대한 초창기 예는 1954년 Brown과 교육위원회 간의 소송에서 심리학자들이 준비한『사회과학 취지서(*Social Science Brief*)』가 증거로 채택된 역사적인 사건인데, 여기서 미국 대법원은 미국 내에서 인종에 의한 학교 구별을 금지하였다. 이 취지서에 인용된 연구들 중 하나는 Clark와 Clark(1947)에 의해 수행된 것이었는데, 이 연구자들은 밝은 색 피부의 인형과 어두운 색 피부의 인형 중에서 선택을 하라고 하였을 때, 흑인과 백인 아이들 모두 밝은 색 피부의 인형을 가지고 노는 것을 선호하는 것을 발견하였다(이 연구의 시사점에 대한 더 자세한 논의를 위해서는 Stephan, 1983을 보라).

인간 발달에 대한 행동 연구는 미성년 범죄에 관련된 미국 대법원의 판결에 영향을 미쳐 왔다. 예컨대, 2005년에 미국 대법원은 미성년자는 사형에 처해질 수 없다고 판결하였으며, 이 결정은 성인과 미성년 간의 뇌와 사회적 특성, 성격적 특성에서의 차이가 동일한 범죄에 대하여 미성년이 성인보다 과실이 적다는 것을 보여 주는 신경학적 · 행동적 연구들의 영향을 받았다. 이와 비슷하게, 2010년에 대법원은 미성년 범죄자가 살인이 아닌 위법행위에 대해 가석방 없는 무기징역을 선고받을 수 없다는 판결을 내렸다. 이 판결은 발달심리학과 신경과학에서의 연구를 인용한 미국심리학회가 작성한 법률 취지서의 영향을 받은 것이다. 법관의 대다수는 판결문에서 미성년자의 미성숙함과 성격 발달의 부족함 때문에 미성년자에 대한 비난의 평가와 선고에 대한 기준은 성인과는 달라야 한다며 이 연구를 지목하였다(Clay, 2010).

또한 목격자 진술의 정확성을 향상시키는 방법을 연구(예: Wells et al., 1998; Wells, 2001)하는 심리학자들은 범죄 수사에서 사법 기관들을 따르게 하기 위한 표준 절차에 큰 영향을 주었으며(U.S. Department of Justice, 1999), 자백의 가치에 대한 과학에 근거한 조망을 제공하였다.

연구는 특정한 목적을 성취하기 위해 고안된 프로그램, 예컨대 학교에서 학생들의 기억력을 향상시키거나, 사람들이 HIV에 감염될 위험을 줄이는 행동에 관여하도록 하거나, 스트레스의 영향을 줄이는 법을 직원들에게 가르치기 위한 프로그램들을 개발하고 그 효과를 평가할 때에도 중요하다. 우리는 이러한 프로그램들이 성공적으로 목표에 도달하고 있는지를 결정할 수 있어야 한다.

과학적 접근법

우리는 인간의 행동에 대한 여러 질문을 제시하면서 이 장을 시작하였고, 과학적 연구가 그 답을 얻는 데 귀중한 도구라는 것을 제안하였다. 과학적 접근법은 행동에 관해 배우는 다른 방법들과 어떻게 다른가? 사람들은 항상 자기 주변의 세상을 관찰하고 그들이 보고 경험하는 것들에 대한 설명을 구하고자 하였다. 그러나 많은 사람들은 알기 위한 방법으로 과학적 접근법을 사용하는 대신에 **직관**과 **권위**에 의존한다.

직관과 권위의 한계

직관 우리 대부분은 아이를 가지기 위해 여러 해 동안 노력한 이후에 입양을 한 부부를 알거나 이들에 대하여 들어 본 적이 있다. 그런 다음, 매우 짧은 기간 안에 그들은 그 여성이 임신하였다는 사실을 알게 된다. 이러한 관찰은 입양이 아이를 갖는 데 어려움을 겪는 부부의 임신 가능성을 높인다는 일반적인 믿음을 이끈다. 이러한 결론은 직관적으로 합리적인 듯하며, 사람들은 대체로 이러한 효과에 대한 어떤 설명을 가지고 있다. 예를 들어, 입양이 부부간 스트레스의 주요 출처를 감소시키고, 이러한 스트레스 감소가 다시 임신의 가능성을 높였다는 식이다(Gilovich, 1991을 보라).

이 예는 우리 주변의 세상에 대한 일반적인 결론을 이끌어 내는 데 직관(intuition)과 일화적 증거를 사용한다는 것을 보여 준다. 당신이 직관에 의존할 때, 당신은 자기 자신의 판단이나 다른 사람의 경험에 관한 이야기가 당신에게 말해 주는 것을 의심할 여지 없이 받아들인다. 직관적 접근법은 많은 형태를 가지고 있다. 이는 종종 우리 자신의 행동이나 남들의 행동에 대한 설명을 찾는 것을 포함한다. 예컨대, 당신은 왜 당신이 룸메이트와 계속해서 갈등을 겪게 되는지에 대해 "그는 나를 싫어해" 또는 "욕실을 함께 사용한다는 것이 갈등을 만들어 내는 거야"와 같은 설명을 내세울지도 모른다. 다른 때는, 아이를 가지는 데 어려움을 겪는 부부들에게 입양이 임신의 가능성을 증가시킨다는 결론을 내리는 경우에서와 마찬가지로, 직관이 당신이 관찰한 흥미로운 사건을 설명하는 데 사용된다.

직관의 문제점은 수많은 인지적 · 동기적 편견들이 우리의 지각에 영향을 미치고, 이로 인해 원인과 결과에 관한 잘못된 결론을 이끌어 낼 수 있다는 것이다 (Fiske & Taylor, 1984; Glovich, 1991; Nisbett & Ross, 1980; Nisbett & Wilson, 1977). Glovich는 과학적 연구 조사에 따르면 입양과 이후의 임신 간에는 사실 아무런 관계가 없다는 것을 지적한다. 그러면 왜 우리는 이러한 믿음을 고수하는 것일까? 아마도 그것은 우리가 두드러지게 함께 발생하는 두 사건들에 초점을 둘 때 발생하는 **착각적 상관**(illusory correlation)이라고 불리는 인지적 편향 때문일 것이다. 입양 직후 임신이 될 때, 우리의 주의는 그 상황에 이끌리게 되며 우리는 반드시 인과적 연결이 있으리라는 결론을 내리도록 편향된다. 이러한 착각적 상관은 우리가 이들 간의 인과관계를 믿으려는 동기가 높을 때도 발생할 가능성이 높다. 이것이 자연스러운 것이라고 할지라도, 과학적이지는 않다. 과학적 접근법은 결론을 이끌어 내기 전에 훨씬 더 많은 증거를 필요로 한다.

권위 철학자 아리스토텔레스는 설득이나 태도 변화에 관련된 요인들에 관심을 가졌다. 『수사학(*Rhetoric*)』이라는 저술에서 그는 설득과 진실성의 관계에 대하여 다음과 같이 묘사하였다. "설득은 말하는 내용이 무척 유창하여 말하는 사람이 믿을 만하다고 생각될 때, 말하는 사람의 개인적 특성에 의해 성취된다. 우리는 좋은 사람을 더 깊고 쉽게 믿는다." 따라서 아리스토텔레스는 우리는 명망 있고 신뢰할 만하고 존경할 만한 사람으로 보이는 사람에 의해, 그러한 자질이 부족한 사람에 의해서보다 더 설득당하기 쉽다고 주장하였을 것이다.

많은 사람들은 단순히 아리스토텔레스가 유명한 권위자(즉, 설득력 있고 영향력 있는 출처)로 여겨지고, 그의 저술이 여전히 중요한 것으로 남아 있기 때문에 그의 주장을 수용할 것이다. 이와 유사하게 많은 사람들은 인터넷이나 뉴스 매체, 책, 정부 관료, 종교적 거물을 통해 알게 된 것이라면 무엇이든지 매우 쉽게 받아들일 준비가 되어 있다. 많은 사람들이 그러한 권위자들의 진술은 틀림없이 사실이라고 믿는다. 문제는, 물론 그 진술이 사실이 아닐 수 있다는 것이다. 과학적 접근법은 그 어떤 권위자의 진술을 의심하지 않고 수용할 수 있다는 개념을 거부한다. 다시 말하면, 과학적 결론을 이끌어 내기 전에 더 많은 증거가 필요하다.

✿ 회의론, 과학, 그리고 경험적 접근

지식을 획득하는 과학적 접근법은 직관과 권위도 행동에 관한 아이디어의 원천이 될 수 있다는 것을 인정한다. 그러나 과학자들은 자기 자신을 포함한 그 어떤 사람의 직관도 의심 없이 수용하지는 않는다. 과학자들은 자신의 생각 역시 다른 사람의 생각과 마찬가지로 틀릴 수 있다는 것을 인정한다. 또한 과학자들은 개인의 명성이나 권위에 관계없이 어떤 사람의 견해를 그 사람에 대한 신뢰에 기반하여 수용하지는 않는다. 따라서 과학자들은 그들이 보고 듣는 것에 대해 매우 회의적이다. **과학적 회의론**(skepticism)은 어떠한 견해라도 세심한 논리와 과학적 조사로부터 나온 결과에 기초하여 평가되어야만 한다는 것을 의미한다.

만약 과학자들이 세상을 알게 되는 방법으로서 직관과 권위에 대한 맹목적 수용을 거부한다면, 그들은 어떻게 지식을 획득해 나아가는가? 과학적 방법의 근본적인 특징은 **경험주의**(empiricism)로, 이는 지식이 관찰에 근거한다는 관념이다. 세상의 본질에 대한 결론의 기초를 형성하는 자료들이 수집된다. 과학적 방법은 자료를 수집하고 평가하는 데 있어 수많은 규칙을 내포한다. 이러한 규칙들에 대해 이 책 전반에 걸쳐 살펴볼 것이다.

과학적 접근법의 힘은 우리 주변 어디에서나 볼 수 있다. 당신이 생물학, 화학, 의학, 물리학, 인류학, 심리학을 보면, 지난 25년간, 50년간, 혹은 100년간에 걸친 놀랄 만한 진전을 보게 될 것이다. 우리는 우리를 둘러싼 세상을 훨씬 더 많이 이해하게 되었으며 그러한 이해의 적용이 보조를 맞추고 있다. Goodstein(2000)은 과학적 탐구의 특성을 정의하는 '진화된 과학론(evolved theory of science)'을 설명한 바 있다. 이러한 특징들이 아래에 요약되어 있다.

자료가 핵심적인 역할을 한다. 과학자들에게 지식은 근본적으로 관찰에 근거한다. 과학자들은 세상에 대한 자신의 생각을 입증할 관찰을 열정적으로 찾는다. 그들은 이론을 개발하고, 현존하는 자료가 자신의 이론을 지지한다고 주장하며, 그 이론이 옳다는 확신을 높여 줄 수 있는 연구를 수행한다. 관찰은 비판받을 수 있고, 대안적 설명이 제안될 수도 있으며, 자료 수집 방식에 대한 의문이 제기될 수 있다. 그러나 각각의 경우에서 자료의 역할은 핵심적이고 근본적이다. 과학자들은 '말로 말고 보여 달라'의 태도를 가지고 있다.

과학자들은 혼자가 아니다. 과학자들은 다른 과학자들과 대중에게 정확하게 보고되는 관찰을 한다. 당신은 많은 다른 과학자들이 이러한 관찰을 반복하고 확장함으로써 그 발견들에 대한 후속 연구를 수행할 것이라는 것을 확신해도 된다.

과학은 대립적이다. 과학은 진리에 조금이라도 더 가까이 다가가기 위해 생각과 생각들이 전쟁을 벌이는 사고의 방식이다. 연구는 어떤 생각을 검증하기 위해 수행될 수 있다. 그 생각을 지지하는 연구자들과 그 생각에 동의하지 않는 연구자들은 자신들의 연구 결과들을 보고하며, 이 결과들이 다른 연구자들에 의해서 평가된다. 어떤 생각들은, 비록 매우 좋은 아이디어일지라도 연구가 이를 지지하는 데 실패한다면 틀린 것으로 밝혀질 수 있다. 좋은 과학적 생각은 검증 가능하다. 이는 자료에 의해 지지되거나 반증될 수 있다. 자료가 어떤 생각을 반증할 수 있다는 개념을 **반증 가능성**(falsifiability)이라고 한다(Popper, 2002). 만약 어떤 생각이 검증될 때 반증이 된다면, 이 결과가 새롭고 더 나은 생각들의 발전을 위한 원동력이 되기 때문에 과학은 그것에 의해 진보하게 된다.

과학적 증거는 동료들에 의해 평가된다. 한 연구가 최고 수준의 과학 학술지에 실리기 전에, 그 연구를 면밀히 평가할 수 있는 전문성을 지닌 다른 과학자들이 그 연구를 평가한다. 이러한 이 과정을 **동료 평가**(peer review)라고 부른다. 이 평가자 또는 심사자의 역할은 그 연구가 출판되어야 하는지를 추천하는 것이다. 이 심사 과정은 중대한 결함을 가진 연구가 과학적 문헌의 일부가 되지 않도록 보장해 준다. 본질적으로, 과학은 생각의 자유 시장에 존재하는데, 이곳에서 최고의 생각들이 연구에 의해 지지되고, 과학자들은 더 나은 진보를 위해 다른 사람들의 연구를 기반으로 하여 연구를 수행할 수 있다.

✿ 직관과 회의론, 그리고 권위를 통합하기

세상을 알기 위한 방식으로서 다른 방식보다 과학적 접근법이 가지는 이점은 이 방식이 정보를 모으고 평가하고 보고하는 데 있어 객관적인 일련의 규칙들을 제공한다는 데 있다. 이는 생각들이 다른 사람들에 의해 논박되거나 지지되는 것을 허용하는 열린 체계이다. 그러나 이것이 직관과 권위가 중요하지 않음을 의미하는 것은 아니다. 이미 설명한 바와 같이, 과학자들은 종종 연구를 위한 생각에 대해 직관과 권위자들의 주장에 의존하기도 한다. 더군다나 우리가 권위자들의 주장을 과학적 증거로 수용하는 것이 아닌 이상, 이를 받아들이는 것에는 전혀 문제가 없다. 종종 과학적 증거를 얻을 수 없을 때, 예를 들면 종교 지도자나 금귀가 특정한 믿음을 의심하지 말고 받아들이라고 요구할 때 그러하다. 어떤 믿음은 검증될 수 없으며, 따라서 과학의 영역을 벗어난다. 그러나 과학에서, 생각들은 그 생각을 지지하거나 논박하기 위해 사용될 수 있는 가용한 증거에 기초하여 반드시 평가되어야 한다.

또한 어떤 의견이나 믿음을 가지는 것은 그것이 단순히 의견이나 믿음으로 제시된다면, 아무런 문제가 되지 않는다. 그러나 우리는 그 의견이 과학적으로 검증될 수 있는지, 또는 그 의견에 관련되는 과학적 증거가 존재하는지를 항상 물어보아야 한다. 예를 들어, 매체의 폭력에 노출되는 것이 공격성을 증가시키는지에 대한 의견은 이 주제에 대한 과학적 증거가 수집되지 않는 한 단지 의견에 불과하다.

당신이 과학적 방법에 대해 더 많이 배울수록, 매체에서 보도되는 연구 결과들뿐만 아니라 과학자들의 발언에 대해서도 점점 더 회의적으로 보게 될 것이다. 당신은 과학자들이 종종 자신의 생각을 표현할 때 권위자가 된다는 것을 알아차려야만 한다. 누군가가 과학자라고 주장할 때, 우리는 그 사람이 말하는 것을 더 기꺼이 받아들여야 하는 것일까? 먼저 그 사람의 자격에 대해 물어보라. 대체로 그 분야에서 명성을 얻은 사람에게 더 많은 주의를 기울이고, 그 사람이 대표하는 기관의 명성에 주의를 기울이는 것이 현명하다. 그 연구자의 연구비 출처를 살펴보는 것 또한 가치 있는 일이다. 예컨대, 만약 어떤 제약 회사에서 연구비를 지원한 연구가 그 회사에서 제조한 약의 효능을 지지한다면 당신은 그 연구 결과에 대해 의심스러워할 것이다. 이와 유사하게, 특정한 사회정치적 안건에 관련된 기관이 그러한 안건을 지지하는 연구를 지원한다면 당신은 그 연구 결과에 대해 회의적이어야 하며, 그 연구의 방법에 대해 면밀히 검토해야 한다.

또한 당신은 사이비 연구에 대해 회의적이어야 한다. **사이비 과학**[pseudoscience, 혹은 의사(擬似) 과학]이란 '가짜' 과학으로, 표면적으로는 과학적 용어와 논증이 과학적 연구에 기반하지 않은 주장을 입증하는 데 사용된다. 그 주장은 아마도 어떤 제품이나 절차가 당신의 기억력을 향상시킨다거나, 우울증을 경감시킨다거나, 자폐증 또는 외상 후 스트레스 장애를 치료한다는 것일 수 있다. 이러한 것들이 모두 가치 있는 결과물이라는 사실이 우리로 하여금 사이비 과학적인 주장을 믿어 버리고 그러한 주장에 대한 타당한 과학적 근거가 있는지 물어보는 것을 잊어버리기 쉽게 만든다. 2장에서 우리는 자폐아들을 치료하는 치료사들이 사용하는 촉진된 의사소통(facilitated communication)이라고 불리는 절차에 대해 논의할 것이다. 이러한 아이들은 의사소통을 위한 언어적 기술이 부족하다. 이들의 의사소통을 돕기 위해 조력자들은 아이들이 키보드에 메시지를 입력하기 위해 키보드를 누르고 있는 동안 아이들의 손을 잡아 준다. 이 기법은 놀라운 결과를 만들어 내는데, 아이들이 자기 자신을 표현할 수 있게 된다. 2장에서 우리는 아이들이 아니라 조력자들이 키보드 입력을 통제하였다는 것을 증명한 과학적 연구에 대해 살펴볼 것이다. 모든 사이비 과학의 문제는 회

- 생성된 가설들이 전형적으로 검증 불가능하다.
- 과학적 검증이 보고되었다고 하더라도, 방법론이 과학적이지 않거나 자료의 타당성이 의문스럽다.
- 뒷받침하는 증거가 일화 같거나, 소위 관심 분야의 전문가라고 하는 사람들의 권위에 심하게 의존한다.
- 주장들이 서로 상충하는 증거를 무시한다.
- 주장들이 과학적인 것으로 들리는 전문 용어와 개념들로 설명된다.
- 주장들이 모호한 경향이 있고, 강한 믿음을 그럴듯하게 설명하며, 선입견적인 생각들에 호소한다.
- 주장들이 결코 수정되지 않는다.

그림 1.1 사이비 과학의 몇 가지 특징들

망은 생겨나지만 약속은 실현되지 못할 것이라는 점이다. 또한 그러한 기법들은 종종 위험할 수도 있다. 촉진된 의사소통의 경우, 수많은 조력자들이 아이의 부모가 아이를 신체적으로 혹은 성적으로 학대하고 있다고 비난하는 메시지들을 입력하였다. 일부 부모들은 실제로 아동 학대로 유죄를 선고받았다. 이러한 법정 장면에서, 촉진된 의사소통에 대한 과학적 연구가 피고가 된 부모를 돕는 데 사용되었다. 이와 같은 사례는 증거에 기반한 치료(즉, 효과성을 입증한 과학적 연구 결과에 근거한 치료적 개입)만을 한정적으로 사용하도록 하는 움직임을 촉진하였다(참조: Lilienfied, Lynn, & Lohr, 2004). **그림 1.1**은 당신이 들어 본 적이 있을 수 있는 사이비 과학적인 주장의 특징 몇 가지를 나열한 것이다.

마지막으로, 우리 모두는 인터넷을 통하여 전파되는 과학적 발견의 잘못된 보고에 점점 취약해지고 있다. 이들 중 다수는 명망 있는 과학자나 과학 단체와 관련이 있는 것으로 주장하는데, 그러면 그것이 그들 자신의 생명력을 빼앗아 간다. 최근의 한 광범위한 보고에 따르면(추정상 세계보건기구로부터 나온 것으로 보인다), 금발머리 유전자가 인간 유전자 집단에서 선택적으로 없어지고 있다고 주장한다. 금발은 사라지고 있는 특질이 될 것이다! 따라야 할 일반적인 규칙은 (1) 모호하거나 있을 법하지 않은 증거로 뒷받침되는 과학적 주장에 대해 매우 회의적이어야 하고, (2) 시간을 내어 뒷받침하는 증거를 인터넷에서 찾아보는 것이다. 당신은 www.snopes.com과 www.truthorfiction.com에서 이러한 주장들을 점검해 볼 수 있다.

행동과학의 목표

행동에 대한 과학적 연구는 다음 네 가지 일반적인 목표를 가지고 있다. (1) 행동을 기술하고, (2) 행동을 예측하며, (3) 행동의 원인을 결정하고, (4) 행동을 이해하거나 설명한다.

✿ 행동의 기술

과학자는 면밀한 관찰로 시작하는데, 왜냐하면 과학의 첫 번째 목표는 행동을 기술하는 것이기 때문이다. 이는 직접적으로 관찰 가능한 것일 수도 있고(예: 달리는 속도, 응시, 웃음소리의 세기), 관찰하기 어려운 것일 수 있다(예: 매력에 대한 지각). Cunningham과 동료들은 시간의 흐름에 따른 신체적 매력에 대한 판단을 연구하였다(Cunningham, Druen, & Barbee, 1997). 1976년에 남자 대학생들이 수많은 사진 속 여성들의 매력을 평가하였다. 같은 사진들이 1993년에 다른 집단의 학생들에 의해 평정되었다. 여성의 매력에 대한 판단은 사실상 동일하였다. 매력의 기준은 이 시간의 흐름 동안 거의 변하지 않았다. 또 다른 연구에서 Cunningham은 1930년대와 1940년대 여배우들의 얼굴 특징과 1990년대 여배우들의 얼굴 특징을 비교하였다. 이러한 측정은 눈의 높이, 눈의 너비, 코의 길이, 광대뼈의 돌출, 미소 지을 때 입술의 너비와 같은 것들을 포함하였다. 이러한 얼굴의 특징들은 두 시기에 걸쳐 매우 유사하였고, 이는 매력의 기준이 시간이 지나도 지속적으로 유지된다는 것을 다시 한 번 나타낸다.

연구자들은 종종 사건들이 체계적으로 서로 관련되어 있는 여러 방식들을 기술하는 데 관심을 가진다. 배심원들은 매력적이지 않은 피고보다 매력적인 피고에게 더 관대하게 판결을 내리는가? 사람들은 신뢰성이 높은 사람에게 더 잘 설득되는 경향이 있는가? 인지적인 능력은 사람들이 나이가 들어 감에 따라 어떤 방식으로 변하는가? 텔레비전을 켜 놓고 공부하는 학생들은 조용한 환경에서 공부하는 학생들보다 더 낮은 점수를 받는가? 키가 큰 사람들은 키가 작은 사람들보다 돈을 더 잘 버는가? 남성들은 어두운 파란색 옷을 입고 있는 여성보다 빨간색 옷을 입은 여성을 더 매력적이라고 느끼는가?

✿ 행동의 예측

과학의 또 다른 목표는 행동을 예측하는 것이다. 일단 두 가지 사건이 체계적으로 서로 관련되어 있다는 것이 어떤 규칙적인 패턴을 가지고 관찰되면(예: 더 높은 매력이 더 관대한 선고와 관련된다), 예측을 하는 것이 가능해진다. 이러한 과정의 한 가지의의는 우리가 사건을 예측할 수 있게 해준다는 것이다. 만약 당신이 매우 매력적인 피고의 다가올 재판에 관해 읽는다면, 당신은 그 사람이 관대한 선고를 받을 가능성이 높다는 것을 예측할 수 있다. 나아가서, 예측할 수 있는 능력은 종종 우리가 더 나은 결정을 내리도록 도와준다. 예를 들어, 만약 당신이 매력과 이성관계에 대한 과학적 연구 문헌을 공부한다면, 당신은 장기간의 이성관계 만족도를 예측하는 요인들에 대해 알 수 있을 것이다. 그러면 당신은 아마도 그 정보를 당신 자신의 이성관계에서의 성공 가능성을 예측하는 데 사용할 수도 있을 것이다. 당신은 이러한 이성관계 성공의 예측 요인들을 측정하도록 고안된 검사를 받아 볼 수도 있을 것이다. RELATE, FOCFUS, PREPARE와 같은 검사들은 혼자서, 또는 상대와 함께, 또는 전문 상담가의 도움을 받아 인터넷을 통하여 받아 볼 수 있다(Larson, Newell, & Nichols, 2002).

✿ 행동의 원인 규명

과학의 세 번째 목표는 행동의 원인을 규명하는 것이다. 우리가 어떤 행동의 출현을 정확하게 예측할지라도 그것의 원인을 정확히 확인하지는 못할 수 있다. 연구는 아이의 공격적인 행동이 그 아이가 텔레비전에서 얼마나 많은 폭력을 보는가를 아는 것으로 예측될 수 있다는 것을 보여 준다. 불행하게도 텔레비전 폭력에 대한 노출이 행동의 **원인**이라는 것을 알지 못한다면, 우리는 텔레비전에서의 폭력적인 장면을 제한함으로써 공격적인 행동이 줄어들 수 있다고 단언할 수 없다. 매우 공격적인 아이는 아마도 텔레비전 프로그램을 선택할 때 폭력을 시청하는 것을 선호할 것이다. 또는 이 예를 고려해 보라. Elliot과 Niesta(2008)의 연구는 남성이 빨간색 옷을 입은 여성을 파란색 같은 다른 색의 옷을 입은 여성보다 더 매력적이라고 느낀다고 보여 준다. 빨간색 옷차림이 더 큰 매력에 대한 지각의 원인이 되는가? 또는 매력적인 여성이 빨간색을 포함한 밝은 색의 옷을 입는 것을 선택하고, 덜 매력적인 여성이 어두운 색의 옷을 입는 것을 선택할 가능성이 있는가? 여성은 더 매력적으로 보이기 위해 빨간색 옷을 입어야 하는가? 우리는 빨간색이 더 큰 매력에 대한 지각을 야기한다는 것을 아는 경우에만 이러한 전략을 추천할 수 있다. 우리는 지금 원인과 결과라는 질문과 직면하고 있다. 행동을 어떻게 **바꾸는지** 알기 위해서는, 행동의 **원인**을 알 필요가 있다.

Cook과 Campbell(1979)은 행동의 원인을 규명하는 데 사용되는 세 가지 유형의 증거를 기술한다. 텔레비전 폭력을 시청하는 것이 실제 공격성의 예측자라는 것을 알기 위한 경우와 마찬가지로, 두 사건이 함께 일어나는 것을 안다는 것만으로는 충분하지 않다. 인과관계를 결론짓기 위해서는, 세 가지가 반드시 일어나야 한다.

1. 사건들의 시간적 순서가 있는데, 원인은 결과에 선행한다. 이를 **시간적 선행**(temporal precedence)이라고 한다. 따라서 우리는 텔레비전을 보는 것이 먼저 일어나고 공격성이 뒤따른다는 것을 알아야 할 필요가 있다.
2. 원인이 존재할 때, 결과가 발생한다. 즉, 원인이 없으면, 결과는 발생하지 않는다. 이를 **원인과 결과의 공변**(covariation of cause and effect)이라고 한다. 우리는 텔레비전 폭력을 시청하는 아이들이 공격적으로 행동하고 텔레비전 폭력을 보지 않는 아이들은 공격적으로 행동하지 않는다는 것을 알 필요가 있다.
3. 원인적 변인 이외의 그 어떤 것도 관찰된 결과에 대한 원인이 되지 않아야 한다. 이를 **대안적 설명**(alternative explanations)에 대한 배제라고 한다. 인과관계에 대한 그 어떤 그럴듯한 대안적 설명이 있어서는 안 된다. 대안적 설명에 대한 이 세 번째 사항은 매우 중요하다. 텔레비전 폭력을 많이 보는 아이가 텔레비전 폭력을 안 보는 아이보다 더 많이 집에 홀로 남겨져 있다고 가정해 보라. 이러한 경우, 증가된 공격성은 '부모의 양육 부족'이라는 대안적 설명을 가진다. 인과관계에 대해서는 4장에서 다시 한 번 논의할 것이다.

✿ 행동의 설명

과학의 마지막 목표는 기술한 사건에 대하여 설명하는 것이다. 과학자는 왜 그 행동이 일어나는지를 이해하려고 한다. 텔레비전 폭력과 공격성 간의 관계에 대해 생각해 보라. 비록 우리가 텔레비전 폭력이 공격성의 원인이라는 것을 안다고 하더라도, 우리는 이 관계에 대해 설명할 필요가 있다. 그것은 텔레비전에서 본 폭력의 모방 또는 '모델링'에 기인하는가? 그것은 폭력에 대한 심리학적 둔감화와 그 영향의 결과인가? 아니면 텔레비전 폭력을 보는 것이 공격성이 좌절과 갈등에 대한 정상적인 반응이라는 믿음으로 이끄는 것인가? 관찰된 것에 대한 가능한 설명을 명확히 밝히기 위해서는 후속 연구가 필요하다. 대체로 특정한 행동을 설명하기 위해 개발된 이론들을 검증함으로써 이와 같은 추가적인 연구가 수행된다.

기술, 예측, 원인의 규명, 그리고 설명은 모두 긴밀하게 엮여 있다. 원인을 규명하고 행동을 설명하는 것은 특히 긴밀히 연관되어 있는데, 이는 어떤 행동의 진짜 이유 또는 모든 이유를 아는 것이 너무 어렵기 때문이다. 만족스러워 보이는 어떤 설명이 후속 연구에서 다른 원인이 확인되었을 때에는 적절하지 않은 것이 될 수 있다. 예를 들어, 초기 연구에서 화자의 신뢰성이 태도 변화에 관련되어 있다는 것으로 나타났을 때, 연구자들은 이 발견을 사람들이 높은 신뢰성을 가진 사람이 말하는 것을 낮은 신뢰성을 가진 사람이 말하는 것보다 더 기꺼이 믿으려고 한다고 설명하였다. 그러나 이 설명은 설득에 관련된 다른 많은 요인들을 고려한 태도 변화에 대한 복잡한 이론으로 대체되었다(Petty & Cacioppo, 1986). 요약하면, 과학적 연구에는 어느 정도의 모호함이 존재한다. 새로운 연구 결과는 거의 항상 후속 연구에 의해 다루어져야 할 새로운 의문점을 제기한다. 즉, 행동에 대한 설명들은 새로운 증거가 축적됨에 따라 종종 버려지거나 수정되어야만 한다. 이러한 모호성은 과학의 흥미와 재미의 일부이다.

기초연구와 응용연구

기초연구

기초연구(basic research)는 행동의 속성에 관한 근본적인 질문에 대해 답하려고 노력한다. 연구들은 종종 인지, 정서, 동기, 학습, 신경심리학, 성격 발달, 사회적 행동과 같은 현상에 관련된 이론적 주제들을 다루기 위해 설계된다. 이래에 기초연구의 질문들에 어울리는 몇몇 논문들에 대해 열거하였다.

Kool, W., McGuire, J., Rosen, Z., & Botvinick, M. (2010). Decision making and the avoidance of cognitive demand. *Journal of Experimental Psychology: General*, *139*, 665-682. doi:10.1037/a0020198

과거의 연구는 사람들이 서로 다른 행동 중에서 선택할 때 가장 신체적인 요구가 적은 옵션을 고른다고 설명하였다. 이 연구는 인지적 노력이 요구되는 양이 서로 다른 선택들을 조사하였다. 예상한 바와 같이, 참가자들은 가장 적은 인지적 요구를 가진 옵션을 추구하는 선택을 하였다.

Rydell, R. J., Rydell, M. T., & Boucher, K. L. (2010). The effect of negative performance stereotypes on learning. *Journal of Personality and Social Psychology*, *99*, 883-896. doi:10.1037/a0021139

여성 참가자들이 수학 문제 풀기에 관한 특정한 방식에 대한 지침서를 공부하였다. 지침서의 앞부분 절반을 공부한 후, 이들은 수학 문제를 풀었다. 이 시점에서, 고정관념이 유도되었다. 일부 참가자들은 실험의 목적이 왜 여성들이 수학을 못하는지에 대한 이유를 조사하기 위한 것이라는 말을 들었다. 지침서의 뒷부분 절반이 제시되었고 두 번째 수학 수행 측정이 이루어졌다. 부정적인 고정관념 정보를 받은 참가자들은 두 번째 수학 시험에서 낮은 수행을 보였다. 나머지 참가자들은 두 번의 시험 모두에서 동일한 수행을 보였다.

Jacovina, M. E., & Gerreg, R. J. (2010). How readers experience characters' decision. *Memory & Cognition*, *38*, 753-761. doi:10.3758/MC.38.6.753

이 연구는 독자들이 이야기의 등장인물들이 내리는 결정과 그 결과에 대한 정보를 처리하는 방식에 초점을 두었다. 참가자들은 독자의 선호하는 결정과 결과가 들어맞는 이야기(예: 선호되는 결정이 내려지고 긍정적인 결과가 있는 이야기)를 읽거나 맞지 않는 이야기(예: 선호되는 선택이 이루어지지만 부정적인 결과가 있는 이야기)를 읽었다. 독자들은 선호하는 결정과 결과가 서로 맞지 않을 때 결정의 결과에 대한 정보를 읽는 데 더 오랜 시간이 걸렸다.

✿ 응용연구

위에 열거한 연구들은 즉각적인 실용적 함의보다는 행동과 인지의 기본적인 처리과정에 관련되어 있다. 이와 반대로, **응용연구**(applied research)는 현실적인 문제와 가능한 해결책에 대한 문제들을 다루기 위해 수행된다. 이를 설명하기 위해 응용연구에 대한 몇 가지 논문들의 요약을 아래에 제시하였다.

Ramesh, A., & Gelfand, M. (2010). Will they stay or will they go? The role of job embeddedness in predicting turnover in individualistic and collectivistic cultures. *Journal of Applied Psychology*, *95*, 807-823. doi:10.1037/a0019464

개인주의적인 미국 사회에서, 근로자의 이직률은 개인의 기술과 직업적 요구사항 간의 적합에 의해 예측되었다. 좀 더 집단적인 인도 사회에서, 이직률은 개인의 가치와 그 조직의 가치 간의 적합에 더 강하게 관련되었다.

Young, C., Fang, D., & Zisook, S. (2010). Depression in Asian-American and Caucasian undergraduate students. *Journal of Affective Disorders*, *125*, 379-382. doi:10.1016/j.jad.2010.02.124

아시아계 미국인 대학생들은 백인 학생들보다 더 높은 우울 수준을 보고하였다. 이 결과는 대학 정신건강 프로그램에 몇 가지 시사점을 제공한다.

Braver, S. L., Ellman, I. M., & Fabricus, W. V. (2003). Relocation of children after divorce and children's best interests: New evidence and legal considerations. *Journal of Family Psychology*, *17*, 206-219. doi:10.1037/0893-3200.17.2.206

부모가 이혼한 대학생들이 부모 중 한 명이 자동차로 한 시간 거리 이상 떨어져 살고 있는지의 여부에 따라서 집단으로 나누어졌다. 부모가 멀리 떨어져 있지 않은 학생들이 적응 측정치에서 더 정적인 점수를 보였다.

Killen, J. D., Robinson, T. N., Ammerman, S., Hayward, C., Rogers, J., Stone, C., ... Schatzberg, A. F. (2004). Randomized clinical trial of the efficacy of Bupropion combined with nicotine patch in the treatment of adolescent smokers. *Journal of Clinical and Consulting Psychology*, *72*, 722-729. doi:10.1037/0022-006X.72.4.729

무선화된 임상 시험은 의학적 절차의 효과를 검증하는 실험이다. 이 연구에서, 항우울제인 부프로피온(Bupropion)을 니코틴 패치와 함께 받은 청소년 흡연자들은 니코틴 패치만을 받은 집단과 같은 금연율을 보였다.

Hyman, I., Boss, S., Wise, B., McKenzie, K., & Caggiano, J. (2010). Did you see the unicycling clown? Inattentional blindness while walking and talking on a cell phone. *Applied Cognitive Psychology*, *24*, 597-607. doi:10.1002/acp.1638

걸으면서 휴대전화로 통화하는 것이 부주의 맹시(주변에서 일어나는 사건을 알아채는 데 실패하는 것)를 일으키는가? 첫 번째 연구에서, 휴대전화로 통화하면서 대학 광장을 가로질러 걸어가던 보행자는 같은 장소에서 걸어가는 다른 보행자보다 더 천천히 걸었으며 더 자주 방향을 바꾸었다. 두 번

> 째 연구에서, 광대 한 명이 광장에서 외발 자전거를 탔다. 보행자들은 광장을 가로지른 후 외발 자전거를 탄 광대를 보았느냐는 질문을 받았다. 휴대전화 사용자들은 혼자 걸어가는 보행자나, 친구와 함께 걸어가던 보행자, 음악을 듣고 있던 보행자들보다 이를 알아차리지 못하는 경우가 더 많았다.

이 시점에서, 당신은 어떤 연구가 기초연구인지, 응용연구인지를 알 수 있는 명료한 방법이 있는지를 궁금할 수 있을 것이다. 기초연구와 응용연구의 구분은 편리한 유형 분류 체계이지만 아마도 연속선상에 있는 것으로 보는 것이 더 정확할 것이다. 응용연구들의 목록에서 어떤 것들은 다른 것들보다 더 응용되었다는 것을 보라. 청소년 흡연에 대한 연구는 매우 응용적인 것이다. 이 자료는 청소년을 위한 금연 프로그램을 계획하는 사람들에게 매우 가치 있을 것이다. 대학생들의 우울증에 대한 연구는 학생들을 위한 정신건강에 대한 관심과 개입 프로그램을 가진 대학들에게 가치가 있을 것이다. 아동 양육에 대한 연구는 실제 재판 사례에서 논거의 일부로 사용될 수 있을 것이다. 이는 또한 이혼 과정에 있는 부부를 담당하는 상담가에 의해 사용될 수도 있을 것이다. 휴대전화 사용에 대한 연구는 휴대전화의 광범위한 사용과 이로 인한 문제를 다루는 문헌들로 인해 응용적이다. 그러나 그 연구가 반드시 문제에 대한 해결책을 이끌 필요는 없다. 이 모든 연구들은 응용된 주제들과 문제에 대한 해결책에 근거하고 있지만, 얼마나 빠르고 쉽게 연구 결과가 실제로 사용될지는 서로 다르다. 표 1.1은 이러한 구분에 대한 당신의 이해를 시험해 볼 기회를 제공해 준다.

표 1.1 스스로 답해 보기

연구 질문들의 예	기초연구	응용연구
1. 외향성이 감각추구와 관련되는가?		
2. '그랜드 세프트 오토(Grand Theft Auto)'와 같은 비디오 게임이 아동과 청소년의 공격성을 증가시키는가?		
3. 신경세포는 신경전달물질을 어떻게 만들어 내는가?		
4. 기억은 시각적 이미지와 소리를 동시에 처리하는가?		
5. 도시가 거주자들에 의한 재활용을 어떻게 증가시킬 것인가?		
6. 자연재해에 대처하는 최선의 전략은 무엇인가?		

응용연구의 주된 분야는 **프로그램 평가**(program evaluation)라고 불리는데, 이는 정부, 교육, 형사 사법 제도, 산업, 건강 관리, 그리고 정신건강을 위한 기관들에서 일어나는 사회 개혁과 혁신을 평가하는 것을 일컫는다. '실험으로서의 개혁'에 관한 어느 저명한 논문에서, Campbell(1969)은 사회적 프로그램들은 특정한 결과를 성취하기 위하여 설계된 실험이라고 언급하였다. 그는 각각의 프로그램이 의도하였던 효과를 나타내고 있는지를 결정하기 위해 사회 과학자들이 각 프로그램들을 평가해야 한다고 설득력 있게 주장하였다. 만약 그러한 효과를 나타내지 않는다면, 대안적인 프로그램들을 시도해야 한다. 이는 새로운 생각이 도입될 때 모든 조직에 있는 사람들이 쉽게 잊어버리는 중요한 요점이다. 즉, 새로운 프로그램은 반드시 과학적 접근법에 의해 평가받아야 한다. 아래에 프로그램 평가에 관련된 세 가지 연구 논문들이 있다.

Reid, R., Mullen, K., D'Angelo, M., Aitken, D., Papadakis, S., Haley, P., ... Pipe, A. L. (2010). Smoking cessation for hospitalized smokers: An evaluation of the "Ottawa Model". *Nicotine & Tobacco Research*, *12*, 11-18. doi:10.1093/ntr/ntp165

환자들을 위한 금연 프로그램이 아홉 곳의 캐나다 병원에 도입되었다. 치료 후에 1년간 흡연율이 측정되었다. 이 프로그램은 흡연을 줄이는 데 성공적이었다.

Grossman, J. B., & Tierney, J. P. (1998). Does mentoring work? An impact study of the Big Brothers Big Sisters program. *Evaluation Review*, *22*, 403-426. doi:10.1177/0193841X9802200304

큰형 큰언니(Big Brothers Big Sisters) 프로그램 참가에 대한 영향을 평가하기 위한 실험이 수행되었다. 프로그램에 참여한 10세에서 16세의 청소년들은 결석을 하거나, 약물이나 음주를 시작하거나, 싸움을 일으키는 가능성이 통제집단의 청소년보다 낮은 것으로 나타났다.

Kumpfer, K., Whiteside, H., Greene, J., & Allen, K. (2010). Effectiveness outcomes of four age versions of the Strengthening Families Program in statewide field sites. *Group Dynamics: Theory, Research, and Practice*, *14*(3), 211-229. doi:10.1037/a0020602

대규모의 가족 결속력 강화 프로그램(Strengthening Families Program)이 유

타 주의 1,600세대 이상의 고위험 가족들에게 5년 넘게 시행되었다. 가족 기능 향상에 관한 대부분의 측정치에서, 이 프로그램은 모든 아동 연령 집단에 걸쳐 효과적이었다.

많은 응용연구들이 대규모의 사업 회사나 마케팅 연구 회사, 정부 기관, 그리고 공공 여론조사 기관 등의 환경에서 수행되며, 출판되지는 않지만 회사 또는 회사의 고객에 의해 사용된다. 그러나 이러한 연구 결과들이 출판이 되든 그렇지 않든, 그 결과들은 즉각적인 행동이 요구되는 문제들에 관련하여 사람들로 하여금 더 나은 결정을 하도록 도움을 준다.

✿ 기초연구와 응용연구의 비교

기초연구와 응용연구 모두가 중요하며, 둘 중 어느 하나가 다른 것보다 상위에 있는 것으로 볼 수 없다. 사실, 과학의 진보는 기초연구와 응용연구 간의 상승작용에 의해 이루어진다. 많은 응용연구들은 이론과 기초연구의 발견들을 바탕으로 이루어진다. 예컨대, 특정 공포증(특정한 대상이나 상황에 대한 극도의 공포반응으로 특징지어지는 불안 장애)에 대한 가장 효과적인 처치 전략들 중의 하나가 노출치료(exposure therapy)이다(Chambless et al., 1996). 노출치료에서, 공포증을 겪고 있는 사람들은 그들의 공포반응을 역으로 프로그래밍 하기 위해 치료사가 그들을 이완기법에 대한 훈련을 시키는 동안 안전한 상황에서 공포의 대상에 노출된다. 이 행동치료는 Pavlov와 Watson의 업적에서 파생되었는데, 이들은 동물이 자극에 대한 반사적 반응을 획득하고, 유지하고, 그리고 결정적으로 잃게 되는 과정을 연구하였다(Wolpe, 1982).

최근 몇 년 동안, 정부의 연구비 관리 기관의 예산을 통제하는 입법자들을 포함한 우리 사회의 많은 부분에서 연구가 특정 사회적 문제에 직접적으로 관련되기를 요구해 왔다. 연구에 대한 이러한 태도의 문제는 기초연구의 궁극적 응용을 예측할 수 없다는 것이다. 예컨대, 심리학자 B. F. Skinner는 1930년대에 조작적 조건형성에 관한 기초연구를 수행하였는데, 이 연구에서는 지렛대 누르기와 같은 쥐의 행동에 대한 강화의 효과를 세심하게 기술하였다. 몇 년 후에, 이 연구는 치료, 교육, 산업심리학 같은 분야에서 많은 실용적인 응용을 이끌어 냈다. 외현적으로 실용적 가치가 없는 연구가 궁극적으로 매우 유용할 수 있다. 기초연구의 궁극적인 영향력을 아무도 예측할 수 없다는 사실은 기초연구에 대한 지원이 과학의 진보와 사회의 이득 모두에 필수적이라는 결론에 도달하게 한다.

행동 연구는 많은 분야에서 중요하고 공공 정책에 중요하게 적용된다. 이 장은 연구의 주요 목표와 일반적인 유형에 관하여 소개하였다. 모든 연구자들은 그들이 기초에 관심이 있든, 응용에 관심이 있든, 아니면 프로그램 평가에 관심이 있든, 과학적 연구법을 사용한다. 이 장에서 나온 주제들과 개념들은 이 책의 이후 장들에서 확장될 것이다. 그것은 당신이 다른 사람들의 연구를 평가하는 데뿐만 아니라 자신의 연구 프로젝트를 계획하는 데 기초가 될 것이다.

이 장은 과학자들이 세상에서 무엇이 진실인지에 관해 회의적이라는 점을 강조하였다. 과학자들은 진술은 경험적으로 검증되어야 한다고 역설한다. 다음 2장과 3장에서는, 과학자들의 다른 두 가지 특성에 대해 초점을 둘 것이다. 첫째, 과학자들은 세상에 관한 열정적인 호기심을 가지고 있고, 많은 곳에서 아이디어에 대한 영감을 찾는다. 둘째, 과학자들은 강한 윤리적 원칙을 가지고 있다. 그들은 연구에 참여하는 사람들을 존중과 존엄으로 대하는 데 전념한다.

✻ 읽을거리: 서론

이 책의 많은 장들은 끝맺음으로 '읽을거리'를 수록하고 있는데, 이는 해당 장의 핵심들 중 일부분을 출판된 학술지 논문의 정보와 관련되도록 고안되었다. 각각의 경우에서 당신은 2장에 소개될 기술들을 이용하여 해당 논문을 찾고, 그 논문을 읽은 후, 해당 장의 내용과 밀접하게 관련되어 있는 몇몇 질문들에 대한 답을 해야 할 것이다.

이 장에서는, 과학 학술지에 실린 논문을 읽는 것 대신에, *New York Times*의 칼럼 기고가인 David Brooks가 사회과학 연구 문헌을 읽으면서 발견한 가치와 흥분을 기술한 두 편의 칼럼을 읽어 보길 바란다. 연구에 대한 그의 열광은 "사회과학이 없는 하루는 햇빛이 없는 하루와 같다"라고 기술한 그의 논평에 요약되어 있다. 이 두 편의 기사는 *New York Times* 웹사이트나 *New York Times*를 소장하고 있는 도서관에서 신문 자료를 통해 발견할 수 있다.

Brooks, D. (2010, December 7). Social science palooza. *New York Times*, p. A33. Retrieved from www.nytimes.com/2010/12/07/opinion/07brooks.html

Brooks, D. (2011, March 18). Social science palooza II. *New York Times*, p. A29. Retrieved from www.nytimes.com/2011/03/18/opinion/18brooks.html

이 신문 칼럼을 읽은 후, 다음을 생각해 보라.

1. Brooks가 기술한 논문들 중 어떤 것이 가장 흥미로웠는가? (예를 들면, 당신은 그 주제에 관한 연구를 수행하고 싶었을 수도 있고, 원래의 학술지 논문을 읽고 싶었을 수도 있다.) 왜 그것이 흥미로웠는가?
2. 기술된 모든 논문들 중에서, 가장 응용적인 연구는 무엇이고, 가장 기초적인 연구는 무엇인가? 그 이유는 무엇인가?

✻ 주요 용어

경험주의(empiricism) 6
과학적 회의론(skepticism) 6
권위(authority) 4
기초연구(basic research) 13
대안적 설명(alternative explanation) 12
동료 평가(peer review) 7
반증 가능성(falsifiability) 7
사이비 과학(pseudoscience, 혹은 의사 과학) 8
시간적 선행(temporal precedence) 12
원인과 결과의 공변(covariation of cause and effect) 12
응용연구(applied research) 14
직관(intuition) 4
프로그램 평가(program evaluation) 17
행동과학의 목표(goals of behavioral science) 9

✻ 복습문제

1. 왜 연구방법론에 대한 지식을 갖는 것이 우리 사회의 어느 누구에게라도 중요한가?
2. 왜 행동에 관한 우리의 지식을 확장시키는 데 과학적 회의론이 유용한가? 행동에 관한 지식을 얻기 위한 과학적 접근은 다른 방법들과 어떻게 다른가?
3. 과학적 연구의 목표로서 기술, 예측, 원인의 규명, 설명을 정의하고 각각의 예를 들어 보라.
4. 인과관계를 추론하기 위한 세 가지 요소들을 기술하라.
5. Goodstein(2000)에 따른 과학이 작동하는 방식의 특성을 기술하라.
6. 기초연구는 응용연구와 어떻게 다른가?

✽ 실전문제

1. 신문에 나온 여러 사설들을 읽어 보고, 그 주장과 결론을 지지하는 데 사용된 출처들을 확인하라. 작가가 직관 · 권위에 대한 호소, 과학적 증거, 또는 이들의 조합을 사용하였는가? 구체적인 예를 들어 보라.
2. 다음 주장에 대한 논쟁을 상상해 보라. 행동과학자들은 곧바로 실용적 적용이 되는 연구만을 수행해야 한다. 이 주장에 대한 지지(장점)와 반대(단점)의 논거를 만들어 보라.
3. 다음 주장에 대한 논쟁을 상상해 보라. 연구방법론에 관한 지식은 임상이나 상담심리학에서 직업을 갖고자 하는 학생들에게는 필수적인 것이 아니다. 이 주장에 대한 지지(장점)와 반대(단점)의 논거를 만들어 보라.
4. 신문의 머리기사가 '섭식 장애는 따뜻한 지역에서 더 일반적인 것으로 보인다'이다. 당신은 한 연구자가 펜실베이니아 주에 있는 대학보다 플로리다 주에 있는 대학의 여학생들 중에서 섭식 장애의 발생이 더 잦다는 것을 발견하였다는 내용을 읽는다. 이 연구가 두 대학 학생들 간의 차이를 정확히 기술하고 있다고 가정하자. 원인과 결과의 확인과 설명이라는 관점에서 이 발견을 논의하라. 이후 몇 개의 장들을 읽은 후에 이 질문으로 다시 돌아오라. 더 자세한 정보를 위해서는 다음을 보라. Sloan, D. M. (2002). Does warm weather climate affect eating disorder pathology? *International Journal of Eating Disorders*, *32*, 240-244.
5. 당신이 어떤 신념을 받아들였던 방식들을 확인하거나, 과학적 회의론을 끌어들여 거부하였던 실례들을 떠올려 보라. 예를 들면, 이메일에서 만들어진 주장이 날조되거나 소문일 수 있다는 것을 우리는 몇몇 친구들에게 끊임없이 일러 준다. 이러한 경험들의 구체적인 내용을 제시하라. 그 주장이 타당한지를 조사하기 위해 당신은 어떻게 할 것인가?

✽ 정답

표 1.1

기초연구: 1, 3, 4

응용연구: 2, 5, 6

2

어디서부터 시작할 것인가

학습 목표

- ❖ 가설이 예측과 어떻게 다른지 논의하기
- ❖ 일반 상식, 관찰, 이론, 선행 연구, 실제적 문제와 같은, 연구를 위한 아이디어의 다양한 출처에 대해 기술하기
- ❖ 이론의 두 가지 기능에 대해 확인하기
- ❖ PsycINFO의 사용을 포함하여, 심리학에서 문헌 연구를 위한 기초에 대해 요약하기
- ❖ 연구 논문의 초록, 서론, 방법, 결과, 논의 부분에 포함된 정보를 요약하기

과학적 연구를 수행하고자 하는 동기는 세계에 대한 자연적인 궁금증으로부터 나온다. 대부분의 사람들은 이들의 궁금증이 '만일 …하다면 어떠할까' 또는 '왜 그럴까'와 같은 질문을 이끌어 낼 때 이러한 질문에 답하기 위해 연구를 시작하게 된다. 그러한 질문에 영감을 주는 출처는 무엇인가? 당신은 다른 사람들의 생각과 이전 연구들을 어떠한 방식으로 찾아내는가? 이 장에서 우리는 과학적 아이디어의 몇 가지 출처들에 대해 탐색해 볼 것이다. 또한 우리는 전문 학술지에 출판되는 연구 보고서의 성질에 대해서 알아볼 것이다.

가설과 예측

대부분의 연구들은 연구자에 의해 성립된 가설을 검증하기 위한 시도를 한다. 가설은 생각이나 질문의 한 유형이라 할 수 있다. 이는 진실일지도 모르는 무언가에 대한 진술을 만들어 낸다. 따라서 **가설**(hypothesis)은 이를 지지하거나 반박할 증거를 기다리고 있는 시험적인 생각이나 질문이라고 할 수 있다. 일단 가설이 제안되고 나면 증거가 그 가설과 일치하는지, 아니면 불일치하는지에 관하여 자료가 수집되고 평가되어야만 한다. 어떤 경우에는 가설이 비공식적인 연구 질문으로 표현되기도 한다. 예를 들어 Cramer, Mayer와 Ryan(2007)은 대학생들의 운전 중 휴대전화 사용에 관한 일반적인 의문점을 가지고 있었다. 즉, "남성과 여성은 운전 중 휴대전화 사용에 차이가 있는가?", "차 안에 동승자가 있는 것이 휴대전화 사용에 차이를 만들 것인가?", "대학생들의 휴대전화 사용을 최근에 국가적으로 조사한 젊은 성인 표본과 비교해 본다면?"과 같은 것이었다. 이러한 질문을 마음에 품고서 연구자들은 그 질문에 대한 답을 얻기 위해 자료 수집을 위한 절차를 개발하였다.

이러한 연구 질문들은 더 격식적인 용어들로 기술될 수 있다. 첫 번째 연구 질문은 "운전 중 휴대전화 사용에 성차가 존재한다"라는 가설의 형태로 표현될 수 있다. 어떠한 형태로 표현하든 우리는 성별과 운전 중 휴대전화 사용이라는 두 변인이 아마도 관련되어 있을 것이라는 생각을 제안하고 있는 것이다. 이와 유사하게 다른 연구자들은 "밀집은 심리적 과제 수행을 저조하게 만든다" 혹은 "학습될 재료의 속성들에 더 많이 주의를 기울이는 것이 더 우수한 기억력을 야기한다"와 같은 가설을 만들어 낼 수 있다. 가설을 구상한 후에 연구자는 그 가설을 검증하기 위한 연구를 설계하게 될 것이다. 밀집의 예에서, 연구자는 밀집된 공간이나 밀집되지 않은 공간에 있는 연구 참가자들이 일련의 과제를 수행하게 되는 실험을 수행할 수 있다. 그런 다음, 이러한 과제들에 대한 참가자들의 수행이 측정된다.

이 시점에서 연구자는 이 실험의 결과에 대한 특정한 **예측**(prediction)을 할 수 있다. 여기서의 예측은 "밀집되지 않은 조건의 참가자들이 밀집된 조건의 참가자들보다 더 나은 과제 수행을 보일 것이다"와 같이 될 수 있다. 만일 이 예측이 연구 결과에 의해 확증된다면 가설이 지지된다. 만일 이 예측이 확증되지 않는다면 연구자는 가설을 기각하거나(그리고 밀집이 저조한 수행을 이끌어 내지 않는다고 믿는다), 그 가설을 연구하기 위한 다른 방법을 사용하여 추가적인 연구를 수행할 것이다. 여기서 중요한 점은 연구의 결과가 예측을 확증할 때 이 가설은 지지될 뿐이지 증명되는 것은 아니라는 것이다. 연구자들은 동일한 가설을 다양한 방법을 사용하여 연구하며, 그 가설이 각각의 연구에 의해 지지될수록 우리는 해당 가설이 참인 것을 더욱 확신하게 된다.

우리는 누구를 연구하는가: 전문 용어에 대한 설명

우리는 연구과제에 참가한 개인들을 가리키기 위해 참가자(participant)라는 단어를 사용해 왔다. 심리학 연구에서 이와 동일한 용어는 피험자(subject)이다. 『미국심리학회 출판지침서(*Publication Manual of the American Psychological Association*)』(APA, 2010)는 심리학 연구에 참가하는 사람들을 기술할 때, 이제는 참가자 또는 피험자의 사용을 허용한다. 당신은 연구 문헌들에서 두 용어를 모두 볼 수 있으며, 이 책에서도 두 용어가 모두 사용될 것이다. 당신이 앞으로 만나게 될 다른 용어들은 **응답자**(respondent)와 **제보자**(informant)다. 설문조사에 참여한 개인들을 보통 **응답자**라고 부른다. **제보자**는 연구자들이 특정 문화와 조직 상황의 역동을 이해하는 데 도움을 주는 사람들을 일컫는데, 이 용어는 본래 인류학과 사회학 연구로부터 나왔으며 현재는 심리학자들도 사용하고 있다. 많은 연구 보고서에서 참가자들에 대해 더 특정한 용어를 사용하는데, 예를 들어 조직 내 **피고용자** 또는 직원, 학급의 **학생** 또는 요양시설의 **거주자**와 같은 용어들이다.

아이디어의 원천

좋은 아이디어가 어디에서 나오는지 말하기란 쉽지 않다. 많은 사람들이 가치 있는 아이디어를 만들어 낼 수 있는 능력을 지니고 있지만 어떠한 과정으로 좋은 아이디어가 만들어졌는가를 말하는 데 어려움을 겪는다. 만화가들은 이를 알고 있는데, 이들은 사람의 머리 위에 빛나는 전구로서 기발한 아이디어를 표현한다. 그러나 그 전기가 어디로부터 나온 것일까? 다음 다섯 가지의 아이디어의 출처를 생각해 보자. 일반 상식, 우리를 둘러싼 세상에 대한 관찰, 이론, 선행 연구, 실제적 문제.

일반 상식

검증될 수 있는 아이디어의 출처들 중 하나는 우리가 진실이라 믿고 있는 일반 상식이라 불리는 지식의 덩어리다. "정반대되는 사람들은 서로에게 끌린다" 혹은 "같은 유형의 사람들은 서로 끼리끼리 어울린다"와 같은 것들이 정말로 그러한가? "매를 아끼면, 자식을 망친다"가 정말일까? "천 마디 말보다 한 번 보는 것이 낫다"가 정말일까? 이러한 질문들을 하는 것이 매력이나 처벌의 효과, 학습과 기억에서 시각적 이미지의 역할 등에 관한 연구들을 이끌어 낼 수 있다.

일반 상식적인 아이디어를 검증하는 것은 가치 있는 일이 될 수 있는데, 그 이유는 그러한 관념들이 항상 진실인 것으로 판명되지 않기도 하고, 실제 세계는 우리의 일반 상식보다 더욱 복잡할 수 있다는 점을 보여 줄 수 있기 때문이다. 예를 들어, 그림은 특정한 상황에서는 기억을 보조할 수 있지만, 때때로 학습을 방해하기도 한다(Levin, 1983 참조). 일반 상식적인 생각을 검증하기 위한 연구를 수행하는 것은 종종 우리가 행동에 관한 일반 상식적인 이론을 넘어서도록 한다.

우리를 둘러싼 세상에 대한 관찰

개인적인 사건과 사회적 사건을 관찰하는 것은 연구를 위한 많은 아이디어를 제공해 줄 수 있다. 당신의 관찰과 경험에 의해 발생한 호기심은 모든 종류의 현상들에 대해 질문하도록 만들 수 있다. 사실 이러한 호기심이 많은 학생들로 하여금 처음으로 연구에 참여하도록 만든다.

당신은 당신이 이후에 찾아낼 수 있다고 분명히 확신하는 특별한(그리고 자신을 제외하고서는 아무도 찾아낼 수 없을 것 같은) 장소에 무언가를 보관한 다음, 나중에 당신이 그것을 어느 곳에 두었는지 회상하지 못하였던 경험이 있는가? 이러한 경험은 물건들을 특별한 장소에 놓아두는 것이 좋은 생각인가에 관한 체계적인 연구를 하도록 이끌 수 있다. 사실 Winograd와 Soloway(1986)는 바로 이 주제에 관하여 일련의 실험을 수행하였다. 그들의 연구에 따르면, 사람들은 다음의 두 조건이 존재할 때 어느 곳에 물건이 어디에 놓여 있는지를 더 잘 잊어버리게 된다. (1) 물건이 위치한 장소가 매우 기억하기 쉽다고 판단되고, (2) 그 장소가 그 물건이 놓여 있을 것 같지 않은 위치라고 생각되는 경우이다. 따라서 그 당시에는 좋은 생각처럼 보일 수는 있지만, 물건을 유별난 장소에 보관하는 것은 일반적으로는 좋지 않은 생각이다.

더 최근의 예는 다양한 아이디어들이 우리 주위에서 일어나는 일들에 관한 궁금증으로부터 발생할 수 있음을 증명하였다. 지난 몇 해 동안 특정한 유형의 록과 힙합 음악이 난잡한 성행위와 약물 사용, 그리고 폭력을 유발한다는 공포와 함께 음악 가사의 효과에 대한 대단히 많은 논쟁이 계속되어 왔다. 예를 들면, Martino와 동료들(2006)은 성적으로 비하하는 가사를 담고 있는 음악이 성적 행동에 영향을 미치는지 조사하기 위하여 청소년들을 3년 이상 면담하였다. 이들은 시간이 지남에 따라 성적으로 비하하는 가사를 담은 음악을 듣는 것이 넓은 범주에서 조숙한 성 행동을 예측하는 것을 발견하였다.

우리를 둘러싼 세상은 과학적 탐구를 위한 재료의 풍부한 출처다. 심리학자 Michael Lynn은 대학생 시절에 고객에게 팁을 받는 종업원으로 일하였다. 이러한 경험이 그의 학구적인 직업을 준비하는 흥미를 유발하였다(Crawford, 2000). 그는 미국과 다른 나라들에서 레스토랑과 호텔에서 팁을 주는 행동에 대한 연구를 다년간 수행하였다. 그는 자세, 접촉, 영수증에 적힌 문구와 같이 팁을 증가시키는 요인들에 대해 알아보았고, 그의 연구는 호텔과 레스토랑 산업에 영향을 미쳤다. 만일 당신이 레스토랑에서 일해 본 적 있다면 고객이 팁을 주는 행동에 대해 자신만의 가설을 수없이 세워 보았을 것이다. Lynn은 더 나아가 자신의 아이디어를 검증하기 위한 과학적 접근을 적용하였다. 그의 연구는 어떤 문제에 과학적 접근을 적용하는 것이 새로운 발견과 중요한 응용으로 이끌 수 있다는 것을 보여 준다.

끝으로, 우리는 뜻밖의 발견의 역할에 대해 언급할 필요가 있다. 때때로 종종 매우 흥미로운 발견은 우연이나 순전한 행운의 결과다. Ivan Pavlov는 **고전적 조건화**라고 하는 발견으로 널리 알려져 있는데, 고전적 조건화는 만일 중성 자극(소리와 같은)이 무조건 반응(타액 분비)을 생성하는 무조건 자극(음식)과 반복적으로 짝지어지면 그 결과로 중성 자극만이 제시되어도 그 반응을 이끌어 낸다는 것이다. Pavlov는 고전적 조건화를 발견하기 위해서 연구를 수행한 것은 아니었다. 대신 그는 음식이 주어졌을 때 개들의 타액 분비를 측정함으로써 개의 소화 체계를 연구하고 있었다. 그는 우연히 개들이 실제로 음식을 주기 전에 타액을 분비하는 것을 발견하였고, 그런 다음 음식을 주기 전에 선행하는 자극이 타액 분비 반응을 일으키는 방식을 연구하였다. 물론, 그러한 우연적 발견은 세계를 호기심 어린 눈으로 세상을 바라볼 때만 생겨날 수 있다.

✿ 이론

행동과학의 많은 연구들은 행동에 관한 이론을 검증한다. **이론**(theory)은 특정한 주제 또는 현상에 관한 아이디어의 체계적인 줄기로 구성된다. 심리학자들은 학습, 기억, 성격과 같은 인간의 행동에 관련된 이론들을 지니고 있다. 이러한 아이디어들은 두 가지 중요한 기능을 담당하는 논리적으로 일관성 있는 구조를 형성한다. 첫째, 이론은 행동에 관한 다양한 사실이나 기술을 **조직화하고 설명한다**. 사실과 기술은 그 자체로는 그렇게 의미가 있지는 않으며, 따라서 이론은 그것들에 틀을 부여할 필요가 있다. 이러한 틀은 우리가 다양한 행동을 조직화하고 설명할 수 있는 몇 가지 추상적인 개념들을 제공함으로써 세상을 더욱 이해 가능하게 만들어 준다. 그 한 가지 예로서, Charles Darwin의 진화 이론이 동물 종들의 특성에 관한 다양한 사실들을 어떻게 조직화하고 설명하는가를 떠올려 보라. 이와 유사하게, 심리학에서 기억에 관한 하나의 이론은 단기기억과 장기기억이라는 분리된 기억 체계가 존재함을 주장한다. 이 이론은 머리에 가해진 타격과 뇌의 해마 영역의 손상이 서로 다른 종류의 기억 손상을 초래하는 것이나, 방금 읽은 내용을 잊어버리는 비율 같은 현상들을 포함하여 학습과 기억에 관한 수많은 구체적인 관찰들을 설명한다.

둘째, 이론은 우리의 생각을 집중시킴으로써 **새로운 지식을 창출**하게 하여, 그로 인해 우리는 행동의 새로운 측면들을 알아차리게 된다. 즉, 이론은 세상에 대한 관찰을 안내하는 역할을 한다. 이론은 행동에 관한 가설을 만들어 내고, 연구자는 그 가설을 검증하기 위한 연구를 수행한다. 만일 연구가 그 가설을 확증한다면, 그 이론은 지지된다. 특정 이론과 일치하는 증거들이 더 많이 축적될수록 우리는 그 이론이 참이라는 것을 더욱 확신하게 된다.

때때로 사람들은 이론을, 참일 수도 있고 그렇지 않을 수도 있는 '단지 하나의 생각'으로 묘사한다. 우리는 이론이 본질적으로 가설과 동일하다는 것을 의미하는 것으로서의 사용을 이론의 과학적 의미로부터 분리해야 한다. 사실, 과학적 이론은 단순한 '아이디어'보다는 훨씬 더 많은 것으로 구성된다. 과학적 이론은 선행 연구로부터 얻어진 실제적 자료뿐만 아니라 그 이론과 일치하는 수많은 가설들에 근거하고 있다. 이 가설들은 이후의 연구들을 통하여 검증될 수 있다. 이러한 검증 가능한 가설들은 구해진 자료가 가설을 지지할 수도 있고 거부할 수도 있기 때문에 반증 가능하다(1장 참조). 어떤 이론이 그 이론을 지지하는 더 많은 증거들과 함께 발달하면 할수록, 그것을 '단지 하나의 생각'이라고 말하는 것은 틀리게 된다. 대신 이론이 관찰 가능한 많은 사실들을 설명할 수 있을 때, 그 이론은 매우 견고해진다. 이론에 근거하여 만들어진 가설이 지지되지 않을 경우, 연구가 그 이론의 결점을 드러낼 수도 있다. 이러한 경우가 발생할 때, 그 이론은 새로운 자료를 설명하기 위하여 수정될 수 있다. 때로는 새로운 자료와 이미 존재하는 많은 양의 지식을 모두 설명하는 새로운 이론이 등장하기도 한다. 이러한 과정은 과학이 우리를 둘러싸고 있는 세상에 대한 지식을 확장시키는 새로운 자료와 함께 지속적으로 발달하는 과정을 나타낸다.

진화론적 이론은 성적 매력과 교배 패턴에 대한 우리의 이해에 영향을 주었다(Buss, 2007). 예를 들어, Buss는 남성은 배우자가 다른 이와 정서적 유대만을 가졌을 때(정서적 부정)보다 성적 관계를 가졌을 때(성적 부정) 더 강한 질투심을 경험하며, 이와 반대로 여성은 배우자가 성적인 부정보다는 정서적 부정을 하였을 때 더 질투를 느낀다는 상당히 공고한 발견을 기술한다. 이러한 발견은 남성과 여성이 배우자 선택을 위한 서로 다른 전략을 진화시켜 왔다고 주장하는 진화론적 이론과 일치한다. 모든 사람들은 자신의 유전자를 미래의 세대에 전달하려는 진화론적인 관심을 지니고 있다. 그러나 여성은 상대적으로 번식을 위한 더 적은 기회를 지니고, 번식 가능한 연령대의 제한이 있으며, 아이들을 돌보는 데 엄청난 양의 시간과 노력을 소모해야만 한다. 반대로, 남성은 어느 시기에나 번식이 가능하고, 한 명의 여성이 낳을 수 있는 자식들보다 더 많은 자식들을 만들어 낼 수 있다는 능력으로 인해 번식에서 이점을 지니고 있다. 이러한 차이로 인해, 진화론적 이론은 남성과 여성이 배우자의 부정에 대해 서로 다른 관점을 지닐 것이라고 예측한다. 여성은 배우자가 다른 여성과 정서적 유대를 발전시킴으로 인해 육아에 필요한 지지와 자원을 더 이상 제공하지 않을 수 있을 때 더 큰 위협을 느낄 것이다. 남성은 자신의 유전자를 지니지 않은 아이를 돌보게 될 가능성이 있을 때 더 고통스러울 것이다. 비록 연구가 진화론적 이론을 지지하지만, 같은 발견에 대한 더 나은 설명을 하는 대안적인 이론들 또한 개발될 수 있는데, 그 이유는 이론들이 살아 있고 역동적이기 때문이다. Levy와 Kelly(2010)는 애착 이론이 더 나은 설명을 제공할 수 있다고 제안하였다. 이들은 남성과 여성이 관계에서의 애착 수준이 다르다고 주장하였다. 또한 여성은 대체로 남성보다 더 큰 애착을 보인다. 애착 이론의 관점에서 애착의 양은 정서적 부정에 의해 경험되는 고통과 연관되어 있을 것이다. Levy와 Kelly의 연구는 높은 애착을 지닌 사람들은 정서적 부정에 의해 가장 많이 분노하는 반면, 낮은 애착을 지닌 이들은 성적 부정에 많이 고통스러워한다는 것을 발견하였다. 이러한 발견들은 이 두 가지 이론적 조망을 검증하는 더 많은 연구들을 이끌어 낼 것이다.

이론들은 보통 새로운 연구가 그 이론의 범위를 규정함으로써 수정된다. 이론의 수정에 대한 필요성은 이전에 언급한 단기기억 대 장기기억 이론으로 설명될 수 있다. 기존의 장기기억 체계의 개념은 장기기억을 영구적이고 고정된 기억들의 저장소로 묘사하였다. 그러나 Loftus(1979)를 포함한 인지심리학자들이 수행한 오늘날의 주된 연구들은 기억들이 쉽게 재구조화되고 재해석됨을 보여 주었다. 한 연구에서, 참가자들은 자동차 사고 장면이 담긴 영상을 본 후, 그 영상에서 무엇을 보았는지 질문을 받았다. Loftus는 참가자들의 기억이 그들이 질문을 받은 방식에 영향을 받는다는 것을 발견하였다. 예를 들어, '그' 부서진 헤드라이트를 보았는지를 질문받은 참가자들은 단순히 부서진 헤드라이트를 보았는지를 질문받은 참가자들보다 더 많이 그렇다고 응답하였다. 이와 같은 결과들은 장기기억이 어떻게 작동하는가에 관한 더 정교한 이론을 필요로 하였다.

✿ 선행 연구

아이디어의 네 번째 출처는 선행 연구이다. 어떠한 주제에 관한 여러 연구들에 익숙해지는 것은 아마도 새로운 연구에 대한 아이디어를 찾는 최선의 방법일 것이다. 연구의 결과들이 출판되기 때문에 연구자들은 계속해서 우리의 지식을 정제하고 확장하기 위하여 어떤 주제에 관한 많은 이전 문헌들을 이용할 수 있다. 실질적으로 모든 연구들은 이후에 연구에서 다루어질 수 있는 질문들을 이끌어 낸다. 즉, 연구들은 그 결과를 다른 상황에 적용하거나, 다른 연령 집단을 대상으로 그 주제에 관해 연구하거나, 그 결과를 반복하기 위한 다른 방법론을 사용하는 등의 시도를 이끌어 낼 수 있다. 운전 중 휴대전화 사용에 관한 Cramer와 동료들(2007)의 연구에서, 숙련된 관찰자들이 이틀간 세 시간씩 대학의 주차 건물을 떠나는 3,650명의 학생들의 휴대전화 사용을 기록하였다. 이들은 11%의 운전자들이 휴대전화를 사용하고 있었음을 보고하였다. 여성이 남성보다 휴대전화를 더 많이 사용하였으며, 동승자가 있는 운전자들은 혼자 있는 운전자들보다 통화를 더 적게 하는 것으로 나타났다. 이 연구를 통해 얻은 지식은 대학생들의 운전 중 휴대전화 사용을 줄이는 방법에 관한 연구를 이끌어 낼 수 있다.

이에 더하여, 당신이 어떠한 주제에 대한 연구 문헌들에 친숙해짐에 따라 당신은 추가적인 조사를 필요로 하는 연구 결과들 간의 불일치를 발견할 수도 있고, 그 결과들에 대한 대안적인 설명에 대해 연구해 보고 싶을 수도 있다. 또한 한 가지 연구 분야에 대해 아는 것은 종종 다른 연구 분야에도 성공적으로 적용될 수 있다.

이전 연구에서 나타난 방법론적 결함에 대해 논하기 위해 고안된 구체적인 연구의 예를 살펴보자. 1장에서 우리는 자폐증으로 진단받은 아이들을 돕기 위해 고안된 **촉진된 의사소통**이라는 방법에 관한 연구를 논의하였다. 아동기 자폐증은 언어와 의사소통 능력의 심각한 손상을 포함하는 많은 증상들로 묘사된다. 부모와 보호자들은 촉진된 의사소통을 적극적으로 추천받는데, 이 방법은 자폐 아동이 글자나 다른 기호들을 보여 주는 키보드의 키를 누름으로써 다른 이들과 소통하도록 해준다. 조력자는 어느 키를 눌러야 하는지를 결정하는 아동의 능력을 촉진하기 위하여 아이들의 손을 잡는다. 이러한 방법으로 많은 자폐 아동들이 그들의 생각이나 느낌에 대해 소통하기 시작하였으며, 주어진 질문에 대해 대답하였다. 촉진된 의사소통이 실제로 작동하는 것을 지켜본 대부분의 사람들은 이 기술을 기적의 돌파구라 여겼다.

촉진된 의사소통이 효과적이라는 결론은 조력자가 있는 경우와 없는 경우의 자폐 아동들의 의사소통 능력의 비교에 기반하여 도출되었다. 그 차이는 대부분의 관찰자들에게 매우 인상 깊은 것이었다. 그러나 과학자들은 선천적으로 회의적이라는 것을 잊지 말라. 연구자들은 모든 증거들을 유심히 조사하고 그 주장이 정당한지에 대해 질문을 던진다. 촉진된 의사소통의 경우, Montee, Miltenberger와 Wittrock(1995)는 조력자가 아동의 손가락이 의미 있는 문장을 입력하도록 의도치 않게 유도할 수 있다는 점을 지적하였다. 다른 말로, 자폐 아동이 아닌 조력자가 의사소통을 통제하였을 수 있다는 것이다. Montee 등은 이 생각을 검증하기 위한 연구를 수행하였다. 첫 번째 조건에서 조력자와 자폐 아동 모두에게 그림이 제시되었고, 아동은 조력자와 반응을 입력함으로써 그림에 무엇이 보였는지를 확인하도록 하였다. 이러한 과정이 많은 시행 동안 수행되었다. 두 번째 조건에서는 오직 아동만이 그림을 보았다. 세 번째 조건에서는 아동과 소력자가 서로 다른 그림들을 보았다(그러나 조력자는 이 사실을 알아차리지 못하였다). 조력자가 아동의 반응을 통제하고 있을 것이라는 가설과 일치하게, 아동과 조력자 모두 같은 그림을 보았던 조건에서만 그 그림이 정확하게 확인되었다. 이에 더하여, 아동과 조력자가 서로 다른 그림을 보았을 때 아동은 단 한 번도 정확한 반응을 보이지 않았고, 대체로 조력자가 보았던 그림만을 가리켰다.

✿ 실제적 문제

또한 연구는 즉각적인 적용을 할 수 있는 실제적인 문제들에 의해서 시작될 수 있다. 예를 들어, 도시 계획자들과 시민들은 자전거를 타기 위해 가장 바람직한 경로를 결정하기 위하여 자전거 사용자들을 대상으로 설문조사를 수행할 수 있다. 더 넓은 차원에서, 연구자들은 비만과 섭식 장애뿐만 아니라 사회적 문제나 건강에 관련된 쟁점들에 대한 연구를 수행함으로써 공공 정책의 제정에 안내자 역할을 하였다. 1장에서 언급한 많은 응용연구와 평가 연구들은 이와 같은 주제를 다루고 있다.

문헌 연구

어떠한 연구과제를 수행하기 이전에 연구자는 반드시 이전 연구의 발견들을 철저히 이해하고 있어야만 한다. 비록 연구자가 기본적인 아이디어를 형식화하더라도, 이전 연구들에 대한 검토가 연구자가 그 아이디어를 명확하게 하고 연구를 설계하는 데 도움을 줄 것이다. 따라서 특정 주제에 관한 문헌들을 어떻게 검색하고 전문 학술지에 게재된 연구 보고서를 어떻게 읽는지에 대해 아는 것이 매우 중요하다. 이 절에서 우리는 단지 문헌 연구를 수행하는 기초에 대해서만 논의할 것이다. 더 자세한 정보를 위해서는 대학 도서관을 방문하여 사서와 대화해 보기 바란다(큰 도서관에는 전문적으로 심리학이나 다른 행동과학에 대한 도움을 제공하는 사서들이 존재하기도 한다). 사서들은 특별한 훈련 과정을 거쳤으며, 문헌 연구를 수행하는 데 많은 실제 경험들을 지니고 있다. 또한 당신은 Reed와 Baxter(2003)와 같은 심리학 문헌 연구에 대한 더욱 자세한 안내를 참조하거나 인터넷을 통해 수많은 도서관 안내들을 참조할 수도 있다. 또한 당신은 연구를 개관하는 논문을 준비하는 데 도움을 얻을 수 있는 안내를 찾을 수도 있는데, Rosnow와 Rosnow(2009)가 그 예이다.

✿ 학술지의 특성

만일 당신이 도서관에서 정기 간행물 구간을 돌아다닌 적이 있다면 수많은 전문 학술지가 있다는 것을 알아차렸을 것이다. 이러한 학술지들에 연구자들은 그들의 연구 결과를 출간한다. 한 연구과제가 완성되면, 이 연구는 보고서 형식으로 작성되며, 그다음 해당 분야의 학술지의 편집장에게 투고된다. 편집장은 같은 분야의 다른 과학자들에게 심사를 청하며, 이 보고서를 출판을 위해 받아들일 것인지를 결정한다[이것이 1장에서 언급한 동료 평가(peer review)의 절차다]. 각 학술지는 지면이 한정되어 있는 반면, 출간을 위한 공간보다 훨씬 많은 원고들을 받기 때문에 대부분의 원고들은 출판이 거절된다. 온라인 간행물은 때때로 더 빠르게 출판되기도 하지만 출판이 허가된 논문들은 대략 1년 후에 게재된다.

대부분의 심리학 학술지들은 인간과 동물의 행동에 대한 한두 영역에 전문화되어 있다. 그렇다 해도, 많은 분야의 학술지들의 수가 너무 많기 때문에 모든 학술지의 논문들을 읽는 것은 불가능하다. 표 2.1은 다양한 심리학 분야의 주요 학술지들의 일부를 보여 준다. 이 표에는 인터넷으로만 출판되는 학술지들은 포함되지 않았으며, 심리학과 밀접하게 연관된 분야나 심리학에서 특정 분야에 전문화된 많은 학술지들 또한 포함되지 않았다. 학습과 기억 같은 심리학의 단일 연구 분야로 제한하더라도 분명히 목록에 있는 학술지들을 모두 읽기란 매우 어려울 것이다. 만일 당신이 어떤 특정 주제에 관한 연구를 찾고 있다면, 관련된 연구가 출판되었을 것 같은 모든 학술지의 인쇄물을 들여다보는 것은 실용적이지 못할 것이다. 다행히도 당신은 그럴 필요가 없다.

✿ 온라인상의 전문 연구 데이터베이스: PsycINFO

1927년 미국심리학회(American Psychological Association)는 「심리학 초록(*Psychological Abstracts* 또는 *Psych Abstracts*)」이라는 월간지를 출판하기 시작하였다. 여기에 담긴 초록들은 주제별로 색인이 만들어진 심리학 및 관련 분야 논문들의 짧은 요약이었다. 오늘날, 이 초록들은 **PsycINFO**라고 불리는 컴퓨터 데이터베이스에 저장되는데, 이는 인터넷을 통해 접근할 수 있으며, 매주 업데이트된다. 당신이 PsycINFO를 사용하기 위한 정확한 절차는 당신이 이용하는 도서관이 이 데이터베이스에 접근하기 위해 어떻게 설정되어 있는지에 따라 다를 것이다. 모든 경우에서 당신은 관심

표 2.1 심리학 분야의 주요 학술지들

일반	
American Psychologist* (다양한 주제의 일반적인 논문 수록)	Psychological Methods*
Contemporary Psychology* (도서 리뷰)	Current Directions in Psychological Science
Psychological Bulletin* (문헌 개관)	Psychological Science in the Public Interest
Psychological Review* (이론적 논문 수록)	History of Psychology*
Psychological Science	Review of General Psychology*
임상심리학과 상담심리학	
Journal of Abnormal Psychology*	Behavior Therapy
Journal of Consulting and Clinical Psychology*	Journal of Abnormal child Psychology
Journal of Counseling Psychology*	Journal of Social and Clinical Psychology
Behavior Research and Therapy	Professional Psychology: Research and Practice*
Journal of Clinical Psychology	
심리학의 실험적 분야	
Journal of Experimental Psychology:	Memory & Cognition
General*	Cognitive Psychology
Applied*	Cognition
Learning, Memory, and Cognition*	Cognitive Science
Human Perception and Performance*	Discourse Processes
Animal Behavior Processes*	Journal of the Experimental Analysis of Behavior
Journal of Comparative Psychology*	Animal Learning and Behavior
Behavioral Neuroscience*	Neuropsychology*
Bulletin of the Psychonomic Society	Emotion*
Learning and Motivation	Experimental and Clinical Psychopharmacology*
발달심리학	
Developmental Psychology*	Developmental Review
Psychology and Aging*	Infant Behavior and Development
Child Development	Experimental Aging Research
Journal of Experimental Child Psychology	Merrill-Palmer Quarterly
Journal of Applied Developmental Psychology	

(계속)

있는 특정 주제와 관련된 초록들의 목록을 얻을 수 있다. 이후 당신은 도서관에서 해당 논문을 찾아서 읽을 수 있으며, 또는 많은 경우에 도서관이 가입되어 있는 링크를 통해 전문에 접근할 수 있다. 만일 중요한 논문이 도서관에서 이용 가능하지 않을 경

표 2.1 심리학 분야의 주요 학술지들(계속)

성격심리학과 사회심리학	
*Journal of Personality and Social Psychology**	*Social Psychology Quarterly*
Personality and Social Psychology Bulletin	*Journal of Applied Social Psychology*
Journal of Experimental Social Psychology	*Basic and Applied Social Psychology*
Journal of Research in Personality	*Journal of Social and Personal Relationships*
Journal of Social Issues	
심리학의 적용 분야	
*Journal of Applied Psychology**	*Evaluation Review*
*Journal of Educational Psychology**	*Evaluation and Program Planning*
Journal of Applied Behavior Analysis	*Environment and Behavior*
*Health Psychology**	*Journal of Environmental Psychology*
*Psychological Assessment**	*Journal of Consumer Research*
*Psychology, Public Policy, and Law**	*Journal of Marketing Research*
Law and Human Behavior	*Rehabilitation Psychology*
Educational and Psychological Measurement	*Journal of Business and Psychology*
American Educational Research Journal	
가족 연구 및 성 행동	
*Journal of Family Psychology**	*Journal of Sex Research*
Families, Systems and Health	*Journal of Sexual Behavior*
Journal of Marriage and the Family	*Journal of Homosexuality*
Journal of Marital and Family Therapy	
민족, 성, 그리고 문화 간 쟁점	
Hispanic Journal of Behavioral Sciences	*Journal of Cross-Cultural Psychology*
Journal of Black Psychology	*Cultural Diversity and Ethnic Minority Psychology**
Sex Roles	*Psychology of Men and Masculinity*
Psychology of Women Quarterly	
캐나다 및 영국 학술지	
Canadian Journal of Experimental Psychology	*British Journal of Psychology*
Canadian Journal of Behavioral Science	*British Journal of Social and Clinical Psychology*

별표(*): 미국심리학회(American Psychological Association)에서 출판됨.

우, 도서관 사서에게 다른 도서관으로부터 논문을 얻을 수 있는 서비스에 관하여 물어보길 바란다.

✿ PsycINFO 검색하기

당신이 PsycINFO를 검색하기 위해 사용할 정확한 시스템의 형태와 분위기는 당신이 이용하는 도서관의 웹사이트마다 다르다. 가장 중요한 것은 원하는 검색 용어를 특정시켜 해당 데이터베이스를 사용하는 것이다. 이 용어들을 검색창에 입력한다. 검색창에 어떤 단어가 들어가야 하는지 어떻게 알 수 있는가? 가장 일반적으로, 당신은 표준적인 심리학 용어들을 사용하고 싶을 것이다. 「심리학 색인 용어사전(*Thesaurus of Psychological Index Terms*)」은 초록들을 색인화하기 위해 사용되는 모든 표준 용어들을 보유하고 있으며, 이는 대부분의 PsycINFO 시스템에서 바로 접근 가능하다. 당신이 '시험 불안'이라는 주제에 관심이 있다고 가정해 보자. **시험**과 **불안**이라는 단어 모두가 용어사전의 주요 용어인 것을 알 수 있다. 만일 당신이 '불안'이라는 용어의 아래쪽을 살펴본다면, **분리 불안**, **사회 불안**, **시험 불안**과 같은 관련된 모든 용어들을 볼 수 있을 것이다. 이 용어사전을 사용하면서 당신은 어떠한 용어라도 확인할 수 있고, 그 용어를 이용한 검색을 요청할 수 있다. 물론, 당신의 주제와 관련된 용어나 어구를 사용하여 검색을 할 수도 있다. 당신이 검색을 시작하라는 명령을 내리면, 그 검색 결과가 나타날 것이다.

아래는 시험 불안에 대한 검색으로 발견한 논문들 중 하나를 보여 준다. 당신에게 보여질 결과물의 정확한 형태는 당신이 이용하는 도서관의 검색 시스템에 따라 달라진다. 기본적인 결과는 초록과 함께 당신이 필요로 할 인용 정보를 포함한다. 이 결과가 정보의 '필드(field)'에 조직화되어 있다는 점에 주목하라. 여기에는 각 필드의 전체 이름이 포함되어 있지만, 많은 시스템들은 약어를 사용한다. 당신은 거의 항상 **제목**(title), **저자**(author), **출처/출판 제목**(source/publication title), 그리고 **초록**(abstract)을 보고 싶을 것이다. 또한 당신은 출판 유형(publication type)이나 해당 논문을 짧게 묘사하는 주제어(keywords), 연령 집단(age group)과 같은 필드를 볼 수 있다. 검색을 할 때 몇몇 필드는 해당 도서관 데이터베이스의 다른 정보나 다른 웹사이트로 당신을 연결해 주는 하이퍼링크로 나타날 것이다. 관련 시스템들은 사용자들이 해당 논문의 전문을 쉽게 얻을 수 있고, 유사한 주제의 다른 논문들을 더욱 쉽게 찾을 수 있도록 계속해서 향상되고 있다. *Digital Object Identifier*(DOI)는 논문의 전문 출처를 찾는 데 특히 도움이 되며, 지금은 학술지 논문이 참조될 때 다른 출판 정보와 함께 제공된다.

참고문헌은 다음과 같다.

Nelson, D., & Knight, A. (2010). The power of positive recollections: Reducing test anxiety and enhancing college student efficacy and performance. *Journal of Applied Social Psychology*, *40*(3), 732-745. doi:10.1111/j.1559-1816.2010.00595.x

이 연구(Nelson & Knight, 2010)에 대한 PsycINFO 결과는 다음과 같이 나타난다.

Title	The Power of Positive Recollections: Reducing Test Anxiety and Enhancing College Student Efficacy and Performance.
Authors	Nelson, Donna Webster, Winthrop University, Rock Hill, SC, US, nelsond@winthrop.edu Knight, Ashley E., Winthrop University, Rock Hill, SC, US
Address	Nelson, Donna Webster, Department of Psychology, Winthrop University, Rock Hill, SC, US, 29733, nelsond@winthrop.edu
Source	Journal of Applied Social Psychology, Vol 40(3), Mar, 2010. Pp. 732-745.
Page Count	14
Publisher	United Kingdom: Wiley-Blackwell Publishing Ltd.
ISSN	0021-9029 (Print)
Language	English
Keywords	Positive recollections; test anxiety; college student efficacy & performance
Abstract	This research sought to develop an intervention (targeting positive emotions and thoughts) as a mechanism for reducing test anxiety and raising confidence and performance in a sample of college students. Participants were randomly assigned to a positive thought task or a control task. Those in the positive-

	thought condition, who were assigned to write about successful personal experiences, derived several benefits, when compared with control participants who wrote about their morning routines. Specifically, they experienced more positive affect and less negative affect, exhibited a more optimistic outlook, and reported less test anxiety. They were more likely to appraise the quiz confidently, perceiving it as a challenge rather than a threat. Perhaps most importantly, they exhibited superior performance on the quiz. (PsycINFO Database Record © 2010 APA, all rights reserved)
Subjects	*College Students; *Performance; *Positivism; *Self Efficacy; *Test Anxiety
Classification	Academic Learning & Achievement (3550)
Age Group	Adulthood (18 yrs & older) (300)
Tests & Measures	Positive and Negative Affect Scale
Methodology	Empirical Study; Quantitative Study
Publication Type	Journal; Peer Reviewed Journal
Document Type	Journal Article
Release Data	20100503
Copyright	the Authors & Wiley Periodicals, Inc. 2010.
Digital Object Identifier	10.1111/j.1559-1816.2010.00595.x
Accession Number	2010-06157-011
Database	PsycINFO

시험 불안과 같이 한 단어나 어구로 간단한 검색을 할 때, 기본적인 검색은 해당 단어나 어구가 나열된 필드의 어느 곳에라도 포함되어 있는 논문들을 보여 줄 것이다. 종종 당신은 이것이 당신의 관심과 직접적으로 관련되지 않은 논문들을 포함하여 너무 많은 논문들을 보여 준다는 것을 발견하게 될 것이다. 검색 범위를 좁히는

한 가지 방법은 검색을 특정 필드로 제한하는 것이다. PsycINFO 검색 화면은 논문 제목과 같이 검색을 하나의 필드로 제한할 수 있게 해준다. 또한 당신은 원하는 필드를 검색에 포함시키는 방법을 배울 수 있다. 예를 들어, 당신은 논문들에 대한 검색을 제한하기 위하여 **제목**(TITLE)에 **시험 불안**(test anxiety)을 명시하여 논문의 제목에 이 용어가 들어간 논문들만을 검색할 수 있다. 또한 당신의 검색 화면은 검색에 제한을 설정하도록 해주는데, 예를 들어 그 검색이 학술지 논문들(도서나 학위논문 제외)만을 찾도록 하거나 또는 특정 연령 집단의 참가자들만을 포함하도록 검색을 제한할 수 있다.

대부분의 PsycINFO 시스템은 당신이 AND, OR, NOT과 같은 논리 연산자를 사용할 수 있도록 해주는 최신의 검색 화면을 보여 준다. 이는 아래와 같이 입력될 수 있지만, 최신의 검색 화면은 당신이 검색을 설계하는 것을 돕기 위하여 입력 창을 사용한다. 예컨대, 당신이 대학생만을 대상으로 한 연구들 중에서 제목에 '시험 불안'이라는 용어가 포함된 것만을 찾고 싶어 한다고 가정해 보자. 당신은 [제목(TITLE)에서 '시험 불안(test anxiety)'] AND [참가자(SUBJECTS)에서 '대학생(college students)']이라고 입력하여 이 작업을 수행할 수 있다. 여기에서 사용된 AND는 두 조건 모두에 참인 논문이 결과에 포함되도록 해준다. 괄호는 서로 다른 검색 세부 사항을 분리하는 데 사용되며, 당신의 검색이 점차 복잡해질수록 유용하다.

OR 연산은 너무 좁은 검색을 확장하기 위해 사용된다. 당신이 인터넷상의 연애 관계에 대해 논의하는 논문을 찾고 싶어 한다고 가정해 보자. '인터넷(internet) AND 연애(romance)'에 대한 모든 필드에서의 PsycINFO 검색은 59개의 논문들을 나타내지만, 세부 사항을 '인터넷(internet) AND [연애(romance) OR 데이트(dating) OR 사랑(love)]'으로 바꾸면 330개의 논문들이 산출된다. 인터넷과 나머지 세 가지 용어들 중 하나를 포함한 논문들이 두 번째 검색에 포함되었다.

NOT 연산은 당신이 명시하는 기준에 근거하여 출처를 제외할 것이다. NOT 연산은 검색 기준이 관련 없는 초록들에 대해서도 충족될 것이라 예상될 때 사용된다. 위의 인터넷의 예에서, 검색은 아동 범죄자에 관한 논문들을 포함할 가능성이 있다. 검색 결과로부터 아동이라는 단어를 제외시키기 위해서는 다음과 같이 조정을 하면 된다. '인터넷(internet) AND [연애(romance) OR 데이트(dating) OR 사랑(love)] NOT 아동(child)'. 이 검색이 수행되었을 때 이전에 330개의 초록들이 검색된 것과 달리 303개의 초록들이 검색되었다.

또 다른 유용한 검색 도구는 '임의 기호'인 별표(*)다. 별표는 한 단어에서 어떠한 글자 조합이라도 가능함을 의미하며, 따라서 이는 검색을 확장시킨다. 위의 검색 예에서 연애(romance)라는 단어를 생각해 보자. 'roman*'을 사용함으로써 검색은 romance와 romantic 모두를 포함하도록 확장될 것이다. 임의 기호는 아동(child), 아동들(children), 아동기(childhood) 등에 대한 결과를 찾기 위해 아동*(child*)이라는 검색 용어를 사용하는 경우처럼 매우 유용할 수 있다. 그러나 이러한 작업을 할 때 반드시 주의해야 하는데, 'roman*'은 Romania와 romanticism에 대해서도 검색할 것이다. 이러한 경우, 간단히 'OR romantic'을 검색에 추가하는 것이 더욱 효율적이다. 이러한 방법을 포함하여 다양한 검색 방법들이 **그림 2.1**에 요약되어 있다.

검색 용어의 선택에 대해 신중히 고려하는 것은 좋은 생각이다. 운전자 폭행에 관한 주제로 글을 쓰기로 결심한 어떤 여학생의 사례를 생각해 보자. 이 학생은 무엇이 운전자들로 하여금 다른 운전자들에게 그렇게 분노하도록 만들고, 공격적으로 변하게 하는지 알아보고자 하였다. '운전자 폭행(road rage)'이란 용어에 대한 검색 결과, 수많은 흥미로운 논문들을 발견하였다. 그러나 그 검색 결과를 들여다보았을 때, 그 학생은 주요 주제어(keyword)가 '운전자 폭행'이 아니라 '운전 행동(driving behavior)'과 '분노(anger)'를 포함한다는 것을 알게 되었다. 그녀가 이에 관하여 질문하였을 때, 우리는 그녀가 제목 또는 초록에 '운전자 폭행'이라는 용어를 포함하는 논문들만을 발견하였음을 알아차렸다. 이 용어는 점차 대중적으로 사용되고 있지만, 그 주제에 대한 많은 학술적 연구들에서는 사용되지 않을 수 있다. 이후 그녀는 검색을 '운전(driving)' AND '분노(anger)'를 포함하도록 확장시켰다. 새로운 검색은 이전의 검색에서 발견되지 않았던 많은 논문들을 산출해 주었다.

당신의 검색 결과를 이후에 검토하기 위해서 당신은 검색 결과를 인쇄하거나 저장할 수 있으며, 그 정보를 이메일 주소로 보낼 수 있다. 또한 참고문헌 인용을 APA 양식으로 출력하는 것과 같은 다른 선택사항들도 사용 가능하다.

✿ 과학 인용 색인과 사회과학 인용 색인

두 가지 관련 있는 검색의 출처는 **과학 인용 색인**(Science Citation Index, SCI)와 **사회과학 인용 색인**(Social Sciences Citation Index, SSCI)이다. 이 두 색인은 보통 **Web of Science**라는 컴퓨터 데이터베이스를 사용하여 함께 접속된다. 이들은 저자의 이름이나 논문의 제목과 같은 인용 정보를 통하여 검색할 수 있도록 해준다. SCI는 생물학, 화학, 생물의학, 약물학 같은 학문 분야들을 포함하는 반면, SSCI는 사회학이나 형사정책학 같은 사회과학 및 행동과학을 포함한다. 이 두 출처들의 가장 중요한 특징은

일반적 전략들

- 다양한 데이터베이스를 사용하라(예: PsycINFO와 Google Scholar 둘 다를 사용하라). 사용 가능한 정보의 범위를 확장하기 위하여 도서관에서 사용 가능한 데이터베이스에 친숙해져라.
- 검색 용어를 기록하고, 최신 정보를 찾기 위하여 그 검색을 반복하라.
- 전문을 제공하는 논문에 검색을 국한하지 말라. 이는 검색 결과를 편향되게 만든다.
- 다양한 주제어를 사용하라. 예컨대, '성난 운전(angry driving)'과 '운전자 폭행(road rage)'에 대한 두 가지 검색은 완전히 겹쳐지지 않는 두 결과를 산출한다.
- 개관 문헌들을 찾기 위해서는 논문의 제목에 '개관(review)' 또는 '메타분석(meta-analysis)'이라는 단어를 사용하는 것을 고려해 보라.
- 완벽하게 들어맞는 핵심 논문을 찾고 난 후에, 이를 추가적인 논문들을 찾기 위해 사용하라. 이 결과를 새로운 검색 결과를 생성하기 위해 사용하라.
- PsycINFO로부터 '이 데이터베이스에서 인용된 횟수(times cited in this database)'의 정보 또는 Google Scholar에서 '관련 논문들(related articles)'의 정보를 사용하라.
- PsycINFO와 Google Scholar에서 제공되는 '인용된 참고문헌들(cited references)'의 정보를 사용하라.

PsycINFO 검색 전략

- '제목(TITLE)'과 '저자(AUTHOR)'와 같은 필드를 사용하라. 예컨대, '제목' 칸에 '이혼'을 입력하면 이 용어가 제목에 포함된 것만을 검색한다.
- AND, OR, NOT을 사용하라. AND는 검색을 제한한다. 예를 들어, '이혼(divorce) AND 아동(child)'을 입력하면 두 용어 모두가 포함된 것만을 검색한다.
- OR는 검색을 확장한다. 예를 들어, '이혼(divorce) OR 이별(breakup)'은 둘 중 하나만 포함되어도 찾아낸다.
- 검색 용어를 제외하기 위해 NOT을 사용하라. 예를 들어, '수줍음(shyness) NOT 치료(therapy)'를 입력하면 '수줍음'에 관한 논문들 중에서 '치료'를 포함한 것들을 제외시킨다.
- 임의 기호인 별표(*)를 사용하라. 예를 들어, '아동*(child*)'은 '아동(child)'으로 시작되는 모든 단어들을 찾는다['아동기(childhood)', '아동의(child's)' 등].
- 동료 평가가 된 논문으로 검색을 제한하기 위한 절차를 찾아라.
- 논문의 저자에 의해 선택된 주제어들을 검토하고 사용하라(PsycINFO에서 이러한 정보는 상세 결과 화면에서 찾을 수 있다).

Google 검색 전략

- 고급 검색(Advanced Search)을 위한 링크를 따라가라. 고급 검색창은 다음과 같은 기능을 포함한다.
  - 특정 어구에 대한 검색을 한다.
  - 일련의 'AND' 어구들을 구체적으로 명시함으로써 각각의 검색 결과가 모든 어구들을 포함하도록 한다.
  - 일련의 'OR' 어구들을 구체적으로 명시함으로써 검색을 확장한다.
  - 일련의 'NOT' 어구들을 구체적으로 명시함으로써 검색을 제한한다.

그림 2.1 연구 데이터베이스 검색을 위한 전략

'핵심 논문(key article)' 방법을 사용할 수 있다는 것이다. 먼저 당신은 관심 주제와 특별히 관련성이 높은 핵심 논문을 확인하는 것이 필요하다. 이때, 관련된 연구들이 이후에 수행되고 보고될 충분한 시간을 확보하기 위해, 꽤 오래전에 출판된 논문을 하나 선택하라. 그런 다음 당신은 그 핵심 논문을 인용한 후속 연구들에 대해 검색할 수

있다. 이러한 검색은 당신의 주제와 관련된 참고문헌 목록을 제공해 줄 것이다. 이러한 과정의 예를 들기 위해 우리는 다음 논문을 선택하였다.

Fleming, M., & Rickwood, D. (2001). Effects of violent versus nonviolent video games on children's arousal, aggressive mood, and positive mood. *Journal of Applied Social Psychology*, *31*(10), 2047-2071. doi:10.1111/j.1559-1816.2001. tb00163.x

우리가 SSCI를 사용하여 논문 검색을 하였을 때, 이 논문이 출간된 2001년 이후로 이 논문을 인용한 17개의 논문들을 확인하였다. 다음은 이 중 하나이다.

Lim, S., & Reeves, B. (2009). Being in the game: Effects of avatar choice and point of view on psychophysiological responses during play. *Media Psychology*, *12*(4), 348-370. doi:10.1080/15213260903287242

이 논문을 포함하여 목록에 있는 다른 논문들 또한 검색될 수 있다. 그러면 이러한 논문들 중 몇몇은 앞으로의 연구를 위한 새로운 핵심 논문들이 될 수도 있다. 또한 특정한 사람이 썼거나 특정 날짜 이후에 특정 인물을 인용한 모든 논문들을 찾기 위해 '핵심 인물(key person)'을 명시하는 것도 가능하다.

✿ 문헌 개관

특정 분야에 대한 연구를 요약해 놓은 논문들 또한 유용할 수 있다. 이러한 논문들은 **문헌 개관**(literature review)이라고 알려져 있다. *Psychological Bulletin*이라는 학술지는 다양한 심리학 분야들의 문헌 개관들을 출판한다. *Annual Review of Psychology* 라는 학술지는 다양한 심리학 분야에서의 최신의 발전들을 요약하는 논문들을 매년 출판한다. 다른 학문 분야들도 이와 유사한 연간 개관들을 출판한다.

다음의 논문은 문헌 개관의 예이다.

Gatchel, R. J., Y. B., Peters, M. L., Fuchs, P. N., & Turk, D. C. (2007). The biopsychosocial approach to chronic pain: Scientific advances and future directions. *Psychological Bulletin*, *133*, 581-624. doi:10.1037/0033-2909.133.4.581

이 논문의 저자들은 만성 통증을 이해하기 위한 생물심리사회학적인 접근에 관련된 이전의 문헌들을 개관하였다. 저자들은 통증의 생물학적인 측면에 관한 수많은 연구들과 함께 심리적 · 사회적 영향에 관한 연구들을 소개하였다. 또한 이들은 이 분야를 위한 새로운 방법론과 방향을 제시하였다.

검색을 할 때 당신은 개관 연구들을 찾는 데 중점을 둘 수 있다. 논문의 제목란에 검색 용어로서 '개관(review)'을 추가하면 검색 결과에서 개관 논문들을 확인할 수 있을 것이다.

✿ 다른 검색 데이터베이스

미국심리학회는 PsycINFO 외에 다른 데이터베이스들을 보유하고 있다. 이는 전문을 제공하는 논문들로 구성된 PsycARTICLES와 전문을 제공하는 도서들의 데이터베이스인 PsycBOOKS를 포함한다. 다른 주요 데이터베이스들로 Sociological Abstracts, PubMed, 그리고 ERIC(Educational Resources Information Center)가 있다. 추가적으로, LexisNexis Academic과 Factiva와 같은 서비스들은 신문 같은 일반 매체의 정보를 검색하게 해준다. 사서들은 위에서 언급한 검색 자원이나 다른 사용 가능한 자원들을 사용하는 데 도움을 줄 수 있을 것이다.

✿ 인터넷 검색

가장 널리 사용 가능한 정보의 자원은 인터넷에서 사용 가능하고 Google과 같은 검색 서비스를 통해 찾을 수 있는 방대한 자료들이다. 인터넷은 정보의 훌륭한 출처다. 어떠한 검색이라도 당신이 원하는 주제와 관련 있는 웹사이트나, 다른 사람들이 이용할 수 있도록 만든 논문들, 도서 개관, 심지어 온라인 토론 등을 찾는 데 도움이 될 것이다. 비록 믿기지 않을 정도로 검색이 쉽지만(그저 검색창에 무언가를 입력하고 Enter키를 누르면 되므로), (1) 각 검색 서비스가 정보를 찾고 저장하는 방식의 차이, (2) 검색 범위를 더 좁히는 방법과 정확한 어구를 찾는 방법을 포함하는 고급 검색 규칙, (3) 당신이 찾은 정보의 질을 비판적으로 평가할 수 있는 방법 등을 배움으로써, 검색의 질을 높일 수 있다. 또한 당신은 이후에 다시 사용하게 될 검색 서비스의 종류와 검색 용어, 검색 날짜, 웹사이트의 정확한 위치 등을 세심하게 기록할 필요가 있다. 이러한 정보들은 당신이 준비하는 연구에 필요할지도 모르는 기록을 제공하기 때문에 매우 유용할 것이다.

Google Scholar Google Scholar는 http://scholar.google.com에서 어느 웹 브라우저를 통해서든 접근 가능한 전문화된 학술 검색 엔진이다. Google Scholar를 통해 검색을 하면 당신은 학술서적 출판사, 전문가 집단, 온라인 저장소, 대학, 다른 웹사이트들 같은 다양한 범주의 출처들로부터 학술지 논문, 학위논문, 도서, 초록이나 법원 기록 등을 찾을 수 있다. Google이 일반적인 검색의 결과들에 대해 순위를 매기듯이, Google Scholar 또한 Google Scholar 검색의 결과들에 대해 순위를 매긴다. Google Scholar의 경우, 검색 결과는 논문의 내용(즉, 이 논문이 검색에 사용된 주제어를 포함하고 있는가?)과 더불어 저자, 학술지, 다른 논문에 얼마나 자주 인용되는가에 근거하여 논문의 전반적인 중요도에 의해 순위가 매겨진다.

Google Scholar는 다른 Google 검색과 마찬가지로 작동한다. 먼저 http://scholar.google.com에서 Google Scholar에 접속하고, 기본적인 PsycINFO 검색에서와 마찬가지로 주제어를 입력한다. 핵심적인 차이는, PsycINFO의 자료는 심리학과 관련된 과학 분야의 출판된 결과들로부터 나온 것인 반면, Google Scholar의 자료는 전체 인터넷을 포함한다는 데 있다. 이는 장점이 될 수도 있고, 단점이 될 수도 있다. 만일 당신의 주제가 광범위하다면(예를 들어, 당신이 '우울', 'ADHD', '색상 지각'에 관한 검색을 하는 데 관심이 있다면), Google Scholar는 PsycINFO보다 더 많은 결과들을 생성해 낼 것이다. 실제로 이 결과들 중에 상당수는 과학 문헌으로부터 나오지 않았을 것이다. 반면, 만일 당신이 좁은 검색을 한다면(예: '성인 ADHD 치료', '색상 지각과 읽기 속도'), Google Scholar는 당신의 의도에 더욱 밀접히 들어맞는 결과들을 생성할 것이다.

웹 정보를 평가하기 도서관과 다양한 웹사이트들은 인터넷에서 발견된 정보의 질을 평가하는 정보를 갖고 있다. 알아보아야 할 가장 중요한 몇 가지가 다음과 같이 나열되어 있다.

- 웹사이트가 주요 교육 기관이나 연구 조직과 연관되어 있는가? 한 개인이나 명백한 편향을 지니고 있는 조직의 후원을 받는 웹사이트는 비판적인 관점에서 검토해야 할 것이다.
- 웹사이트의 책임자에 대한 정보가 제공되는가? 그들의 자격에 대해 확인할 수 있는가?

- 그 정보가 현재의 것인가?
- 해당 사이트로부터의 링크가 적절한 곳으로 연결시켜 주는가?

연구 논문의 구조

문헌 검색은 당신이 읽어야 할 연구 논문들을 찾는 데 도움을 준다. 당신은 이 논문들에서 무엇을 발견할 것이라 예상할 수 있는가? 연구 논문들은 대체로 다섯 가지 부분으로 이루어져 있다. 즉, (1) PsycINFO에서 찾은 것과 같은 **초록**(Abstract), (2) 연구 중인 문제와 검증하고자 하는 특정 가설들에 대해 설명하는 **서론**(Introduction), (3) 해당 연구에서 사용된 정확한 절차에 대해 자세히 기술하는 **방법**(Method) 부분, (4) 발견한 결과들이 제시되는 **결과**(Results) 부분, (5) 연구자가 결과에 대한 더 넓은 시사점에 대해 숙고하고, 결과에 대한 대안적인 설명을 제시하며, 특정 가설이 연구의 데이터에 의해 지지되지 않은 이유에 대해 논하거나, 이 문제에 대한 앞으로의 연구에 대한 제안을 제시하기도 하는 **논의**(Discussion) 부분이 있다. 다섯 가지 주요 부분들 외에 인용된 모든 참고문헌들의 목록이 있다.

초록

초록(Abstract)은 연구 보고서의 요약이며, 보통 120단어를 넘지 않는다. 초록은 가설, 절차, 결과의 전반적인 경향에 대한 정보를 포함한다. 일반적으로, 초록 부분에는 소량의 정보만이 요약된다.

서론

서론(Introduction) 부분에서 연구자들은 지금까지 연구되어 왔던 문제들에 대한 윤곽을 그린다. 그 문제에 관련된 이전 연구들과 이론들이 자세히 기술된다. 연구자의 구체적인 예상이 명시되는데, 이는 종종 가설의 형태로 제시된다. 다른 말로, 연구자는 이전 연구와 이론들이 어떻게 현재의 연구 문제와 예상되는 결과와 연결되는지 보여 주는 논리적인 형식으로 그 연구를 소개한다.

✿ 방법

방법(Method) 부분은 여러 하위 부분으로 나뉠 수 있는데, 그 수는 저자에 의해 결정되며 연구설계의 복잡성에 따라 달라진다. 때때로 첫 번째 하위 부분은 앞으로 이어질 내용에 대해 독자들이 준비할 수 있도록 연구설계의 전반을 보여 준다. 그다음 부분은 참가자의 특성에 대해 기술한다. 참가자들이 남성인가 여성인가, 혹은 두 성별 모두가 참여하였는가? 평균 연령은 몇 세인가? 얼마나 많은 참가자들이 참여하였는가? 만일 연구에 인간 참가자들이 참여하였다면, 그 연구를 위하여 참가자들을 어떻게 모집하였는지에 관한 짧은 언급이 필요하다. 그다음 하위 부분은 연구에 사용된 절차에 대해 자세히 기술한다. 참가자들에게 제시된 어떠한 자극 재료들이나, 참가자들의 행동을 기록한 방법 등을 기술할 때에는 잠재적으로 중대한 세부 사항들이 누락되지 않도록 하는 것이 중요하다. 이러한 세부 정보들은 그 연구가 정확히 어떻게 수행되었는지 알려 주며, 다른 연구자들에게 그 연구를 반복하는 데 필수적인 정보들을 제공해 준다. 다른 하위 부분들은 연구에 사용된 장비나 검사 재료에 대해 자세한 사항들을 기술하는 데 필요할 것이다.

✿ 결과

결과(Results) 부분에서 연구자는 보통 세 가지 방법으로 발견한 결과를 보고한다. 첫째, 서술적 형태의 묘사가 있다. 예를 들어, "물건들의 위치는 그 위치가 쉽게 기억할 만한 동시에 해당 물건이 보관되기에 흔치 않은 장소인 경우에 망각될 가능성이 가장 높다"와 같은 경우이다. 둘째, 결과는 통계적 언어로 기술된다. 셋째, 결과 내용은 종종 표나 그래프로 제시된다.

결과 부분의 통계 용어는 종종 무섭게 보일 수 있다. 그러나 계산에 대한 지식의 결여가 그 논문이나 통계에 숨어 있는 논리를 이해하지 못하게 하지는 않는다. 통계는 연구자가 그 연구의 결과를 평가하는 데 사용하는 도구에 불과하다.

✿ 논의

논의(Discussion) 부분에서 연구자는 다양한 관점에서 그 연구를 검토한다. 결과가 가설을 지지하는가? 만일 그렇다면 저자는 그 결과에 대해 가능한 모든 설명을 제시해야 하고, 왜 이 설명이 다른 것들보다 우수한지를 논해야 한다. 만일 가설이 지지되지 않았다면, 저자는 잠재적인 이유를 제안해야 한다. 방법론이나 가설, 혹은 두 가지 모두에 어떠한 문제가 있지 않았을까? 또한 연구자는 그 결과가 같은 주제에 관한 이전의 연구와 어떻게 비교되는지에 대해 논할 수 있다. 이 부분은 연구의 실제적인 적용 가능성과 해당 주제에 관한 앞으로의 연구들을 위한 제안을 포함할 수 있다.

당신은 실제의 연구 논문들에 친숙해져야 한다. 당신의 흥미를 끄는 분야의 많은 논문들을 찾는 쉬운 방법은 미국심리학회(American Psychological Association, APA)의 웹사이트(http://www.apa.org)를 방문하는 것이다. 표 2.1에 열거된 모든 APA 학술지들은 http://www.apa.org/journals에 들어가면 찾을 수 있을 것이다. 당신의 흥미를 끄는 학술지 하나를 선택하면, 그 학술지에서 출판된 최신 논문들을 읽을 수 있는 페이지로 옮겨 가게 될 것이다. 정보가 보고서에 제시된 방법에 친숙해지도록 논문을 읽어라. 논문을 읽을수록, 당신은 논문의 정보를 효율적으로 처리할 수 있는 방법을 발전시킬 것이다. 초록을 먼저 읽고 난 다음 제공된 정보를 당신이 사용할 수 있는지를 결정하기 위하여 논문을 훑어보는 것이 대체로 가장 좋은 방법이다. 만일 당신이 논문의 정보를 이용할 수 있을 것 같다면 처음으로 되돌아가서 논문을 꼼꼼히 읽어라. 서론에 제시된 가설과 이론들을 기록하고, 방법에서 불분명하거나 문제가 될 만한 것들을 적으며, 서론에서 제시된 내용들의 관점에서 결과를 읽어라. 논문을 비평적으로 읽어라. 학생들은 종종 가장 훌륭한 비판을 제기한다. 더 중요한 것은, 한 수제에 관해 점차 더 많은 연구들을 읽어 감에 따라, 당신은 점차 연구되고 있는 변인들과 그 변인들을 연구하기 위해 사용되는 방법들, 고려되고 있는 중요한 이론적 사안들, 앞으로의 연구에서 다루어야 할 문제들과 더욱 친숙해질 것이라는 점이다. 짧게 말하면, 당신은 자신의 연구 아이디어를 생성하고 자신의 연구를 계획하는 스스로를 발견하게 될 것이다.

✻ 주요 용어

가설(hypothesis) 24
결과(results) 46
과학 인용 색인(Science Citation Index, SCI) 40
논의(discussion) 46
문헌 개관(literature review) 42
방법(method) 46
사회과학 인용 색인(Social Sciences Citation Index, SSCI) 40
서론(introduction) 45
예측(prediction) 25
이론(theory) 28

초록(abstract) 36, 45

PsycINFO 33

✻ 복습문제

1. 가설이란 무엇인가? 가설과 예측의 차이는 무엇인가?
2. 이론의 두 가지 기능은 무엇인가?
3. 기존 연구들을 찾기 위해 PsycINFO를 사용할 때와 Science Citation Index/Social Sciences Citation Index(Web of Science)의 '핵심 논문(key article)' 방법을 사용할 때의 차이점에 대해 기술하라.
4. 연구 논문의 각 부분에서 연구자는 어떤 정보를 전달하는가?

✻ 실전문제

1. 행동에 관한 '일반 상식'적인 속담이나 격언 다섯 가지를 생각해 보라(예: '매를 아끼면 자식을 망친다', '부전자전', '떨어져 있으면 그리움이 더해진다'). 각각에 대해 해당 속담(또는 격언)이 제안하는 가설을 세우고, 그 가설을 따르는 예측을 제안하라(Gardner, 1988 참조).
2. 위 질문에서 형식화된 가설들 중 하나를 선택하고, 당신이 이용하는 도서관의 컴퓨터 데이터베이스를 사용하여 그 주제에 관한 연구들을 찾기 위한 전략을 구상해 보라.
3. 이론은 두 가지 목적을 지닌다. 첫째는 관찰 가능한 사건들을 조직화하고 설명하기 위함이고, 둘째는 이러한 사건들을 바라보는 우리의 방식을 안내함으로써 새로운 지식을 생산하기 위함이다. 자기 자신이나 당신과 가까운 누군가에게서 지속적으로 나타나는 패턴을 확인해 보라(예: 당신은 지속적으로 당신의 여동생과 금요일 밤마다 언쟁을 벌인다). 이러한 현상에 대해 두 가지 가능한 이론(설명)을 만들어 보라(예: 당신은 금요일에 오랜 시간 동안 일을 하기 때문에 집에 도착할 때 보통 지치고 기진맥진한다, 당신의 여동생이 매주 금요일 오후에 화학 시험을 보는데, 그녀는 화학을 잘 못해서 금요일에 매우 짜증이 나 있다). 그 두 가지 중에서 어느 설명이 맞는지를 결정하기 위한 증거를 당신은 어떻게 얻을 것인가? 각 설명이 그 행동 패턴을 변화(즉, 그 행동의 출현을 감소 또는 증가)시키기 위한 서로 다른 접근을 어떻게 이끌어 내는가?

3

윤리적 연구

학습 목표

- ❖ 밀그램의 복종 실험을 요약하기
- ❖ 『벨몬트 보고서』에 나타난 세 가지 윤리 원칙에 대해 논의하기: 선행, 자율성, 정의
- ❖ 속임수를 정의하고, 연구에서의 속임수 사용을 둘러싼 윤리적 쟁점들을 논의하기
- ❖ 사전 동의서 양식에 포함되는 정보를 열거하기
- ❖ 사전 동의를 얻을 때의 잠재적 문제들에 대해 논의하기
- ❖ 연구 참가들에게 사후설명을 하는 목적에 대해 기술하기
- ❖ 기관심의위원회의 역할에 대해 기술하기
- ❖ 연구 활동에 관여되는 위험의 범주를 대조하기: 면제, 최소 위험, 최소 위험보다 큰 위험
- ❖ 인간 참가자가 참여하는 연구에 관련한 APA 윤리 강령의 윤리 원칙을 요약하기
- ❖ 동물을 사용한 연구에 관련한 APA 윤리 강령의 윤리 원칙을 요약하기
- ❖ 연구의 잠재적 위험과 이익이 어떻게 평가되는지 논의하기
- ❖ 연구 결과의 왜곡된 보고를 둘러싼 윤리적 쟁점들에 대해 논의하기

윤리적 쟁점은 연구를 계획하고 수행하고 평가할 때 가장 중요한 것이다. 이 장에서 우리는 윤리적 쟁점들을 상세히 알아볼 것이며, 이러한 문제들을 다루기 위한 몇몇 지침을 살펴볼 것이다.

밀그램의 복종 실험

스탠리 밀그램(Stanley Milgram)은 권위적인 인물에 대한 복종 현상을 연구하기 위하여 일련의 실험을 수행하였다(1963, 1964, 1965). 그는 코네티컷 주의 New Haven에서 발간되는 지역 신문에 Yale 대학교에서 수행되는 '기억과 학습의 과학적 연구'에 참가할 남성들에게 소정의 참가비를 지급한다는 광고를 게재하였다. 참가자들은 Yale 대학교에 있는 Milgram의 연구실에 연락하였고, 그곳에서 실험실 가운을 입고 있는 한 과학자와 'Mr. Wallace'라고 불리는 중년의 또 다른 참가자를 만나게 되었다. Mr. Wallace는 실제로는 실험자와 같은 편(즉, 조력자)이었지만, 참가자는 이를 알지 못하였다. 그 과학자는 이 실험에서 학습에 대한 처벌의 효과에 대해 연구를 할 것이라고 설명하였다. 한 명은 처벌을 집행하는 '교육자'가 되었고, 다른 한 명은 '학습자'가 되었다. Mr. Wallace와 자원한 다른 참가자는 누가 교육자가 되고 누가 학습자가 될 것인지를 결정하기 위하여 제비뽑기를 하였다. 그러나 그 제비뽑기는 조작된 것으로, Mr. Wallace가 항상 학습자가 되었고 자원자는 항상 교육자가 되었다.

그 과학자는 Mr. Wallace에게 전극을 붙이고, 교육자를 무섭게 생긴 전기충격기 앞에 서도록 하였다. 전기충격기에는 일련의 레버들이 달려 있었는데, 교육자 역할을 하는 참가자들은 레버들을 누르면 Mr. Wallace에게 전기충격이 전달된다는 말을 듣게 되었다. 첫 번째 레버는 15볼트, 두 번째 레버는 30볼트, 세 번째 레버는 45볼트, 이런 식으로 450볼트까지 올라갔다. 레버들에는 또한 '약한 충격', '중간 충격', 그리고 '위험: 극심한 충격'이라는 표시가 붙어 있었으며, 400볼트 이상에서는 붉은색 X 표시가 뒤이어 붙어 있었다.

Mr. Wallace는 일련의 단어 쌍들을 학습하도록 지시받았다. 그 후 그는 어떤 단어들이 함께 짝지어져 있었는지 구별할 수 있는가를 알아보기 위한 검사를 받았다. Mr. Wallace가 실수를 저지를 때마다 교육자는 처벌로 충격을 가하였다. 첫 번째 실수에서는 15볼트의 충격을, 두 번째 실수에서는 30볼트의 충격을 받는 식으로 진행되었다. 실수가 발생할 때마다 학습자는 더 큰 충격을 받았다. 학습자인 Mr. Wallace는 실제로는 아무런 충격을 받지 않았지만, 연구에 참여한 참가자들은 이를 알지 못하였다. 그 실험에서 Mr. Wallace는 연달아 계속해서 실수를 범하였다. 교육자가 120볼트 정도로 학습자에게 충격을 가하였을 때, Mr. Wallace는 고통을 호소하기 시작하며, 결국 자기를 꺼내 달라고 소리를 질렀다. 교육자가 그만두기를 원하였다면 어떻게 되었을까? 실제로 그러한 일이 나타났는데, 참가자들은 Mr. Wallace가 겪고 있는 것으로 보이는 고통으로 인해 눈에 보이게 걱정스러워하였다. 과학자는 그 교육자에게 실험을 중단할 수는 있으나, 실험을 계속하는 것의 중요성을 강조하는 일련의 언어적 촉구를 통해 계속해서 실험을 진행할 것을 독촉하였다.

이 연구는 참가자들에게 기억과 학습에 관한 연구라고 알려 주었지만, Milgram은 실제로는 참가자가 학습자에게 더 높은 수준의 전기충격을 가함으로써 실험자에게 계속해서 복종할 것인지에 대해 관심이 있었다. 무슨 일이 일어났을까? 대략 65%의 참가자들이 450볼트까지 충격을 가하는 것을 지속하였다. Milgram의 연구는 언론으로부터 대단한 관심을 받았으며, 권력에 대항하는 우리의 능력에 관한 신념에 이의를 제기하였다. Milgram의 연구는 매우 중요하며, 이 결과는 나치 독일의 대참사와 Jonestown의 집단 자살(Miller, 1986 참조)과 같은 실생활 장면에서의 복종을 이해하는 데 중요성을 지닌다. Milgram 연구의 도덕성은 어떠한가? Milgram의 연구나 다른 연구들이 윤리적인지 아닌지에 관하여 우리는 어떻게 결정해야 하는가?

「벨몬트 보고서」

행동 연구자들과 의학 연구자들을 위한 현재의 윤리적 지침들은「벨몬트 보고서: 연구의 인간 피험자 보호를 위한 윤리 원칙과 지침(*The Belmont Report: Ethical Principles and Guidelines for the Protection of Human Subjects of Research*)」(National Commission for the Protection of Human Subjects of Biomedical and Behavioral Research, 1979)에 기원한다. 이 보고서는 더 상세한 규율과 미국심리학회 윤리 강령의 지침이 되어 온 원칙과 적용들을 규정하였다. 기본적인 세 가지 윤리적 원칙은 선행, 인간에 대한 존중(자율성), 정의다. 이 원칙들에 관련된 적용들은 위험과 이득에 대한 평가, 사전 동의, 참가자 선택에 해당한다. 이러한 주제들이 연구에서의 윤리 문제에 관한 논의를 이끌 것이다.

위험과 이득에 대한 평가

「벨몬트 보고서」의 **선행**(beneficence)의 원칙은 연구가 이득을 최대화하고 참가에 대한 가능한 어떤 해로운 영향도 최소화해야 함을 말한다. 일상생활에서 내리는 대부분의 결정에서, 우리는 그 결정의 상대적인 위험(혹은 비용)과 이득을 고려한다. 연구의 윤리에 관한 결정에서, 우리는 결과로서 발생할 수 있는 잠재적인 위험과 이득을 계산해야만 한다. 이를 **위험-이득 분석**(risk-benefit analysis)이라 부른다. 윤리적 원칙들은 연구 절차들이 참가자들의 위험을 최소화하였는지의 여부에 관한 물음을 요구한다.

참가자들에게 일어날 수 있는 잠재적인 **위험**(risk)은 심리적 또는 신체적 위해와 비밀보장의 상실을 포함하는데, 이는 이후에 좀 더 자세히 논의될 것이다. 뿐만 아니라, 만일 제안된 절차가 잠재적으로 가치 있는 자료를 수집할 수 있는 사실상 유일한 방법이라면, 연구를 수행하지 않는 경우의 비용을 고려해 볼 수 있다(Christensen, 1988과 비교하라). 이득은 교육적인 이득이나 새로운 기술의 습득, 또는 심리적 · 의학적 문제에 대한 치료와 같이 참가자들에게 대한 직접적인 이득을 포함한다. 또한 금전적 지불이나 선물, 혹은 제비뽑기에서 당첨될 수 있는 가능성과 같은 물질적인 이득이 있을 수도 있다. 덜 가시적인 이득으로는 과학적 연구에 참가하는 것과 연구결과의 잠재적인 유익한 적용을 통해 얻는 만족감이 있다(예컨대, 연구를 통해 얻은 지식은 앞으로의 교육적 관행이나 심리치료, 사회 정책을 향상시킬 수도 있다). 앞으로 살펴보겠지만, 인간 참가자가 참여하는 연구의 수행에 관한 현재의 규정들은 연구가 승인되기 이전에 위험-이득 분석을 수행할 것을 요구한다.

심리학적 연구에서의 위험

Milgram의 연구에 대해 다시 생각해 보자. 참가자들은 스트레스와 심리적 위해를 경험할 것이 분명하다. 분명히 꺼리는 학습자에게 강한 전기충격을 가하도록 하는 것의 영향을 상상하기는 어렵지 않다. Milgram이 제작한 영상은 참가자들이 항의하고, 땀을 흘리고, 심지어 충격을 가하는 동안 신경질적으로 웃는 것을 보여 준다. 당신은 사람들을 그렇게 심적으로 고통스러운 실험에 참가시키는 것이 정당한지 물을 수 있으며, 또한 그 경험이 참가자들에게 장기간에 걸쳐 어떠한 결과라도 나타나는지 궁금할 수 있다. 예를 들어, 실험자에게 복종한 참가자들은 지속적으로 양심의 가책을 느끼거나 또는 그들 자신을 잔인하고 비인간적인 사람으로 보기 시작하였을까? Milgram의 실험에 대해 방어하는 의견이 뒤따르기는 하지만, 먼저 잠재적으로 스트레스를 주는 몇몇 연구 절차들에 대해 생각해 보자.

신체적 위험 참가자들에게 신체적인 위해를 야기할 수 있다고 생각되는 절차들은 거의 없지만, 가능성은 존재한다. 많은 의학적 절차들은 이러한 범주에 속한다. 예컨대, 알코올이나 카페인 같은 약물을 처방하거나, 사람들을 장시간에 걸쳐 수면을 박탈하는 것 등이다. 그러한 절차들에서의 위험은 윤리적으로 받아들일 수 있도록 만들기 위해 각별한 주의를 필요로 한다. 더욱이, 그 잠재적인 위험을 뛰어넘을 정도로 연구의 분명한 이득이 존재해야 한다.

스트레스 물리적 스트레스보다 더욱 일반적인 것이 심리적 스트레스다. 예를 들어, 참가자들은 굉장히 강한 전기충격을 받을 것이라는 말을 듣게 될 것이다. 이들은 절대로 그 충격을 실제로 받지 않는다. 대신 여기서 관심을 가지는 변인은 대기하는 동안의 공포와 불안이다. 이와 같은 절차를 사용한 Schachter(1959)의 연구는 불안이 대기하는 동안 다른 사람들과 친밀하고자 하는 욕구를 만들어 내는 것을 보여 주었다.

심리적 스트레스를 유발하는 또 다른 절차에서, 참가자들은 그들의 성격이나 능력에 관하여 비호의적인 피드백을 받는다. 자기존중감에 관심이 있는 연구자들은 전형적으로 참가자에게 성격이나 능력에 관한 가짜 검사를 수행하도록 해왔다. 이 검사 이후에는 그 참가자가 좋지 않은 성격 특질이나 낮은 능력 점수를 보였다고 알려 줌으로써 자기존중감을 낮추는 평가가 뒤따른다.

사람들에게 그들의 삶에서 정신적 외상을 초래하였거나 불쾌하였던 사건을 물어보는 것 또한 일부 참가자들에게는 스트레스를 야기할 수 있다. 따라서 사람들에게 부모님이나 배우자, 친구의 죽음이나, 재난을 겪으면서 살아온 삶에 대한 기억에 관해 생각하도록 요구하는 연구는 스트레스적인 반응을 촉발시킬 수 있다.

스트레스가 생길 수 있는 경우, 연구자는 참가자들이 그 스트레스를 다루는 데 도움이 되는 모든 보호 조치가 고려되었는지를 반드시 확인해야 한다. 연구 동안 일어날지도 모르는 잠재적인 문제들에 대해 다루기 위하여, 연구들에는 대체로 그 연구에 뒤따르는 사후설명 부분이 설계되어 있다.

사생활과 비밀보장의 상실 또 다른 위험은 사생활과 비밀보장에 대한 상실이다. 연구자는 개인의 사생활을 보호하기 위해 반드시 주의를 기울여야 한다. 최소한, 연구자는 모든 자료를 안전한 장소에 보관함으로써 사생활을 보호해야 한다. **비밀보장**(confidentiality)은 성적 행동이나 이혼, 가정 폭력 또는 약물남용과 같은 민감한 주제를 연구할 때에 특히 중요하다. 이러한 연구들에서 연구자는 사람들에게 그들의 사적인 생활에 대한 매우 민감한 질문들을 해야 할 필요가 있을 수 있다. 이러한 질문들에 대한 응답에 대해 비밀이 보장되어야 하는 것은 매우 중요하다. 대부분의 경우, 이러한 응답들은 완벽히 익명으로 처리된다. 즉, 참가자의 신분과 자료를 연결시킬 방법은 존재하지 않는다. 예를 들어, 질문지를 여러 집단의 사람들에게 배부하고, 개인을 확인하는 데 사용될 수 있는 어떠한 정보(예컨대, 이름이나 사회보장번호, 전화번호)도 요구하지 않는 경우가 이에 해당한다. 개인 면담과 같이 개인의 신원이 알려질 수 있는 경우, 연구자는 자료를 입력하는 방법과 저장하는 방법, 그리고 참가자들이 응답의 비밀보장에 대한 의문이 들지 않도록 절차를 설명하는 방법들을 주의 깊게 설계해야 한다.

일부 연구에서는 개별 참가자들을 확인할 수 있어야 하는 실질적인 필요가 있다. 이는 개인들이 시간에 걸쳐 여러 번 연구되는 경우나 검사 점수와 같은 개인적인 피드백이 주어져야 할 때 발생한다. 이러한 경우, 연구자는 개인들을 확인할 수 있지만 그들의 신원에 대한 정보를 실제 데이터와 분리시키는 방법을 고안해야 한다. 따라서 만일 질문지나 전산화된 데이터 파일이 누군가에게 노출되었을 때, 그 데이터가 특정 개인과 연결될 수 없도록 해야 한다.

몇몇 경우에서는 비밀보장의 손실을 수반하는 위험성이 너무 크기 때문에 연구자가 보건사회복지부(Department of Health and Human Service)에 비밀보장 증명서(Certificate of Confidentiality)를 신청하는 것을 원할 수도 있다. 이 증명서는 데이터가 법률 소환장의 대상이 될 수 있는 경우에 발급받는 것이 적절하다.

또 다른 사생활 문제는 행동에 대한 은폐 관찰과 관련된다. 몇몇 연구들에서, 연구자들은 공공장소에서의 행동을 관찰한다. 쇼핑몰이나 자동차 안에 있는 사람들을 관찰하는 것은 중대한 윤리적 문제를 일으키는 것 같지는 않다. 그러나 만약 연구자가 더욱 사적인 상황에서, 혹은 개인의 사생활을 침해할 수도 있는 방식으로 사람들의 행동을 관찰하고 싶어 한다면 어떻게 될까(Wilson & Donnerstein, 1976 참조)? 예를 들어, 사람들의 쓰레기를 뒤지거나 공중 화장실에서 사람들을 관찰하는 것은 윤리적일까? 인터넷 사용은 사생활에 대한 다른 문제들을 제기한다. 매일 수많은 사람들이 웹사이트에 메시지를 등록한다. 이러한 메시지들은 태도나 개인적 정보의 폭로, 정서의 표현을 이해하기 위한 자료로서 잠재적으로 사용할 수 있다. 신문이나 잡지로 보내는 글과 같이 많은 메시지들이 공개적으로 게시된다. 그러나 사람들이 정보와 도움을 구하고자 하는 심리적 · 신체적 문제들을 위한 웹사이트들을 생각해 보라. 많은 이러한 사이트들은 메시지를 게시하기 위한 등록을 필요로 한다. 한 연구자가 이러한 사이트들 중의 하나를 데이터를 위해 이용하는 데 관심을 갖고 있다고 가정해 보자. 이러한 경우 어떠한 윤리적 문제가 일어나는가? Buchanan과 Williams(2010)는 인터넷을 이용하여 연구를 수행할 때 발생할 수 있는 이러한 경우를 비롯하여 다른 윤리적 문제들에 대해 언급하였다.

사전 동의

「벨몬트 보고서」의 인간에 대한 **존중**(respect for persons) 또는 **자율성**(autonomy)의 원칙은 참가자들을 자율적인 사람으로 대해야 한다는 것을 말한다. 참가자들은 연구에 참가할 것인지에 관하여 신중한 결정을 내릴 수 있다. 이것의 적용은 **사전 동의**(informed consent)이며, 연구의 잠재적인 참가자들이 자신의 참가 여부를 결정하는 데 영향을 미칠 수 있는 모든 정보를 제공받아야 한다. 따라서 참가자들은 연구의 목적, 참여로 인한 위험과 이득, 연구에 대한 참여를 거절하거나 종료할 수 있는 권리 등의 정보에 관해 사전에 제공을 받아야 한다. 그러면 참가자들은 연구에 참여하는 것을 자유롭게 동의하거나 거절할 수 있다.

사전 동의서

참가자들은 대체로 참가에 대한 결정을 내리는 데 필요한 정보를 담은 사전 동의서를 받는다. 가장 흔한 형태로서, 동의서는 참가자들이 읽고 서명할 수 있도록 인쇄되어 제공된다. 인터넷에는 이용 가능한 수많은 사전 동의서의 예들이 있다. 당신이 속한 대학교도 연구 부서를 통해 그러한 예들을 개발하였을 수도 있다. 사전 동의서를 위한 체크리스트가 **그림 3.1**에 제시되어 있다. 체크리스트가 내용과 형식 모두를 다루고 있음에 주목하라. 내용은 전형적으로 (1) 연구의 목적, (2) 참여 시간을 포함한 연구의 절차(참가자에게 무엇을 연구 중인지에 대해 정확히 말할 필요는 없음을 기억하라), (3) 위험과 이득, (4) 보상, (5) 비밀보장, (6) 자발적인 참여와 거절의 권리에 대한 보장, (7) 문의할 수 있는 연락처에 대한 내용들을 포함한다.

　동의서는 참가자들이 그 동의서의 정보를 이해할 수 있도록 작성되어야 한다. 어사전 동의서가 다음의 항목들을 포함하고 있는지 확인하라.

- □ 참가자들에게 연구에 참여할 것인지를 묻는 진술
- □ 연구 목적에 대한 명확한 설명
- □ 예상되는 참여 기간
- □ 절차에 대한 설명
- □ 합리적으로 예측 가능한 위험이나 불편사항, 그리고 그 위험을 최소화하기 위한 안전장치에 대한 설명
- □ 연구로부터 합리적으로 예측되는 개인 혹은 타인의 이득에 대한 기술
- □ 적용 가능한 경우에 한해, 개인에게 유리할 수도 있는 어떠한 적절한 대안적인 절차나 치료 과정이라도 명시
- □ 개인을 확인할 수 있는 기록의 비밀보장이 유지되는 범위에 대한 기술
- □ 보상이 주어지는 경우, 그 보상과 이를 얻기 위한 요구사항에 대한 기술. 또한, 참여를 중단하는 것의 영향에 대한 기술
- □ 연구에 관한 문의를 위한 연락처(주로 연구자나 지도교수, 기관심의위원회의 전화 연락처)
- □ 참여가 자발적이며, 참여의 거부가 불이익이나 참가자에게 주어지는 이득의 손실을 수반하지 않으며, 참가자는 불이익이나 참가자에게 주어지는 이득의 손실 없이 언제라도 참여를 중단할 수 있다는 설명
- □ 문서 형식은 11폰트보다 작게 인쇄되지 않음(작은 글자 지양)
- □ 문서는 기술적 용어를 사용하지 않으며, 6~8학년 수준으로 작성됨
- □ 일인칭으로 작성되지 않음('나는 …을 이해한다'와 같은 문장은 권장되지 않음)

위험수준이 높거나 의학적 절차들을 포함하는 연구들은 다른 정보들을 필요로 할 수 있다. 사전 동의서를 개발하는 데 필요한 훨씬 더 많은 정보들이 대학이나 정부의 웹사이트에서 이용 가능하다. 예: 보건사회복지부의 사전 동의서를 위한 조언, http://www.hhs.gov/ohrp/policy/ictips.html

그림 3.1 사전 동의서를 위한 체크리스트

떤 경우에는 동의서가 너무 기술적이거나 법률적인 용어로 쓰여져서 참가자들이 그들이 서명하는 사항들이 무엇인지 완전히 이해하기 힘들다. 일반적으로 사전 동의서는 특수용어나 기술적인 용어를 피하고 간단하고 명료하게 쓰여져야 한다(일반적으로 6~8학년의 읽기 수준; 대부분의 워드 프로세서는 문법 체크 기능과 함께 학년-수준 정보를 제공한다). 동의서를 더욱 이해하기 쉽게 만들기 위해서는 동의서가 1인칭으로 쓰여지지 않아야 한다. 대신에 마치 연구자가 참가자와 알기 쉽게 대화를 나누는 것처럼 정보가 주어져야 한다. 따라서 동의서는 다음과 같을 것이다.

> 이 연구의 참여는 자율적이다. 당신은 어떠한 불이익 없이 참가하는 것을 거절할 수 있다.

위와 같은 표현 대신에 다음의 표현은 좋지 않다.

> 나는 이 연구의 참여가 자율적이라는 점을 알고 있다. 나는 어떠한 불이익 없이

참가하는 것을 거절할 수 있다.

첫 번째 표현은 이인칭(당신)을 사용한 명료한 방법으로 참가자에게 정보를 제공하는 반면, 두 번째 표현은 이해하기 어려울 수도 있는 법률적 어조를 보이고 있다. 끝으로, 만일 참가자의 모국어가 다르다면, 이들은 번역된 동의서를 제공받아야만 한다.

✿ 자율성 문제

사전 동의서는 매우 단순해 보이지만, 고려해야 할 중요한 문제들이 있다. 첫 번째 사항은 자율성의 결여와 관련이 있다. 참가자들이 자유롭고 충분한 지식을 바탕으로 자율적으로 참여를 결정하는 능력이 부족하다면 어떤 일이 벌어질까? 미성년자나 정신병원의 환자들, 인지적 손상이 있는 성인과 같은 특수한 모집단들은 특별한 주의를 필요로 한다. 예를 들어, 미성년자들에게 참여 의사를 물어볼 때에는 미성년자의 동의와 더불어 일반적으로 부모나 보호자가 서명하는 사전 동의서가 필요하다. 여기서 미성년자에 의한 동의는 공식적으로 **승낙**(assent)이라고 불린다. 미국심리학회의 발달심리분과(Division of Developmental Psychology)와 아동발달 연구학회(the Society for Research on Child Development)는 윤리적인 아동 연구를 위한 자체 지침을 제정하였다.

강요는 자율성에 대한 또 다른 위협이다. 참가 동의에 대한 개인의 자유를 제한하는 어떠한 절차라도 잠재적인 강요가 된다. 예를 들어, 직원들에게 회의 중간에 설문지를 작성하라고 지시하는 직장 상사나 해당 과목을 통과하기 위하여 학생들에게 연구에 참가하라고 요구하는 교수는 잠재적인 참가자들에게 상당한 압박을 가하고 있는 것이다. 그 직원들은 만일 자신들이 참가하지 않는다면 상사가 어떤 식으로 처벌을 내릴 것으로 생각할 수 있으며, 다른 동료들 앞에서 거절을 당한다면 난처해질 위험이 있다. 때로는 보상이 너무 대단해서 연구의 참가가 강압적이 될 수 있다. 예를 들어, 죄수들은 면책의 증가나 심지어는 가석방에 대한 유리한 결정이 연구에 대한 참가의 결과로 나타날지도 모른다고 믿을 수 있다. 연구자들은 반드시 이러한 문제들을 고려해야 하며, 자율성이 유지되는지를 확실히 해야 한다.

✿ 정보의 문제: 정보의 은닉과 속임수

당신은 연구에 대한 모든 정보를 참가자에게 제공하는 것이 현명하지 못한 것일 수 있음을 경험하였을 수 있다. 너무 많은 정보를 제공하는 것은 잠재적으로 연구의 결과를 타당하지 못하게 할 수 있다. 예를 들어, 연구자들은 연구의 가설에 관한 정보나 개인이 속해 있는 특정 조건에 대한 정보를 알려 주지 않을 것이다(Sieber, 1992를 보라). 이러한 정보가 참가에 대한 결정에 영향을 미치지 않고, 이후에(대체로 연구가 완료된 시점의 사후설명 과정에서) 그 정보가 제공되는 경우, 정보를 알려 주지 않는 것이 일반적으로 받아들여진다. 심리학 연구에 자원하는 대부분의 참가자들은 참가 이전에 연구에 대한 모든 정보의 공개를 기대하지는 않는다. 하지만 이들은 연구가 완료된 이후에 충분한 사후설명을 기대한다. 사후설명에 대해서는 속임수라는 더 문제시될 수 있는 사항에 대해 살펴본 후 다시 설명할 것이다.

또한 당신은 사전 동의서가 필요하지 않거나 심지어 불가능한 연구 절차를 경험한 적이 있을 수 있다. 만일 당신이 도서관에서 동성 및 혼성 스터디 그룹의 수를 관찰하기로 한다면, 아마도 당신의 존재를 알리거나 누군가의 승인을 받을 필요는 없을 것이다. 만일 당신이 사람들이 온라인 데이트 서비스를 위해 작성한 자기 소개서의 내용을 연구하고 싶다면, 그 연구에 그들의 정보를 포함하기 위하여 각자에게 개별적인 접촉을 해야 하는가? 연구를 계획할 때, 당신이 사전 동의서를 얻지 않아도 되는 타당한 이유를 가지고 있는지를 확인하는 것이 중요하다.

속임수(deception)는 정보에 대한 적극적인 허위 설명이 존재할 때 일어난다. Milgram의 실험은 두 종류의 속임수를 보여 준다. 첫째, 참가자들은 연구의 목적에 대해 속임을 당하였다. Milgram의 실험에 참가한 참가자들은 기억과 학습에 관한 연구에 참여하는 것에 동의하였지만, 이들은 실제로 복종에 관한 실험에 참여하였다. 어느 누가 기억과 학습 실험에 강력하고 고통스러운 전기충격을 다른 사람에게 가하는 것이 포함될 것이라 상상할 수 있었겠는가? Milgram 실험의 참가자들은 이들이 그들 자신을 어느 상황에 놓이게 한 것인지에 대해 알지 못하였다.

Milgram의 연구는 사전 동의서가 보편화되기 이전에 수행되었다. 그러나 당신은 Milgram의 사전 동의서가 부정확하게 참가자들이 기억 연구에 동의하도록 만들었을 것임을 상상할 수 있다. 또한 참가자들은 어느 시점이든 연구에 대한 참가를 철회할 수 있음을 고지받았을 것이다. 사전 동의의 절차가 연구 결과에 영향을 미칠 수 있었을까? 그 연구가 복종을 연구하기 위해 고안되었음을 알았다면, 참가자들의 행동을 변하게 하였을 수 있다. 대부분의 사람들은 자기 자신을 순종적인 사람으로 생각하지 않고 싶어 하며, 그렇지 않다는 것을 증명하기 위하여 최선을 다할 것이다. 연구에 따르면 사전 동의서를 제공하는 것이 적어도 몇몇 연구 분야에서는 참가자들의 반응을 편향되게 할 수 있는 것으로 보인다. 예를 들어, 소음이나 밀집과 같은 스트레스 원인들에 관한 연구는 스트레스 원인들에 대한 '통제'의 느낌이 부정적인 영향을 감소시키는 것을 보여 주었다. 만일 당신이 시끄럽고 불쾌한 소음을 제거할 수 있음을 안다면, 소음이 통제 불가능할 때보다는 더 적은 스트레스를 겪게 될 것이다. Gardner(1978)와 Dill, Gilden, Hill과 Hanslka(1982)의 연구는 사전 동의 절차가 스트레스 실험에서 통제에 관한 지각을 증가시키고, 이에 따라 연구로부터 도출되는 결과에 영향을 미칠 수 있다는 것을 증명하였다.

또한 사전 동의 절차는 표본을 편향시킬 수도 있다. Milgram의 실험에서, 만일 참가자들이 다른 이에게 전기충격을 가하는 것을 요구받을 것이라는 사전 지식을 가지고 있었다면 몇몇은 실험에 참가하는 것을 거절하였을 것이다. 따라서 결과를 일반화하는 우리의 능력은 아마도 참가에 동의한 그 '유형'의 사람들에게만 제한해야 할 것이다. 만일 그런 경우라면, Milgram의 연구에서 보여진 복종 행동은 참가에 동의한 사람들이 우선적으로 가학을 좋아하는 사람들이기 때문이라고 말할 수 있을 것이다.

둘째, Milgram의 연구는 또한 연구의 목적을 위하여 계획된 일련의 사건들에 참가자들을 일부로서 참여시키는 속임수의 유형을 보여 준다. 실험자의 공모자는 연구의 또 다른 참가자 역할을 수행하였는데, Milgram은 이를 통해 참가자들에 대하여 권위에 대한 복종이 관찰될 수 있는 현실성을 구현하였다. 이러한 속임수는 사회심리 연구에서 가장 흔하게 나타난다. 반면 이는 지각, 학습, 기억, 운동 수행과 같은 실험심리학의 분야에서는 덜 빈번하게 관찰된다. 그러나 이러한 분야들에서도 실험자는 연구를 보기에 그럴싸하게 만들고 참여를 북돋기 위해 만들어진 표지 이야기를 사용할 수 있다(예: 연구의 진짜 목적이 기억 오류나 조직화된 도식에 관한 것일 때, 참가자들에게 가독성에 대한 연구를 위해 실제 신문의 이야기를 읽고 있다고 설명함).

속임수의 문제는 연구실 연구에 한정되지 않는다. 관찰자가 그들의 목적, 존재 또는 정체를 숨기는 절차 또한 속임수에 해당한다. 예를 들어, Humphreys(1970)는 공중 화장실[속어로 **다방**(tearoom)이라고 부름]에 자주 출입하는 남성의 성 행동을 연구하였다. Humphreys는 직접적으로 성적 활동에 참여하지 않았지만, 그는 가능한 불청객을 다른 이에게 경고해 주는 망보는 사람 역할을 하였다. 다방에서의 활동을 관찰하는 것에 더불어, Humphreys는 다방에 방문한 사람들의 차량등록번호를 기록하였다. 이후에 그는 남자들의 주소를 얻고, 변장한 후, 그들을 면담하기 위해 그들의 집을 방문하였다. Humphreys의 절차는 공공장소에서의 익명성의 성에 관한 발견의

한 가지 방법이지만, 상당한 속임수를 수반한다.

✿ 속임수가 심리학 연구에서 중요한 윤리적 문제인가

많은 심리학자들은 속임수의 문제가 과장되어 왔다고 믿고 있다(Bröder, 1998; Kimmel, 1998; korn, 1998; Smith & Richardson, 1985). Bröder는 이러한 비평에 인용되는 정교한 속임수의 극단적인 예들은 매우 희귀하다고 주장한다. 더욱이, 연구에 참가하는 대학생들이 속임수에 대해 개의치 않으며, 사실은 속임수가 포함된 실험을 즐기기도 한다는 증거도 존재한다(Christensen, 1988).

1960년대의 Milgram의 연구로부터 수십 년 동안 일부 연구자들은 정교한 속임수의 사용이 실제로 점점 감소하는지를 알아보기 위해 속임수의 사용을 평가해 보고자 하였다. 이러한 유형의 속임수에 대한 대부분의 우려가 사회심리 연구에서 일어나기 때문에, 이러한 문제를 다루고자 하는 시도들은 사회심리학에 초점을 맞추었다. Gross와 Fleming(1982)은 1960년대와 1979년대에 출판된 691개의 사회심리학 연구들을 개관하였다. 비록 1970년대의 대부분의 연구들이 여전히 속임수를 사용하였지만, 이러한 속임수는 주로 거짓된 표지 이야기를 포함하는 것이었다.

속임수를 사용하지 않는 경향이 계속되었는가? Sieber, Iannuzzo와 Rodriguez(1995)는 1969년, 1978년, 1986년, 그리고 1992년에 「성격 및 사회심리학 학술지(*Journal of Personality and Social Psychology*)」에 출판된 연구들을 조사하였다. 속임수의 일부 형태를 사용한 연구들의 수는 1969년에 66%에서 1978년에 47%, 1986년에는 32%로 감소하였으나, 1992년에 47%로 다시 증가하였다. 1986년에 급락한 것은 성격과 같이 속임수를 필요로 하지 않는 주제에 관한 연구들의 수가 그 해에 증가하였기 때문인 것으로 보인다. 또한, 사전 동의는 이전과 비교하여 1992년에 들어서 더욱 분명히 기술되었으며, 사후설명 또한 1969년 이후로 더욱 많이 언급되었다. 그러나 거짓의 표지 이야기는 여전히 흔히 사용된다. Korn(1997) 또한 속임수의 사용이 사회심리학에서 점점 감소하고 있다고 결론 내렸다.

Milgram의 연구에서 나타난 정교한 유형의 속임수의 감소에 대한 세 가지 주된 이유들이 있다. 첫째, 많은 연구자들이 정서보다는 오히려 인지적인 변인들에 관심을 가지기 시작하였고, 따라서 기억과 인지심리학자들이 사용하는 방법들과 유사한 방법들을 사용하게 되었다. 둘째, 이 장에서 기술되었듯이 윤리적 문제에 대한 전반적인 인식의 수준이 연구자들을 다른 방식으로 연구를 수행하도록 이끌었다(속임수에 대한 몇 가지 대안이 아래에 기술되어 있다). 셋째, 대학의 기관심의위원회가 제안된 연구를 더욱 신중하게 검토하기 때문에 정교한 속임수는 연구가 매우 중요하고 이용 가능한 다른 대안적 절차들이 존재하지 않을 때에만 승인받을 수 있다(기관심의위원회에 대한 설명은 이 장의 후반부에 설명된다).

사후설명의 중요성

사후설명(debriefing)은 연구를 완료한 후에 이루어진다. 이는 연구자에게 있어 정보의 은닉, 속임수, 참가자에 대한 잠재적 위험의 영향들에 대한 문제를 다룰 수 있는 기회이다.

만일 참가자가 어떠한 방법으로든 속임을 당하였다면, 연구자는 어떠한 이유로 속임수가 불가피하였는지에 대해 설명할 필요가 있다. 만일 연구가 참가자의 신체적 상태 또는 심리적 상태를 어떠한 방식으로든 변하게 하였다면(스트레스를 유발하는 실험과 같은 경우) 연구자는 반드시 참가자가 진정되고 연구에 참가하는 것에 불편함이 없는지 확인해야 한다. 만일 참가자가 부가적인 정보를 얻거나, 연구에 대해 다른 누군가와 이야기를 나눌 필요가 있다면, 연구자는 이러한 자원들에 대한 접근 기회를 제공해 주어야 한다. 참가자들은 심리학 분야에 대한 어떠한 나쁜 감정 없이 실험에서 벗어나야 하며, 이들은 어쩌면 자신의 행동이나 성격에 대한 새로운 관점을 지니고 떠날 수도 있다.

또한 사후설명은 연구자들에게 연구의 목적을 설명하고, 참가자들에게 어떠한 유형의 결과가 기대되는지를 말해 주며, 결과의 실제적 응용에 대해 논의하는 기회를 제공한다. 몇몇 경우에, 연구자들은 연구의 실제적 결과를 참가자들에게 알려 주기 위하여 이후에 참가자들에게 연락할 수도 있다. 따라서 사후설명은 교육적이고 윤리적인 목적을 둘 다 지니고 있다.

스트레스와 정교한 속임수가 수반된 경우, 사후설명이 부정적 효과들을 제거하기에 충분할까? Milgram의 연구로 다시 돌아가 보자. Milgram은 철저한 사후설명을 제공하기 위해 많은 노력을 기울였다. 복종한 참가자들은 그들이 대부분의 다른 참가자들과 다를 바 없이 행동하였기 때문에 그들의 행동이 정상적이었음을 듣게 되었다. 그들은 그들에게 가해진 강한 상황적 압박을 인지하였으며, 참가자들이 느꼈을 긴장감을 줄이기 위한 방법이 동원되었다. 참가자들은 어떠한 전기충격도 실제로 전달되지 않았음을 확인하였으며, 공모자인 Mr. Wallace와의 다정한 화해 또한 마련되었다. 또한 Milgram은 그의 연구 결과에 대한 보고서를 참가자들에게 전송하였으며, 동시에 실험에 대한 참가자들의 반응에 대해 질문하였다. 그중 84%는 자신이 참가하게 되어서 기뻤으며, 74%는 실험으로부터 자신들이 이득을 얻었다고 응답하였다. 오직 1%만이 참가하게 되어서 유감이라고 응답하였다. 정신과 의사가 1년 후에 참가자들을 면담하였을 때, 참가로 인한 어떠한 부정적 효과도 발견되지 않았다. 우리는 사후설명이 의도된 효과를 지니고 있음을 확인할 수 있다. Milgram의 연구의 윤리에 대한 이후의 연구를 수행한 연구자들도 동일한 결과에 도달하였다(Ring, Wallston, & Corey, 1970). 사후설명에 대한 다른 연구 또한 사후설명이 속임수와 연구에서 발생하는 다른 윤리적 문제들을 다루는 방법으로서 효과적이라고 결론지었다(Oczak, 2007; Smith, 1983; Smith & Richardson, 1983).

속임수에 대한 대안

Kelman(1967)은 연구에서의 속임수 사용에 대해 비평한 후, 대안적인 절차들의 개발을 촉구하였다. 이러한 절차들은 역할놀이, 모의실험, '정직한' 실험을 포함한다.

역할놀이와 모의실험

역할놀이(role-playing) 절차에서 연구자는 참가자들에게 어떤 상황을 묘사한 후, 그들이 그 상황에서 어떠한 반응을 보일 것인지를 질문한다. 때때로 참가자들은 그들 자신이 특정 상황에서 어떻게 행동할 것인지를 말하도록 요구를 받으며, 다른 경우에서는 그러한 상황에서 실제 참가자들이 어떻게 행동할 것인지를 예측하도록 한다. 이러한 두 방법들이 서로 다른 결과들을 만들어 내는지는 명확하지 않다.

역할놀이의 가장 중요한 결함은 어떠한 결과를 얻는다 하더라도 비평가들은 그 결과가 만일 참가자들이 실제 상황에 처한다면 달라졌을 것이라고 주장할 수 있다는 점이다. 이러한 비판은 사람들이 자신의 행동이나 다른 이들의 행동을 항상 정확하게 예측할 수는 없다는 가정에 기반한다. 이는 바람직하지 않은 행동(예컨대, 동조나 복종, 공격)이 수반될 때 특히 그러하다. 예를 들어, 만일 Milgram이 역할놀이 절차를 사용하였다면, 그들이 완전히 순종적으로 될 것이라고 얼마나 많은 사람들이 예측할 것이라 생각하는가? 사실, Milgram은 정신과 의사들에게 그의 연구 결과를 예측할 것을 요청하였으며, 이러한 전문가들조차 어떤 일이 벌어질지 정확하게 예측하지 못한다는 것을 발견하였다. 이와 유사한 문제는 사람들에게 자신의 도움이 필요한 누군가를 도와줄 것인지를 예측하도록 질문할 때에도 나타나게 될 것이다. 우리 대부분은 아마도 우리의 이타적인 경향을 과대평가할 것이다.

역할놀이의 다른 유형은 실제 상황을 모사한 **모의실험**(simulation)을 이용한다. 모의실험은 예를 들어 경쟁하는 개인들 간의 갈등이나 운전 모의실험 장치를 사용한 운전 행동, 또는 배심원단의 심의와 같은 주제를 연구하는 데 사용될 수 있다. 이러한 모의실험들은 참가자들에게서 높은 수준의 관여를 만들어 낼 수 있다.

모의실험조차도 윤리적 문제를 일으킬 수 있다. 그 극적인 예는 Zimbardo(1973; Haney & Zimbardo, 1998)에 의해 수행된 스탠퍼드 죄수 실험이다. Zimbardo는 스탠퍼드 대학교의 심리학과 건물 지하층에 모의 감옥을 만들었다. 그다음 그는 2주 동안 교도관 혹은 죄수 역할을 수행하고 돈을 지급받을 대학생들을 모집하였다. 교도관들은 제복을 착용하고 선글라스와 몽둥이를 제공받았다. 죄수들은 번호를 할당받고, 죄수의 머리 모양을 하고, 개성을 감소시키기 위해 나일론 스타킹 모자를 착용하였다. 참가자들은 자신들의 역할에 너무 깊게 빠져들게 되어서, 교도관들의 잔인한 행동과 죄수들의 고통스러운 반응으로 인하여 Zimbardo는 6일 후 모의실험을 중단해야만 하였다. 이것은 단지 모의실험이었으며, 참가자들은 자신들이 실제로 교도관이나 죄수가 아니라는 것을 알고 있었다. 그러나 그들은 자신들의 역할에 너무 깊게 몰입한 나머지, 이 실험은 상상할 수 있는 대부분의 어떠한 다른 실험들보다 더 높은 수준의 스트레스를 불러일으켰다. 이후 심리학자들과 BBC의 공동의 노력으로, 흥미로운 추후 스탠퍼드 죄수 실험이 2001년도에 수행되었다(http://www.bbcprisonstudy.org). BBC 죄수 실험은 스탠퍼드 대학교에서 이루어진 실험과 매우 유사하였지만, 연구자들은 윤리적 문제에 초점을 맞추었다. 다섯 명의 심사위원단이 연구의 진행 상황을 지속적으로 감시하였고, 응급 의료 팀과 보안 요원이 참석하였으며, 두 명의 임상심리학자가 대기하였다. 이 연구는 8일 동안 진행되도록 계획되었으며, 촬영 팀은 2002년에 방영된 4시간의 시리즈 방송을 위해 모든 사건들을 기록하였다. 이 두 연구의 결과들 간의 차이는 심리학자들 간의 지속적인 논의의 주제다(예를 들어, 교도관들의 수감자들에 대한 관계는 BBC 연구에서 많은 차이를 보였다).

✿ 정직한 실험

Rubin(1973)은 연구자들에게 정교한 속임수 없이 행동을 연구할 수 있는 상황, 즉 **정직한 실험**(honest experiment)을 이용하도록 독려하였다. 그러한 첫 번째 전략에서, 참가자들은 그들의 행동이 연구되는 것에 대해 동의하며, 연구자가 성취하고 싶어 하는 것을 정확히 알고 있다. 예를 들어, 스피드 데이트(speed-dating)에 관한 연구들은 이성 매력을 연구하는 매우 유용한 방법이 되었다(Finkel, Eastwick, & Matthews, 2007; Fisman, Iyengar, Kamenica, & Simonson, 2006). 학생 참가자들은 학교 교정이나 지역 레스토랑에서 개최되는 실제 스피드 데이트 행사에 참가하도록 모집될 수 있다. 이들은 수많은 질문지를 작성하고, 가능한 데이트로 이어질 수 있는 선택을 한다. 모든 이들은 다른 사람들 모두와 만남을 가지기 때문에, 이 상황은 데이트 선택에 관련될 수 있는 많은 요인들에 대한 체계적인 연구를 가능하게 한다.

이와 관련된 전략은 사람들이 그들이 필요한 정보나 서비스를 찾을 때 나타나게 된다. 대학에서 진행하는 학습 기술 향상 프로그램에 자원하는 학생은 강의실에서 진행되는 강좌나 온라인 강좌에 할당될 수 있고, 연구자는 어떤 형태의 강좌가 다른 형태의 강좌보다 더 나은지를 알아보기 위하여 측정을 수행할 수 있다.

또 다른 전략은 자연스럽게 일어나는 사건이 연구를 위한 기회를 제공하는 상황을 포함한다. 예를 들어, 연구자들은 학생 기숙사의 부족으로 인해 Rutgers 대학교가 입학생들을 임의로 북적이거나 그렇지 않은 기숙사에 배정하였을 때 밀집의 효과에 대해 연구할 수 있었다(Aiello, Baum, & Gormley, 1981). Baum, Gachtel과 Schaeffer (1983)는 Three Mile Island 원자력 발전소 부근에 살고 있는 사람들과 손상되지 않은 원자력 발전소 또는 일반적인 화력 발전소 주변에 사는 사람들을 비교함으로써 원자력 발전소의 재해와 관련된 스트레스에 대한 연구를 수행하였다. 과학은 결과의 반복가능성에 의존하기 때문에, Three Mile Island 연구와 동일한 패턴의 결과가 이후에 일어난 9월 11일의 테러 공격에서도 나타났다는 것은 주목할 만하다(Schlenger et al., 2002). 2,000명이 넘는 뉴욕시티와 워싱턴 DC, 그리고 미국 전역의 대도시에 거주하는 성인들이 외상 후 스트레스 장애(PTSD)의 발병을 알아보기 위해 외상 후 스트레스 장애에 관한 체크리스트를 작성하였다. 워싱턴 DC 거주자들의 2.7%, 다른 대도시 거주자들의 3.6%에서 PTSD 증상이 나타난 것에 반해, 뉴욕시티 거주자들의 11.2%에서 PTSD 증상이 나타난 것으로 드러났다. 이러한 자연적 실험은 자료의 귀중한 출처가 된다.

정의와 참가자의 선택

「벨몬트 보고서」에 규정된 세 번째 윤리 강령은 **정의**(justice)다. 정의 강령은 연구의 이득을 얻는 데뿐만 아니라 위험을 수용하는 부담을 견디는 데 있어서의 공평성의 문제들을 다룬다. 의료 연구의 역사는 사회 속에서 힘이 없거나 무시되기 때문에 선택된 사람들을 대상으로 수행된 수많은 고위험 연구들의 예들을 포함한다. 가장 끔찍한 사건은 Tuskegee Syphilis 연구로, 이 연구에서 앨라배마 주의 가난한 아프리카계 미국인 399명이 장기간에 걸친 매독의 영향을 추적하기 위한 목적으로, 질병에 대한 치료를 받지 못하였다(Reverby, 2000). 이 연구는 1932년부터 이 연구의 세부 사항이 공개된 1972년까지 수행되었다. 이러한 연구가 실제로 수행되었고, 피험자들이 이상한 점을 알아차리지 못한 아프리카계 미국인들이었다는 사실에 대한 분노는 과학자들을 의료 및 행동 연구에서의 윤리 규정을 정밀하게 점검하는 데 박차를 가하도록 만들었다. Tuskegee 연구가 고립된 단독 사건만은 아니라는 사실이 1945년부터 1948년까지 과테말라에서 수행된 또 다른 매독 연구가 발견된 2010년에 드러났다(Reverby, 2011). 이 연구에 참가한 남자들은 매독에 감염되었고, 페니실린으로 치료를 받았다. Reverby는 이 연구를 자세히 기술하였으며, 과테말라 연구와 Tuskegee 연구 모두에 참여한 한 의사에게 초점을 맞추었다.

정의 강령은 연구자들로 하여금 형평성의 문제를 다룰 것을 요구한다. 연구에서 어느 누군가를 포함하거나 배제하는 결정은 반드시 과학적 근거에 의해 정당화되어야 한다. 따라서 만일 연령이나 민족, 성 또는 다른 기준들이 참가자들을 선택하기 위해 사용된다면, 연구자는 반드시 과학적 근거를 제공해야만 한다.

연구자 서약

연구자들은 연구 과정 동안에 참가자들과 여러 가지의 암묵적인 계약을 한다. 예를 들어, 만일 참가자가 특정 시간에 연구를 위해 출석할 것에 동의한다면, 연구자 또한 그곳에 있어야만 한다. 시간 엄수에 대한 문제는 연구자들에 의해 절대로 언급되지 않지만, 연구 참가자들은 연구자의 의무에 대한 언급을 통해 이를 알아차린다(Epstein, Suedfeld, & Silverstein, 1973). 만일 연구자들이 참가자들에게 연구의 결과에 대한 개요를 보내 줄 것을 약속하였다면, 이들은 반드시 이를 지켜야 한다. 만일 참가자들이 참가로 인해 수업 가산점을 받는다면, 연구자는 해당 강사에게 어느 학생이 연구에 참여하였는지 즉시 알려야 한다. 이러한 것들은 다소 사소한 것으로 보일 수 있지만 참가자와 연구자 간에 신뢰를 유지하는 데 있어 매우 중요하다.

연방 법규와 기관심의위원회

「벨몬트 보고서」는 연구 윤리 문제에 대한 대략적인 개요를 제공한다. 연구 참가자들의 보호를 위한 실제적인 규칙과 규정은 미국의 보건사회복지부(Department of Health and Human Services, HHS)에 의해 제정되었다. 이 규정(HHS, 2001)에 의해, 연방 기금을 받는 모든 기관은 해당 기관에서 수행되는 연구의 검토를 책임지는 **기관심의위원회**(Institutional Review Board, IRB)를 반드시 보유해야 한다. IRB는 최소 다섯 명의 인원으로 구성되어 있는 현지의 심사 위원회다. 이들 중 적어도 한 명의 IRB 위원은 해당 기관의 외부 인사로 구성되어야 한다. 미국의 연방 기금을 받는 모든 대학들은 IRB를 보유하고 있다. 또한 대부분의 심리학과는 고유의 기관심의위원회를 보유하고 있다(Chastain & Landrum, 1999). 기관에 관련된 교원, 학생, 그리고 연구원들에 의해 수행되는 모든 연구는 IRB의 검토를 받게 된다. 이는 학교나 지역사회 기관, 병원과 같은 다른 장소에서, 혹은 인터넷을 통해 이루어지는 연구들을 포함한다.

연구에 대한 IRB의 관리를 위한 연방의 규정은 계속해서 발전하고 있다. 예를 들어, 이제 모든 연구자들은 반드시 특정 교육 요건을 충족해야 한다. 대부분의 대학들은 학생과 교원들에게 이러한 요건들을 충족시키기 위해 연구 윤리에 대한 하나 이상의 온라인 과정을 완료하도록 요구한다.

보건사회복지부 규정 또한 연구에 포함된 위험의 정도에 따라 연구를 범주화하였다. 이 위험의 개념은 이후 미국심리학회의 윤리 강령에 포함되었다.

면제 연구

위험요소가 없는 연구들은 심사로부터 면제된다. 따라서 익명을 사용하는 질문지나 설문조사, 그리고 교육 평가들은 공공장소에서의 자연 관찰과 같이 익명에게 위협이 없는 경우, 모두 **면제 연구**(exempt research)로 간주된다. 연구되고 있는 자료가 공공으로 사용 가능한 것이거나 참가자의 신원을 확인할 수 없는 문헌 연구 또한 마찬가지이다. 이러한 유형의 연구는 사전 동의를 필요로 하지 않는다. 그러나 연구자들은 연구 심사를 면제받는 것을 그들 스스로 결정할 수 없다. 그 대신에, 기관에 속한 IRB가 연구자들이 면제 연구에 지원할 수 있는 절차를 마련한다.

✿ 최소 위험 연구

두 번째 유형의 연구 활동은 최소 위험(minimal risk)이라고 불리며, 이는 참가자에게 해로운 위험이 일상생활에서, 혹은 일상적인 생리적 · 심리학적 검사에서 발생할 수 있는 위험보다 더 크지 않음을 의미한다. **최소 위험 연구**(minimal risk research)가 수행될 때, 정교한 안전보호 장치들은 거의 고려되지 않으며, 따라서 IRB에 의한 승인 또한 일반적으로 이루어진다. 최소 위험으로 여겨지는 몇몇 연구 활동은 다음과 같은 것들이다. (1) 성인 참가자들로부터 일반적인 신체적 자료를 기록하는 것(예: 체중, 감각 검사, 심전도, 뇌파, 초음파, 음성 녹음: 이러한 것들이 사생활 침해를 수반할 수도 있는 기록들은 포함하지 않아야 한다는 것에 주의하라), (2) 건강한 참가자들에 의한 적당한 수준의 운동, (3) 지각이나 인지, 게임 이론이나 검사 개발에 관한 연구들과 같이 연구자가 참가자의 행동을 조작하지 않고, 해당 연구가 참가자에게 스트레스를 주지 않는, 개인이나 집단의 행동 또는 개인들의 특성에 대한 연구들.

✿ 최소 위험보다 큰 위험을 지닌 연구

참가자들을 최소 위험보다 큰 위험에 노출시키는 연구 절차는 IRB에 의한 철저한 검토를 거친다. 완전한 사전 동의서와 안전 보호 장치들이 승인을 받기 전에 필요하다.

연구를 수행하고자 계획하는 연구자들은 IRB에 지원서를 제출해야 한다. 이 지원서는 위험과 이득, 위험을 최소화하기 위한 절차들, 사전 동의서의 정확한 표현, 사후설명의 방식, 그리고 비밀보장을 유지하기 위한 절차들에 대해 기술할 것을 요구한다. 연구과제가 승인되더라도 계속적인 심사가 이루어진다. 만일 장기간에 걸친 연구과제라면, 적어도 1년에 한 번씩은 심사를 받을 것이다. 만일 그 절차에 어떠한 변화라도 있다면, 연구자들은 IRB의 승인을 받아야 한다. 세 가지 위험의 범주가 표 3.1에 요약되어 있나.

표 3.1 위험의 평가

위험 평가	예시	해당 행동
위험 없음	- 정상적인 교육 실시에 관한 연구 - 인지적 적성/성취 평가 - 익명의 설문조사 - 참가자의 신원을 확인할 수 없는, 민감하지 않은 공공 행동에 대한 관찰	사전 동의서가 필요하지 않으나, IRB에 의해서 위험을 수반하지 않음을 인정받아야 함
최소 위험	- 표준적인 심리학적 측정치 - 참가자에게 위험요소가 없는 음성 녹음 - 스트레스를 수반하지 않는 인지/지각 연구	일반적으로 완전한 사전 동의서를 필요로 하지는 않지만, 사후설명과 윤리적 고려들이 중요
최소 위험보다 큼	- 신체적 스트레스, 심리적 스트레스, 사생활의 침해, 참가자들의 신원 확인이 가능할 수 있는 민감한 정보들의 측정을 포함하는 연구	충분한 IRB 검토가 필요하며, 특별한 윤리적 절차들이 필요할 수 있음

✿ 연구에 미치는 IRB의 영향

일부 연구자들은 연구에 대한 IRB 승인을 얻는 데 필수적인 절차들에 관하여 불만을 표출하기도 하였다. 심사 과정에 오랜 시간이 걸릴 수 있으며, IRB는 수정이나 명확한 설명을 요구할 수 있다. 더욱이 IRB 운영을 관리하는 정책과 절차들은 모든 분야의 연구들에 적용되어서, 의학적 연구에 필수적인 극도의 주의가 심리학 연구에도 적용된다(Collins, 2002 참조). 불행하게도, 기본적인 IRB 구조를 변경하는 일은 거의 불가능하다. 연구자들은 신중하게 계획하고, 승인 절차를 위한 시간을 고려해야 하며, 지원서에 필요한 모든 자료들을 제출해야 한다(Collins, 2002).

미국 보건사회복지부 규정과 IRB에 의한 연구의 심사 덕분에 참가자의 권리와 안전이 잘 보호될 수 있다. 연구자와 IRB 구성원 모두 윤리적으로 고려되어야 할 것들에 대해 매우 주의를 기울인다. 사실, 여러 연구들이 연구에 참여하였던 학생들이 연구자나 IRB 구성원들보다 실험의 윤리에 관한 판단에 더 관대하다는 것을 보여 주었다(Epstein et al., 1973; Smith, 1983; Sullivan & Deiker, 1973). 더욱이, 속임수를 사용한 연구에 참여하였던 사람들은 속임수에 개의치 않았으며 그 경험을 긍정적으로 평가하였다고 보고한다(Chtistensen, 1988).

APA 윤리 강령

심리학자들은 우리가 논의하였던 윤리적 문제들을 인식하였으며, 미국심리학회(APA)는 윤리 원칙과 규준을 형성하는 데 주도력을 발휘하였다. **APA 윤리 강령**(APA Ethics Code)으로 알려져 있는「심리학자들의 윤리 원칙과 행동 강령(The Ethical Principles of Psychologists and Code of Conduct)」은 2002년에 개정되었으며, 정기적으로 개정판과 수정판이 발행된다. 최신의 윤리 강령은 http://apa.org/ethics/code/index.aspx에서 확인할 수 있다. 윤리 강령의 서문은 다음의 내용을 기술한다.

> 심리학자들은 행동에 대한 전문적이고 과학적인 지식과 자신과 타인에 대한 사람들의 이해를 증진시키고, 이러한 지식을 개인, 조직, 사회의 상태를 향상시키기 위해 사용하는 것에 전념한다. 심리학자들은 사회와 인간의 권리와 연구, 교육, 그리고 출판물에서 탐구와 표현의 자유의 핵심적인 중요성을 존중하고 보호한다. 심리학자들은 인간의 행동에 관한 고지된 판단과 선택의 발전에 있어 대중에게 도움을 주기 위해 노력한다. 이를 위하여, 심리학자들은 연구자나 교육자, 진단자, 치료사, 감독관, 상담사, 관리자, 사회중재자, 전문적인 입회인과 같은 다양한 역할을 수행한다. 이 윤리 강령은 심리학자들이 이룬 전문적이고 과학적인 업적에 기반한 공통의 원칙과 규준들을 제공한다.

다섯 가지 일반 원칙들은 이득, 책임, 진실, 정의, 그리고 타인에 대한 권리와 존엄성에 대한 존중과 관련된다. 열 가지 규준들은 교육, 연구, 치료, 상담, 검사, 그리고 다른 전문적인 역할과 책임의 수행에 관한 특정한 주제들을 다룬다. 우리는 '윤리 규준 8: 연구와 출판'과 가장 관련이 있을 것이다.

인간 참가자를 대상으로 하는 연구

인감 참가자를 대상으로 하는 연구를 가장 직접적으로 다루는 윤리 규준 8은 아래와 같은 사항들을 포함한다.

8.01 기관의 승인

기관의 승인이 요구될 때, 심리학자들은 그들의 연구 제안서에 관한 정확한 정보를 제공해야 하고, 연구를 수행하기 이전에 승인을 받아야 한다. 심리학자들은 승인된 연구 계획안에 따라 연구를 수행한다.

8.02 연구에 대한 사전 동의

a. 사전 동의에 관한 규준 3.10에서 요구되는 바와 같이 사전 동의를 얻을 때, 심리학자들은 참가자들에게 (1) 연구의 목적, 예상되는 기간 및 절차, (2) 참여를 거절하거나 실험 참여가 시작되었어도 연구로부터 참여를 철회할 수 있는 그들의 권리, (3) 거절이나 철회의 결과로서 나타날 수 있는 예측 가능한 결과, (4) 잠재적인 위험, 불편함, 또는 역효과와 같이 참가 의사에 영향을 미칠 수 있을 것으로 예상되는 합리적으로 예측 가능한 요인, (5) 발생할 수 있는 연구의 이득, (6) 비밀보장의 한계, (7) 참가에 대한 보상, (8) 연구와 연구 참가자의 권리에 관한 질문을 위한 연락처에 관하여 사전에 고지한다. 심리학자들은 잠재적인 참가자들이 질문하고 답을 얻을 수 있는 기회를 준다. (또한 다음을 보라: 규준 8.03, 연구에서 음성과 이미지를 기록하기 위한 사전 동의; 규준 8.05, 연구를 위한 사전 동의의 면제; 규준 8.07, 연구에서의 속임수.)
b. 실험적 처치를 수반하는 중재 연구를 수행하는 심리학자들은 연구의 시작 시점에 참가자들에게 (1) 처치의 실험적 특성, (2) 적절한 경우에 한해, 통제집단에게 가능하거나 가능하지 않은 서비스들, (3) 처치집단과 통제집단에 할당되는 방법, (4) 개인이 연구 참여를 원치 않을 때 혹은 연구가 시작되고 난 후 철회하길 바랄 때 가능한 대안적 처치 방법, (5) 적절한 경우에 한해, 참여에 대한 보상, 혹은 참가자나 제3의 지급인로부터 참여 비용을 받을 것인지를 포함하는 금전적인 비용에 대해 명시한다. (규준 8.02a, 연구에 대한 사전 동의 참조.)

8.03 연구에서 음성과 이미지 녹음을 위한 사전 동의

심리학자들은 (1) 연구가 온전히 공공장소에서의 자연스러운 관찰로 이루어지고, 녹음이나 촬영이 개인의 신원 확인이나 위해를 일으키는 방식으로 사용될 것으로 생각되지 않거나, (2) 연구설계가 속임수를 포함하고, 녹음이나 촬영의 사용을 위한 동의가 사후설명 동안에 얻어지는 경우가 아니라면, 자료 수집을 위하여 음성이나 이미지의 기록 전에 연구 참가자로부터 사전 동의를 받아야 한다. (규준 8.07, 연구에서의 속임수 참조.)

8.04 고객/환자, 학생, 하급자인 연구 참가자

a. 심리학자들이 고객/환자, 학생, 하급자를 연구 참가자로 하여 연구를 수행할 때, 심리학자들은 참가에 대한 거절이나 철회로 인한 부정적인 결과로부터 잠재적인 참가자들을 보호하기 위한 절차들을 수행한다.
b. 연구의 참여가 교과목을 이수하는 데 필요한 사항이거나 가산점을 받기 위한 기회인 경우, 잠재적인 참가자는 이와 동등한 대안적 활동에 대한 선택권을 제공받아야 한다.

8.05 연구를 위한 사전 동의의 면제

심리학자들은 (1) 연구가 고통이나 해로움을 만들지 않을 것이 합리적으로 가정되며, (a) 교육 환경에서 정상적인 교육 절차, 교육 과정, 또는 수업 관리방법에 관한 연구, (b) 반응의 공개가 참가자들의 범죄 또는 민사적 책임, 재무 상태의 손상이나 취업 능력, 또는 명성의 위험에 처하지 않게 하며, 비밀을 보호하는 익명의 설문지 연구, 자연 관찰, 문헌 연구, (c) 참가자의 취업 능력에 대한 위험이 없으며, 비밀이 보호되는 조직 환경에서 수행되는 직업이나 조직의 효과성에 관련된 요인에 관한 연구일 때, (2) 법률이나 연방 혹은 기관의 규정에 의해 승인되었을 경우에 한해 사전 동의를 면제받을 수 있다.

8.06 연구 참여를 위한 권유

a. 심리학자들은 연구 참여를 독려하기 위한 과도하거나 부적절한 금전적 형태 혹은 다른 형태의 권유가 참여를 강제적으로 유도하는 것으로 보일 때, 이를 피하기 위해 합리적인 노력을 기울인다.
b. 연구 참여를 위한 권유로서 전문적인 서비스를 제안할 때, 심리학자들은 서비스의 특성뿐만 아니라 위험과 의무, 그리고 제한점에 대해 명시해야 한다. (규준 6.05, 고객/환자와의 교환 거래 참조.)

8.07 연구에서의 속임수

a. 심리학자들은 연구의 중대한 잠재적인 과학적 · 교육적 · 응용적 가치에 의해 속임수 기법의 사용이 정당화되고, 속임수를 사용하지 않는 효과적인 대안적 방법이 실현 가능하지 않다고 판단하지 않는 이상, 속임수를 수반하는 실험을 수행하지 않는다.
b. 심리학자들은 연구가 신체적 고통이나 심각한 정서적 고통을 일으킬 수 있을 것으로 합리적으로 예상될 때에는 잠재적인 참가자들에게 속임수를 사용하지 않는다.
c. 심리학자들은 참가자들에게 가능한 한 빨리, 가급적 참가의 마무리 단계에서 (그러나 자료 수집의 마무리 단계 이후는 아닌) 연구설계와 실험 수행의 완전한 특징인 모든 속임수를 설명하며, 참가자들이 그들의 자료를 철회할 것을 가능하게 한다. (규준 8.08. 속임수.)

8.08 사후설명

a. 심리학자들은 참가자들에게 연구의 속성, 결과, 결론에 대한 적절한 정보를 얻을 수 있는 즉각적인 기회를 제공하며, 참가자들이 심리학자들이 알아차릴 것이라고 여기는 잘못된 생각을 바로잡기 위한 합리적인 단계들을 거친다.
b. 만일 과학적 가치나 인도적 가치가 이 정보들의 공개를 늦추거나 보류하는 것을 정당화한다면, 심리학자들은 피해의 위험을 줄이기 위해 합리적인 조치를 취한다.
c. 심리학자들이 연구 절차들이 참가자들에게 해를 미친다는 것을 인식하게 되는 경우, 피해를 최소화하기 위한 합리적인 절차들을 밟는다.

이러한 규준들은 미국 보건사회복지부 규정과 벨몬트 보고서를 보완한다. 이들은 윤리적 절차의 근본적인 부분으로서 사전 동의의 중요성을 강조한다. 그러나 완전한 사전 동의가 항상 가능하지는 않을 수도 있으며, 종종 속임수가 필요할 수 있다. 이러한 경우, 참가자들에 대한 연구자들의 책임은 증가한다. 명백히, 어떠한 것이 윤리적으로 혹은 비윤리적으로 생각되어야 하는지에 대한 결정은 간단하지 않다. 완벽한 법칙은 없다.

윤리와 동물 연구

이 장에서 인간 참가자를 통한 연구의 윤리에 대해 논하였지만, 당신은 심리학자들이 때때로 동물을 대상으로 하여 실험을 수행한다는 것을 알고 있을 것이다(Akins, Panicker, & Cunningham, 2004). 동물은 다양한 이유들로 인해 사용된다. 연구자는 동물의 환경적 조건을 세심하게 통제할 수 있고, 같은 동물을 오랜 기간 연구할 수 있으며, 필요하다면 그 동물의 행동을 24시간 관찰할 수 있다. 또한 동물은 약물의 효과를 검증하고, 행동에 기저에 있는 생리적 · 유전적 기제를 연구하는 데 이용된다. 1979년 Psychological Abstracts(현재 PsycINFO)의 약 7%의 논문들은 동물들을 수반한 연구들을 기술하였으며(Gallup & Suarez, 1985), 자료에 따르면 동물을 통해 이루어진 연구의 수가 지속적으로 감소하는 것으로 보인다(Thomas & Blackman, 1992). 가장 일반적으로, 심리학자들은 쥐 또는 생쥐를 이용해 연구하며, 더 적은 범위에서 새들을 이용한다. 심리학의 동물 연구에 대한 한 설문조사에 의하면, 연구에서 이용된 95% 이상의 동물들이 쥐, 생쥐, 그리고 새였다(Gallup & Suarez, 1985 참조).

최근 들어, 의학, 심리학, 생물학, 그리고 다른 과학 분야의 동물 연구에 반대하는 집단들이 더욱 목소리를 높이고 공격적인 성향을 띠게 되었다. 동물 권리 단체들은 미국심리학회의 정기총회에서 시위를 벌였으며, 많은 도시들의 동물 연구실 기물이 파손되었고, 연구자들은 신체적 피해의 위협을 받았다.

과학자들은 동물 연구가 인간에게 이롭다고 주장하며 동물 연구가 없었다면 가능하지 않았을 많은 발견들을 지적한다(Carroll & Overmier, 2001; Miller, 1985). 또한, 동물 권리 단체들은 종종 고통이나 괴로움 등을 수반하는 연구들의 수량을 부풀린다(Coile & Miller, 1984).

Plous(1996a, 1996b)는 심리학자들과 심리학 전공 학생들을 대상으로 연구와 교육에서 동물을 사용하는 것에 대한 태도에 관해 전국적인 설문조사를 수행하였다. 심리학자들과 학생들의 태도는 상당히 유사하였다. 대체로 동물 연구에 대해 지지하였다. 72%의 학생들이 이러한 연구들을 지지하였고, 18%가 반대, 10%는 확신할 수 없다고 응답하였다(그러나 심리학자들은 학생들보다 더 강하게 동물 연구를 지지하였다). 게다가, 68%는 동물 연구가 심리학의 발전을 위하여 필수적이라고 믿었다. 여전히, 동물의 사용에 대한 양면성과 불확실성이 존재한다. 심리학 연구에서 동물들이 인도적으로 다루어지는지를 물어보았을 때, 12%의 학생들은 '아니요'라고 대답하였고 44%는 '잘 모르겠다'라고 응답하였다. 게다가, 쥐나 비둘기를 사용하는 연구들은 연구가 엄격한 관찰 연구이지 않은 이상, 개나 영장류를 사용한 연구들보다 긍정적으로 평가되었다. 끝으로, 여성은 남성보다 동물 연구에 대해 덜 긍정적인 관점을 취한다. Plous는 심리학에서의 동물 연구가 학문을 위해 지속적으로 중요할 것이지만, 수행되는 연구들의 전체 양의 한 부분으로 보면 계속해서 감소할 것이라고 결론지었다.

동물 연구는 실제로 매우 중요하며 많은 유형의 연구 질문들을 연구하기 위하여 지속적으로 필수적일 것이다(http://www.apa.org/science/anguide.html 참조). 엄격한 법률과 윤리적 지침이 동물을 사용하는 연구와 교육적 절차 모두를 지배하고 있음을 아는 것이 매우 중요하다. 이러한 규칙들은 적절한 숙소 관리, 급식, 청결, 건강 관리를 위해 필요한 사항을 다룬다. 이 규칙들은 연구에서 동물에게 불필요한 어떠한 잔인함도 배제되어야 함을 명시한다. 이에 더하여, 동물 연구를 수행하는 기관은 적어도 한 명의 과학자, 한 명의 수의사, 그리고 한 명의 공동체 구성원으로 이루어진 **동물 관리 및 사용 위원회**(Institutional Animal Care and Use Committee, IACUC)를 반드시 구성해야 한다. 동물 관리 및 사용 위원회는 동물 연구 절차들을 심사하고 모든 규정들을 충실히 지켰는지 확인하는 일을 담당한다(Holden, 1987). 윤리 강령의 다음 부분은 특히 중요하다.

8.09 연구에서 동물의 인도적 관리와 사용

a. 심리학자들은 현재의 연방 및 주, 지역의 법률과 규정에 따라 전문적인 규준과 함께 동물을 획득하고, 관리하고, 사용하고, 처리한다.
b. 연구방법을 훈련받고 연구실 동물을 관리한 경험이 있는 심리학자들이 동물을 수반하는 모든 절차들을 감독하고, 동물들의 안락, 건강, 그리고 인도적 대우에 대한 적절한 고려사항들을 확실히 하는 책임을 진다.
c. 심리학자들은 그들의 감독하에 있는 동물을 사용하는 개인들이 그들의 역할에 적절한 정도까지 연구방법과 사용되는 동물을 다루고, 관리하고, 돌보는 지시를 받았다는 것을 확실히 한다. (규준 2.05, 타인과의 작업 위임 참조.)
d. 심리학자들은 실험 동물의 불편감, 감염, 질병, 그리고 고통을 최소화하기 위한 적절한 노력을 기울인다.
e. 심리학자들은 대안적인 절차가 가용하지 않으며, 연구의 목적이 잠재적인 과학적 · 교육적 가치나 응용 가치에 의해 정당화될 때에만 동물에게 고통, 스트레스 또는 박탈을 가하는 절차를 사용한다.
f. 심리학자들은 적절한 마취하에 외과적 절차를 수행하며, 수술 도중과 이후에

감염을 피하고 고통을 최소화하는 기술을 사용한다.

g. 동물의 생명을 끝내는 것이 적절한 때에, 심리학자들은 허가된 절차들에 따라서 고통을 최소화하기 위한 노력과 함께 이를 신속하게 진행한다.

또한 APA는 더욱 자세한 **동물의 관리와 사용에 관한 윤리적 수행을 위한 지침**(Guidelines for Ethical Conduct in the Care and Use of Animals)을 개발하였다(http://www.apa.org/science/leadership/care/guidelines.aspx). 분명히, 심리학자들은 연구에 사용되는 동물들의 복지에 대해 고려한다. 그렇다 하더라도 이러한 문제는 계속해서 논쟁의 여지가 있을 것이다.

위험과 이득에 대한 고찰

당신은 이제 인간과 동물의 행동을 연구하는 연구자들에게 직면한 윤리적 문제들에 친근할 것이다. 연구 윤리에 관한 결정을 내릴 때, 당신은 참가자들의 위험과 관련된 많은 요인들을 고려해야 한다. 심리적인 피해 또는 비밀보장의 손실에 대한 위험이 존재하는가? 연구 참가자는 누구인가? 만약에 사용된다면, 어떠한 종류의 속임수가 절차에 사용되는가? 사전 동의는 어떻게 얻은 것인가? 어떠한 사후설명 절차가 사용되는가? 또한 당신은 연구의 과학적 중요성과 수업 혹은 학위의 요건을 위해 연구를 수행하는 학생들에 대한 교육적 이득뿐만 아니라, 참가자들에게 대한 연구의 직접적인 이득을 평가할 필요가 있다(**그림 3.2**를 보라).

결정이 쉽지는 않다. 예컨대, 한 남성 공모자가 남성 참가자를 모욕하는 연구를 생각해 보라. Cohen, Nisbett, Bowdle과 Schwarz(1996)가 수행한 이 연구는 미국 북부에 사는 대학생들의 반응과 미국 남부에 사는 대학생들의 반응을 비교하였다. 이 연구의 목적은 모욕을 당하였을 때 공격적으로 반응할 것으로 예상하는 '체면 문화'가 남부에 사는 남성들에게 발달하였는지를 조사하는 것이었다. 실제로, 북부의 학생들은 모욕에 별다른 반응을 하지 않았으나, 남부의 학생들은 분노에 관한 생리적 · 인지적 지표를 보이면서 반응하였다. 세상에서 벌어지는 수많은 폭력은 그들의 체면에 대한 지각된 모욕을 복수하려는 남성들에 의해서 일어난다는 사실은 이 주제를 사회와 특별히 관련짓도록 해준다. 당신은 사회와 과학에 대한 이 연구의 잠재적인 이득이 절차에 수반된 위험을 뛰어넘는다고 생각하는가?

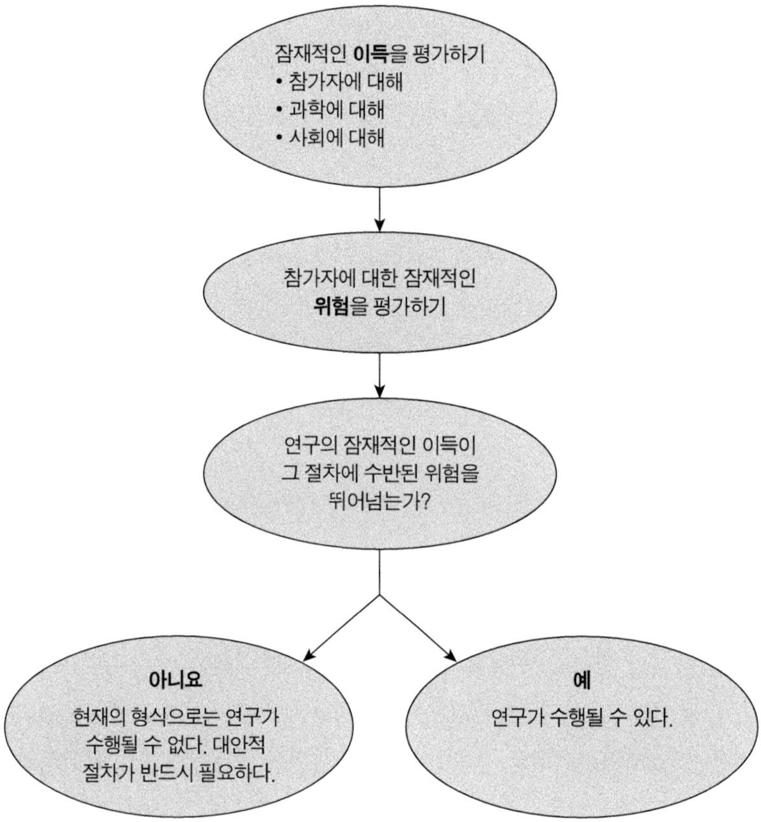

그림 3.2 위험과 이득의 분석

명백히, 이 연구를 검토한 IRB는 연구자가 참가자에게 미칠 위험을 충분히 최소화하였기 때문에 그 이득이 비용을 뛰어넘는다고 결론지었다. 만일 당신이 비용이 이득을 뛰어넘는다고 최종적으로 결론지었다면, 당신은 그 연구가 현재의 형식으로는 수행될 수 없다고 판단해야 한다. 당신은 그 연구를 수용할 수 있게 만들 수 있는 대안적인 절차를 제안할 수 있다. 만일 이득이 비용을 뛰어넘는다면, 당신은 그 연구가 수행되어야 한다고 판단할 것이다. 당신의 계산은 다른 사람의 계산과 다를 수도 있는데, 이것이 바로 윤리심의위원회를 갖는 것이 좋은 생각인 이유다. 연구 제안서에 대한 적절한 심사는 비윤리적 연구가 승인될 가능성을 현저히 낮출 수 있다.

허위 진술: 속임수와 표절

윤리 강령의 다른 두 가지 또한 언급되어야 한다.

8.10 연구 결과의 보고

a. 심리학자들은 자료를 위조하지 않는다. (규준 5.01a, 허위 또는 속임수적인 기술의 회피 참조.)
b. 만일 심리학자들이 그들의 출판된 자료에서 중대한 오류를 발견한다면, 그들은 교정이나 철회, 정오표, 또는 다른 적절한 출판 방법으로 그러한 오류를 교정하기 위한 합당한 절차를 밟는다.

8.11 표절

심리학자들은 비록 다른 연구나 자료 출처가 가끔 인용되더라도 다른 이의 연구나 자료의 부분을 자신의 것처럼 제시하지 않는다.

사기

자료의 날조는 **사기**(fraud)에 해당한다. 우리는 연구에서 보고된 결과들을 반드시 믿을 수 있어야 한다. 그렇지 않다면 지식의 수단으로서의 과학적 방법의 전체 기반이 위협을 받는다. 사실, 비록 사기가 여러 분야에서 일어날 수 있지만, 아마도 과학과 저널리즘의 두 분야에서 가장 심각한 문제를 일으킬 것이다. 이는 과학과 저널리즘이 모두 실제 사건의 정확한 기술이라고 여겨지는 서면 보고가 이루어지는 분야이기 때문이다. 과학자와 저널리스트의 활동에 대해 점검하는 독립적인 회계 기관이 존재하지는 않는다.

심리학 분야에서의 사기의 예는 매우 심각하게 여겨지나(Hostetler, 1987; Riordan & Marlin, 1987 비교), 다행히도 이런 경우는 매우 드물다(Murray, 2002). 아마도 가장 유명한 예는 서로 떨어져서 길러진 일란성 쌍생아의 IQ 점수가 매우 유사하다고 보고한 Cyril Burt 경의 경우일 것이다. 이 자료는 IQ의 유전적 영향이 매우 중요하다는 주장을 지지하기 위해 사용되었다. 그러나 Kamin(1974)은 Burt의 자료에서 비정상적인 것들을 지적하였다. 서로 다른 쌍생아 쌍들의 수많은 상관들이 소수점 셋째

자리까지 정확히 동일하였으나, 이는 수학적으로 사실상 불가능하다. 이러한 관찰은 Burt의 동료라고 생각되었던 몇몇이 사실상 그와 함께 일하지 않았거나 단순히 조작되었다는 것을 발견하게 만들었다. 그러나 얄궂게도, Burt의 '자료'는 쌍생아의 IQ 점수를 연구한 다른 연구자들에 의해 보고된 것에 근접하였다.

대부분의 경우, 사기는 다른 과학자들이 그 연구의 결과를 반복적으로 얻지 못하였을 때 탐지된다. 사회심리학자 Karen Ruggiero에 의한 연구 자료의 조작에 대한 의심은 다른 연구자들이 그녀의 출판된 발견을 반복하는 데 어려움을 겪었을 때 일어났다. 이 연구자는 이후 자리에서 물러났으며 그 연구 결과를 철회하였다(Murray, 2002). 종종 사기는 그 연구자와 함께 일하였던 동료들에 의해 발견된다. 예를 들어, Stephen Breuning은 흥분제가 심각한 정신지체가 있는 아이들의 과잉적이고 공격적인 행동을 감소시키는 데 사용될 수 있음을 보여 주는 가짜 자료에 죄책감을 느꼈다(Byrne, 1988). 이 경우, Breuning과 가깝게 일하였던 다른 연구자가 그 자료에 대해 의구심을 가졌다. 이후에 그는 그 연구를 지원하였던 연방 기관에게 이러한 정보를 주었다.

사기는 연구자들이 그들의 보고서를 읽을 것이고, 반복을 포함한 이후의 연구를 수행할 것이라는 것을 알기 때문에 부분적으로는 과학에서 주요 문제는 아니다. 이들은 만일 다른 과학자들이 그 결과들이 사기의 여지가 있다는 결론을 내리게 되면 자신의 명성과 경력이 심각하게 손상될 것이라는 점을 알고 있다. 게다가, 자료의 접근성이 더욱 개방적으로 됨에 따라 최근 들어서 사기를 발견할 수 있는 가능성이 증가하고 있다. 대부분의 연구 지원 기관의 규정들은 연구자들이 그들의 자료를 다른 과학자들에게 접근 가능하도록 만들기를 요구한다.

그렇다면 왜 연구자들은 종종 사기를 저지르는가? 한 가지 이유는, 과학자들은 인상 깊은 결과를 생산하도록 극도의 압력을 가하는 직종에 종사하고 있기 때문이다. 물론, 많은 연구자들이 이러한 압력 아래에서도 높은 윤리적 기준을 유지하기 때문에, 이는 충분한 설명이 아니다. 또 다른 이유는, 사기의 자료를 생산할 필요를 느끼는 연구자들은 실패에 대한 과장된 공포뿐만 아니라 그 자료로부터 얻을 수 있는 성공과 존경에 대한 굉장한 욕구를 갖고 있기 때문이다. 만일 당신이 사기에 대한 더 많은 역동성에 대해 알아보길 바란다면, Cyril Burt 경에 대한 Hearnshaw(1979)의 책을 보기를 권한다. 이 사건을 둘러싼 논쟁은 계속되고 있다. 개정된 도서의 제목은 *Cyril Burt: Fraud or Framed?*(Macintosh, 1995)이다. 그러나 대부분의 분석들은 이 연구가 사기성이 짙다고 결론 내린다(Tucker, 1997).

마지막으로 중요한 점은, 사기에 대한 혐의가 가볍게 이루어지지 않아야 한다는 것이다. 만일 당신이 철학적, 정치적, 종교적 또는 다른 분야에서 누군가의 결과에 동의하지 않는다고 하는 것이 그들이 사기성이 있다는 것을 의미하지는 않는다. 심지어 만일 당신이 그 결과를 반복할 수 없다고 하더라도, 그 이유는 아마도 의도적인 사기라기보다는 그 연구의 방법론적인 측면에 있을 것이다. 그러나 사기가 결과에 대한 가능한 설명일 수 있다는 점은 주의 깊은 기록의 유지와 절차와 결과에 대한 기록의 중요성을 강조한다.

✿ 표절

표절(plagiarism)은 다른 이의 업적을 당신의 것처럼 허위로 진술하는 것을 말한다. 당신은 당신의 출처에 대한 적절한 인용 사항을 포함해야 한다. 표절은 다른 이가 쓴 전체 원고를 제출하는 형태로 일어날 수 있다. 또한 인용 표시나 인용의 출처에 대한 언급 없이 한 문단이나 심지어 한 문장을 복사하는 것도 표절에 해당한다. 또한 표절은 당신이 어떠한 아이디어의 출처를 적절하게 알려 주지 않고 다른 이의 아이디어를 자신의 것처럼 제시할 때에도 발생한다. 따라서 만일 당신이 어떤 출처에서 사용된 실제 단어를 다른 말로 바꾸어서 표현하더라도, 그 출처를 언급하지 않는다면 이는 표절에 해당한다.

표절이 분명히 새로운 문제는 아니지만, 인터넷 자원들에 대한 접근성과 인터넷으로부터의 정보들을 복사하는 것이 쉽기 때문에 표절이 더 널리 퍼질 수 있다. 실제로 Szabo와 Underwood(2004)는 영국 대학생 표본의 50% 이상이 학문적으로 비정직한 활동을 위해 인터넷 자료들을 사용하는 것을 수용할 만한 것으로 믿는다고 보고하였다. 많은 학교들이 표절을 발견하기 위한 컴퓨터 기반의 방식으로 전환하는 것은 별로 놀랄 일이 아니다(예: http://www.turnitin.com).

표절은 윤리적으로 잘못된 것이며, 진급 실패나 퇴학과 같은 학업적 제재를 포함하여 많은 심각한 결과를 초래할 수 있다. 표절은 종종 저작권법을 위배하기 때문에, 형사 범죄로 기소될 수도 있다. 끝으로, 일부 학생들이 출처를 밝히는 것이 그들의 보고서가 독창적이지 않게 만듦으로써 그 결과물을 약화시킨다고 믿는 것은 매우 흥미롭다. 사실, Harris(2002)는 학생들의 보고서는 출처들이 사용되고 적절히 인용되었을 때 실제로 더 강화된다고 언급한다.

윤리 지침과 규정은 시간이 지나면서 발전되고 있다. APA 윤리 강령과 미국 연방, 주, 지역 규정들은 주기적으로 개정된다. 연구자들은 가장 최신의 정책과 절차들을 항상 숙지해야 한다. 이어지는 장들에서, 우리는 행동을 연구하기 위한 많은 구체적인 절차들을 논의할 것이다. 당신이 이러한 절차들에 대해 읽고 관심을 가지는 연구에 이들을 적용할 때, 윤리적인 고려가 항상 다른 무엇보다 중요하다는 점을 명심하라.

❋ 읽을거리: 윤리적 논쟁

Middlemist, Knowles와 Matter(1976)는 대학의 화장실에서 남성들의 배뇨 시작 시간과 배뇨의 기간을 측정하였다. 이 연구의 목적은 생물학적 유발(배뇨 기간)의 측정치에 개인 공간이 미치는 효과를 연구하는 것이었다. 학생들은 혼자 있는 동안, 또는 바로 옆 소변기나 더 먼 거리에 있는 소변기에 서 있는 실험 공모자와 함께 있는 동안 관찰되었다. 공모자의 존재 또는 근접성은 배뇨의 개시를 늦추고 배뇨의 기간을 단축시키는 효과를 보였다.

먼저, 다음의 논문을 읽어 보라.

Middlemist, R. D., Knowles, E. S., & Matter, C. F. (1976). Personal space invasions in the lavatory: Suggestive evidence for arousal. *Journal of Personality and Social Psychology*, *33*, 541-546. doi:10.1037/0022-3514.33.5.541

이 논문을 읽고 나서, 다음 사항들에 대해 생각해 보자.

1. 격식에 얽매이지 않는 위험-이득 분석을 수행해 보라. 언급된 연구에 내재되어 있는 위험과 이득은 무엇인가? 당신의 분석을 기반으로, 이 연구가 윤리적으로 정당화될 수 있다고 생각하는가? 어떠한 이유로 그렇다고, 혹은 그렇지 않다고 생각하는가?
2. 참가자들이 그들의 사전 동의를 제공할 수 있는 기회를 갖도록 연구를 재설계해 보라. 당신은 이 연구의 결과가 당신이 제안한 변화에 의해 영향을 받을 것이라고 생각하는가? 어떠한 이유로 그렇다고, 혹은 그렇지 않다고 생각하는가?
3. 이 연구에 사용된 속임수를 대신할 몇 가지 대안들을 기술하라.
4. 어떠한 범위에서 이 연구는 APA의 윤리 강령을 준수하였는가?
5. 만일 당신이 IRB 구성원이라면, 당신은 위에 언급된 연구가 수행되는 데 찬성할 것인가? 어떠한 이유로 그렇다고, 혹은 그렇지 않다고 생각하는가?

✻ 주요 용어

기관심의위원회(Institutional Review Board, IRB) 66
면제 연구(exempt research) 66
모의실험(simulation) 63
「벨몬트 보고서(*Belmont Report*)」 51
비밀보장(confidentiality) 54
사기(fraud) 77
사전 동의(informed consent) 55
사후설명(debriefing) 61
선행(beneficence) 52
속임수(deception) 58
역할놀이(role-playing) 62
위험(risk) 52
위험-이득 분석(risk-benefit analysis) 52
자율성(autonomy) 55
정의(justice) 65
정직한 실험(honest experiment) 64
최소 위험 연구(minimal resk research) 67
표절(plagiarism) 79
APA 윤리 강령(APA Ethics Code) 69
IACUC 74

✻ 복습문제

1. 위험, 이득, 속임수, 사후설명, 사전 동의, 그리고 정의를 포함하는 행동 연구에서의 중요 윤리적 문제들에 대해 논하라. 연구자들은 어떻게 윤리적인 절차의 요구에 대비하여 연구를 수행할 필요를 평가할 수 있는가?
2. 왜 사전 동의가 윤리 원칙인가? 완전한 사전 동의를 얻는 데 있어 잠재적인 문제들은 무엇인가?
3. 어떠한 속임수의 대안들이 이 장에서 기술되었는가?
4. APA 윤리 강령에서 인간 참가자를 대상으로 한 연구에 관한 원칙들을 요약하라.
5. '위험이 없는' 연구 활동과 '최소 위험이 있는' 연구 활동 간의 차이는 무엇인가?
6. 기관심의위원회(IRB)는 무엇인가?
7. 동물을 대상으로 한 연구의 윤리적 절차들을 요약하라.
8. 무엇이 사기를 성립시키고, 사기가 일어나는 몇몇 이유들은 무엇이며, 왜 이것이 더욱 빈번하게 일어나지 않는가?

✻ 실전문제

1. Smith, Lingle, 그리고 Brock이 수행한 연구(1978)와 유사한 다음의 실험을 생각해 보자. 각 참가자는 실제로는 공모자인 다른 사람과 한 시간 동안 대화를 나눈다. 대화를 나눈 후, 두 사람은 모두 다른 회기를 위해 일주일 뒤에 다시 돌아올 것에 동의하였다. 실제 참가자가 돌아왔을 때, 그 참가자는 지난주에 만났던 사람이 죽었다는 이야기를 들었다. 연구자들은 다른 사람의 죽음에 대한 반응을 측정하였다.
   a. 이 실험에 의해 일어날 수 있는 윤리적 문제에 대해 논하라.
   b. 이 연구가 인간 참가자를 대상으로 하는 연구를 다루는 APA 윤리 규준 8에 표현된 지침을 위반하였는가? 어떠한 방식에서 그러하였는가?
   c. 당신은 이러한 문제(죽음에 대한 반응)를 연구하기 위해 어떤 대안적 방법들을 제안할 수 있는가?
   d. 만일 참가자가 아기와 시간을 함께 보낸 후, 그 아기가 죽었다는 소식을 들었다면, 이 연구에 대한 당신의 반응은 달라졌을 것인가?
2. 이 장에 기술된 절차에서, 참가자들은 바람직하지 못한 성격 특질이나 낮은 수준의 능력에 관한 거짓된 피드백을 받게 된다. 이러한 절차에 의해 일어나는 윤리적 문제들은 무엇인가? 이 절차에 대한 당신의 반응을 참가자들이 매우 바람직한 성격 특질 또는 굉장히 높은 수준의 능력을 가졌다고 거짓 피드백을 주는 절차에 대한 반응과 비교해 보라.
3. 한 사회심리학자는 대학생들에게 인기 있는 지역의 어느 바에서 현장 실험을 수행한다. 연애 기술을 관찰하는 것에 대한 흥미로, 이 연구자는 남성과 여성 공모자들이 다양한 시간(예: 2초, 5초 등)과 횟수(예: 한 번, 두 번 등) 동안 다른 사람들에게 웃음 짓거나 눈 맞춤을 할 것을 지시한다. 이 연구자는 이 눈빛을 받은 사람들의 반응을 관찰한다. 이 현장 연구에서 당신은 어떠한 윤리적 고려사항들을 인식하였는가? 속임수가 포함되어 있는가?
4. 현장 연구에서 관찰되는 사람들에게 사후설명을 해야만 하는가? 찬성 입장과 반대 입장을 지지하는 한 단락을 각각 쓰라.
5. Alucard 박사는 대학생들의 성적 행동의 다양한 측면들을 살펴보기 위한 연구를 수행하였다. 50여 명의 학생들이 동시에 대학의 한 강의실에서 질문지를 작성하였다. 이 질문지는 이전에 경험하였던 다양한 성적 활동에 대해 물어보았다. 만일 어떤 학생이 그러한 경험을 하였다면, 자세한 질문들을 더 물어보았다. 그러

나 만일 학생이 어떠한 경험도 갖고 있지 않았다면, 그 학생에게는 자세한 질문들은 넘어가고 단순히 성적 경험에 대한 일반적인 질문에 대해서 진행하였다. 이와 같은 연구를 수행할 때 일어나는 윤리적인 문제들은 무엇인가? 당신은 이 연구에서 사용된 '넘어가기' 방식 때문에 일어날 수도 있는 구체적인 문제들을 발견하였는가?

6. 다음의 연구 시나리오를 읽고, 참가자에게 미치는 위험을 평가한 후 적합한 곳에 표시하라. 당신의 답변에 대한 근거를 설명할 수 있는가?

실험 시나리오	위험 없음	최소 위험	최소 위험 이상
a. 연구자는 한 대학 교정에서 학생들의 사진을 찍고, 다른 학교의 학생들에게 사진 속의 각 학생에 대한 매력 지수를 평가하도록 요구하는 방식으로 동료 집단 사이의 신체적 매력 수준을 조사하는 연구를 대학 교정에서 수행하였다.			
b. 한 연구자 집단이 지각 단서가 있거나 없는 경우의 깊이 지각의 정확성에 대한 차이를 측정하고자 하였다. 한 조건에서 참가자들은 두 눈을 모두 사용하였으며, 다른 조건에서 한쪽 눈을 눈가리개로 가렸다.			
c. 연구자들이 지역 쇼핑몰의 고객들을 대상으로 총기 규제에 대한 태도를 묻는 익명의 설문조사를 수행하였다.			
d. 대학생들이 여성 또는 남성 뉴스캐스터가 같은 내용의 뉴스를 전하는 장면을 기록한 10분짜리 동영상을 시청하였다. 동영상이 재생되는 동안, 안구 움직임을 기록하는 장치가 학생들이 그 동영상을 보는 시간을 추적하였다.			

❋ 정답

a. 최소 위험 이상
b. 최소 위험
c. 위험 없음
d. 최소 위험

4

연구의 기초

학습 목표

- ❖ 변인을 정의하고, 변인에 대한 조작적 정의를 기술하기
- ❖ 변인들 간 다른 관계를 기술하기: 정적 관계, 부적 관계, 곡선형 관계, 관계없음
- ❖ 비실험적 연구방법과 실험적 연구방법을 비교 및 대조하기
- ❖ 독립변인과 종속변인을 구분하기
- ❖ 실험실 실험의 한계점과 다양한 연구방법 사용의 이점을 논의하기
- ❖ 구성 타당도, 내적 타당도, 외적 타당도를 구분하기

이 장에서 우리는 행동의 과학적 연구를 이해하는 데 필수적인 기본적 논점들과 개념들을 살펴보고자 한다. 우리는 변인의 특성과 변인들 간의 관계를 살펴보는 것으로 시작한다. 또한 이러한 관계들을 연구하는 데 사용되는 일반적 방법들을 살펴본다. 가장 중요한 것으로, 연구에서의 타당도의 개념을 소개한다.

타당도: 소개

당신은 타당도의 개념을 아마도 알고 있을 것이다. 당신은 웹사이트에서 발견한 정보가 타당한지를 물어볼 때 이 용어를 사용한다. 배심원은 재판에서 주어진 증언이 타당한지를 결정해야만 한다. 다이어트 중인 사람은 체중계에 나타난 몸무게가 타당한지를 궁금해할지도 모른다. 당신의 친구는 첫 번째 데이트 이후에 그 데이트에서 받은 그녀의 긍정적인 인상이 타당한 것인지를 결정하려고 노력할 수도 있다. 타당도는 진실성 또는 정확성을 나타낸다. 웹사이트에 있는 정보가 진실인가? 증언이 실제로 일어났던 것을 반영하고 있는가? 체중계가 정말 나의 실제 몸무게를 보여 주고 있는가? 나의 친구는 그녀의 긍정적 인상이 정확하다고 믿어야 하는가? 이러한 모든 경우에서, 누군가는 정보와 직면하게 되고, 그 정보가 어느 정도 타당한 것인지에 관한 결정을 내려야 한다.

과학자들 또한 그들의 연구 결과의 타당성을 염려한다. 이 장에서 우리는 타당도의 세 가지 주요 유형을 소개한다.

- 구성 타당도는 변인들을 연구하는 방법이 정확한지를 고려한다.
- 내적 타당도는 인과성에 관한 결론의 정확성을 나타낸다.
- 외적 타당도는 연구 결과를 다른 장면에 일반화할 수 있는지를 고려한다.

이 논점들은 이 장과 이후의 장들에서 더 자세하게 논의될 것이다. 타당도에 관한 논점들을 탐구하기에 앞서, 우리는 변인과 변인에 대한 조작적 정의에 대해 기본적으로 이해를 해야 할 필요가 있다.

변인

변인(variable)이란 변화하는 어떤 사건이나 상황, 행동, 개인적 특성이다. 변인은 둘 이상의 수준이나 값을 가지고 있어야 한다. 당신이 연구나 실생활에서 마주하였을지 모르는 다음의 변인들의 예를 생각해 보자. 책을 읽어 감에 따라, 당신은 각 단어의 철자 수로 정의되는 값을 가진 단어 길이라는 변인을 마주하게 된다. 당신은 여기서 한 단계 더 나아가 이 책에 나온 단락들에 사용된 평균 단어 길이를 생각할 수 있다. 당신이 읽는 어떤 책은 다른 책에 비해 더 긴 평균 단어 길이를 사용할 수도 있다. 당신이 자신과 친구들에 대해서 생각할 때, 외향성 같은 변인을 기준으로 사람들을 분류할지도 모른다. 어떤 사람들은 외향성 변인에서 비교적 낮은(또는 내향적인) 것으로, 다른 사람들은 외향성이 높은 것으로 여겨질 수 있다. 당신은 장애인 지원시설에 자원하여 그곳의 거주자들이 주관적 안녕감에 있어서 차이가 있다는 것을 알아차릴지도 모른다. 즉, 어떤 사람들은 다른 사람들에 비해 자신들의 생활에 훨씬 더 만족하는 것으로 보인다. 당신이 운전을 하고 있는데 앞의 차가 속도를 줄이거나 멈추기 위해 제동을 걸 때, 당신의 차에 제동을 걸기 전까지의 시간을 반응 시간이라고 한다. 당신은 반응 시간이 운전자의 연령이나 운전자가 휴대전화를 사용하여 다른 사람과 말하고 있는지의 여부에 따라 달라질 것인지 궁금해할지도 모른다. 생물학 수업에서, 당신은 매우 중요한 기말고사를 위해 공부를 하고 있는 중인데, 당신이 시험 불안이라는 변인을 경험하고 있는 중이라는 것을 알아차린다. 그 시험이 중요하기 때문에, 스터디 그룹에 있는 모든 사람들은 자신들이 시험에 대해 불안해하고 있다고 말한다. 당신은 이전에 그 과목에 대한 퀴즈를 공부할 때에는 전혀 불안을 느끼지 않았다는 것을 기억할지도 모른다. 이렇게 우리 모두는 그 용어를 공식적으로 사용하고 있지 않을지라도 우리의 일상생활에서 끊임없이 변인들을 마주하고 있다. 하지만 연구자들은 변인들을 체계적으로 연구한다.

심리학자들이 연구할 수도 있는 변인들로는 인지 과제 수행, 우울, 지능, 반응 시간, 망각률, 공격성, 발표자 신뢰성, 태도 변화, 분노, 스트레스, 연령, 자존감 등이 있다. 어떤 변인들의 값은 실제로 셀 수 있거나 양적인 속성을 가지고 있을 것이다. 자유투 개수, 정확하게 회상된 단어의 수, 그리고 주요 우울 장애 증상의 수와 같은 값들은 그 범위가 0에서 실제 값까지 이른다. 다른 변인들의 값은 셀 수는 없지만, 대신에 간단히 다른 범주들을 확인한다. 한 가지 예로는 성별이다. 성별의 값은 남성과 여성이다. 이들은 질적인 측면에서 다르지만, 양적인 측면에서는 다르지 않다.

변인에 대한 조작적 정의

공격성, 인지 과제 수행, 통증, 자존감, 또는 심지어 단어 길이와 같은 변인은 그것을 측정하거나 조작하는 데 사용되는 구체적인 방법의 관점에서 정의되어야만 한다. 변인에 대한 **조작적 정의**(operational definition)는 그것을 측정하거나 조작하는 데 사용되는 일련의 절차다.

변인이 경험적으로 연구되기 위해서는 조작적 정의를 가지고 있어야만 한다. 볼링 기술과 같은 변인은 개인의 평균 볼링 점수, 또는 한 번 굴릴 때 쓰러진 핀의 개수로 조작적 정의될 수 있다. 이러한 변인은 구체적이며, 점수나 핀의 개수 같은 것으로 쉽게 조작적 정의될 수 있다. 하지만 행동을 연구할 때에는 더욱 복잡해진다. 예를 들어, 통증과 같은 변인은 매우 일반적이며 더 추상적이다. 통증은 직접적으로 관찰할 수 없는 주관적 상태지만, 그것이 누군가 얼마나 많은 통증을 겪고 있는지를 추론하는 측정치를 만들어 낼 수 없다는 것을 의미하는 것은 아니다. 임상이나 연구 장면에서 모두에서 사용하는 일반적인 통증 측정도구는 McGill 통증 질문지로, 이는 긴 형식과 짧은 형식의 두 종류가 있다(Melzack, 2005). 짧은 형식은 고통 없음, 경미함, 불편함, 고통스러움, 끔찍함, 극심함과 같은 기술어를 가진 0~5 척도를 포함한다. 또한 통증 없음부터 가장 고통스러움까지의 극단점을 가진 선분도 있다. 사람들은 그 선위의 적당한 위치에 표시를 함으로써 반응하게 된다. 게다가, 그 질문지는 두근거림, 욱신거림, 찌르는 듯함과 같은 감각적 기술어도 제공해 주는데, 이러한 기술어 각각은 전혀, 약간의, 보통의, 심한 정도의 등급을 가진다. 이는 비교적 복잡한 일련의 질문들이고 성인들을 대상으로 한 것들이다. 3세 이상의 아동에게 적절한 측정도구로는 Wong-Baker FACES™ 통증 등급 척도가 있다.

0 아프지 않음 | 1 아주 조금 아픔 | 2 조금 더 아픔 | 3 많이 아픔 | 4 아주 많이 아픔 | 5 가장 많이 아픔

FACES 척도를 사용하여, 연구자는 아동에게 "얼마만큼의 통증을 느끼니? 얼마나 아픈지 가리켜 봐."라고 질문할 수 있다. 이 예들은 통증이라는 같은 변인이 다른 조작적 정의들을 사용하여 연구될 수 있다는 것을 보여 준다.

변인을 조작적으로 정의하는 것에는 두 가지 중요한 이점이 있다. 첫째, 변인에 대한 조작적 정의를 개발하는 과제는 과학자로 하여금 추상적인 개념을 구체적인 용어로 논의하도록 만들어 준다. 이 과정은 그 변인이 연구하기에 매우 모호하다는 것을 알아차리도록 할 수 있다. 이러한 자각은 반드시 그 개념이 의미가 없다는 것을 의미하는 것이 아니라, 그 개념이 조작적으로 정의될 수 있기 전까지는 체계적인 연구가 불가능하다는 것을 가리킨다.

게다가, 조작적 정의는 또한 연구자들이 그들의 생각을 다른 사람들과 소통할 수 있도록 돕는다. 만약에 누군가가 나에게 공격성에 대해 말하고 싶어 한다면, 그것을 조작적으로 정의하는 방법은 여러 가지가 있기 때문에 나는 그 용어가 정확히 무엇을 의미하는지를 알아야 할 필요가 있다. 예를 들어, 공격성은 (1) 다른 사람에게 전달되는 쇼크의 수와 기간, (2) 아동이 모형 광대를 때리는 횟수, (3) 쉬는 시간에 아동이 다른 아동들과 싸우는 횟수, (4) 경찰 기록으로부터 수집한 살인 통계치, (5) 공격성에 대한 성격 측정에서의 점수, 또는 심지어 (6) 야구 경기 동안에 투수가 던진 공을 타자가 친 공의 개수와 같이 정의될 수 있다. 우리가 **공격성**이라는 용어를 연구의 맥락에 맞게 사용할 때 우리가 의미하는 것이 무엇인지에 관해 정확히 동의한다면 다른 사람과의 의사소통은 더욱 쉬워질 것이다.

물론, 변인이 조작적으로 정의되면 매우 중요한 질문이 발생한다. 즉, 조작적 정의가 얼마나 잘 이루어졌는가? 그것이 현실에 얼마나 들어맞는가? 나의 평균 볼링 점수가 실제로 나의 능력을 얼마나 잘 나타내는가?

구성 타당도(construct validity)는 변인들에 대한 조작적 정의의 적절성을 나타낸다. 즉, 변인에 대한 조작적 정의가 그 변인의 진정한 이론적 의미를 실제로 반영하는가? 만일 당신이 외향성이란 변인을 과학적으로 연구하고 싶다면, 당신은 그 변인을 측정할 어떤 방법이 필요하다. 심리학자들은 사람들에게 그들이 낯선 사람들과 사귀는 것을 좋아하는지, 아니면 그러한 상황을 피하는 것을 선호하는지를 질문하는 측정도구들을 개발해 왔다. 그러한 측정도구에서의 응답들이 외향성이라는 기저 변인의 좋은 지표를 제공해 주는가? 만일 당신이 분노에 대해 연구하고 있다면, 여자 대학생들에게 남자들이 그들을 매력적이지 않다고 등급을 매겼다고 이야기를 해주는 것이 분노의 감정을 만들어 내겠는가? 연구자들은 그들이 연구를 설계하고 결과를 확인할 때 이러한 질문들을 다룰 수 있다.

변인들 간의 관계

많은 연구들은 두 변인들 간의 관계를 조사한다. 즉, 두 변인들의 수준이 체계적으로 함께 변화하는가? 예를 들어, 폭력적인 비디오 게임을 하는 것은 더 높은 공격성을 야기하는가? 신체적 매력은 연설자에 대한 신뢰도와 관련이 있는가? 연령이 증가할수록 협동 놀이의 양 또한 증가하는가?

어떤 변인들은 실제로 셀 수 있는 값을 가지고 있는 반면, 다른 변인들의 수준은 단순히 다른 범주(예: 여성 대 남성, 학생 운동선수 대 학생 운동선수가 아님)라는 것을 상기해 보라. 이 구분에 대해서는 5장에서 더 상세히 다루어질 것이다. 변인들 간의 관계를 기술하기 위한 목적으로, 우리는 두 변인들이 모두 실제로 셀 수 있는 속성을 가진 변인들 간의 관계를 먼저 논의할 것이다.

두 변인이 모두 숫자의 형태로 측정된 값들을 가지고 있을 때, 많은 다른 형태들이 그 변인들 간의 관계를 묘사할 수 있다. 우리는 연구에서 발견되는 가장 흔한 네 가지 관계들에 초점을 맞추어 시작할 것이다. 즉, **정적 선형 관계**(positive linear relationship), **부적 선형 관계**(negative linear relationship), **곡선형 관계**(curvilinear relationship), 그리고 물론, 변인들 간 **관계가 없는**(no relationship) 상황. 이러한 관계들은 하나의 변인에서의 변화가 다른 변인에서의 변화를 동반하는 방식을 보여 주는 선 그래프로 가장 잘 묘사된다. **그림 4.1**에 있는 네 개의 그래프들은 이러한 네 가지 관계의 유형들을 보여 준다.

정적 선형 관계

정적 선형 관계에서, 한 변인 값의 증가는 두 번째 변인의 값의 증가를 동반한다. 1장에서, 우리는 전달자의 신뢰도와 설득력 간의 정적 관계를 묘사하였다. 즉, 더 높은 수준의 신뢰도는 더 높은 태도 변화와 관련된다. 또 다른 전달자 변인인 연설 속도를 고려해 보라. '빨리 말하는 사람'이 더 설득력이 있는가? Smith와 Shaffer(1991)가 수행한 연구에서, 학생들은 느린 속도(분당 144자), 중간 속도(분당 162자), 또는 빠른 속도(분당 214자)로 전달되는 연설을 들었다. 연설자는 합법적인 음주 가능 연령을 높이는 법안을 지지하는 입장을 옹호하였다. 학생들은 처음에 이 입장에 대해 반대하였다. **그림 4.1**의 그래프 A는 이 연구에서 발견한 연설 속도와 태도 변화 간의 정적 선형 관계를 보여 준다. 즉, 연설 속도가 증가할수록, 태도 변화의 크기도 증가한다. 이

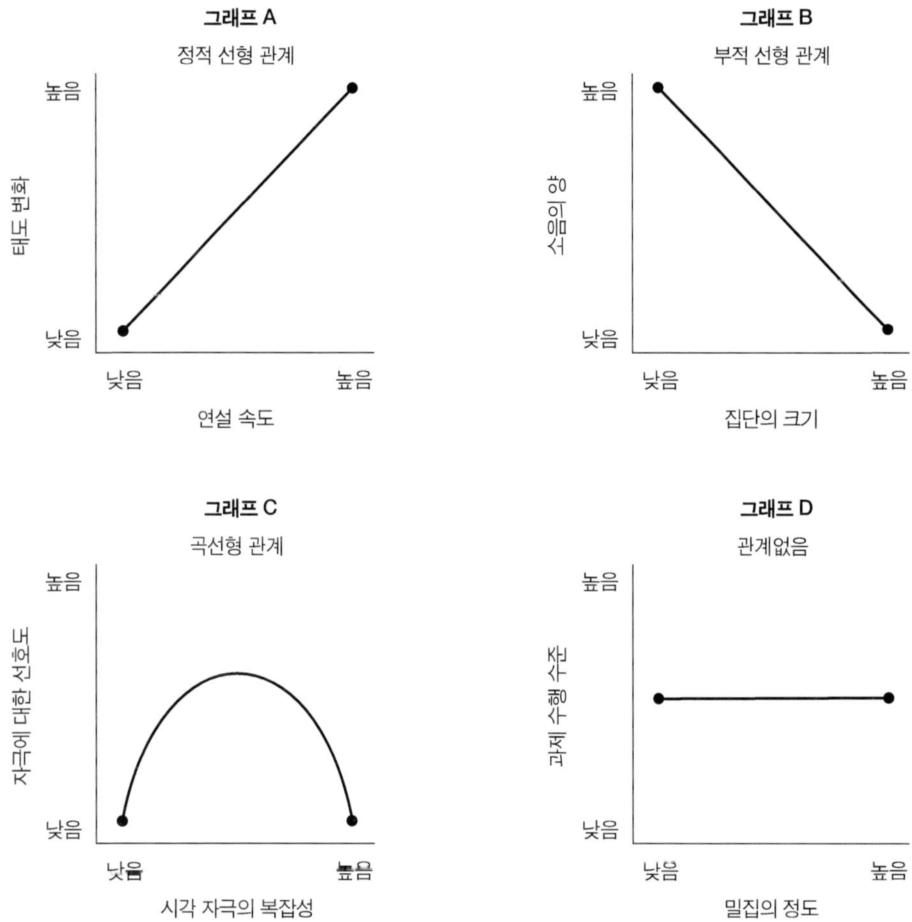

그림 4.1 변인들 간 네 가지 유형의 관계

와 같은 그래프에서 우리는 각각 x축과 y축이라 불리는 수평축과 수직축을 볼 수 있다. 첫 번째 변인의 값들은 낮음부터 높음까지 표기된 수평축에 놓인다. 두 번째 변인의 값들은 수직축에 놓인다. 그래프 A는 더 높은 연설 속도가 더 큰 태도 변화와 관련된다는 것을 보여 준다.

✿ 부적 선형 관계

변인들은 또한 부적으로 관련될 수 있다. 부적 선형 관계에서, 한 변인 값에서의 증가는 다른 변인 값에서의 감소를 동반한다. Latané, Williams와 Harkins(1979)는 하나의 업무를 처리하는 사람들의 수가 증가하는 것이 실제로 집단의 활동과 생산성을 감소시킬지도 모른다는 보고서에 매혹되었다. 연구자들은 (당신이 조별 과제에서 관찰하였을지도 모르는) 그들이 '사회적 태만'이라 이름 붙인 이 현상을 연구하기 위한 실험을 설계하였다. 연구자들은 참가자들에게 가능한 한 많은 소음을 만들어 내도록 손뼉을 치고 소리를 질러 달라고 요구하였다. 참가자들은 혼자서, 혹은 두 명, 네 명, 여섯 명씩 함께 집단으로 이를 수행하였다. **그림 4.1**의 그래프 B는 집단 내 참가자의 수와 개별 참가자에 의해 만들어지는 소음의 양 간의 부적 관계를 보여 준다. 집단의 크기가 **커질수록**, 개별 참가자에 의해 만들어지는 소음의 양은 **감소**하였다. 두 변인들은 정적 관계에서처럼 체계적으로 관련이 있다. 하지만 관계의 방향은 그 반대이다.

✿ 곡선형 관계

곡선형 관계에서는 한 변인 값들의 증가가 다른 변인 값들의 체계적인 증가와 감소를 동반한다. 다시 말해서, 관계의 방향이 적어도 한 번은 바뀐다는 것이다. 이 유형의 관계는 때때로 **비단조 함수**(nonmonotonic function)라고도 불린다.

그림 4.1의 그래프 C는 시각 자극의 복잡성과 자극에 대한 선호도 간의 곡선형 관계를 보여 준다. 이 특수한 관계를 **역전된 U자형 관계**(inverted-U relationship)라고도 한다. 시각 자극의 복잡성에서의 증가는 그 자극에 대한 선호도의 증가를 동반하지만, 이는 어느 한 지점까지만 그러하다. 이후 그 관계는 부적으로 되며, 더욱 증가되는 복잡성은 자극에 대한 선호도의 **감소**를 동반한다(Vitz, 1966). 물론, U자형의 관계를 가질 수도 있다. 연령과 행복 간의 관계에 대한 연구는 40대의 성인들이 더 나이 어린 성인들과 더 나이 든 성인들보다 덜 행복하다는 것을 보여 준다(Blanchflower & Oswald, 2008). U자형 곡선은 이 관계가 그래프로 그려졌을 때 나타난다.

✿ 관계없음

두 변인 사이에 관계가 없을 때, 그래프는 단순히 편평한 선을 보여 준다. **그림 4.1**에서 그래프 D는 Freedman, Klevansky와 Ehrlich(1971)의 연구에서 발견된 밀집의 정도와 과제 수행 간의 관계를 보여 준다. 관련이 없는 변인들은 서로 독립적으로 변화한다. 밀집 정도에서의 증가는 과제 수행에 있어서 어떠한 특정한 변화와도 관련되지 않는다. 따라서 편평한 선은 그 두 변인들 간 관계가 없음을 나타낸다.

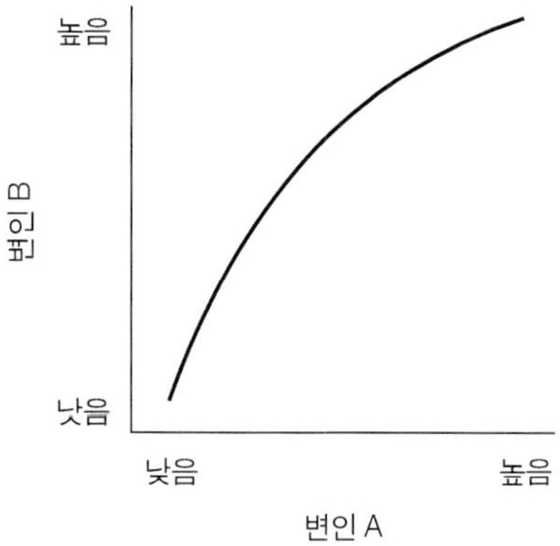

그림 4.2 정적 단조 함수

이 그래프들은 두 변인들 간 관계를 묘사하는 몇몇 일반적 형태들을 보여 준다. 방금 묘사된 정적·부적 선형 관계는 단조라고 묘사되는 더욱 일반적인 관계들의 범주에 관한 예시들인데, 이는 그 변인들 간의 관계가 항상 정적이거나 항상 부적이기 때문이다. 그래프 C에서 보여 준 곡선형 관계는 비단조적 관계인데, 그 이유는 그 관계의 방향이 변하기 때문이다. 다른 형태의 단조적 또는 비단조적 관계들은 더 복잡한 형태에 의해 묘사될 수 있을 것이다. 엄격한 선형이 아닌 정적 단조 함수의 예가 **그림 4.2**에 제시되어 있다.

이들이 전반적인 패턴이라는 것을 기억하라. 일반적으로, 정적 선형 관계가 존재한다 하더라도, 한 변인에서 높은 점수를 받은 모든 사람이 반드시 두 번째 변인에서 높은 점수를 받아야 하는 것을 의미하는 것은 아니다. 그 전반적 패턴으로부터 떨어진 개별적인 편차가 있을 것이다. 따라서 두 변인들 간 관계의 전반적인 유형을 아는 것에 더하여, 그 관계의 강도를 아는 것 또한 필요하다. 즉, 우리는 변인들 간 상관의 크기를 알아야 할 필요가 있다. 때때로 두 변인들은 서로 강하게 관련되어 있고, 전반적 패턴으로부터 편차를 거의 보이지 않는다. 또 어떤 경우에는 많은 개인들이 전반적 패턴으로부터 벗어나 있기 때문에 두 변인들이 높게 관련되지 않기도 한다. 변인들 간 관계의 강도에 대한 지수를 **상관계수**(correlation coefficient)라고 부른다. 우리는 변인들끼리 서로 얼마나 강하게 관련되는지를 알아야 할 필요가 있기 때문에 상관계수는 매우 중요하다. 상관계수는 12장에서 더 자세히 논의될 것이다. **표 4.1**은 관계의 유형들을 복습할 기회를 제공하는데, 각각의 예시에 대해 그 관계가 정적 형태인지, 부적 형태인지, 곡선형인지를 확인하라.

표 4.1 관계의 유형 확인하기

다음의 예시들을 읽고 알맞은 칸에 표시를 하여 그 관계를 확인하라.	정적 선형	부적 선형	곡선형
증가된 칼로리 섭취는 증가된 체중과 관련이 있다.			
사람들은 대중 앞에서 말하는 경험을 쌓음에 따라, 그들의 불안 수준은 감소한다.			
각성 수준이 낮은 수준부터 중간 수준까지 증가함에 따라 농구 선수들의 수행은 증가하고, 각성 수준이 극도로 높아짐에 따라 수행은 감소한다.			
파티를 여는 행동의 증가는 학점의 하락과 관련이 있다.			
교육의 양은 더 높은 수입과 관련이 있다.			
두통 횟수의 감소는 하루에 소모하는 설탕량의 감소와 관련이 있다.			
노래에 대한 선호도는 당신이 그 곡을 더 많이 들을수록 증가하지만, 그 후에는 점점 덜 좋아하게 된다.			
당신이 강아지를 더 많이 운동시킬수록, 그 강아지는 집에 있는 물건들을 덜 씹게 된다.			

✿ 관계와 불확실성의 감소

우리가 변인들 간의 관계를 알아차릴 때, 우리가 연구하는 변인들에 대한 이해를 높일 수 있기 때문에 세상에 관한 불확실성을 감소시킬 수 있다. **불확실성**(uncertainty)이라는 용어는 사건들에 무선성이 있음을 의미한다. 즉, 과학자들은 발생하는 사건에서의 **무선적 변산성**(random variability)을 불확실성이라고 부른다. 연구는 변인들 간 체계적인 관계를 확인함으로써 무선적 변산성을 줄이는 것에 목적을 둔다.

변인들 간 관계를 확인하는 것은 복잡해 보이지만, 간단한 한 가지 예에서 보는 것처럼 훨씬 더 쉽다. 이 예에서는, 변인들이 양적인 속성을 가지고 있지 않을 것이다. 따라서 우리는 변인들의 값에서 증가를 기술하지 않을 것이고, 단지 값에서의 차이(예: 어떤 사람이 쇼핑을 좋아하는지)만을 기술할 것이다. 당신의 학교에 있는 200명의 학생들에게 그들이 쇼핑을 좋아하는지에 대해서 당신에게 말해 달라고 요청한

표 4.2 성별과 쇼핑 선호도(가설적 자료)

		참가자 성별	
		남성	여성
쇼핑을 좋아합니까?	예	30	70
	아니요	70	30
	참가자 수	100	100

다고 가정해 보자. 이제 100명의 학생들이 '예'라고 대답하였고, 나머지 100명이 '아니요'라고 대답하였다고 가정해 보라. 당신은 이 정보를 가지고 무엇을 할 것인가? 당신은 단지 사람들의 쇼핑 선호도에서 변산성이 있다는 것만 알 수 있다. 즉, 일부 사람들은 쇼핑을 좋아하고 다른 사람들은 그렇지 않다.

이 변산성이 **무선적 변산성**이다. 만약 당신이 학교에서 어떤 사람에게 다가가 그 사람이 쇼핑을 좋아하는지 추측하려고 한다면, 당신은 무선적인 추측을 해야만 할 것이다. 따라서 당신은 절반 정도는 맞을 것이고, 절반 정도는 틀릴 것이다(우리는 50%의 사람들이 쇼핑을 좋아하고 나머지 50%는 그렇지 않다는 것을 알고 있기 때문에, 당신이 하는 어떠한 추측도 대략 절반 정도의 횟수는 맞을 것이다). 하지만 만일 우리가 그 변산성을 설명할 수 있다면, 추측은 더 이상 무선적이지 않게 될 것이다. 어떻게 무선적 변산성을 감소시킬 수 있는가? 그 답은 우리가 쇼핑에 대한 태도와 관련된 변인들을 확인할 수 있는가를 알아보는 것이다.

당신이 사람들에게 또한 그들이 남성인지 여성인지 성별을 확인해 달라고 요청하였다고 가정해 보라. 이제 당신이 성별이 쇼핑 선호와 관련이 있는지를 조사할 때 어떤 일이 일어나는지를 살펴보자. 표 4.2는 한 가지 가능한 결과를 보여 준다. 이 연구에 100명의 남성과 100명의 여성이 있음을 주목하라. 여기서 중요한 것은 30명의 남성들이 쇼핑하는 것을 좋아한다고 말하고 70명의 여성이 쇼핑하는 것을 좋아한다고 말하였다는 점이다. 우리는 무선적 변산성을 감소시켰는가? 분명히 그렇게 하였다. 당신이 이 정보를 가지고 있기 전에는 어떤 사람이 쇼핑을 좋아할지를 예측하는 방법은 아무것도 없었다. 이 연구 결과를 가지고 있다면, 당신은 여성이 쇼핑을 좋아하고 남성이 쇼핑을 좋아하지 않는 것에 대한 가능성을 예측할 수 있다. 이제 당신은 대략 70% 정도의 횟수는 맞을 것이다. 이것은 모든 것이 무선적이었을 때의 50%와 비교하면 매우 큰 증가이다.

여전히 무선적 변산성이 남아 있는가? 대답은 분명히 '그렇다'이다. 당신은 대략 30% 정도는 틀릴 수 있고, 또한 언제 틀리게 될지도 모른다. 알려지지 않은 이유들 때문에 일부 남성들은 그들이 쇼핑을 좋아한다고 말할 것이고 일부 여성들은 그렇지 않다고 말할 것이다. 당신은 이 남아 있는 불확실성을 줄일 수 있는가? 이를 위한 탐구는 추가적인 연구를 유발할 것이다. 추가적인 연구들을 통해, 당신은 쇼핑을 선호하는 것과 관련된 또 다른 변인들을 확인할 가능성도 있다. 예를 들어, 수입과 연령과 같은 변인들 또한 쇼핑 선호도와 관련될 수 있다.

이러한 논의는 변인들 간의 관계가 좀처럼 완벽하지 않다는 것을 다시 한 번 뒷받침한다. 즉, 전반적 패턴에 들어맞지 않는 남성들과 여성들이 있다. 변인들 간의 관계는 무선적 변산성이 적을 때 더 강하다. 예를 들어, 90%의 여성과 10%의 남성이 쇼핑을 좋아한다면, 그 관계는 (더 적은 불확실성 및 무선성과 더불어) 훨씬 더 강할 것이다.

비실험법 대 실험법

우리는 변인들이 관련되어 있는지를 어떻게 결정할 수 있는가? 변인들 간 관계를 연구하는 두 가지 일반적 방법에는 비실험법과 실험법이 있다. **비실험법**(nonexperimental method)에서는 흥미로운 변인들을 관찰하거나 측정함으로써 관계들을 연구한다. 이는 사람들에게 그들의 행동을 기술해 달라고 요청하거나, 직접적으로 행동을 관찰하거나, 생리적 반응을 기록하거나, 심지어는 인구통계 자료와 같이 다양한 공공 자료들을 조사함으로써 이루어질 수 있다. 이 모든 경우에서, 변인들은 자연적으로 발생한 것으로서 관찰된다. 변인들 간의 관계는 두 변인들이 함께 변화할 때 성립된다. 예를 들어, Steinberg와 Dornbusch(1991)는 고등학생들이 얼마나 많은 시간 동안 일하였는지 측정하고 이 변인을 성적 평점과 관련시켰다. 이 두 변인들은 함께 변화하였다. 즉, 더 많은 시간을 일하였던 학생들은 더 낮은 성적을 보이는 경향을 나타냈다.

관계를 연구하는 두 번째 방법인 **실험법**(experimental method)은 변인들에 대한 직접적인 조작과 통제를 포함한다. 연구자는 관심을 가지는 첫 번째 변인을 조작한 다음, 그에 따른 반응을 관찰한다. 예를 들어, Ramirez와 Beilock(2011)는 부담이 많은 중요한 시험 때문에 발생하는 불안에 관심이 있었다. 그러한 불안은 수행을 저하시킬 수 있기 때문에, 불안을 줄이는 방법을 찾는 것이 중요하다. 그들의 연구에서, Ramirez와 Beilock는 시험에 관한 걱정에 대해 글로 적는 것이 시험에서의 수행을 향상시킬 것이라는 가설을 검증하였다. 이 연구에서, 그들은 실험법을 사용하였다. 모든 학생들은 수학 시험을 보고 난 다음 그 시험을 다시 치를 수 있는 기회를 부여받았다. 이를 고부담 시험으로 만들기 위해, 학생들은 그들 자신과 그들의 파트너에게 주어지는 금전적 지불이 그들의 수행에 달려 있다고 믿게끔 유도되었다. 그런 다음 글쓰기 변인이 조작되었다. 일부 학생들은 시험을 치르기 전에 그들이 그 시험에 대해 생각하고 느끼는 것에 대해 10분 동안 적어야 하였다. 다른 학생들은 통제집단을 이루었는데, 이 학생들은 시험을 치르기 전 10분 동안 그냥 조용히 앉아 있었다. 그다음, 새롭고 중요한 시험이 실시되었다. 연구자들은 글쓰기 조건의 학생들의 점수가 향상된 것을 발견하였다. 반면, 통제집단의 점수는 실제로 감소하였다. 실험법에서는, 두 변인들은 단순히 함께 변하는 것이 아니다. 즉, 한 변인이 그것이 두 번째 변인에 영향을 미치는지를 결정하기 위해 먼저 제시된다.

✿ 비실험법

한 연구자가 운동과 불안 간의 관계에 관심을 가지고 있다고 가정해 보자. 이 주제를 어떻게 연구할 수 있을까? 비실험법을 사용하여, 연구자들은 사람들이 투입하는 운동의 양과 그들의 불안 정도를 측정하기 위해 조작적 정의를 고안할 것이다. 이 변인들을 조작적으로 정의하는 다양한 방법이 있을 수 있다. 예를 들어, 연구자는 단지 사람들에게 그들의 운동 패턴과 최근의 불안 수준에 대한 자기보고를 제공하도록 요청할지도 모른다. 여기서 기억해야 할 중요한 점은 비실험법을 사용할 때 **두** 변인들이 모두 측정된다는 것이다. 이는 **첫 번째** 변인이 조작되었던 실험법과 대비된다. 이제 연구자들이 많은 사람들로부터 나온 운동과 불안에 대한 자료를 모으고 운동이 불안과 부적으로 관련되어 있는 것을, 즉 운동을 더 많이 하는 사람이 더 낮은 불안 수준을 가지고 있다는 것을 발견한다고 가정해 보자. 이 두 변인들은 공변하거나 상관이 있다. 즉, 운동에서 관찰된 차이는 불안의 양과 관련되어 있다. 비실험법은 변인들 간의 공변성을 관찰할 수 있도록 해주기 때문에, 이 절차를 기술하는 데 빈번히 사용되는 또 다른 용어는 **상관 연구법**(correlational method)이다. 이 방법을 이용하여, 우리는 변인들이 상관되어 있는지 또는 함께 변화하는지를 연구한다.

비실험법은 운동과 불안의 경우와 같이 변인들 간의 관계를 연구하는 데 합리

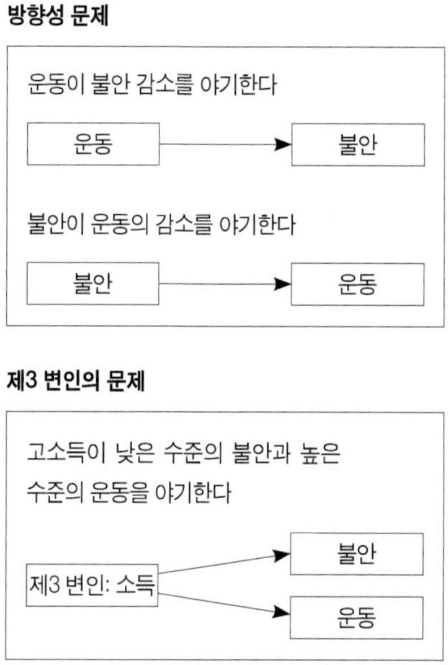

그림 4.3 비실험적 연구에서 가능한 인과적 방향들

적인 접근으로 보인다. 하나의 관계는 두 변인들이 함께 변화하는 것, 즉 변인들이 공변하거나 상관되어 있음을 찾음으로써 성립된다. 하지만 이 방법은 우리가 원인과 결과에 대해서 질문을 할 때에는 이상적이지 않다. 우리는 두 변인들이 관련된다는 것을 알지만, 한 변인이 다른 변인에 미치는 인과적 영향에 대해서 무엇을 말할 수 있겠는가? 비실험법이 사용될 때, 인과적 진술을 하는 것에는 다음의 두 가지 문제점이 있다. (1) 원인과 결과의 방향을 결정하는 것이 어려울 수 있고, (2) 연구자들은 제3 변인의 문제를 직면한다. 즉, 외생변인들이 관찰된 관계를 유발하는 것일 수 있다(그림 4.3을 보라. 그림에서 화살표들은 변인들 간 인과적 연결을 묘사하는 데 사용되었다).

원인과 결과의 방향 첫 번째 문제는 원인과 결과의 방향에 관한 것이다. 비실험법을 이용하여 어느 변인이 다른 변인을 야기하는지를 결정하는 것은 매우 어렵다. 다시 말하면, 운동이 불안의 감소를 야기한다고 실제로 말할 수는 없다는 것이다. 원인과 결과에 관한 이러한 특정 패턴에 그럴듯한 근거가 있는데도 불구하고, 반대의 패턴 또한 발생할 수 있는 이유 또한 존재한다. 어쩌면 높은 불안이 사람들로 하여금 운동을 줄이도록 하였을 수도 있다. 여기서 쟁점은 시간적 선행으로, 이는 인과적 추론을 하는 데 있어서 매우 중요하다(1장을 보라). 원인과 결과의 올바른 방향에 대한 지식은 이후 연구 결과에 대한 응용적 측면에 영향을 미칠 것이다. 예컨대, 만일 운동이 불안을 감소시킨다면, 운동 프로그램을 수강하는 것이 불안 수준을 낮추는 합리적인 방법일 것이다. 하지만 만약 불안이 사람들로 하여금 운동하는 것을 멈추게 한다면, 단순히 사람들을 운동하도록 하는 것이 그들의 불안 수준을 낮추지는 않을 것이다.

그러나 원인과 결과의 방향 문제는 비실험법에서 가장 심각한 결점은 아니다. 예를 들어, 과학자들은 천문학자들이 비록 실험에서 변인들을 조작하는 것이 불가능할지라도 정확한 예측을 할 수 있다는 점을 제기해 왔다. 게다가, 일부 변인들에 있어서는 인과적 패턴이 양방향으로 이루어지기도 하기 때문에 원인과 결과의 방향이 종종 결정적으로 중요하지는 않다. 예를 들어, 유사성과 좋아함의 두 변인 간의 관계에는 두 가지 인과적 패턴이 있는 것으로 보인다. 즉, (1) 유사성은 사람들이 서로를 좋아하도록 만든다, (2) 좋아함은 사람들을 더 유사하게 만든다. 일반적으로는 제3 변인의 문제가 훨씬 더 심각한 비실험법의 오류이다.

제3 변인의 문제 비실험법이 사용될 때, 두 변인들 간에 직접적인 인과관계가 존재하지 않을 위험이 있다. 운동은 불안에 영향을 미치지 않을 수도 있고, 불안은 운동에 대해 아무런 인과적 영향을 주지 않을 수 있다[이는 의사(擬似) 관계 또는 가짜 관계로 알려져 있다]. 그 대신에 다른 어떤 변인이 운동과 불안 둘 다를 야기하기 때문에 두 변인 간 관계가 있는 것일 수 있다. 이는 **제3 변인의 문제**(third-variable problem)라고 알려져 있다. 제3의 변인은 연구되고 있는 두 변인들 이외의 변인이다. 얼마든지 다른 제3의 변인이 두 변인 간 관찰된 관계의 원인이 될 수 있다. 운동과 불안의 예에서, 제3 변인은 소득 수준일 수 있다. 아마도 소득이 높은 사람들은 운동을 할 수 있는 더 많은 자유시간이 (그리고 헬스 클럽 이용권을 구매할 능력도) 있을 것이고, 불안 또한 낮을 수 있다. 만약 소득이 결정적인 변인이라면, 운동과 불안 간의 직접적인 인과관계는 없는 것이다. 즉, 그 관계는 소득 수준이라는 제3의 변인에 의해 야기된 것이다. 제3의 변인은 변인들 간에 관찰된 관계에 대한 대안적인 설명이다. 한 변인이 다른 변인의 원인이라고 추론하고자 할 때 두 변인 간 관찰된 관계에 대한 대안적 설명을 배제할 수 있는 능력이 또 다른 중요한 요인이라고 설명한 1장의 내용을 회상해 보라.

제3의 변인이 작용할 수도 있다는 사실은 제3의 변인이 연구의 전체적인 타당성을 감소시키는 대안적인 설명을 제공하기 때문에 심각한 문제다. 소득이 운동과 관련이 있을 수도 있다는 사실은 소득 수준이 운동과 불안 간의 관찰된 관계에 대한 대안적 설명이라는 것을 의미한다. 이 대안적 설명은 높은 소득이 불안 수준을 낮추며, 따라서 운동이 불안과 아무런 관련이 없다는 것이다. 우리가 실제로 통제되지 않은 제3의 변인이 작용하고 있다는 것을 알 때, 우리는 그 제3의 변인을 **혼입변인**(confounding variable)이라고 부를 수 있다. 만약 두 변인들이 혼입되었다면, 그것들은 뒤얽혀 버려서 당신은 주어진 상황에서 그 변인들 중 어떤 변인이 작용하고 있는지 결정할 수 없게 된다. 만약 소득이 운동과 혼입된다면, 당신이 운동을 연구할 때마다 소득 수준이 대안적 설명이 될 것이다. 다행히도, 이 문제에 대한 해결책이 존재한다. 즉, 실험법이 우리에게 제3 변인의 영향을 통제할 수 있는 방법을 제공해 준다.

당신이 알 수 있듯이, 원인과 결과의 방향과 잠재적 제3의 변인은 비실험법의 심각한 한계를 나타낸다. 연구 결과에 대한 언론 보도에서는 종종 이러한 한계들이 고려되지 않는다. 예를 들어, 신문은 소비된 커피의 양과 심장마비 가능성 간의 정적 상관을 발견한 비실험적 연구의 결과를 보도할 수 있다. 분명히, 이 두 변인들 간의 인과적 관계가 반드시 포함되어 있지는 않다. 많은 제3 변인들(예: 직업, 성격, 유전적 소인)이 개인의 커피 마시는 행동과 심장마비 가능성 두 가지를 모두 야기할 수 있다. 요약하면, 그러한 연구들의 결과는 모호하기 때문에 회의론적 관점으로 봐야만 한다.

✿ 실험법

실험법은 결과 해석에서의 모호성을 감소시킨다. 실험법에서는 한 변인이 조작된 다음 다른 변인이 측정된다(비실험법을 사용할 때에는 두 변인들이 모두 측정된다는 것을 상기해 보라). 만약 연구자가 운동이 불안을 감소시키는지를 연구하기 위해 실험법을 사용하였다면, 운동이 조작되었을 것이다. 즉, 아마도 한 집단의 사람들은 일주일 동안 매일 운동을 하고, 다른 집단은 운동을 하지 않도록 조작되었을 것이다. 그런 다음 불안이 측정될 것이다. 운동 집단에 있는 사람들이 비운동 집단에 있는 사람들보다 더 낮은 불안 수준을 보였다고 가정해 보자. 연구자는 이제 인과적 방향에 대해 무언가 말할 수 있을 것이다. 실험에서, 일련의 사건들 중 운동이 가장 먼저 일어났다. 그러므로 불안 수준은 사람들이 운동을 한 양에는 영향을 미칠 수가 없었다.

실험법의 또 다른 특징은 모든 잠재적인 제3의 혼입변인이 종속변인에 미치는 영향을 제거하려는 시도를 한다는 것이다. 이것을 일반적으로 외생변인(extraneous variable)에 대한 통제라고 한다. 이러한 통제는 대개 조작되는 변인을 제외한 환경 내 모든 요소들이 일정하게 유지됨을 확실히 함으로써 이루어진다. 일정하게 유지될 수 없는 변인은 그 변인의 효과가 무선적이라는 것을 확실히 함으로써 통제된다. 무선화를 통하여, 어떠한 외생변인들의 영향도 실험 조건에서 동일하게 만들 수 있다. 이 두 절차는 집단 간 발생하는 어떠한 차이도 조작되는 변인에 기인하는 것임을 확실히 하기 위해 사용된다.

실험적 통제 **실험적 통제**(experimental control)를 사용하면, 모든 외생변인들이 일정하게 유지된다. 만약 어떤 변인이 일정하게 유지된다면, 그것은 실험 결과의 원인이 될 수가 없다. 다시 말하면, 일정하게 유지되는 어떠한 변인도 혼입변인이 될 수가 없다. 운동의 효과에 대한 실험에서, 연구자는 운동 집단과 비운동 집단 간의 유일한 차이가 운동임을 확실히 하고자 할 것이다. 예를 들어, 운동 집단의 사람들이 운동을 해야 함으로 인해 그들의 평범한 일상으로부터 멀어졌기 때문에, 비운동 집단의 사람들 또한 그들의 평범한 일상으로부터 멀어져야만 한다. 그렇지 않으면, 운동 조건에서의 더 낮은 불안은 운동의 결과가 아닌 평범한 일상으로부터의 '휴식'의 결과일 수 있기 때문이다.

실험적 통제는 실험에 포함된 모든 집단의 참가자들을 동등하게 대함으로써 이루어진다. 즉, 집단 간의 유일한 차이는 조작된 변인이다. 2장에서 논의하였던 기억에 관한 Loftus 실험에서, 두 집단 모두 같은 사고를 목격하였고, 같은 실험자가 두 집단에게 질문을 하였으며, 조명이나 다른 모든 다른 조건들은 같았다. 기억을 보고하는 데 있어서 집단 간에 차이가 발생하였을 때, 연구자들은 그 차이가 일정하게 유지되지 않았던 몇몇 다른 변인이 아니라 질문을 하는 방법의 결과라고 확신할 수 있었다.

무선화 잠재적인 혼입변인들의 수가 무한할 뿐더러 때때로 변인들을 일정하게 유지하는 것이 어렵기도 하다. 그러한 변인들 중 가장 명확한 것은 참가자들의 특성이다. 절반의 참가자들이 운동 조건에 있고, 절반의 참가자들이 비운동 조건에 있는 실험을 생각해 보라. 두 집단에 있는 참가자들은 수입과 같은 제3의 외생변인에서 차이가 있을지 모른다. 이 차이는 운동과 불안 간의 뚜렷한 관계의 원인이 될 수도 있다. 어떻게 연구자들은 실험에서 그러한 외생변인들의 영향을 제거할 수 있을까?

실험법은 **무선화**(randomization)를 통해 그러한 변인들의 영향을 제거한다. 무선화는 외생변인이 한 실험집단에 영향을 미치는 것만큼 다른 집단에도 영향을 미친다는 것을 확실히 해준다. 개인적 특성의 영향을 제거하기 위해서, 연구자는 참가자들을 무신적 방식으로 두 집단에 할당한다. 실제 장면에서, 이는 집단 할당이 무선적 숫자의 목록(또는 난수표)을 사용하여 결정된다는 것을 의미한다. 이것을 이해하기 위해, 실험 참가자들이 줄지어 서 있다고 생각해 보라. 각각의 사람이 줄의 맨 앞으로 오면, 마치 이는 복권을 위한 무작위 숫자들과 마찬가지로, 무선적 숫자 하나가 할당된다. 만약 그 숫자가 짝수라면, 참가자는 한 집단(예: 운동 집단)에 할당되고, 홀수라면, 다른 집단(예: 비운동 집단)에 할당된다. 무선할당(random assignment) 절차를 사용함으로써, 연구자는 두 집단에 할당된 참가자들의 특성이 사실상 동일하다고 확신한다. 예컨대, 이 '복권'에서 낮은 수입, 중간 수입, 그리고 높은 수입이 있는 사람들은 두 집단에 동일하게 분포될 것이다. 실제로, 무선화는 두 집단의 개인적 특성의 구성이 모든 면에서 사실상 동일할 것이라는 것을 확실히 한다. 참가자들을 실험 조건들에 무선적으로 할당하는 이 능력이 실험법과 비실험법 간의 중요한 차이이다.

무선할당의 개념을 더 구체적으로 하기 위해서, 당신은 우리가 야구 선수 카드로 가득한 박스를 가지고 하였던 것과 같은 실습을 해볼 수 있다. 박스에는 50명의 아메리칸 리그 선수들과 50명의 내셔널 리그 선수들의 카드가 들어 있었다. 그 카드들을 완전히 뒤섞었다. 그다음 우리는 32개의 카드들을 선택하고, 난수를 생성하는 웹사이트로부터 얻은 일련의 난수들을 이용하여 그들을 집단들에 할당하였다. 각각의 카드가 뽑혔을 때, 우리는 다음의 결정 규칙을 사용하였다. 만약 그 임의의 수가 짝수라면 그 선수는 집단 1에 할당되고, 홀수라면 그 선수는 집단 2에 할당된다. 그다음 우리는 그 두 집단이 리그 대표라는 측면에서 서로 다른지를 확인하기 위해 살펴보았다. 집단 1은 9명의 아메리칸 리그 선수들과 7명의 내셔널 리그 선수들이 포함된 반면에, 집단 2는 두 리그로부터 동일한 수의 선수들이 포함되었다. 두 집단은 사실상 동일하였다!

일정하게 유지될 수 없는 다른 변인은 또한 무선화에 의해 통제된다. 예를 들어, 많은 실험은 며칠 또는 몇 주의 기간에 걸쳐 서로 다른 날짜에, 다양한 시간대에 실험을 위해 도착하는 참가자들에 대해 수행된다. 그러한 경우에, 연구자는 다양한 실험 조건들의 순서를 계획하기 위해 무선적 순서를 사용한다. 이 절차는 한 조건이 실험의 앞 기간에 계획되고, 다른 조건이 뒤 기간에 연구되는 상황을 막아 준다. 유사하게, 한 집단의 참가자들은 오직 오전에만 연구되고, 다른 집단의 참가자들은 오직 오후에만 연구되거나 하지 않을 것이다.

직접적인 실험적 통제와 무선화는 다른 외생변인들의 영향을 제거한다(이는 외생변인들을 조건에 걸쳐 일정하게 유지하게 해줌으로써 가능하다). 따라서 실험법은 결과에 대한 비교적 명확한 해석을 가능하게 해준다. 관찰된 변인에서 어떠한 집단 간 차이도 조작된 변인의 영향에 의한 것이라고 할 수 있다.

독립변인과 종속변인

연구자들이 변인들 간 관계를 연구할 때, 그 변인들은 대개 인과관계를 가지고 있는 것으로 개념화된다. 즉, 한 변인이 원인으로, 다른 변인은 결과로 여겨진다. 따라서 연설자의 신뢰도는 태도 변화의 원인으로 간주되고, 운동은 불안에 영향을 미치는 것으로 간주된다. 실험법과 비실험법 모두를 사용하는 연구자들은, 비록 실험법이 사용되었을 때에는 원인과 결과의 방향에 대한 모호성이 거의 없는데도 불구하고 변인들을 이러한 방식으로 바라본다. 연구자들은 연구하고 있는 변인들을 언급할 때, **독립변인**(independent variable)과 **종속변인**(dependent variable)이라는 용어를 사용한다. 원인이라고 여겨지는 변인을 독립변인이라고 부르며, 결과라고 간주되는 변인을 종속변인이라고 부른다. 우리가 **그림 4.3**에서 한 것처럼 화살표를 사용하여 독립변인과 종속변인 간의 관계를 실제로 그려 보는 것이 종종 도움이 된다. 화살표는 항상 당신이 가정한 인과관계의 순서를 나타낸다.

실험에서 조작된 변인은 독립변인이다. 독립변인을 조작한 다음, 연구자들은 종속변인이라 부르는 두 번째 변인을 측정한다. 기본적 아이디어는 연구자들이 독립변인에서의 변화를 만들고 나서 종속변인이 이에 대응하여 변화하는지를 살펴보는 것이다.

독립변인과 종속변인 간의 구분을 기억하기 위한 한 가지 방법은 그 용어를 실험에서 참가자에게 무엇이 일어났는가와 관련시키는 것이다. 첫째로, 참가자들은 폭력적 프로그램 보는 것 대 비폭력적 프로그램 보는 것, 또는 운동하는 것 대 운동하지 않는 것과 같이 어떤 상황에 노출된다. 이것이 조작된 변인이다. 이는 참가자들이 그 상황의 발생과 아무런 관련이 없기 때문에 독립변인이라고 불린다. 즉, 연구자들은 참가자들이나 상황의 어떠한 특성과도 독립적으로 그 변인에 변화를 준다.

실험의 다음 단계에서, 연구자들은 독립변인이 참가자들에게 어떠한 영향을 미쳤는지를 알아보고자 한다. 이를 알아내기 위해서, 연구자들은 종속변인을 측정한다. 이 단계에서, 그 참가자는 자신에게 발생한 무언가에 대해 반응한다. 즉, 연구자는 참가자가 수행하거나 말하거나 하는 어떤 것이든 그것은 반드시 독립변인의 영향에 의해 야기되었다고 혹은 독립변인에 종속되었다고 가정한다. 그러면, 독립변인은 실험자에 의해 조작된 변인이고, 종속변인은 독립변인의 원인이 될 것으로 가정된 참가자들의 측정된 행동이다.

독립변인과 종속변인 간의 관계를 그래프로 그리면, 독립변인은 항상 수평축에 놓이고, 종속변인은 항상 수직축에 놓인다. **그림 4.1**로 되돌아가 보면, 당신은 이 그래프 만드는 방법이 네 가지 관계들을 나타내는 데 사용되었다는 것을 알 수 있을 것이다. 예컨대, 그래프 B에서 독립변인인 집단의 크기는 수평축에 놓이고, 종속변인인 소음의 크기는 수직축에 놓인다.

단일 독립변인의 영향이 많은 행동에 미치는 영향을 연구하는 연구자들은 주로 독립변인에 초점을 둔다는 것을 주목하라. 다른 연구자들은 하나의 특정 종속변인에 초점을 맞추고 어떻게 다양한 독립변인들이 그 행동에 영향을 미치는지 연구할 수도 있다. 이러한 구분을 더욱 구체적으로 확인하기 위해, 독립변인인 배심원의 크기가 종속변인인 재판의 결과에 미치는 영향에 대한 연구를 고려해 보자. 이 주제를 연구하는 한 연구자는 배심원 결정이나 영업 매니저들 사이의 위험 감수 등 다양한 행동에 미치는 집단 크기의 영향에 관심이 있을지도 모른다. 오로지 배심원 결정에만 관심을 가지는 또 다른 연구자는 배심원의 크기, 판사의 지시와 같은 재판의 다양한 측면들이 배심원 행동에 미치는 영향을 연구할지도 모른다. 두 경우 모두 중요한 연구로 이어진다. **그림 4.4**는 우리가 묘사한 변인들의 종류에 대한 당신의 지식을 검사할 기회를 제공한다.

다음을 읽고 아래의 질문들에 대답하라(정답은 이 장의 마지막 페이지에 제공된다.)

연구자들은 음악이 시험 성적에 미치는 효과를 확인하려는 연구를 수행하였다. 그들은 감미로운 음악이 학생들의 시험 불안을 줄여 주기 때문에 학생들이 시험을 치르는 동안 감미로운 음악을 들었을 때 음악을 듣지 않는 것과 비교하여 점수가 더 높을 것이라고 가정하였다. 100명(남자 50명, 여자 50명)의 학생들이 감미로운 음악이 있는 조건과 음악이 없는 조건 중 하나에 무선적으로 할당되었다. 음악 조건의 학생들은 시험을 치르는 동안 헤드폰을 통해 음악을 들었다. 시험이 시작되고 15분 후에, 연구자들은 학생들에게 시험 불안을 측정하는 질문지를 완성하도록 요청하였다. 이후, 시험이 완료되고 점수가 매겨졌고, 점수들이 기록되었다. 가정되었던 바와 같이, 음악이 없는 조건과 비교하여 감미로운 음악이 있는 조건에서 시험 불안은 유의미하게 더 낮았고, 시험 성적도 유의하게 더 높았다.

독립변인: ______________________________

종속변인: ______________________________

잠재적인 혼입변인: ______________________________

그림 4.4 관련 변인들을 확인하기

내적 타당도: 인과성 추론하기

내적 타당도(internal validity)는 연구의 결과로부터 인과관계에 관한 결론을 이끌어내는 능력이다. 연구는 한 변인이 다른 변인에서의 변화를 유발하였다는 강력한 추론을 할 수 있을 때 높은 내적 타당도를 가지게 된다. 우리는 실험법을 사용할 때 강한 인과적 추론을 더 쉽게 할 수 있음을 살펴보았다.

원인과 결과의 추론이 세 가지 요소를 필요로 한다는 것을 1장으로부터 회상해 보라. 따라서 강한 내적 타당도는 이 세 가지 요소들의 분석을 필요로 한다. 첫째, 시간적 선행성이 있어야 한다. 원인이 되는 변인은 사건들의 시간적 순서에서 먼저 와야 하고, 결과가 뒤따라야 한다. 실험법은 독립변인을 먼저 조작하고 나서 그것이 종속변인에 영향을 미치는지를 관찰함으로써 시간적 순서에 중점을 두어 다룬다. 실험법이 아닌 다른 상황에서는, 당신은 아마도 시간적 순서를 관찰하고, 어떤 시간적 순서가 다른 순서보다 더 그럴듯하다고 논리적인 결론을 내릴 수도 있을 것이다. 둘째, 두 변인들 간 공변성이 있어야 한다. 실험법에서 공변성은 실험 조건(예: 운동 조건)의 참가자들이 효과(예: 불안 감소)를 보이는 반면 통제 조건(예: 비운동 조건)의 참가자들이 그 효과를 보이지 않을 때 증명된다. 셋째, 관찰된 관계에 대한 그럴듯한 대안적 설명을 제거해야 한다. 대안적 설명은 몇몇 제3의 혼입변인이 관찰된 관계를 설명할 수 있는 가능성에 기반한다. 연구를 설계할 때 대안적 설명을 제거하기 위한 각별한 주의가 필요한데, 왜냐하면 그렇게 하는 것이 우리를 진실에 더 가깝도록 해주기 때문이다. 실제로, 대안적 설명을 제거하는 것은 내적 타당도를 향상시킨다. 실험법은 그러한 변인들을 무선할당과 실험적 통제를 통해 일정하게 유지하려고 시도함으로써 시작한다.

통제에 관한 다른 쟁점들은 이후의 장들에서 논의될 것이다. 여기서의 요점은 관찰된 관계에 대한 대안적 설명이 더 적을 때 인과관계에 대한 추론이 더 강력하다는 것이다.

외적 타당도

타당도의 또 다른 중요한 유형은 연구로부터 얻은 결과가 다른 모집단과 상황에 일반화될 수 있는 범위와 관련된다. 이를 **외적 타당도**(external validity)라고 한다. 외적 타당도에 대해 생각해 보면, 몇 가지 질문이 떠오른다. 예컨대, 어떤 연구의 결과가 변인에 대한 다른 조작적 정의를 가지고도 반복될 수 있는가? 그 결과들이 다른 참가자들에 대해서도 반복될 수 있는가? 그 결과들이 다른 환경에서 반복될 수 있는가?

예를 들어, Schumann과 Ross(2010)는 사과 행동(즉, '죄송합니다'라고 말하는 것)에 성차가 있는지를 연구하였다. 이 연구에서 연구자들은 캐나다에 있는 Waterloo 대학교의 학생들에게 12일 동안 매일 저녁 온라인 질문지를 완성하도록 요청하였다. 참가자들은 하루 동안 그들이 '누군가에게 사과를 했거나, 혹은 했어야만 했을지도 모르는 어떤 일을 했을' 때의 실례들을 보고하였다. 그들은 남성과 여성 모두 그들이 다른 사람들에게 모욕감을 주었을 때, 거의 같은 비율(81%)로 사과를 하였다는 것을 발견하였다. 하지만 남성은 사과를 했어야만 했을지 모르는 잘못에 대해서는 여성보다 더 적게 보고하였다. 이제, 외적 타당도의 관점에서, 이것은 몇 가지 생각해야 할 것들을 제시해 준다. 첫째, 캐나다 대학생들은 다른 대학생들과 같을까? 과연 그 참가자들은 다른 캐나다 사람들과 같을까? 다음으로, 만약 이 연구자들이 사과 행동을 위에서 묘사된 것과는 다르게 조작적 정의를 내리고자 결정하였다면 어떻게 되었을까? 만약 그 조작적 정의가 '실수나 무례를 인정하고 이와 함께 유감의 뜻을 나타내는' 것으로 바꾸었다면 어떻게 되었을까? 그 결과가 같았을까? 만약에 그렇다면, 그 결과들이 특정한 조작적 정의와 관계없이 일반화되기 때문에 우리는 외적 타당도에 대한 증거를 갖게 되는 것이다. 마찬가지로, 만약 그 연구가 한국, 칠레, 콩고, 체코에서 동일한 결과와 함께 반복 검증되었다면, 우리는 외적 타당도에 대한 그 이상의 증거를 갖게 되는 것이다.

단일 연구를 수행할 때, 우리는 내적 타당도가 일반적으로 외적 타당도와 대립된다는 것을 알아차린다. 변인들 간에 인과관계가 존재한다고 밝히는 것에 관심이 있는 어느 연구자는 내적 타당도에 가장 관심이 있다. 실험은 독립변인이 조작되고 다른 변인은 일정하게 유지되도록(실험적 통제) 설계될 것이다. 이는 심리학 개론 수업을 듣는 대학생들과 같이, 종종 매우 제한된 표본을 대상으로 하여 실험실 환경에서 쉽게 이루어진다. 연구의 외적 타당도에 더 관심이 있는 연구자는 더 다양한 모집단으로부터 나온 표본에 대한 비실험적 연구를 수행할지도 모른다. 외적 타당도에 관한 쟁점은 14장에서 더 충분히 논의될 복잡한 주제다. 이제 우리는 외적 타당도를 비롯하여, 연구자가 비실험적 접근법을 선택할지도 모르는 몇 가지 이유들을 다룰 것이다.

방법 선택하기

변인들 간 관계를 연구하기 위한 실험법의 장점들은 위에 강조되어 있다. 하지만 실험의 단점들과 더불어 실험이 아닌 다른 방법을 사용하는 좋은 이유들이 많이 있다. 연구방법을 선택할 때 발생하는 쟁점들 중 몇 가지를 살펴보자.

실험의 인위성

실험실 실험에서, 독립변인은 주의 깊게 통제된 실험실 범위 내에서 조작된다. 이 절차는 원인과 결과에 관해 비교적 명확한 추론을 가능케 하고, 외생변인들이 결과에 영향을 미칠 수 있는 가능성을 줄여 준다. 이 명확한 추론은 '강력한 내적 타당도'를 표현하는 또 다른 방식이다. 실험실 실험법은 많은 문제들을 연구할 수 있는 매우 귀중한 방법이다. 그러나 높은 수준의 통제와 실험실 환경은 때때로 다룰 수 있는 연구문제나 결과의 일반화를 제한할 수 있는 인위적인 분위기를 만들어 낼 수도 있다. 그래서 실험실 실험이 흔히 강한 내적 타당도를 가지지만, 종종 제한된 외적 타당도를 가질 수 있다. 이러한 이유로, 연구자들은 위에서 언급한 비실험법을 사용하려는 결정을 할 수도 있다.

또 다른 대안은 현장 환경에서 실험을 수행해 보는 것이다. **현장 실험**(field experiment)에서, 독립변인은 자연적 환경에서 조작된다. 다른 실험과 마찬가지로, 연구자는 무선화나 실험적 통제를 통해서 외생변인들을 통제하려는 시도를 한다. 현장 실험의 한 가지 예로, 공공장소에서의 재채기가 독감에 대한 위험 지각에 미치는 영향에 관한 Lee, Schwarz, Taubman과 Hou(2010)의 연구를 생각해 보자. 돼지독감이 대중의 주목을 받던 어느 날, 교정을 지나가는 대학생들이 재채기와 기침을 하거나 하지 않는 실험 공모자에게 노출되었다. 그러고 나서, 그 대학생 참가자들은 수업 과제를 도와주기 위해 지각된 위험에 관한 질문지를 완성하도록 요구받았다. 연구자들은 비슷한 연구를 쇼핑몰과 지역 기업에서도 수행하였다. 세 번의 경우 모두에서, 그들은 재채기와 기침에 노출되었던 참가자들이 심각한 질병에 걸리거나, 50세 이전에 심장마비에 걸리거나, 범죄나 사고로 죽을 위험을 더 높게 지각한다는 것을 발견하였다.

많은 현장 실험들이 길모퉁이나 쇼핑몰, 주차장 같은 공공장소에서 일어난다. Ruback과 Juieng(1997)은 주차장에서 운전자들이 주차된 공간을 떠나기 위해 걸리는 시간을 다음의 두 조건에서 측정하였다. (1) 또 다른 차(실험자가 운전함)가 근처에서 기다릴 때, (2) 다른 차가 존재하지 않을 때. 당신이 예상하듯이, 운전자는 다른 차가 주차 공간을 기다리고 있을 때 떠나는 데 더 오랜 시간을 보냈다. 명백히, 임시의 영토를 지키기 위한 동기는 가능한 한 빨리 떠나려는 동기보다 더 강하였다. 현장 실험의 장점은 독립변인이 자연적 맥락에서 연구될 수 있다는 것이다. 단점은 연구자들이 그 상황에 대한 많은 측면들을 직접 통제하는 능력을 상실한다는 것이다. 예컨대, 주차장에는 운전하고 지나가는 다른 쇼핑객들과 보안 요원들이 있다. 연구실 실험은 연구자들이 더 쉽게 외생변인들을 일정하게 유지할 수 있도록 허락해 주기 때문에, 실험의 결과물에 미치는 그들의 영향을 제거할 수 있다. 물론, 바로 이 통제가 연구실 연구의 인위성으로 이끌게 된다. 다행히도, 연구자들이 연구실과 현장이라는 두 환경 모두에서 실험을 수행하였을 때, 그 결과들은 매우 유사하였다(Anderson, Lindsay, & Bushman, 1999).

✿ 윤리적 · 실질적 고려사항

때때로 실험법은 비윤리적이거나 실행할 수 없는 경우가 있기 때문에 실현 가능한 대안이 아니다. 예를 들어, 자녀양육의 실행은 실험법으로 조작하기에는 실현이 불가능할 것이다. 게다가, 부모들을 애정의 철회 대 신체적 처벌과 같은 두 가지의 양육 조건에 무선적으로 할당하는 것이 가능하다고 할지라도, 그 조작은 비윤리적일 것이다. 양육 기법과 같은 변인들을 조작하는 것 대신에, 연구자들은 대체로 그것이 자연적 환경에서 발생하는 것으로서 연구한다. 많은 중요한 연구 영역에서 유사한 문제들이 나타난다(예: 알코올 중독의 영향, 이혼과 그 결과, 신체적 처벌이 아동의 공격성에 미치는 영향). 그러한 문제들은 연구될 필요가 있으며, 일반적으로 오로지 가능한 기법은 비실험적인 것이다.

그러한 변인들을 연구할 때, 참가자들은 종종 그들의 경험에 근거하여 집단으로 분류된다. 예컨대 신체적 처벌을 연구할 때, 한 집단은 아이일 때 체벌을 받았던 사람들로, 다른 집단은 그렇지 않았던 사람들로 구성된다. 이것은 때때로 **사후소급 설계**(*ex post facto* design)라고 불린다. 사후소급은 어떤 사실 이후에 적용됨을 의미한다. 이 용어는 집단이 실험에서처럼 무선할당을 통해서가 아니라 몇몇 실제적 차이를 기반으로 형성되는 연구를 기술하기 위해 만들어졌다. 이러한 집단들의 차이를 연구하는 것은 매우 중요하다. 하지만 이것이 비실험적인 연구라는 것을 인식하는 것이 중요한데, 그 이유는 집단에 대한 무선할당이 없고, 독립변인에 대한 조작도 없기 때문이다.

✿ 참가자 변인

참가자 변인(participant variable, **피험자 변인** 또는 **개인 특성**이라고도 부름)은 연령, 성별, 인종, 국적, 출생 순위, 성격, 결혼 여부 등과 같은 개인들의 특성이다. 이 변인들은 그 자체로 비실험적이고, 그러므로 측정되어야만 한다. 예컨대, 외향성과 같은 성격 특성을 연구하기 위해서 당신은 사람들에게 성격을 측정하도록 고안된 성격검사를 받게 할지도 모른다. 그러한 변인들은 조작된 독립변인들과 함께 실험에서 연구될 수도 있다(10장 참조).

✿ 행동의 기술

과학의 주요 목표는 사건에 대한 정확한 기술을 제공하는 것이다. 그러므로 많은 연구들의 목표는 행동을 기술하는 것이다. 이러한 경우에, 인과적 추론은 연구의 주요 목표들과 관련이 없다. 심리학에서 기술 연구의 대표적 예는 자신의 자녀들의 행동을 그들이 성장하는 동안 세심하게 관찰하였던 피아제(Jean Piaget)의 연구다. 그는 자신의 자녀들이 환경에 대해 생각하고 반응하는 방식에서의 변화를 자세히 묘사하였다(Piaget, 1952). 그 관찰에 대한 피아제의 묘사와 해석은 인지 발달의 이해를 크게 증가시켰던 중요한 이론을 탄생시켰다. 피아제의 이론은 심리학에 현재까지도 이어지는 중대한 영향을 미쳤다(Flavell, 1996).

심리학에서 기술 연구의 더 최근의 예는 Meston과 Buss(2007)의 성관계를 가지고자 하는 동기에 관한 연구다. 이 연구의 목적은 '사람들이 성관계를 가지는 다수의 이유'(p. 496)를 기술하는 것이었다. 이 연구에서 연구자들은 444명의 남녀 대학생들에게 그들이 과거에 성관계를 가졌던 이유들을 작성하도록 요청하였다. 연구자들은 그 대답들을 철저히 조사하였고, 그 결과 '그 사람에게 매력을 느꼈다', '사랑받음을 느끼고 싶었다', '싸운 후 화해하고 싶었다', '부모님에게 반항하고 싶었다' 등을 포함한 237개의 이유들을 확인하였다. 연구자들에게 다음 단계는 참가자들이 성관계를 가지는 것에 대해 보고하였던 그 이유들을 신체적 이유(예: 매력)나 목표 성취적 이유(예: 복수)를 포함하는 소수의 범주들로 분류하는 것이었다. 이 경우도 피아제의 연구에서와 같이, 주요 목표는 원인을 이해하는 것이라기보다는 행동을 기술하는 것이었다.

✿ 미래 행동에 대한 성공적 예측

많은 실생활 상황에서, 주요 관심사는 사람의 미래 행동, 예컨대 학업 성취, 새로운 일을 배우는 능력, 또는 대학에서 다양한 전공 분야에 대한 잠재적인 흥미 등에 대한 성공적인 예측을 하는 것이다. 그러한 상황에서는 원인과 결과의 쟁점을 고려할 필요가 없을지도 모른다. 미래 행동을 예측하는 데 있어 정확성을 증가시키는 측정도구들을 고안하는 것이 가능하다. 학교 상담사는 학생들이 '강화된' 교실 프로그램에 참여해야 하는지를 결정하기 위해 검사를 수행할 수 있고, 고용인은 지원자들을 고용해야만 하는지를 결정하는 것을 도울 수 있는 검사를 시행할 수 있으며, 대학생들은 전공을 결정하는 것을 돕는 검사를 받을 수 있다. 이러한 종류의 측정도구들은 많은 사람들이 더 나은 결정을 하도록 도와줄 수 있다. 연구자들이 미래 행동을 예측하고자 설계된 도구를 개발할 때, 그들은 그 도구가 실제로 그 행동과 관련되는지를 증명하기 위한 연구를 수행해야만 한다. 이 연구는 5장에서 논의될 것이다.

✿ 중다 방법 사용의 장점

아마도 가장 중요한, 어떤 현상에 대한 완전한 이해는 실험법과 비실험법 모두를 포함하는 중다 방법을 사용한 연구를 필요로 할 것이다. 그 어떤 방법도 하나만으로는 완벽하지 않고, 그 어떠한 단일 연구도 결정적이지는 않다. 이해를 돕기 위해서 Frank와 Gilovich(1988)의 가설을 생각해 보자. 그들은 많은 문화들에 걸쳐 오랜 시간 동안 검은색이 악마와 죽음을 나타낸다는 것에 흥미를 느꼈고, 이것이 우리의 행동에 영향을 미치지 않을까 하고 생각하였다. 그들은 몇몇 미식축구 리그(NFL, National Football league)와 하키 리그(NHL, National Hockey league)에서 프로 팀들이 검은색 유니폼을 입는다는 점을 주목하였고, 이 팀들이 그 리그의 다른 팀들보다 공격성이 더 강할지도 모른다고 가설을 세웠다.

그들은 먼저 '검은색' 유니폼과 '검은색이 아닌' 유니폼에 대한 조작적 정의가 필요하였다. 그래서 그들은 검은색 유니폼을 유니폼 전체의 50% 이상이 검은색인 유니폼으로 결정하였다. 이 정의를 적용하여, 다섯 개의 NFL 팀과 다섯 개의 NHL 팀들이 검은색 유니폼을 입는 것으로 확인되었다. 그들은 먼저 NFL 또는 NHL에 대한 지식이 없는 사람들에게 각 팀의 유니폼을 보고 '비열한' 그리고 '공격적인'과 같은 '악의적인' 형용사에 대해 그 팀을 평가해 달라고 요청하였다. 전반적으로, 검은색 유니폼 팀들의 점수가 더 악의적인 것으로 평가되었다. 그다음 연구자들은 검은색 유니폼 팀과 검은색 유니폼이 아닌 팀들의 NFL의 페널티 영역을 비교하였고, NHL 팀들의 페널티 시간을 비교하였다. 두 경우 모두, 검은색 유니폼 팀들이 더 많은 페널티를 받았다. 하지만 여기에 인과적 성향이 존재하는가? Frank와 Gilovich는 두 NHL의 팀들이 검은색이 아닌 유니폼에서 검은색 유니폼으로 교체한 것을 발견하였고, 그래서 그들은 유니폼을 바꾸기 전과 후의 페널티 시간을 비교하였다. 그들의 가설과 일치하게, 두 팀 모두에서 페널티가 증가하였다. 또한 그들은 검은색이 아닌 유니폼에서 또 다른 검은색이 아닌 유니폼으로 교체한 제3의 팀의 페널티 시간을 살펴보았고, 페널티 시간에 아무런 변화가 없었다는 것을 발견하였다. 일련의 이러한 연구들 중 어떤 연구도 실험법을 사용하지 않았다는 것을 주목하라. 사람들이 검은색 유니폼의 팀을 더 공격적으로 지각한다는 가설을 검증하기 위한 한 실험에서, 학생들은 수비가 검은색 유니폼 또는 흰색 유니폼 둘 중의 하나를 입은 미식축구 두 경기를 편집한 비디오를 시청하였다. 두 경기 모두에서 수비는 공격적 행동을 하였다. 이 경기들에 대해 학생들은 검은색이 아닌 유니폼을 입은 팀보다 검은색 유니폼을 입은 팀에게 더 많은 페널티를 주었다. 검은색 유니폼 팀이 되는 것이 공격성을 증가시키는지를 알아보고자 한 마지막 실험에서, 사람들은 세 집단으로 나뉘어 연구실에 입장하였다. 그 집단들에게 그들이 다른 팀과 경쟁할 '팀'이라고 말해 주었다. 각 팀의 모든 구성원들은 경쟁할 때 입을 흰색 또는 검은색의 유니폼을 받았다. 경기 중 몇 가지는 공격적이었고(화살총 결투), 몇 가지는 그렇지 않았다(퍼팅 시합). 당신이 지금쯤 예상하였듯이, 검은색 유니폼 팀들은 더 공격적인 경기를 선택하였다.

여기서 중요한 점은 어떠한 연구도 가설에 대한 완벽한 검증은 아니라는 것이다. 하지만 중다 방법을 사용한 복합적 연구들이 모두 같은 결론을 이끌어 낸다면, 결과에 대한 우리의 확신과 현상에 대한 우리의 이해는 크게 증가할 것이다.

연구 평가하기: 세 가지 타당도에 대한 요약

타당도의 핵심 개념이 이 장의 시작 부분에 소개되었다. 타당도는 정보에 대한 진실성과 정확한 대표성을 말한다. 연구는 세 가지 유형의 타당도 측면에서 기술되고 평가될 수 있다.

- **구성 타당도**(construct validity)는 변인에 대한 조작적 정의의 적절성을 나타낸다.
- **내적 타당도**(internal validity)는 인과관계에 관한 결론을 정확히 이끌어 낼 수 있는 능력을 나타낸다.
- **외적 타당도**(external validity)는 연구의 결과가 다른 모집단과 다른 상황에 일반화될 수 있는 범위다.

각각은 어떤 특정 연구에 대한 서로 다른 조망을 제공하고, 모든 연구는 이러한 타당도의 조망에서 평가되어야만 한다.

이 시점에서, 당신은 연구자들이 문제를 연구하기 위한 방법론을 어떻게 선택하는지 궁금해할 수 있을 것이다. 다양한 방법들을 사용할 수 있는데, 각각은 장점과 단점을 가지고 있다. 연구자들은 그들이 답하고 싶은 질문에 대해 역점을 두어 가장 잘 다룰 수 있도록 해주는 방법을 선택한다. 어떤 방법도 본질적으로 다른 방법들보다 우수하지는 않다. 오히려 방법의 선택은 연구에서 다루는 문제, 윤리, 비용과 시간의 제약, 그리고 세 가지 유형의 타당도와 관련된 쟁점들을 고려한 다음 이루어진다. 이 책의 나머지 부분에서 많은 구체적인 방법들이 다루어질 것인데, 그 모두는 서로 다른 상황들에서 유용하게 적용된다. 실제로, 모든 방법들이 행동과학자들에게 흥미를 가지고 있는 폭넓고 다양한 행동들을 이해하는 데 필수적이다. 어떤 문제나 쟁점에 대한 완전한 이해는 다양한 방법론적 접근법을 사용한 연구를 필요로 한다.

✻ 읽을거리: 행동을 연구하기

많은 사람들은 좋지 않은 일이 자신에게 일어날 것을 예상하는 경험을 해보았다. 예를 들면, '나는 그 직업을 갖지 못할 거야', '나는 이 시험에서 떨어질 거야', '내가 그녀에게 데이트 신청을 하면 그녀는 나를 비웃을 거야!'와 같은 것들이다. 당신은 부정적인 결과를 예상하는 것이 실제 부정적인 결과가 발생하였을 때 사람이 덜 괴로워지는 것을 의미한다고 생각하는가? 즉, 실제로 당신이 떨어질 수 있다면 '나는 떨어질 거야'라고 생각하는 것이 더 나은가?

Golub, Gilbert와 Wilson(2009)의 연구에서, 두 가지 실험과 한 가지 현장 연구가 이 부정적 예측이 좋은 것인지 안 좋은 것인지를 결정하기 위한 목적으로 수행되었다.

두 가지 실험실 연구에서, 참가자들은 성격 평가지를 완성한 다음, 그 결과에 관한 긍정적 예측, 부정적 예측, 또는 예측 없음 중에서 하나를 수행하도록 하였다. 참가자들의 감정적인(정서적인) 상태는 부정적(연구 1a) 또는 긍정적(연구 1b) 결과를 듣기 전과 직후에 평가되었다. 현장 실험에서, 참가자들은 다가오는 시험에서 그들의 수행에 대한 예측을 요구받은 심리학 개론 수업을 듣는 대학생들이었다. 그다음, 시험을 치른 다음 날, 긍정적 · 부정적 정서가 평가되었다. 이들을 종합하면, 이 세 가지 연구들의 결과는 좋지 않은 결과를 예상하는 것이 긍정적인 정서에 이르는 효과적인 방법이 아닐 수 있다고 제안한다.

먼저, 다음의 논문을 읽어 보라.

> Golub, S. A., Gilbert, D. T., & Wilson, T. D. (2009). Anticipating one's troubles: The costs and benefits of negative expectations. *Emotion*, *9*, 277-281. doi: 10.1037/a0014716

논문을 읽은 다음, 다음을 생각해 보라.

1. 각각의 연구에 대하여, Golub, Gilbert와 Wilson(2009)은 어떻게 **긍정적 예측**을 조작적으로 정의하였는가? 어떻게 그들은 **정서**를 조작적으로 정의하였는가?
2. 실험 1a와 1b에서, 독립변인(들)은 무엇이었는가? 종속변인(들)은 무엇이었는가?
3. 이 논문은 세 가지 다른 연구들을 포함한다. 이런 경우, 중다 방법을 사용하여 연구 질문에 답하는 것의 장점은 무엇인가?
4. 무엇에 기반하여 저자들은 "이 연구는 부정적 예측으로 인한 감정적 이득은 그에 따른 비용보다 더 찾기 어려울 것이라는 것을 제안한다"(p. 280)라는 결론을 내렸는가?
5. Golub, Gilbert와 Wilson(2009)이 수행한 두 가지 실험과 한 가지 현장 연구에 대하여 외적 타당도를 평가하라.
6. 내적 타당도는 얼마나 높은가?

✽ 주요 용어

곡선형 관계(curvilinear relationship) 90
구성 타당도(construct validity) 89
내적 타당도(internal validity) 105
독립변인(independent variable) 103
무선화(randomazation) 101
변인(variable) 87
부적 선형 관계(negative linear relationship) 90
비실험법(nonexperimental method) 96
상관계수(correlation coefficient) 93
상관 연구법(correlational method) 97
실험법(experimental method) 96
실험적 통제(experimental control) 101
외적 타당도(external validity) 105
정적 선형 관계(positive linear relationship) 90
제3 변인의 문제(third-variable problem) 99
조작적 정의(operational definition) 88
종속변인(dependent variable) 103
참가자 변인(participant variable) 109
현장 실험(field experiment) 107
혼입변인(confounding variable) 100

✽ 복습문제

1. 변인은 무엇인가? 적어도 다섯 가지의 서로 다른 변인들을 열거하고 각 변인에 대해 적어도 두 가지 수준을 기술하라. 예컨대, 연령은 하나의 변인이다. 성인의 경우, 연령은 18세부터 시작하여 그 이상의 범위에 걸쳐 있는 연령으로 표현되는 값을 가지고 있다. 연구에서 연령 변인은 실제 연령이나 출생 연도를 묻거나 18~34, 35~54, 55+과 같은 연령 범위의 선택지를 제공함으로써 측정될 수 있다. 문장 길이도 하나의 변인이다. 그 값은 참가자들이 수필에 쓴 문장들에서 단어들의 개수로 정의될 수도 있다.
2. 변인에 대해 조작적 정의를 하라. 위 1번 문제에서 생각하였던 변인들 중 적어도 두 가지의 조작적 정의를 내려라.
3. 정적 선형, 부적 선형, 곡선형 관계들을 서로 구분하라.
4. 비실험법과 실험법의 차이는 무엇인가?
5. 독립변인과 종속변인의 차이는 무엇인가?
6. 실험실 연구와 현장 연구를 구분하라.
7. 원인과 결과의 방향성 문제와 제3 변인 문제가 의미하는 것은 무엇인가?
8. 어떻게 직접적인 실험적 통제와 무선화가 외생변인들의 잠재적인 효과에 영향을 미치는가?

9. 변인들 간의 관계를 연구하기 위해 비실험법을 사용하는 이유는 무엇인가?

✻ 실전문제

1. 남성과 여성은 타인을 돕는 접근방식에서 서로 다를 수 있다. 예컨대, 남성은 자동차 문제를 가진 사람을 더 돕고자 할 수 있고, 여성은 아픈 친구를 위해 저녁을 가져다주는 경향이 더 있을지도 모른다. 돕기 행동의 개념에 대해 하나는 '남성 유형'을 강조하고, 다른 하나는 '여성 유형'을 강조하는, 두 가지 조작적 정의를 하라. 이 둘 중 한 가지를 사용하는 것이 남성과 여성 중 누가 더 많이 돕는가에 관한 실험 결과로부터 어떻게 서로 다른 결론에 도달하게 하는가? 이것이 조작적 정의의 중요성에 대해 무엇을 말해 주는가?
2. 당신은 좋은 성적을 받는 학생들이 교실의 앞쪽에 앉아 있는 경향이 있고, 낮은 성적을 받는 학생들이 뒤쪽으로 앉아 있는 경향이 있다는 것을 관찰한다. 이 비실험적 관찰에 대한 세 가지 가능한 인과관계는 무엇인가?
3. 직장 스트레스가 가정에서 가족 갈등을 야기한다는 가설을 생각해 보라.
   a. 어떤 유형의 관계가 제안되었는가?(예: 정적 선형, 부적 선형)
   b. 제안된 관계를 그래프로 나타내라.
   c. 가설에 대한 진술에서 독립변인과 종속변인을 확인하라.
   d. 어떻게 당신은 실험법을 사용하여 그 가설을 연구할 수 있을 것인가?
   e. 어떻게 당신은 비실험법을 사용하여 (원인과 결과를 결정하는 문제를 인식하면서) 그 가설을 연구할 수 있을 것인가?
   f. 당신은 직장 스트레스와 가족 갈등 간의 관계를 연구하기 위해 실험법 또는 비실험법을 사용할지를 결정하는 데 있어서 어떤 요인들을 고려할 것인가?
4. 아래에 나오는 실험에 대한 기술에서 독립변인과 종속변인들을 확인하라.
   a. 학생들은 홀로, 또는 다른 학생들과 함께 만화를 시청한 다음, 그 만화가 얼마나 웃겼는지를 평가하였다.
   b. 조용한 상태에서, 또는 텔레비전이 켜진 상태에서 교재 내용에 대한 공부를 마치고 난 후, 학생들에게 이해력 검사가 실시되었다.
   c. 일부 초등학교 교사들은 어느 아동의 부모님이 대졸자들이라고 들었고, 다른 교사들은 그 아동의 부모가 고졸자라고 들었다. 그런 다음 교사들은 그 아동의 학습 잠재력을 평가하였다.

d. 한 회사의 직원들이 두 조건들 중 하나에 할당되었다. 한 집단은 스트레스 관리 훈련 프로그램을 완료하였고, 또 다른 집단은 그 훈련에 참여하지 않았다. 이 직원들이 사용한 병가 휴일의 수가 이후 두 달 동안 조사되었다.

5. 몇 년 전, 신문들은 하루에 와인 한 잔을 마신 미국인들이 마시지 않은 사람들(혹은 더 많은 양의 와인이나 다른 술을 마신 사람들)보다 더 건강하다는 결과를 보고하였다. 이 결과에 대한 그럴듯한 대안적 설명들은 무엇일까? 즉, 와인이 아닌 다른 변인들이 그 결과를 설명할 수 있을까?(힌트: 어떤 부류의 미국인들이 저녁에 와인 한 잔을 마시는 경향이 많이 있겠는가?)

6. 비실험적 연구의 제한점은 폐경 후 호르몬 대체 요법(여성의 건강 운동이라는 더 큰 연구의 한 부분)의 영향에 관한 실험 결과에 의해 극적으로 대중의 주목을 받았다. 이러한 실험을 의학 연구에서 임상 실험이라고 부른다. 그 임상 실험에서, 참가자들은 호르몬 대체 요법 또는 위약(호르몬이 아님)을 받도록 무선적으로 할당되었다. 호르몬 대체 요법은 에스트로겐 황체호르몬으로 구성되었다. 2002년, 연구자들은 호르몬 대체 요법을 받은 여성들이 위약(호르몬이 아님) 조건에 있던 여성들보다 더 높은 심장병 발병률을 보였다는 결론을 내렸다. 그 시점에서, 그들은 실험을 멈추고 참가자들과 대중들에게 이 요법을 받아야 하는지를 의사와 상의해야 한다는 정보를 알려 주었다. 그 결과는 호르몬을 섭취한 여성들이 더 낮은 심장병 발병률을 보였다는 비실험적 연구의 결과들과는 극적으로 대조를 이루었다. 이 비실험적 연구들에서, 연구자들은 이미 호르몬을 섭취하였던 여성들을 호르몬을 섭취하지 않은 여성들과 비교하였다. 당신은 왜 실험적 연구와 비실험적 연구에서 결과가 다르게 나왔을 것이라고 생각하는가?

✻ 정답

표 4.1

정적 선형, 부적 선형, 곡선형, 부적 선형, 정적 선형, 정적 선형, 곡선형, 부적 선형

그림 4.4

독립변인: 음악 조건

종속변인: 시험 성적

잠재적인 혼입변인: 헤드폰의 사용, 음악 선호, 음악 볼륨, 음악 친숙도

5

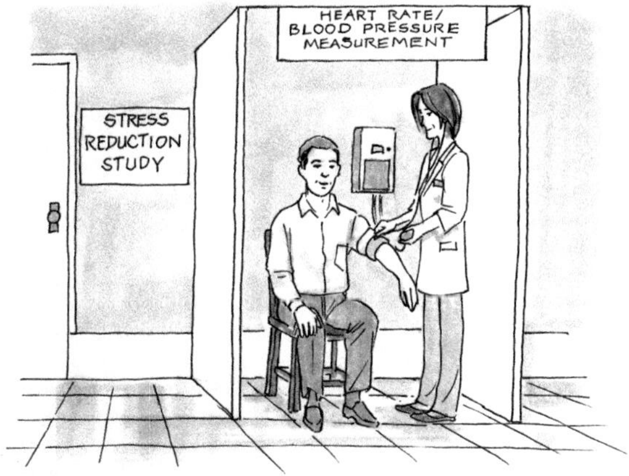

측정의 개념

학습 목표

- ❖ 행동의 측정치인 신뢰도를 정의하고, 검사-재검사 신뢰도, 내적 일관성 신뢰도, 평정자간 신뢰도의 차이를 기술하기
- ❖ 안면 타당도, 내용 타당도, 예언 타당도, 동시 타당도, 수렴 타당도, 변별 타당도를 포함하는 구성 타당도를 확립하는 방법들을 논의하기
- ❖ 행동의 측정치에 대한 반동성의 문제를 기술하고, 이 반동성을 최소화하는 방법들을 논의하기
- ❖ 측정의 네 가지 척도들의 특성을 기술하기: 명목척도, 서열척도, 등간척도, 비율척도

우리는 세심한 측정을 통해 행동에 관해 배운다. 4장에서 논의한 바와 같이, 행동은 많은 방법으로 측정될 수 있다. 가장 흔한 측정 전략은 사람들에게 자신에 관해 말하도록 하는 것이다(예: 당신은 지난주에 얼마나 자주 배우자와 다투었습니까? 당신의 전반적 행복을 어떻게 평가하겠습니까? 당신은 이 실험의 상대자를 얼마나 좋아하였습니까?). 물론, 당신은 또한 행동을 직접 관찰할 수도 있다(예: 얼마나 많은 오류를 과제에서 범하였는가? 쇼핑몰에서 당신이 접근하는 사람들이 잔돈을 바꾸어 줄 것인가? 면접에서 어떤 사람이 얼마나 자주 웃음을 보였는가?). 생리학적 · 신경학적 반응 또한 측정될 수 있다(예: 어떤 문제를 다루는 동안 심박률이 얼마나 많이 변하였는가? 면접 동안 근육 긴장 정도가 증가하였는가?). 연구할 수 있는 셀 수 없을 정도의 흥미로운 행동들이 존재한다. 우리는 이후의 장에서 변인들을 측정하는 다양한 방법들을 여러 관점에서 기술할 것이다. 하지만 이 장에서는 우리는 측정의 기술적 측면들을 살펴보고자 한다. 우리는 신뢰도, 타당도, 그리고 측정의 반동성을 살펴볼 것이다. 또한 우리는 측정의 척도를 살펴볼 것이다.

측정의 신뢰도

신뢰도(reliability)는 행동의 측정치에 대한 일관성 또는 안정성을 일컫는다. 신뢰도에 대한 일상생활에서의 정의는 과학적 정의에 상당히 근접하다. 예컨대, 당신은 어떤 교수가 수업을 정확히 오전 10시에 시작하기 때문에 그 교수는 '신뢰롭다'고 말할지도 모른다. 반면, 다른 교수는 어떤 경우는 정시에 수업을 시작하지만, 다른 경우는 10시에서 10시 20분 사이 아무 때나 나타나기 때문에, 그 교수는 신뢰롭지 못하다고 말할지도 모른다.

유사하게, 지능과 같은 심리학적 변인의 신뢰로운 측정치는 동일한 사람에게 지능검사를 실시할 때 언제라도 동일한 결과를 산출할 것이다. 만일 어떤 검사가 동일한 사람에 대해 어떤 때에는 평균적이고, 다음번에는 낮고, 그다음번에는 높다고 측정하였다면, 그 검사는 신뢰롭지 못할 것이다. 간단히 말하면, 신뢰로운 측정치는 측정치들 간에 변동이 없다. 측정치가 변동이 심하다면, 측정도구에 오류가 있는 것이다.

신뢰도를 이해하는 더 공식적인 방법은 진점수과 측정오차의 개념을 사용하는 것이다. 당신이 가지고 있는 어떠한 측정치도 두 가지 성분으로 구성된다고 생각될 수 있다. 즉, 그 변인에 대한 실제 점수인 **진점수**(true score)와 **측정오차**(measurement error)다. 지능에 대한 신뢰롭지 못한 측정치는 상당한 측정오차를 포함하고 있으며, 따라서 개인의 실제 지능에 대한 정확한 지표를 제공하지 못한다. 반면, 지능에 대한 신뢰로운 측정치(측정오차가 거의 없는 측정치)는 동일한 개인이 측정되었을 때 매번 동일한(혹은 거의 동일한) 지능 점수를 산출할 것이다.

신뢰도의 개념을 더 자세히 설명하기 위해, 실제 지능 점수가 100인 어떤 사람을 당신이 알고 있다고 상상해 보자. 이제, 당신이 1년간 매주 신뢰롭지 못한 지능검사를 그 사람에게 시행한다고 가정하라. 1년 후, 당신은 관찰된 52번의 점수들에 기반하여 그 검사에 대한 그 사람의 평균 점수를 계산한다. 이제 당신은 실제 지능 점수가 100인 또 다른 친구를 검사한다고 가정하자. 그러나 이번에는 매우 신뢰로운 검사를 실시한다. 다시 평균 점수를 계산한다. 당신의 데이터는 어떤 모습이겠는가? 그 전형적인 데이터가 **그림 5.1**에 제시되어 있다. 각 경우에서, 평균 점수는 100이다. 그러나 신뢰롭지 못한 검사는 85~115에 분포한 반면, 신뢰로운 검사는 97~103에 분포한다. 신뢰롭지 못한 검사에서의 **측정오차**는 그 검사를 받은 사람의 결과에서 보듯이, 더 큰 변산성으로 드러나게 된다.

연구를 수행할 때, 당신은 각 개인을 오직 한 번만 측정할 수 있다. 즉, 진점수를 발견하기 위해 50번이나 100번을 측정할 수는 없다. 따라서 신뢰로운 측정도구를 사용하는 것이 매우 중요하다. 한 번의 측정이 개인의 진점수를 가깝게 반영해야 한다.

신뢰도의 중요성은 명백하다. 길이에 대한 신뢰롭지 못한 측정치는 탁자를 만드는 데 아무런 소용이 없을 것이다. 마찬가지로, 지능과 같은 변인에 대한 신뢰롭지 못한 측정치는 그 변인을 연구하는 데 아무 소용이 없을 것이다. 연구자들은 변인들 또

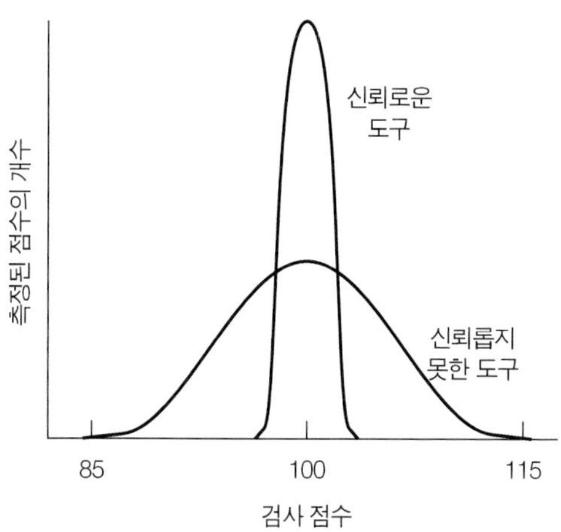

그림 5.1 신뢰로운 도구와 신뢰롭지 못한 도구의 자료 비교

는 변인들 간의 관계를 체계적으로 연구하는 데 신뢰롭지 못한 측정치를 사용할 수 없다. 신뢰롭지 못한 측정도구들을 사용하여 행동을 연구하고자 하는 것은 그 결과가 안정적이지 않고, 반복되지 않을 것이기 때문에 시간낭비다.

신뢰도는 연구자들이 세심한 측정 절차를 사용할 때 확보될 수 있다. 일부 연구 분야에서, 이는 행동을 기록하는 관찰자들을 주의 깊게 훈련시키는 것을 포함할 수 있고, 다른 분야에서는 질문을 표현하는 방식이나 생리적 반응을 측정하기 위해 신체에 부착된 전극들을 기록하는 방식에 대해 세심한 주의를 기울이는 것을 의미할 수 있다. 많은 연구 분야들에서, 신뢰도는 중다측정을 함으로써 증가될 수 있다. 이는 성격 특질과 인지능력을 측정할 때 가장 흔히 관찰된다. 예를 들어, 성격 측정도구는 전형적으로 한 가지 특질을 평정하기 위해 개발된 10개 이상의 질문들(또는 **항목들**)을 포함한다.

어떻게 신뢰도를 평정할 수 있을까? 우리는 진점수나 그 측정치에서 실제 점수에 대한 오차 성분을 직접 관찰할 수는 없다. 그러나 우리는 상관계수를 사용하여 측정치들 간 안정성을 평가할 수 있다. 상관계수는 두 변인들이 서로 얼마나 강하게 관련되는지를 말해 주는 숫자라고 설명한 4장의 내용을 회상해 보라. 상관계수를 계산하는 다양한 방법들이 존재한다. 신뢰도를 논할 때 가장 일반적으로 사용하는 상관계수는 **피어슨 적률상관계수**(Pearson product-moment correlation coefficient)다. 피어슨 적률상관계수(r로 표현함)는 0.00～+1.00, 그리고 0.00～−1.00까지 나타날 수 있다. 상관계수 0.00은 두 변인들 간 관계가 전혀 없다는 것을 말해 준다. 상관계수가 −1.00 또는 −1.00에 가까울수록 그 관계는 더 강하다. 정적 기호와 부적 기호는 그 관계의 방향에 관한 정보를 제공해 준다. 상관계수가 정적(+ 부호)일 때, 정적 선형 관계가 존재한다. 즉, 한 변인에서 높은 점수들은 다른 변인에서의 높은 점수들과 관련된다. 부적 선형 관계는 음의 기호(− 부호)에 의해 나타나게 되는데, 한 변인에서의 높은 점수들은 다른 변인에서의 낮은 점수들과 관련된다. 피어슨 적률상관계수는 12장에서 더 논의될 것이다.

측정의 신뢰도를 평정하기 위해, 우리는 많은 개인들로부터 그 측정치에 대한 최소한 두 개의 점수를 얻어야 할 필요가 있다. 만일 그 측정도구가 신뢰롭다면, 두 점수들은 매우 유사할 것이다. 즉, 두 점수들에 관한 피어슨 적률상관계수는 높은 정적 상관을 나타낼 것이다. 신뢰도에 관한 상관을 보통 **신뢰도 계수**(reliability coefficient)라고 한다. 이제 신뢰도를 평정하는 구체적인 방법들을 살펴보자.

✿ 검사-재검사 신뢰도

검사-재검사 신뢰도(test-retest reliability)는 동일한 개인들을 두 시점에서 측정함으로써 평정된다. 예를 들어, 지능에 대한 어떤 검사의 신뢰도는 어떤 한 날에 사람들을 측정하고 일주일 후에 그 사람들을 다시 측정함으로써 평정될 수 있다. 그러면 우리는 각 개인에 대한 두 개의 점수를 갖게 되며, 상관계수가 첫 번째 검사 점수와 재검사 점수들 간의 관계를 결정하기 위해 계산될 수 있을 것이다. 높은 신뢰도는 두 점수들이 매우 유사함을 보여 주는 높은 상관계수로 나타날 수 있다는 것을 회상하라. 만일 많은 사람들이 매우 유사한 점수들을 갖고 있다면, 우리는 그 측정치가 측정오차보다는 진점수를 반영한다고 결론 내린다. 측정도구가 신뢰롭다고 받아들여지기 위해 얼마나 높은 상관계수가 되어야 하는지 정확히 말하는 것은 어려우나, 대부분의 측정도구들에 대해 신뢰도 계수는 적어도 0.80은 되어야 한다.

검사-재검사 신뢰도가 같은 검사를 두 번 실시하는 것을 필요로 한다는 것은, 개인들이 자신들이 첫 번째에 어떻게 반응하였는지를 기억하기 때문에 상관이 인위적으로 높았을지도 모른다는 가능성을 제기한다. 신뢰도의 대안적 형태는 때때로 이 문제를 피하기 위해 사용된다. 이는 두 개의 서로 다른 형태의 동일한 검사들을 같은 사람들에게 두 시점에서 실시하는 것을 필요로 한다.

지능은 시간에 걸쳐 상대적으로 안정적으로 유지되는 것으로 기대할 수 있는 변인이다. 따라서 우리는 지능에 대한 검사-재검사 신뢰도가 매우 높을 것이라고 기대한다. 그러나 일부 변인들은 한 검사 기간과 다음 검사 기간에 걸쳐 변화할 것이라고 기대될 수도 있다. 예컨대, 개인의 현재 기분상태를 측정하기 위해 고안된 기분 척도는 한 검사 기간과 다른 검사 기간에 따라 쉽게 바뀔 수 있고, 따라서 검사-재검사 신뢰도는 적절하지 않을 수 있다. 좀 더 실제적인 수준에서, 같은 사람들로부터 두 시점에서 두 개의 측정치들을 얻는 것은 때때로 어려울 수 있다. 이러한 쟁점을 다루기 위해, 연구자들은 두 번의 별개의 평정이 필요 없이 신뢰도를 평정하는 방법들을 고안하였다.

✿ 내적 일관성 신뢰도

개인들을 오직 한 시점에 측정함으로써 신뢰도를 평정하는 것이 가능하다. 이는 대부분의 심리학 측정도구들이 **항목**이라 부르는 많은 서로 다른 질문들로 이루어졌기 때문에 가능하다. 지능검사는 100개의 항목들을 가지고 있을 수 있고, 외향성 측정도구는 15개 항목들을 가지고 있을 수 있으며, 수업에서의 선다형 시험은 50개 항목들을 가지고 있을 수 있다. 한 개인의 검사 점수는 모든 항목들에 대한 응답들의 전체에 기반하여 산출된다. 수업에서, 시험은 교재에 관한 많은 질문들로 구성되며, 전체 점수는 정답을 맞힌 개수일 것이다. 외향성 측정도구는 사람들에게 '나는 생기 넘치는 파티의 흥분을 즐긴다'와 같은 항목들에 동의하는지, 아니면 동의하지 않는지를 물어볼 것이다. 한 개인의 외향성 점수는 그러한 항목들에 응답한 전체 개수를 확인함으로써 얻어진다. 신뢰도는 항목들의 수가 증가함에 따라 증가한다는 것을 회상하라.

내적 일관성 신뢰도(internal consistency reliability)는 오직 한 시점에 얻은 응답들을 이용하여 평정한 신뢰도다. 모든 항목들이 같은 변인을 측정하기 때문에, 그 항목들은 유사하거나 일정한 결과를 산출해야 한다. 내적 일관성에 관한 한 가지 지표는 **반분 신뢰도**(split-half reliability)로, 이는 한 검사의 절반에 대한 전체 점수와 나머지 절반에 대한 전체 점수 간의 상관이다. 이 두 절반의 검사들은 항목들을 무선적으로 두 부분으로 나누어서 생성된다. 반분 신뢰도 계수의 실제 계산은 최종 측정치가 두 절반들로부터 나온 항목들을 포함할 것이기 때문에 조금 더 복잡하다. 따라서 결합된 측정도구는 각 절반의 어느 쪽보다도 더 많은 항목들을 갖게 될 것이고, 더 신뢰로울 것이다. 이 사실이 신뢰도 계수를 계산할 때 고려되어야만 한다. 이에 대해 수정된 신뢰도를 스피어만-브라운 반분 신뢰도 계수(Spearman-Brown split-half reliability coefficient)라고 부른다.

반분 신뢰도는 계산하는 것이 컴퓨터가 없어도 될 정도로 상대적으로 간단하고 쉽다. 한 가지 단점은, 이것이 측정치를 절반으로 나누는 많은 가능한 방법들 중에 오직 하나에 기반한다는 것이다. 내적 일관성에 기반하여 신뢰도에 대한 지표로 일반적으로 사용되는 것으로 **크론바하 알파**(Cronbach's alpha)가 있는데, 이는 모든 가능한 반분 신뢰도 계수의 평균을 제공해 준다. 이 계산을 정확하게 수행하기 위해서, 각 항목의 점수와 모든 다른 항목들의 점수들의 상관이 계산된다. 이렇게 다수의 상관계수가 산출되기 때문에, 당신은 이 작업을 아마도 컴퓨터로 하기를 원할 것이다. 크론바하 알파의 값은 모든 항목 간 상관계수의 평균과 측정도구에 포함된 항목들의 수에 기반한다. 다시 말하면, 더 많은 항목들이 있을수록 더 높은 신뢰도로 나타날 것임을 명심해야 한다.

각 항목 값들과 전체 항목들에 기반한 전체 점수와의 상관을 구하는 것 또한 가능하다. 이러한 **항목-전체 상관**(item-total correlation)은 각 개별 항목에 관한 정보를 제공해 주기 때문에 매우 유용하다. 측정도구에서 전체 점수와 상관을 보이지 않는 항목들은 실제로 다른 변인을 측정하고 있는 것이다. 즉, 그러한 항목들은 내적 일관성 신뢰도를 증가시키기 위해 제거될 수 있다. 또한 이 정보는 어떤 측정도구의 단순형을 만들어야만 할 때 매우 유용하다. 비록 신뢰도가 많은 항목들로 구성된 긴 측정도구에서 더 증가하지만, 단순형은 실행하기에 더 쉽고, 또한 받아들일 수 있을 만큼의 신뢰도를 유지할 수 있다.

✿ 평정자 간 신뢰도

어떤 연구에서는 평정자들이 행동을 관찰하고 점수를 매기거나 판단을 한다. 이를 위해서, 평정자는 행동에 관한 판단을 하기 위한 지시문을 사용한다. 예컨대, 운동장에서 아동의 행동이 공격적인지, 그리고 얼마나 공격적인지를 평가할 수 있다. 당신은 공격성에 관한 판단을 하는 평가자를 한 명 가질 수도 있지만, 한 평가자에 의한 단일한 관찰은 신뢰롭지 못할 수 있다. 이 문제에 대한 해결책은 동일한 행동을 관찰하는 최소한 두 명의 평정자들을 포함하는 것이다. **평정자 간 신뢰도**(interrater reliability)는 평정자들의 관찰치들이 일치하는 정도다. 따라서 만일 두 평정자들이 행동이 공격적인지를 판단하고 있다면, 높은 평정자 간 신뢰도는 대부분의 관찰치들이 동일한 판단하였을 때 얻어질 것이다. 평정자 간 신뢰도에서 일반적으로 사용되는 지표는 Cohen의 카파(Cohen's Kappa)라는 것이다.

신뢰도를 평정하는 방법들이 **그림 5.2**에 요약되어 있다.

✿ 신뢰도와 측정의 정확성

연구자가 행동에 대한 측정도구를 개발할 때, 신뢰도는 명백히 중요하다. 하지만 신뢰도가 측정도구의 유일한 특성이거나 연구자가 신경 써야 할 유일한 것은 아니다. 신뢰도는 측정오차에 관하여 말해 주지만, 그것이 관심 변인에 대한 좋은 측정도구인지에 관해 말해 주지는 않는다. 한 가지 어리석은 예로, 당신이 지능을 측정하기를 원한다고 하자. 당신이 개발하는 측정도구는 신발가게에서 신발 크기를 측정하는 데 사용되는 도구와 놀랄 만하게 비슷해 보인다. 당신은 친한 친구에게 그 도구에 한쪽 발을 넣어 보리고 한 다음, 그 친구의 지능을 측정하는 도구로 사용한다. 그 도구에 있는 숫자들은 지능의 척도를 제공해 주어서, 당신은 즉시 개인의 지능 수준을 평정할 수 있다. 이 숫자들이 지능에 대한 신뢰로운 측정치를 산출할 것인가? 대답은 '그렇다'

검사-재검사 신뢰도

- 측정치가 두 번 얻어진다. 첫 번째 점수와 두 번째 점수의 상관이 **검사-재검사 신뢰도**를 나타낸다.

내적 일관성 신뢰도

- **크론바하 알파**: 측정도구의 각 항목과 그 측정도구의 모든 다른 항목들 간의 상관이 크론바하 알파 신뢰도 계수이다.
- **반분 신뢰도**: 측정도구 절반의 전체 점수와 그 측정도구의 다른 절반의 전체 점수 간의 상관이 반분 신뢰도를 나타낸다.

평정자 간 신뢰도

- 신뢰도에 대한 증거는 다수의 평정자들이 동일한 행동에 대한 관찰에서 일치할 때 나타난다. Cohen의 **카파**가 **평정자 간 신뢰도**의 지표로서 일반적으로 사용된다.

그림 5.2 신뢰도를 평정하는 세 가지 전략

다! 검사-재검사 신뢰도 계수가 어떤지를 생각해 보라. 당신이 '신발 지능 척도'를 월요일에 시행한다면, 그것은 다음 주 월요일에도 거의 같을 것이다. 즉, 검사-재검사 신뢰도는 매우 높을 것이다. 그러나 이것이 지능에 대한 정확한 측정치인가? 분명히, 그 점수들은 지능과 아무런 관련이 없다. 단지 어떤 도구에 지능이라고 이름 붙인다고 해서 이것이 지능에 대한 좋은 측정도구라는 것을 의미하지는 않는다.

좀 덜 어리석은 예를 생각해 보자. 당신의 집 근처에 있는 주유소의 주유기가 당신이 4리터의 휘발유를 살 때마다 동일한 양의 휘발유를 주유한다고 가정해 보자. 즉, 주유기 측정치는 신뢰롭다. 그러나 정확성의 쟁점은 여전히 존재한다. 그 주유기의 정확성에 관해 당신이 알 수 있는 유일한 방법은 일부 표준화된 측정도구로 당신이 주유한 그 휘발유의 양을 비교하는 것이다. 사실, 주유기가 나타내는 양과 정확한 측정치를 비교하는 일을 하는 조사관이 따로 있다. 눈금에 나타난 양만큼 실제로 주유하지 않는 주유기는 반드시 수리되거나 교체되어야 한다. 신뢰도와 측정의 정확성 간의 이 차이가 측정에 대한 타당도에 관한 고찰로 이끌게 된다.

측정의 구성 타당도

어떤 것이 타당하다면, 가용한 증거에 의해 지지된다는 의미에서 그것은 '참'이다. 눈금이 나타내는 휘발유의 양은 액체의 부피에 대한 어떤 표준화된 측정치와 맞아떨어져야 한다. 다시 말하면, 수줍음과 같은 성격 특성에 대한 측정도구는 그 특질에 대한 정확한 지표여야만 한다. **구성 타당도**(construct validity)가 변인들을 연구하는 우리의 방법이 정확한지에 관한 것이라고 기술한 4장의 내용을 회상해 보라. 즉, 구성 타당도는 변인에 대한 조작적 정의의 적절성을 나타낸다. 변인에 대한 조작적 정의가 어느 정도까지 변인에 대한 정확한 이론적 의미를 실제로 반영하는가? 측정의 관점에서, 구성 타당도는 사용된 측정도구가 그 도구가 측정하고자 하는 구성개념을 실제로 측정하는가에 관한 질문이다. 어떤 직업에 대한 지원자들은 사무능력검사(Clerical Ability Test)를 받아야 한다. 이 측정도구는 개인의 사무능력을 예측하는 것으로 간주된다. 그러한 검사의 타당도는 그것이 실제로 그 능력을 측정하는가에 의해 결정된다. 수줍음에 대한 측정도구는 수줍음 변인에 대한 조작적 정의이다. 이 측정도구의 타당도는 측정도구가 그 구성개념을 잘 측정하고 있는가에 의해 결정된다.

구성 타당도의 지표들

안면 타당도 우리는 측정도구가 타당하다는 것을 어떻게 알까? 타당도를 평가할 수 있는 방법들이 표 5.1에 요약되어 있다. 구성 타당도 정보는 다양한 방법들을 통해 수집될 수 있다. 가장 간단한 방법은 그 측정도구가 의도된 변인을 정확하게 평가하는 것으로 보인다고 제안하는 것처럼 측정도구가 타당하다고 주장하는 것이다. 이것이 **안면 타당도**(face validity)다. 즉, 타당도에 대한 증거는 그 측정도구가 겉으로 보기에 측정하고자 하는 것을 측정하는 것으로 보인다는 것이다. 안면 타당도는 그렇게 복잡한 것이 아니다. 이는 변인에 대한 이론적 정의에 비추어 볼 때, 측정도구의 내용이 실제로 그 변인을 측정하는 것으로 보이는지에 대한 판단일 뿐이다. 즉, 변인을 측정하는 데 사용된 절차들이 이론적 변인에 대한 정확한 조작적 정의인 것으로 보이는가? 따라서 수줍음과 같은 변인에 대한 측정도구는 대체로 그 변인을 측정하는 것으로 보일 것이다. 수줍음 Q(Shy Q)라고 부르는, 수줍음에 대한 측정도구(Bortnik, Hendrson, & Zimbardo, 2002)는 '나는 사회적 상황에서 종종 불안정함을 느낀다'와 같은 항목들을 포함하지만, '나는 어릴 적 자전거 타는 법을 배웠다'와 같은 항목들은

표 5.1 측정도구에 대한 구성 타당도의 지표

타당도	정의	예시
안면 타당도	측정도구의 내용이 측정되는 구성개념을 반영하는 것으로 보인다.	우울에 대한 새로운 측정도구가 '나는 슬프다', '나는 의기소침하다', '나는 많이 운다'와 같은 문항들을 포함한다면, 안면 타당도를 갖고 있다는 증거일 것이다.
내용 타당도	측정도구의 내용이 그 구성개념을 정의하는 내용 영역에 관련되어 있다.	우울은 기분과 인지적 · 생리적 증상에 의해 정의된다. 우울에 대한 새로운 측정도구가 내용적으로 타당하다면, 이러한 영역들에 대한 각각의 항목들을 포함할 것이다.
예언 타당도	측정치들이 미래에 측정된 규준에서 행동을 예측한다.	우울에 대한 측정도구가 미래의 우울증 진단을 예측한다면, 예언 타당도의 증거를 가지게 되는 것이다.
동시 타당도	측정치들이 동시에 측정된 규준에 관련되어 있다.	두 집단의 참가자들이 측정을 받았고, 그들이 예상할 수 있는 방식에서 서로 다르다면(예: 우울증 치료를 받고 있는 사람들이 불안 장애에 대한 치료를 받고 있는 사람들보다 더 점수가 높다면), 이 측정도구는 동시 타당도를 위한 증거를 가지게 되는 것이다.
수렴 타당도	측정치들이 동일한 구성개념에 대한 다른 측정치들과 관련이 있다.	새로운 측정도구로 얻은 점수들이 우울에 대한 다른 측정치들과 동시에 수집되고[예: Beck의 우울 척도(Beck Depression Inventory, BDI) 또는 Duke 불안-우울 척도(Duke Anxiety-Depression Scale, DUKE-AD)], 그 측정치들과 관련이 있다면, 그 도구는 수렴 타당도에 대한 증거를 가지고 있다고 할 수 있다.
변별 타당도	측정치들이 이론적으로 서로 다른 측정치들과 관련되어 있지 않다.	새로운 우울 측정치들이 불안에 대한 다른 측정도구들(예: 특성불안, 상태불안)과 동시에 수집되었고, 그 측정치들이 서로 관련되어 있지 않다면, 그 도구가 불안을 측정하지 않는 것이기 때문에 변별 타당도에 대한 증거가 있다고 할 수 있다.

포함하지 않는다. 여기서 첫 번째 항목은 두 번째 항목보다 수줍음에 더 밀접히 관련되는 것으로 보인다. 여기서 타당도의 평가는 매우 주관적이고 직관적인 과정이라는 것을 주목하라. 이 과정을 좀 더 향상시키는 방법은 그 분야의 전문가들을 체계적으로 찾아서 그들에게 안면 타당도에 대한 결정을 요청하는 것이다.

어느 경우든, 안면 타당도는 어떤 측정도구가 실제로 타당하다고 결론 내리는 데 충분하지 않다. 외양은 정확성에 대한 매우 좋은 지표는 아니다. 일부 매우 좋지 않은 측정도구들도 안면 타당도를 가지고 있을 수 있다. 예컨대, 유명 잡지에 나오는 대부분의 성격 측정도구들은 전형적으로 합리적으로 보이는 문항들을 포함하지만, 당신에게 의미 있는 어떠한 것도 거의 말해 줄 수 없다. 그 점수들에 대한 해석은 재미있는 읽을거리일 수 있지만, 그 잡지에서 내리는 결론을 지지하는 어떠한 경험적 증거도 없다. 이에 더하여, 변인들에 대한 많은 좋은 측정도구들은 분명한 안면 타당도는 갖고 있지 않다. 예컨대, 잠자는 동안의 빠른 안구 운동이 꿈에 대한 측정도구인 것이 분명히 드러나는가?

내용 타당도 **내용 타당도**(content validity)는 측정도구의 내용과 그 구성개념을 정의하는 내용 영역과의 비교에 기초한다. 예를 들어, 우울에 대한 측정도구는 우울이라는 구성개념을 정의하는 증상들 각각과 관련되는 내용을 가질 것이다. 대학 졸업을 위해 시행될 수 있는 '심리학에 대한 지식'이라는 측정도구를 생각해 보라. 이 경우, 교수는 이 지식을 구성하는 내용의 영역을 정의하는 것이 필요하다. 그러면 그 측정도구는 그 영역을 반영해야만 한다. 따라서 만일 고전적 조건화가 심리학에 대한 지식을 정의하는 내용 영역들 중 하나라면, 이 주제와 관련된 질문들이 그 측정도구에 포함될 것이다.

안면 타당도와 내용 타당도 모두 측정도구의 내용이 측정되는 구성개념의 의미를 제대로 반영하는가를 평가하는 데 초점을 둔다. 타당도에 대한 다른 지표들은 어떤 측정도구에서의 점수들이 행동에 대한 다른 측정치들과 어떻게 관련되는가에 대한 연구에 의존한다. 타당도 연구에서, 그 행동에 대한 측정치들을 **규준**이라 부른다. 이러한 타당도 지표들은 예언 타당도, 동시 타당도, 수렴 타당도, 그리고 변별 타당도다.

예언 타당도 측정도구를 미래의 행동을 예측하는 데 사용하는 연구는 **예언 타당도**(predictive validity)를 이용한다. 따라서 예언 타당도에서 규준 측정치는 미래의 행동이나 결과물에 근거한다. 예언 타당도는 예측할 수 있는 능력을 향상시키기 위해 고안된 측정도구들을 연구할 때 분명 중요하다. 사무능력검사는 사무직에서의 미래의 수행을 예측하는 빠른 방법을 제공하기 위해 개발되었다. 유사하게, 많은 대학생들은 대학원 과정에서의 성공을 예측하기 위해 개발된 GRE(Graduate Record Exam)나 법학대학원에서의 성공을 예측하기 위해 개발된 LSAT(Law School Admissions Test)를 치른다. 그러한 측정도구들의 구성 타당도는 그 측정도구에서의 점수들이 미래의 행동을 예측할 때 확인된다. 예를 들어, LSAT의 예언 타당도는 연구가 그 검사에서 낮은 점수를 받은 사람들보다 높은 점수를 받은 사람들이 법학대학원에서 더 나은 수행을 보이는 것을 보여 줄 때(즉, 검사 점수와 법학대학원에서의 성적 간에 정적 관계가 있을 때) 확인된다. 그 측정도구는 사람들에게 그들이 법학대학원에서 성공할 수 있을지에 관해 조언을 하거나, 법학대학원 입학을 위한 지원자들을 선발하는 데 사용될 수 있다.

동시 타당도 **동시 타당도**(concurrent validity)는 측정도구와 규준 행동 간의 관계를 동시에 조사하는 연구에 의해 확인된다. 동시 타당도 접근법을 사용하는 연구는 많은 형태를 취할 수 있다. 한 가지 일반적인 방법은 둘 이상의 집단의 사람들이 측정치들에서 예측된 방식으로 다른지를 연구하는 것이다. 당신이 수줍음에 관한 측정도구를 가지고 있다고 가정해 보자. 수줍음에 관한 당신의 이론은, 잠재적인 소비자들에게 무미건조한 전화 통화를 해야만 하는 판매원들은 잠재적인 소비자들이 스스로 회사에 연락하는 노력을 해야만 하는 위치에 있는 판매원들보다 수줍음 점수가 더 낮을 것이라는 예측을 하도록 할 수 있다.

동시 타당도에 대한 또 다른 접근법은 측정도구에서 높거나 낮은 점수를 보인 사람들이 서로 다른 상황에서 어떻게 행동하는가를 연구하는 것이다. 예컨대, 당신은 수줍음 척도에서 높거나 낮은 점수를 보인 사람들에게 당신이 그들의 불안 수준을 측정하는 동안 낯선 사람을 만났을 때의 자신들을 묘사해 보라고 요구할 수 있다. 수줍음 척도에서 높은 점수를 보인 사람들이 높은 수준의 불안을 나타내리라는 것을 예상할 수 있을 것이다.

수렴 타당도 특정 측정도구는 측정되는 변인들에 대한 특정한 조작적 정의다. 종종 동일하거나 유사한 구성개념에 대한 다른 조작적 정의, 즉 다른 측정도구들도 존재한다. **수렴 타당도**(convergent validity)는 측정도구에서의 점수들이 동일하거나 유사한 구성개념들에 대한 다른 측정도구들의 점수와 관련되어 있는 정도다. 유사한 구성개념에 대한 측정치들은 수렴해야 한다. 예컨대, 수줍음에 대한 어느 측정도구는 또 다른 수줍음 측정도구, 혹은 사회적 불안과 같은 유사한 구성개념에 대한 측정치와 높은 상관을 나타내야 한다. 수줍음 척도에 관한 실제 연구에서, 수줍음 Q에 대한 수렴 타당도는 수줍음 Q 점수들과 부적 평가에 대한 공포(Fear of Negative Evaluation) 척도가 높은 상관(.77)을 갖고 있음을 보임으로써 확인되었다(Bortnik et al., 2002). 수줍음과 부적 평가에 대한 공포의 구성개념은 많은 유사점을 지니고 있기 때문에(그러한 공포는 수줍음의 한 성분으로 여겨진다), 높은 상관이 예측되며, 따라서 수줍음 Q에 대한 구성 타당도에서 우리의 확신은 증가하게 된다.

변별 타당도 측정도구가 관련되지 말아야 할 변인들과 관련되어 있지 않다면, **변별 타당도**(discriminant validity)가 확인된다. 측정도구는 측정되고 있는 구성개념과 다른 관련 없는 구성개념들을 변별해야만 한다. 수줍음 측정도구의 변별 타당도에 관한 연구에서, Bornik 등(2002)은 수줍음 Q 점수들과 타인에 대한 영향력 측정치와 같이 개념적으로 관련 없는 여러 대인관계에 관한 점수들 간에 아무런 관계가 없는 것을 발견하였다.

측정에 대한 반동성

행동을 측정할 때 잠재적인 문제는 **반동성**(reactivity)이다. 자신이 측정되고 있음을 알아차리는 것으로 인해 그 개인의 행동이 변한다면, 그 측정치는 반동적이라고 말할 수 있다. 반동적 측정치는 자신이 관찰되고 있음을 알아차릴 때 그 개인이 어떠한가를 말해 주지만, 자연적 상황에서 그 개인이 어떻게 행동할 것인가를 말해 주지는 않는다. 당신이 단순히 신체에 전극이나 혈압계와 같은 다양한 도구를 부착하고 있는 것이 기록되는 생리적 반응들을 변화시킬 수 있다. 연구자가 당신을 관찰하고 있거나 당신의 행동을 녹화하고 있음을 아는 것이 당신이 행동하는 방식을 변화시킬 수도 있다. 행동에 대한 측정치들은 잠재적인 반동성의 견지에서 변화한다. 또한 반동성을 최소화할 수 있는 방법들이 존재하는데, 예컨대 개인들이 관찰자나 기록장치의 존재에 대해 익숙해지도록 시간을 주는 것이다.

Webb 등(1981)은 자신들이 저술한 책에서 수많은 비반동적 혹은 비간섭적 측정 방법을 제안하였다. 그러한 많은 측정들은 변인을 간접적으로 기록하는 영리한 방법들을 포함한다. 예를 들어, 미술관에 있는 그림들에 관한 선호도에 대한 비간섭적 측정도구는 각 그림이 위치한 주변의 바닥 타일이 교체되는 빈도가 될 수 있다(가장 유명한 그림들 주변 타일이 가장 많이 닳는다). Levine(1990)은 은행에 있는 시계의 정확도나 우체국에서 사람들이 요구하는 우편물의 처리 속도와 같은 간접적 측정치들을 이용하여 도시에서의 삶의 속도를 연구하였다. Webb 등(1981)이 기술한 일부 측정들은 익살스럽다. 예를 들어, 1872년에 Francis Galton 경은 기도를 하는 것이 장수에 효험이 있는가를 연구하였다. Galton은 대중에 의해 기도의 수혜를 빈번하게 받았던 영국 왕족들이 다른 사람들보다 더 오래 살았는지를 궁금해하였다. 그는 왕족들의 사망기록을 확인하였고, 왕족들이 실제로는 다른 사람들, 예컨대 문학가나 과학자들보다 더 짧게 살았다는 것을 발견하였다. Webb과 동료들의 이 책은 비반동적 측정치들의 풍부한 출처를 제공한다. 더 중요한 것은, 이 책이 반동성의 문제에 주의를 기울이게 하였으며, 연구자들을 가능한 반동성을 감소시켜야 할 필요성에 대해 민감하게 만들었다는 것이다.

변인과 측정 척도

연구되는 모든 변인은 조작적으로 정의되어야만 한다. 조작적 정의는 변인을 조작하거나 측정하는 데 사용되는 특정한 방법이다(4장 참조). 최소한 두 개의 값이나 수준이 존재해야만 한다. 4장에서, 우리는 그 값들이 양적으로 다를 수도 있고, 범주적인 차이를 반영할 수도 있다고 언급하였다. 현실에서 이것은 조금 더 복잡하다. 변인의 수준은 네 가지 측정 척도들 중 하나를 사용하는 척도로 개념화될 수 있다. 명목척도, 서열척도, 등간척도, 비율척도(표 5.2의 요약을 보라)가 그것이다.

명목척도

명목척도(nominal scale)는 양적 속성이나 수치적 속성을 가지고 있지 않다. 대신, 범주나 집단들이 서로 다를 뿐이다[때때로 명목변인은 범주변인(categorical variable)으로 불린다]. 한 가지 명백한 예가 성별이라는 변인이다. 사람은 남성이나 여성으로 분류된다. 남성이라는 것이 여성보다 성적 특성의 크기가 더 크다는 것을 의미하지 않는다. 즉, 두 수준은 단지 서로 다를 뿐이다. 이는 단지 명칭을 서로 다른 범주에 할당하는 것이기 때문에 명목척도다. 또 다른 예는 전공에 따라 대학생들을 분류하는 것이다. 예컨대, 심리학 전공이 역사 전공보다 더 높은 숫자로 할당될 필요는 없다. 그 서로 다른 범주들을 숫자들로 할당하였다고 하더라도 그 숫자들은 범주를 확인하는 것 이외에는 의미가 없다.

실험에서 독립변인은 종종 명목변인이나 범주변인이다. 예컨대, Hölzel 등(2011)은 자기공명영상(MRI)을 이용하여 명상이 뇌 구조의 변화에 미치는 영향을 연구하였

표 5.2 측정 척도

척도	특성	예	구분
명목척도	수치적 속성이 없는 범주	남/녀 내향성/외향성	범주 간 양적 가치를 정의하는 것이 불가능함
서열척도	측정치들의 순위 제한된 수치 값	2성, 3성, 4성급 호텔 대중이 선호하는 TV 프로그램 순위	항목들 간 간격을 알 수 없음
등간척도	수치적 속성이 기본 값들 간의 간격이 같음을 가정	지능 적성검사 점수 온도	절대영점이 없음
비율척도	영점은 측정되는 변인이 없음을 나타냄	반응시간 체중 연령 행동의 빈도	비율을 표현할 수 있음 (예: 어떤 사람의 체중은 다른 사람의 두 배)

다. 연구자들은 참가자들이 8주간의 마음 챙김 명상에 기반한 스트레스 감소 프로그램을 수행한 후, 프로그램에 참가하지 않은 다른 참가자들과 비교하여 특정 뇌 영역의 회백질 밀도가 증가하였음을 발견하였다. 이 경우, 독립변인(프로그램 참가 여부)은 두 수준이 단지 다를 뿐이기 때문에 분명히 명목변인이다. 즉, 참가자들은 스트레스 감소 프로그램에 참가하였거나 참가하지 않았다.

✿ 서열척도

서열척도(ordinal scale)는 연구되는 변인의 수준들에 대한 순위다. 명목척도에서와 같은 단순한 서로 다른 범주를 갖는 대신, 범주들이 첫 번째부터 마지막까지 서열화될 수 있다. 문자 등급 성적(A, B, C 등)이 서열척도의 좋은 예다. 서열척도의 또 다른 예는 영화 평점 사이트에서 사용되는 영화 평정 시스템이다. 영화들은 다음의 기술방식에 근거하여 하나에서 네 개의 별표로 나타난다.

☆☆☆☆ 대난함! 걸작임
☆☆☆ 좋음! 일류임
☆☆ 결함이 있지만, 좋은 부분도 있음

☆ 보잘것없음! 절망적임

이러한 평정 시스템은 별표의 개수가 질적 연속체의 관점에서 의미가 있기 때문에 명목척도가 아니다. 그러나 별표는 영화에 대해 순위를 매기기만 한다. 별표 네 개짜리 영화는 세 개짜리 영화보다 더 낫고, 세 개짜리 영화는 두 개짜리 영화보다 더 나은 것과 같다. 비록 우리가 영화에 관한 이러한 양적 정보를 가지고 있지만, 우리는 별표 하나짜리와 두 개짜리 영화들 간의 차이가 두 개짜리와 세 개짜리 영화들 간의 차이와 같다고 말할 수는 없다. 어떠한 특정 값도 평정척도에서 사용된 숫자들 간의 간격에 첨부되어 있지 않다.

✿ 등간척도와 비율척도

등간척도(interval scale)에서는 척도상의 숫자들 간의 차이가 의미 있다. 구체적으로, 숫자들 간 간격은 그 크기에서 항상 일정하다. 예컨대, 척도상에서 1과 2의 차이는 2와 3의 차이와 정확히 같다. 등간척도는 일반적으로 다섯 개 이상의 양적 수준을 가지고 있다.

온도계는 등간척도에서 온도를 측정한다. 40℃와 50℃ 사이의 온도 차이는 70℃와 80℃의 차이와 같다. 그러나 척도상에 온도가 없음을 나타내는 절대영점은 없다. 등간척도상에서 영점은 임의적인 참조점일 뿐이다(섭씨온도 척도에서 영점은 물이 어는 온도를 반영하기 위해 선택된 것임을 주목하라. 이 영점은 화씨온도 척도에서는 32도와 같다. 이 두 척도에서 영점은 임의적이며, 심지어 척도상에 음수도 존재한다). 등간척도에서 절대영점이 없이는 우리는 숫자들을 비율의 형태로 만들 수 없다. 즉, 우리는 척도상의 어떤 숫자가 다른 숫자의 두 배(또는 세 배, 네 배)를 나타낸다고 말할 수 없다. 예를 들어, 당신은 60℃가 30℃의 두 배로 따뜻하다고 말할 수 없다.

행동과학에서 등간척도의 예는 외향성과 같은 성격 특질에 관한 측정도구일 것이다. 측정이 등간척도에서 이루어졌다면, 우리는 "20점을 받은 사람이 10점을 받은 사람보다 두 배 더 외향적이다"와 같은 진술을 할 수 없다. 이는 측정되는 특질이 존재하지 않음을 나타내는 절대영점이 없기 때문이다.

비율척도(ratio scale)는 측정되는 변인이 존재하지 않음을 나타내는 절대영점을 가지고 있다. 길이나 무게, 시간과 같은 많은 물리적 측정치들이 여기에 해당한다. 비율척도로는 "체중이 100킬로그램인 사람은 50킬로그램인 사람보다 두 배 더 무겁다" 혹은 "실험집단의 참가자들은 통제집단의 참가자들보다 두 배 더 빠르게 반응하였다"

와 같은 진술들이 가능하다.

비율척도는 행동과학에서 물리적 측정치들을 포함하는 변인들, 특히 반응시간이나 반응 비율, 반응 지속시간과 같은 시간 측정치들이 연구될 때 사용된다. 그러나 행동과학에서의 많은 변인들은 덜 정밀하며, 그래서 명목척도, 서열척도, 등간척도를 사용한다. 등간척도와 비율척도를 위한 통계검증 방법은 동일하다는 것을 주목해야 한다.

✿ 측정 척도의 중요성

변인의 조작적 정의에 관하여 읽을 때, 당신은 척도의 유형의 관점에서 변인의 수준들을 인식할 수 있을 것이다. 어떤 변인에서 특정한 점수의 의미에 관한 결론은 어떠한 유형의 척도가 사용되었는가에 달려 있다. 등간척도와 비율척도로는, 당신은 변인의 수량과 관련하여 양적 구분을 할 수 있다. 명목척도로는, 아무런 양적 정보에 대해 말할 수가 없다. 이를 묘사하기 위해, 당신이 신체적 매력에 대한 지각을 연구하고 있다고 가정해 보자. 실험에서, 당신은 참가자들에게 허리/엉덩이 비율(허리 크기를 엉덩이 크기로 나눔)과 같은 서로 다른 특성들을 가지고 있는 사람들의 사진을 보여 줄 수 있을 것이다. 참고로, 이 변인은 Singh와 동료들에 의해 집중적으로 연구되었다(Singh, Dixon, Jessop, Morgan, & Dixon, 2010 참조). 당신은 어떻게 참가자들의 신체적 매력도 판단을 측정하겠는가? 당신은 다음과 같은 명목척도를 사용할 수 있을 것이다.

_______ 매력적이지 않음 _______ 매력적임

이 척도의 값들은 당신으로 하여금 참가자들이 사람에 대해 매력적인지, 그렇지 않은지에 대한 진술을 하게 해주지만, 매력도의 정도에 관해 알 수 있게 해주지는 않는다. 한 가지 대안으로서, 당신은 다음과 같이 참가자들에게 매력도의 정도를 평정하라고 요구하는 척도를 사용할 수 있을 것이다.

매우 매력적이지 않은 ___ ___ ___ ___ ___ ___ ___ 매우 매력적인

이 평정척도는 당신이 척도상의 반응 각각에 대한 수치를 할당할 수 있기 때문에, 매력도의 정도에 관한 양적 정보를 제공한다. 이 경우, 수치들은 1부터 7까지 분포하게 된다. Singh의 연구에서의 주요 발견은 0.70의 허리/엉덩이 비율을 가진 여성

이 남성에게 가장 매력적이라는 것이다. Singh는 이 발견을 진화론적 관점에서 이 비율이 아마도 출산능력에 대한 한 가지 신호일 것이라고 해석한다.

사용되는 척도는 또한 연구 결과를 분석할 때 사용되는 적절한 통계검증 방법의 유형을 결정한다. 지금은 통계분석에 관해서는 걱정하지 않아도 된다. 이 부분은 12장에서 다시 다룰 것이다.

성격과 개인차에 관한 연구

신뢰도와 타당도가 모든 측정도구들에서 중요한 특성이기는 하지만, 타당도에 관한 체계적이고 상세한 연구는 성격과 개인차에 대한 측정도구들에서 가장 빈번하게 수행된다. 심리학자들은 지능이나 자기존중감, 외향성, 우울과 같은 심리적 속성들을 연구한다. 또한 그들은 능력과 태도, 잠재성을 측정한다. 그들은 남녀 쌍들의 친화성이나 아동의 인지능력들을 연구한다. 어떤 연구는 우리에게 기본적인 성격 처리과정에 관한 정보를 주는 것을 목표로 한다. 예컨대, Costa와 McCrae(1985)는 다섯 가지 주요 성격의 차원인 신경증, 외향성, 개방성, 친화성, 성실성을 측정하기 위해 NEO 성격검사(NEO-PI)를 개발하였다. 다른 측정도구들은 응용 장면에서 중요하다. 임상이나 상담, 그리고 인사 심리학자들은 그들이 더 나은 임상적 진단(예: MMPI-II), 진로 결정(예: 직업흥미검사), 채용 결정을 하는 데 도움이 되도록 측정도구들을 사용한다.

당신이 이러한 분야에 대한 연구를 하는 것에 관심이 있다면, 일반적으로 심리적 특성들을 측정하기 위한 측정도구를 개발하는 것보다는 이미 존재하는 도구들을 사용하는 것이 현명한 방법이다. 존재하는 도구들은 신뢰도와 타당도 자료를 가지고 있어서 당신이 어떤 도구를 사용할지를 결정하는 데 도움을 준다. 또한 당신은 당신의 결과를 동일한 도구를 사용한 이전의 연구와 비교를 할 수도 있을 것이다. 존재하는 많은 측정도구들은 저작권이 있으며, 검사를 판매하는 출판사를 통해 구매하게 되는데, 주로 학교나 임상 장면과 같은 응용 장면의 전문 심리학자들이 사용한다. 다른 많은 측정도구들은 기초연구에서 사용하고자 하는 연구자들에게 무료로 제공된다. 심리검사에 관한 정보의 출처로는 도서관에서 온라인으로 접속이 가능한 *Mental measurements Yearbook*이나 미국심리학회 사이트(www.apa.org/science/programs/testing/find-test.aspx)가 있다.

이제 우리는 행동을 측정하기 위한 방법들을 생각할 준비가 되었다. 다양한 관찰법들이 6장에 기술되어 있다. 질문지와 면접에 관해서는 7장에서 다룰 것이다.

✻ 읽을거리: 측정의 개념

매 학기 수많은 학생들이 강사의 질이나 수행 정도에 관한 평가를 하기 위해 강의평가를 한다. 이 특정한 측정도구는 학교마다 다를 수 있지만, 전반적인 목적은 동일하다. 강의평가는 채용 결정이나 승진 결정, 그리고 수업 결정에 관한 정보를 주는 데 사용되며, 또한 개별 강사들이 자신들이 강의하는 과목의 교수법을 향상시키는 데 사용된다.

Brown(2008)은 강의평가에 관한 학생들의 인식에 관심을 두었다. 그는 연구방법론 수업에 참여한 80명의 대학생들로부터 자료를 수집하고, 교수법, 중간 강의평가, 그리고 중간 강의평가의 효율성에 대한 그들의 인식을 조사하였다.

그는, 다른 것들도 있었지만 그중에서도 특히, 비록 참가자들이 학생들은 평가에 대해 솔직하고, 채용 결정에서 그 평가가 중요하다는 것을 믿었는데도 불구하고 강사들이 그 평가들을 심각하게 생각하게 생각한다고는 거의 확신하지 않았으며, 학생들은 그들이 받은 성적을 기반으로 수업을 평가한다고 믿는 경향을 보였다.

이 실습을 위해, 다음의 논문을 읽어 보라.

Brown, M. (2008). Student perceptions of teaching evaluations. *Journal of Instructional psychology*, *35*(2), 177-181.

논문을 읽고 다음을 생각해 보라.

1. Brown(2008)은 그의 측정치들에 대한 어떠한 신뢰도 자료를 보고하지 않았다. 당신은 그 측정치들에 대한 신뢰도를 평가하는 것에 관하여 그에게 어떻게 제안하겠는가?
2. 대학 수업을 평가하는 맥락에서, 강의평가 측정도구들의 구성 타당도를 일반적으로(혹은 당신의 대학에서 사용되고 있는 방법에 관해) 어떻게 기술하겠는가? 즉, 학생들의 평가가 수업 질의 구성개념을 실제로 얼마나 잘 측정하겠는가? 구체적으로, 당신은 학생들의 강의평가 측정도구의 내용 · 예언 · 동시 · 수렴 · 변별 타당도를 어떻게 평정하겠는가?
3. Brown은 참가자들의 인식에 대한 그의 측정도구에 대해 어떠한 타당도 정보도

보고하지 않았다. 그의 측정 방식에 대한 안면 타당도를 평가하라.

4. Borwn의 측정도구들이 반동적이라고 생각하는가? 어떻게 그러한가? 마찬가지로, 강의평가는 반동적이라고 생각하는가? 어떻게 그러한가?
5. Brown의 연구에서 사용된 측정의 수준을 기술하라. 이와 다른 수준으로 측정할 수 있는 두 가지 대안적인 전략을 만들라.

✻ 주요 용어

검사-재검사 신뢰도(test-retest reliability) 121
구성 타당도(construct validity) 125
내용 타당도(content validity) 127
내적 일관성 신뢰도(internal consistency reliability) 122
동시 타당도(concurrent validity) 128
등간척도(interval scale) 132
명목척도(nominal scale) 130
반동성(reactivity) 129
반분 신뢰도(split-half reliability) 122
변별 타당도(discriminant validity) 129
비율척도(ratio scale) 132
서열척도(ordinal scale) 131
수렴 타당도(convergent validity) 128
신뢰도(reliability) 118
안면 타당도(face validity) 125
예언 타당도(predictive validity) 127
진점수(true score) 118
측정오차(measurement error) 118
크론바하 알파(Cronbach's alpha) 122
평정자 간 신뢰도(interrater reliability) 123
피어슨 적률상관계수(Pearson product-moment correlation coefficient) 120
항목-전체 상관(item-total correlation) 122

✻ 복습문제

1. 측정의 신뢰도의 의미는 무엇인가? 진점수와 측정오차를 구분하라.
2. 측정의 신뢰도를 결정하는 방법들을 기술하라.
3. 구성 타당도의 개념을 설명하라. 구성 타당도에 대한 여러 지표들을 구분하라.
4. 안면 타당도는 측정의 타당도를 수립하는 데 왜 충분하지 않은가?
5. 반동적인 측정치는 무엇인가?
6. 명목척도, 서열척도, 등간척도, 비율척도를 구분하라.

✻ 실전문제

1. 심리 측정도구에 대한 구성 타당도에 관한 정보를 찾기 위해 PsycINFO 검색을 수행하라. 검색어로 적성검사(aptitude test), 성격검사(personality test), 지능검사(intelligence test) 등과 함께 구성 타당도(construct validity)를 입력하라. 또한 우울이나 자기존중감, 외향성과 같은 특정한 심리적 구성개념들을 입력할 수 있다. 관심 있는 도구에 관한 논문을 읽어 보고, 보고된 신뢰도와 타당도를 기술하라.
2. 아래에 많은 변인들이 있다. 각각에 대해 명목척도, 서열척도, 등간척도, 비율척도가 사용되는지를 확인하라.
   a. 전국에 걸친 도시들의 기온이 대부분의 신문들에 나열되어 있다.
   b. Wilshire 종합병원에서 지난주 출생한 신생아들의 출생 체중
   c. 지난주 공부한 시간의 양
   d. 3시간 동안 식당에서 식사 후 지불한 팁의 양
   e. 지난 선거에서 당신의 선거구에서 공화당과 민주당 후보자들이 받은 득표수
   f. DVD 플레이어에 관한 소비자 잡지에서 3위에 랭크된 브랜드
   g. 스포츠 기자들이 꼽은 코네티컷 주의 최고 스포츠 팀과 캔자스 주의 두 번째 팀
   h. 지능검사에서 당신 친구의 점수
   i. 당신 사무실의 노란색 벽과 지배인 사무실의 흰색 벽
   j. 지역의 각 라디오 방송채널의 프로그램 유형(예: 음악방송, 토크쇼 등)
   k. 이웃에 있는 사람들의 인종 집단
3. 인터넷을 통해 성격검사를 해보라(인터넷 검색 엔진을 통해 찾을 수 있다). 제공되는 정보에 기반하여, 그 검사의 신뢰도, 구성 타당도, 그리고 반동성에 관하여 당신은 어떠한 결론을 내릴 수 있는가?
4. 당신이 찾고자 하는 잠재적 이성 상대에 관한 중요한 특성, 예컨대 유머, 지능, 매력, 근면, 종교 등을 생각해 보라. 당신은 그 특성을 어떻게 측정하겠는가? 구성 타당도를 평가하기 위해 당신이 사용할 만한 두 가지 방법을 기술하라.

6

관찰법

학습 목표

- ❖ 행동을 기술하는 양적 방법과 질적 방법을 비교하기
- ❖ 자연관찰을 설명하고, 참여와 은폐와 같은 방법론적 쟁점들을 논의하기
- ❖ 체계적 관찰을 설명하고, 장치의 사용, 반동성, 신뢰도, 표집과 같은 방법론적 쟁점들을 논의하기
- ❖ 사례연구의 특성을 설명하기
- ❖ 기록물 연구와 그 출처를 설명하기: 통계 기록물, 조사 기록물, 문서 기록물

모든 과학적 연구는 주의 깊은 관찰을 필요로 한다. 이 장에서, 우리는 자연적 상황에서 행동을 관찰하거나, 사람들에게 그들의 행동을 기술하도록 요청하거나(자기보고), 인구조사나 병원기록과 같은 존재하는 행동의 기록물을 조사하는 것을 포함한 다양한 관찰법을 살펴볼 것이다. 많은 연구들이 질문지나 면접을 이용한 조사를 수반하기 때문에, 조사연구에 대한 주제는 7장에서 따로 살펴볼 것이다. 이러한 방법들을 자세히 기술하기 전에, 먼저 행동을 기술하는 양적 방법과 질적 방법 간의 구분을 이해하는 것이 도움이 될 것이다.

양적 접근과 질적 접근

관찰법은 근본적으로 크게 양적 연구와 질적 연구로 분류될 수 있다. 질적 연구는 자연적 상황에서 행동하는 사람들과 자신들에 대해 스스로 기술하는 사람들에 초점을 둔다. 반면, 양적 연구는 쉽게 수량화될 수 있는(즉, 셀 수 있는) 특정한 행동들에 초점을 둔다. 질적 연구를 하는 연구자들은 상대적으로 소수의 사람들이나 극히 제한된 환경에서 상세한 정보를 수집하는 것을 강조하는 반면, 양적 연구는 일반적으로 큰 표본을 포함한다. 질적 연구의 결론은 연구자에 의해 이루어지는 해석에 기초하는 반면, 양적 연구는 자료에 대한 통계분석에 기반한다.

이 구분을 더 구체적으로 이해하기 위해, 일을 하는 것이 십대의 생활에 영향을 주는 방식을 기술하는 데 당신이 관심이 있다고 상상해 보자. 당신은 한 십대 표본으로부터 응답을 받을 질문지를 개발함으로써 양적 접근을 취할 수 있다. 당신은 그들이 일하는 시간, 일의 종류, 스트레스 수준, 학년, 약물 사용 여부 등에 관해 질문할 수 있을 것이다. 반응에 대해 숫자들을 할당한 후, 당신은 그 자료에 대해 양적 통계분석을 적용할 수 있다. 결과에 대한 양적 기술은 일을 하는 십대의 백분율과 이 백분율이 연령에 따라 변화하는 방식과 같은 것에 초점을 둘 수 있을 것이다. 이러한 유형의 조사에 대한 몇몇 결과들이 7장에 묘사되어 있다.

양적 접근 대신에, 당신이 행동을 기술하는 질적 접근을 취한다고 가정해 보자. 8~10명의 십대들로 구성된 초점집단에 대해 당신은 일련의 조사를 수행하고, 직업세계와 관련된 그들의 인식과 경험에 관한 토론에 그들을 참여시킬 수 있다. 당신은 그들에게 그들 자신의 언어와 직업세계에 관한 그들 사진의 사고방식으로 그 주제에 관해 말하도록 요구할 수 있다. 초점집단 토론을 기록하기 위하여, 동영상 녹화나 녹음을 이용할 수도 있을 것이며, 이후에 녹취록을 작성하거나, 토론하는 동안 상세하게 기록할 관찰자를 동반할 수도 있을 것이다. 그 발견들에 대한 질적 기술은 토론으로부터 발생하는 주제들과 십대들이 그 쟁점을 개념화하는 방식에 초점을 둘 수 있을 것이다. 그 기술은 언어와 영상을 이용한 비수치적인 용어들로 표현되기 때문에 질적이다.

질적 및 양적 방법 둘 다에 있어 다른 방법들 또한 십대 고용을 연구하기 위해 사용될 수 있다. 예를 들면, 양적 연구는 정부 부처로부터 수집된 자료를 조사할 수 있고, 질적 연구자가 실습생 신분으로 패스트푸드 식당에서 일을 할 수도 있을 것이다. 이 장에서 논의되는 다른 구체적인 관찰법에 관하여 당신이 읽을 때, 행동을 기술하는 양적 및 질적 접근 간의 구분을 기억하라. 두 접근들이 모두 가치가 있고, 행동을 이해하는 서로 다른 방법을 제공해 준다.

자연관찰

자연관찰은 때때로 현장 연구 또는 현장 관찰이라고도 불린다(Lofland, Snow, Anderson, & Lofland, 2006 참조). **자연관찰**(naturalistic observation) 연구에서 연구자는 개인들을 그들의 자연적 환경(혹은 현장)에서 관찰한다. 이 연구법은 인류학과 동물행동 연구에 뿌리를 두고 있으며, 현재는 모든 유형의 사회적 · 조직적 환경에서 많은 현상을 연구하기 위해 사회과학에서 넓게 사용된다. 따라서 당신은 회사의 직원들, 스포츠 팀의 선수들, 술집의 손님들, 학교의 교사와 학생, 혹은 애리조나 주의 들개 군집들에 초점을 둔 자연관찰 연구들을 접할 수 있을 것이다.

실용적 생각에 관한 Sylvia Scribner(1997)의 연구는 심리학에서의 자연관찰 연구의 좋은 예다. Scribner는 다양한 직종에 있는 사람들이 의사결정을 하고 문제를 해결하는 방식을 연구하였다. 그녀는 이 연구의 과정을 다음과 같이 묘사한다. "동료들과 나는 오전 3시경 우유 배달구역을 운전하였고, 계산원이 전체 영수증을 계산하는 것을 도왔으며, 하루 생산량을 기록하는 기계를 보았으며 … 우리는 사람들이 그들의 일을 어떻게 수행해 나가는지를 상세하게 기록하였다. 우리는 그들이 읽거나 생산한 모든 문서자료들, 즉 종이 위에 갈겨쓴 낙서 같은 것에서부터 컴퓨터로 인쇄한 것까지 모든 문서들의 사본을 수집하였다. 우리는 그들의 작업환경에 있는 장치들, 즉 그들의 처리가 필요한 온도계, 계량기, 저울, 그리고 모든 유형의 측정도구들에 대한 사진을 찍었다"(Scribner, 1997, p. 223). Scribner가 연구한 생각의 한 가지 측면은, 노동자들이 수학적 계산을 하는 방식이었다. 그녀는 우유 트럭 운전기사와 다른 노동자들은 그들이 획득한 지식에 의존하여 복잡한 계산을 하는 것을 발견하였다. 예를 들어, 그 운전기사는 배달 송장을 보면서 우유 32쿼트(약 1.14리터)에 0.68달러(즉 1쿼트당 0.68달러)를 곱해야 할 필요가 발생할 수 있다. 답을 얻기 위해서, 운전기사는 한 상자에 담을 수 있는 우유 용량과 한 상자 가격에 관해 직장에서 얻은 지식을 이용한다. 즉, 그 운전기사는 우유 두 상자에 상자당 가격인 10.88달러를 곱한다. 일반적으로, Scribner가 관찰한 노동자들은 일에서 발생하는 문제를 해결하기 위해 복잡하지만 매우 효율적인 전략을 사용하였다. 더욱 중요한 것은, 사용된 그 전략들이 문제해결에 대한 공식적인 모형들로부터 종종 예측되지 않는다는 것이다. Scribner의 연구는 사람들의 일상생활 환경에서의 의사결정에 관한 특별한 중요성을 지니고 있다. 이후 Scribner는 여러 다른 직장과 많은 유형의 결정 상황으로 연구를 확장하였다.

다른 자연관찰 연구는 더 좁은 범위의 행동 조사한다. 예컨대, Graham과 동료들은 주말 늦은 밤, 대도시의 술집에서 발생한 폭력의 실례들을 관찰하였다(Graham, Tremblay, Wells, Pernanen, Purcell, & Jelly, 2006). Scribner와 Graham의 연구 모두 자연관찰 연구의 예들인데, 그 이유는 관찰이 자연적 상황에서 이루어졌으며, 연구자들이 그 상황에서 발생한 것들에 영향을 주려고 하지 않았기 때문이다.

✿ 자료의 기술과 해석

자연관찰의 목표는 연구에 앞서 설정한 가설을 검증하는 것이 아니라 어떤 상황에서 발생한 것들에 대한 완전하고 정확한 그림을 제공하는 것이다. 이 목표를 이루기 위해, 연구자는 상세한 현장 노트를 지속적으로 작성해야만 한다. 즉, 발생한 모든 것을 정기적인(최소한 하루에 한 번) 방식으로 쓰거나 구술해야만 한다. 현장 연구자들은 특정 상황에 따라 정보를 수집하기 위한 다양한 기법들에 의존한다. 술집에 관한 Graham 등(2006)의 연구에서, 관찰자들은 폭력사태로 번질지도 모르는 어떠한 행동들에 대해 위험을 경고하였다. 그들은 무엇이 벌어지는지를 주의 깊게 관찰하고 경청하였다. 그들은 그들이 관찰한 것에 관해 즉시 노트를 작성하였다. 이 노트들은 이후 연구를 통합하는 사람에게 건네졌다. 다른 연구들에서, 관찰자들은 그 상황에 관한 내부 정보를 제공하는 핵심 정보 제공자를 면접하고, 그들의 삶에 관하여 사람들에게 말하며, 신문이나 회사의 사보, 메모처럼 그 상황에서 생산된 문서들을 조사할 수도 있을 것이다. 상세한 현장 노트를 갖는 것에 추가하여, 자연관찰을 수행하는 연구자들은 대체로 녹음이나 동영상 녹화를 이용한다.

연구자의 첫 번째 목표는 관찰하는 환경, 사건, 그리고 사람들을 기술하는 것이다. 마찬가지로 중요한 두 번째 목표는 관찰된 것을 분석하는 것이다. 연구자는 본질적으로 자료를 설명하는 데 도움을 주고, 스스로 이해되도록 해주는 가설을 생성함으로써 발생한 것을 해석해야만 한다. 그러한 분석은 관찰을 기술하는 논리적인 구조를 확립하는 것으로 이루어진다. 비록 사건의 연대기적 순서에 민감하지만, 최종 보고서는 연구자에 의해 개발된 구조를 중심으로 조직화된다. 관찰 동안에 발생한 사건들의 구체적인 예들이 연구자의 해석을 지지하기 위해 사용된다.

우수한 자연관찰 보고서는 여러 번의 확증을 이용하는 분석을 통해 지지될 것이다. 예컨대, 유사한 사건들이 여러 번 발생할 수 있고, 유사한 정보가 둘 이상의 사람들에 의해 보고될 수도 있으며, 여러 다른 사건들이 모두 동일한 결론을 지지할 수도 있을 것이다.

자연관찰 연구의 자료는 근본적으로 **질적**이다. 즉, 그 자료는 **양적**인 통계적 요약이 아니라 관찰 그 자체에 대한 기술이다. 그러한 질적 기술은 통계적 표현보다 종종 현상에 대한 더 풍부하고 더 가까운 자료를 보여 준다. 그러나 양적 자료를 수집하는 것 또한 유용하다. 환경에 따라, 자료는 그 상황에 있는 개인들의 수입이나 가족 크기, 교육 수준, 연령, 성별 등에 관해 수집될 수도 있다. 자료는 면접과 직접 관찰로 수집한 실석 자료와 함께 보고되고 해석될 수 있다.

✿ 자연관찰에서의 쟁점

참여와 은폐 연구자가 마주하게 되는 두 가지 관련된 쟁점은 사회적 환경에 참여할 것인가, 아니면 참여하지 않을 것인가와 그 환경에 있는 다른 사람들에게 연구의 목적을 은폐할 것인가, 아니면 은폐하지 않을 것인가다. 당신은 해당 집단에 활동적인 참여자가 되고자 하는가, 아니면 바깥에서 관찰하고자 하는가? 당신은 당신의 목적, 혹은 심지어 당신의 존재를 은폐할 것인가, 아니면 사람들에게 당신이 하고 있는 것을 숨김없이 알릴 것인가?

비참여 관찰자는 환경의 활동적 요소가 되지 않는 외부자다. 이에 반하여, 참여 관찰자는 활동적인 내부자 역할을 한다. **참여 관찰**(participant observation)은 연구자에게 환경을 내부로부터 관찰하게 해주기 때문에, 그 연구자는 자연적 참가자들과 마찬가지 방식으로 사건들을 경험할 수 있을 것이다. 참여 관찰자의 친교와 다른 경험들은 가치 있는 자료를 생성할 수도 있다. 그러나 참여 관찰로 인한 잠재적인 문제는 그 관찰자가 과학적 관찰을 수행하는 데 필수적인 객관성을 잃을 수 있다는 것이다. 객관성을 유지하는 것은 연구자가 연구되고 있는 집단에 이미 속하거나, 그 집단이 이전 구성원에 대해 만족하지 않았을 때 특히 어려울 수 있다. 자연관찰은 사전 가설이 없는 정확한 기술과 객관적 해석이 요구된다는 점을 기억하라. 만일 어떤 연구자가 그 환경에 있는 사람들을 비판하거나 특정 집단에 대한 찬사를 해야 하는 어떤 이유를 가지고 있다면, 그 관찰은 편향될 것이고, 또한 결론은 객관성을 상실할 것이다.

그렇다면, 연구자는 은폐되어야 하거나 연구 목적에 관하여 공개해야만 하는 것일까? 관찰자의 존재가 관찰되는 사람들의 행동에 영향을 주거나 바뀌게 할 수 있기 때문에 은폐 관찰이 선호될 것이다. 비은폐 관찰자가 학교의 많은 상황에서 고등학생들의 행동을 어떻게 바꿀 수 있을지를 상상해 보라. 따라서 은폐 관찰은 비은폐 관찰보다 덜 반동적인데, 그 이유는 사람들이 그들의 행동이 관찰되고 기록되는 것을 알아차리지 못하기 때문이다. 그러나 여전히 비은폐 관찰이 윤리적 관점에서 더 선호될 수 있다. 연구자가 대학생들이 무엇에 관하여 말하는지를 발견하기 위해 기숙사 침대 아래 숨어 있을 때의 사생활 침해에 관하여 생각해 보라(Henle & Hubbell, 1938)! 또한 사람들은 종종 관찰자에 대해 익숙해지게 되고 관찰자의 존재에도 자연적으로 행동한다. 이 사실은 다큐멘터리 제작자들에게, 2009년 영국 다큐멘터리인《사랑과 삶과 죽음》에서 이루어진 것처럼, 사람들의 삶에서 매우 사적인 측면들을 기록하도록 해준다. 제작자 Sue Bourne은 사랑하는 사람의 죽음에 대한 가족들의 슬픔을 영상화하고자 하는 가족들을 찾기 위해 장례 절차 중인 가정들과 접촉하였다.

연구 목적이나 관찰자의 존재를 은폐할지에 대한 결정은 윤리적 고려와 연구되는 특정한 집단과 환경의 속성 둘 다에 의존한다. 때때로 참여 관찰자는 연구자에게 은폐 관찰자로서 집단의 일원이 되는 허가를 줄 수 있는 집단의 특정 구성원들에게 비은폐적이다. 은폐 관찰자는 종종 참여 목적에 관하여 직접적으로 아무런 말도 하지 않기로 결정하지만, 어느 누가 물어본다면, 연구의 목적에 대하여 완전히 드러낼 것이다. 비참여 관찰자들 또한 관찰하고자 하는 환경 근처에 머물 것에 대한 허가를 얻을 때, 또는 정보를 얻기 위해 면접 기법을 사용할 때에는 은폐적이지 않다. 실제로는 참여와 은폐의 정도에 수준이 존재한다. 예를 들면, 비참여 관찰자는 집단의 구성원이 되지 않을 것이지만, 시간이 지나면서 친구가 되는 것으로 받아들여지거나 그 집단의 진행 중인 활동에 단순히 참여할 수도 있다. 요약하면, 자연관찰을 사용하는 연구자들은 그 환경에서 그들의 역할이 무엇이 될지를 주의 깊게 결정해야만 한다.

당신은 자연관찰에서의 사전 동의서에 관하여 궁금해할지도 모른다. 익명성이 위협되지 않을 때 공공장소에서의 관찰은 면제 연구로 간주된다고 한 3장의 내용을 회상하라. 이러한 경우들에서 사전 동의서는 필수적이지 않을 수 있다. 더군다나, 비은폐 관찰에서, 사전 동의서는 구두 또는 문서의 형태로 제공될 수 있다. 그럼에도 불구하고, 연구자들은 자연관찰을 수행할 때 윤리적 쟁점들에 민감해야만 한다. 가장 관심을 두어야 할 것은 그 관찰이 행동이 사적일 것이라는 분명한 예상 없이 공공장소에서 이루어지는가의 여부다. 예를 들어, 동네의 술집은 공공장소인가, 아니면 사적 장소인가?

자연관찰의 한계 자연관찰은 분명히 모든 쟁점이나 현상을 연구하는 데 사용될 수 없다. 이 접근은 환경을 이해하고, 그 관찰을 기초로 하여 이론을 개발하기 위해 복잡한 사회적 환경을 연구할 때 가장 유용하다. 반면, 정밀하게 구체화된 조건들 아래에서 잘 정의된 가설을 연구하기에는 거의 유용하지 않다.

또한 현장 연구는 수행하는 것이 매우 어렵다. 전형적인 실험실 실험과는 다르게, 현장 연구의 자료 수집은 항상 편한 시간과 장소에서 계획될 수는 없다. 사실, 현장 연구는 극단적으로 시간 소모적일 수 있는데, 종종 연구자는 친숙하지 않은 환경에서 연장된 기간 동안 머무르기도 한다. Grahm 등(2006)의 술집에서의 폭력에 관한 조사에서, 관찰자들은 118개의 서로 다른 술집에서 1,300일이 넘는 밤을 보냈다(74명의 남성-여성 쌍으로 이루어진 관찰자들이 이 업적을 성취하는 데 필요하였다).

또한 실험실 연구와 같이 더욱 세심하게 통제된 환경에서는, 절차들이 잘 정의되어 있고, 각 참여자에 대해 모두 동일하며, 자료 분석은 미리 계획된다. 하지만 자연관찰 연구에서는 사건들이 항상 변화하는 형태로 나타나며, 일부는 중요하고 일부는 중요하지 않다. 따라서 연구자는 반드시 그 모두를 기록해야만 하며, 연구 진행 상황에 따라 그것들을 적용하기 위해서 유연한 태도를 취해야 한다. 끝으로, 연구의 종결 이후의 분석 과정은 간단하지 않다(1,300일이 넘는 밤에 발생한 모든 폭력사건에 대한 현장 노트를 모두 분류하는 과제를 상상해 보라). 연구자는 자료를 설명하기 위한 가설을 개발하기 위해서는 자료 전체를 반복적으로 분류해야만 하고, 모든 자료들이 그 가설과 일치하는가를 확인해야 한다. 비록 자연관찰 연구가 어렵고 까다로운 과학적 절차이긴 하지만, 잘 수행되었을 때에는 매우 가치 있는 지식을 산출한다.

체계적 관찰

체계적 관찰(systematic observation)은 특정 환경에서 하나 이상의 구체적인 행동에 대한 주의 깊은 관찰을 일컫는다. 이 연구법은 자연관찰 연구보다 덜 일반적이다. 연구자는 매우 소수의 특정한 행동에 관심을 두고, 관찰되는 행동은 수량화될 수 있으며, 연구자는 종종 행동에 관해 사전에 가설을 설정한다.

예를 들어, Bakeman과 Brownlee(1980, 또한 Bakeman, 2000 참조)는 어린 아동의 사회적 행동에 관심이 있었다. 그들은 방 안에서 세 살짜리 유아들에게 자유롭게 놀도록 한 상황에서 동영상을 녹화하였다. 각 유아는 100분 동안 녹화되었다. 관찰자들의 그 동영상을 보았고, 각 아동의 행동을 매 15초마다 기록하였는데, 이때 다음과 같은 입력체계를 따랐다.

> 놀이를 하지 않음: 아동이 특별히 아무것도 하지 않고 있거나, 단순히 다른 아이들을 보고 있다.
> 혼자 놀이: 아동이 장난감을 가지고 혼자 놀고 있으며, 다른 아동에게 관심이 없거나 다른 아동의 활동에 의해 영향을 받지 않는다.
> 병렬 놀이: 아동이 다른 아동과 유사한 장난감을 가지고 옆에서 놀지만, 그 아이들과 함께 놀지는 않는다.
> 집단 놀이: 아동이 장난감을 공유하거나 아이들 집단의 부분으로서 조직화된 놀이 활동에 참여하는 것을 포함하여, 다른 아동과 함께 논다.

Bakeman과 Brownlee는 아동이 관여하는 서로 다른 행동들의 연속이나 순서에 특히 관심이 있었다. 예컨대, 아동들이 '놀이를 하지 않음'에서 '병렬 놀이'로 옮겨 가는 일은 거의 나타나지 않음을 발견하였다. 그러나 아동은 종종 병렬 놀이에서 집단 놀이로 옮겨 갔는데, 이는 병렬 놀이가 아동이 집단상황에서 상호작용을 할지를 결정하는 전이 단계임을 나타낸다.

입력체계

체계적 관찰을 이용하여 수많은 행동들을 연구할 수 있다. 연구자는 반드시 어떠한 행동들에 관심을 둘 것인지를 결정하고, 그 행동이 관찰될 수 있는 환경을 선택하고, 가장 중요한 것으로 행동을 측정하기 위해 위에서 묘사한 것과 같은 **입력체계**(coding system)를 개발해야 한다. Rhoades와 Stocker(2006)는 부부간 상호작용 동영상 입력 체계(Marital Interaction Video Coding System)의 사용을 기술한다. 부부가 갈등이 있는 영역에 대해 논의를 하는 동영상이 10분간 녹화된다. 그다음 그들은 5분간 그들 관계의 긍정적인 측면들을 논의한다. 이 동영상은 이후 각 5분간의 상호작용 동안에 나타나는 적대감과 애정에 대하여 입력된다. 적대감을 입력하기 위해, 관찰자들은 상대방을 비난하거나 성나게 하는 행동의 빈도를 기록한다. 애정은 관심을 표현하거나 동의를 하는 것을 포함하는 행동의 빈도로 입력된다.

✿ 방법론적 논쟁

장치 체계적 관찰에서의 여러 방법론적 쟁점에 관해 간단히 언급하는 것이 필요하다. 그 첫 번째는 장치와 관련된다. 당신은 행동을 직접 관찰하고, 동시에 그것을 입력할 수 있다. 예를 들어, 당신은 교실에서 아동의 행동이나 대학 교정에서 상호작용하는 연인들을 종이와 연필을 사용하여 직접 관찰하고 기록할 수 있다. 그러나 동영상 녹화장치가 그러한 관찰을 하는 데 더욱 보편화되고 있다. 동영상 녹화장치는 행동에 대한 영구적인 기록을 제공하는 장점이 있어, 관찰 이후에 입력을 할 수 있다. 당신의 관찰은 클립보드의 형태로 기록될 수 있다. 스톱워치는 때때로 사건의 지속기간을 기록하는 데 유용하다. 대안적으로, 컴퓨터 기반의 녹화장치가 관찰된 행동을 기록하는 데뿐만 아니라, 그 지속기간을 추적하는 데도 이용될 수 있다.

반동성 두 번째 쟁점은 **반동성**(reactivity)으로, 관찰자의 존재가 사람들의 행동에 영향을 미칠 가능성이 있다(5장 참조). 반동성은 은폐 관찰에 의해 감소될 수 있다. 작은 카메라와 마이크를 사용하는 것이 비록 녹화에 대한 정보를 참가자들이 이미 알고 있는 상황에서조차 관찰을 눈에 띄지 않게 해줄 수 있다. 또한, 반동성은 관찰자와 장치에 대해 사람들이 익숙해지는 시간을 줌으로써 감소될 수 있다.

신뢰도 5장에서 신뢰도는 측정치가 측정오차가 아닌 진점수를 반영하는 정도를 의미한다고 하였음을 상기해 보라. 신뢰성 있는 측정도구는 안정되고 일관되며 정확하다. 체계적 관찰을 수행할 때, 대체로 두 명 이상의 평정자들이 행동을 입력하게 된다. 신뢰도는 그 평정자들 간의 높은 일치율에 의해 나타나게 된다. 매우 높은 수준의 일치율이 체계적 관찰을 이용한 거의 모든 출판된 연구들에서 보고된다(일반적으로 일치율이 80% 이상). 많은 관찰자들이 몇 년 이상 동안 실행되는 대단위의 연구 프로그램을 위해서, 관찰자들은 먼저 녹화 테이프를 이용하여 훈련을 받게 되고, 훈련 동안 그들의 관찰은 이전 관찰자들로부터 나온 결과들과의 일치율에 근거하여 점검된다.

행동의 표집 많은 연구 질문들에 대하여, 장기간 동안에 수집된 행동의 표본들이 단일한, 짧은 관찰보다 더욱 정확하고 유용한 자료를 제공한다. 식사 동안의 요양기관 거주자들과 직원들의 행동에 관한 한 연구를 생각해 보자(Stabell, Eide, Solheim, Solberg, & Rustoen, 2004). 연구자들은 독립적 식사, 친교적 식사, 그리고 도움을 필요로 하는 의존적 식사와 같은 서로 다른 거주자 행동의 빈도에 관심을 두었다. 직원 행동은 그 거주자들의 행동을 거들어 주는 것(예: 보조하기나 사교적으로 대하기)을 포함하였다. 연구자들은 하루 동안의 한 번이나 두 번의 식사 동안 관찰을 할 수도 있었다. 그러나 그러한 자료는 단기간의 경향(예컨대, 특정한 유형의 식사가 제공되었거나, 병에 걸렸거나, 거주자가 최근에 사망하였거나)에 의해 왜곡될 수도 있다. 연구자들은 대신에 6주 이상 아침과 점심 동안의 행동을 표집하였다. 각 관찰자가 그 연구의 10일 동안 아침과 점심 동안 3분간 관찰을 하도록 무선적으로 선택되었다. 이 연구의 주요 발견은 직원들이 사교적으로 대하기와 같은 독립적인 행동을 지지하는 것에는 거의 시간을 보내지 않고 의존적 행동에 가장 빈번하게 관여하였다는 것이다. 흥미롭게도, 시간제 근무 학생직원은 독립적인 행동을 지지하는 경향이 높았다.

사례연구

사례연구(case study)는 한 개인에 대한 기술을 제공하는 관찰법이다. 이 개인은 대체로 사람이지만, 회사나 학교, 지역과 같은 하나의 환경이 될 수도 있다. 자연관찰 연구는 때때로 사례연구로 불리며, 사실 자연관찰과 사례연구의 접근방식은 때때로 중첩된다. 우리는 이 장에서 사례연구를 별개의 범주로 포함하였는데, 이는 사례연구가 자연관찰을 필수적으로 수반하지는 않기 때문이다. 대신, 사례연구는 임상심리학자에 의한 환자나 실패한 모델 학교와 같은 역사적 설명의 기술이 될 수도 있다. **심리분석전기**(psychobiography)는 연구자가 심리학적 이론을 일반적으로 중요한 역사적 인물과 같은 한 개인의 삶을 설명하는 데 적용하는 사례연구의 한 가지 유형이다

(Schultz, 2005). 따라서 사례연구는 도서관 연구, 혹은 그 사례에 친숙한 사람들과의 전화 면접과 같은 기법들을 사용할 수 있지만, 직접적인 관찰을 하지는 않는다(Yin, 2009).

연구의 목적에 따라, 사례연구는 개인의 이력, 증상, 특징적 행동, 상황에 대한 대응, 치료에 대한 반응을 제시할 수 있다. 전형적으로, 사례연구는 어떤 개인이 특히 드물거나 색다르거나 현저한 조건을 소유하고 있을 때 수행된다. 한 가지 유명한 사례연구는 정보를 회상하는 데 놀라운 능력을 지닌 한 남자에 관한 것이다(Luria, 1968). S라고 하는 남자는 정신적 심상을 이용하여 긴 목록이나 문장을 쉽고 분명히 기억할 수 있었다. 또한 Luria는 그의 능력에 대한 몇몇 단점들도 기술하였다. 예컨대, 그는 종종 한 곳에 집중하는 데 어려움을 보였는데, 그 이유는 정신적 심상이 동시적으로 떠올라 그의 생각을 간섭하였기 때문이다. 또 다른 사례연구의 예는 언어 발달에 관련된 것이다. 이 예는 Genie라는 소녀가 제공하였는데, 이 아동은 13.5세가 되어 발견될 때까지 의자에 묶인 채로 방 안에 갇혀 살아서 전혀 말을 한 적이 없었다. 물론, Genie는 언어 기술에 결손이 있었다. 이 사례는 심리학자들과 언어학자들에게 언어 기술을 가르치려는 시도와 어떤 기술들이 학습될 수 있는지를 발견하는 기회를 제공하였다. 분명히 Genie는 유아적 문장을 형성하는 것과 같은 일부 기초적인 언어 기술을 획득할 수 있었지만, 완전한 언어 능력을 발달시키지는 못하였다.

특정한 유형의 뇌손상이 있는 사람들은 연구자들에게 그들의 가설을 검증할 수 있는 기회를 제공해 줄 수 있다(Stone, Cosmides, Tooby, Kroll, & Knight, 2002). 그들의 연구에서, R.M.이라는 사람은 광범위한 변연계 손상을 보유하고 있었다. 연구자들은 사회적 교환 관계에서 사기꾼을 탐지할 수 있는 능력을 연구하는 데 관심을 가졌다. 사회적 교환은 우리 관계의 핵심이다. 즉, 사람은 다른 자원과의 교환 조건으로 다른 사람에게 물품이나 서비스를 제공한다. Stone 등은 사회적 교환이 사기꾼(즉, 거래의 몫을 충족시키는 것에 의한 교환을 하지 않는 사람)을 탐지하기 위한 생물학적 기제가 있을 때에만 동물 종에서 진화할 수 있다는 증거를 찾고 있었다. R.M.은 두 가지 유형의 추론 문제를 풀었다. 이 중 하나는 사회적 교환 규칙에 대한 위반을 탐지하는 것을 수반하였고(예: 만약 당신이 특정한 이익을 받았다면, 반드시 요구사항을 충족시켜야만 한다), 다른 유형은 비사회적인 예방적 행동 규칙에 초점을 둔 것이다(예: 만약 당신이 특정한 위험 행동을 한다면, 이 예방책을 취해야 한다). 뇌손상이 없는 사람들은 이 두 가지 유형의 문제에 대해 동등하게 잘 수행하였다. 그러나 R.M.은 사회적 교환 문제에서는 매우 저조한 수행을 보인 반면, 다른 인지적 능력에 관한 측정도구들이나 예방적 행동에 관한 문제에 대해서는 잘 수행하였다. 이 발견은 사회적 교환 관계에 관여하는 능력이 일반적인 인지 능력과는 다른 생물학적 기제의 발달에 기초하고 있다는 가설을 지지한다.

사례연구는 희귀하거나 색다른 조건에 관해 우리에게 정보를 주고 기억이나 언어, 사회적 교환과 같은 심리학적 현상에 관한 독특한 자료를 제공하는 점에서 가치가 있다. 사례연구를 통해 획득한 통찰은 또한 다른 방법을 이용하여 검증될 수 있는 가설의 개발을 이끌 수 있다.

기록물 연구

기록물 연구(archival research)는 연구 질문에 답하기 위해 이전에 정리된 정보를 사용하는 것을 수반한다. 연구자는 고유 자료를 실제로 수집하지는 않는다. 대신, 연구자는 공공 기록물(예: 이혼 신청서의 수), 인류학자들의 기록, 편집자에게 전달된 편지의 내용, 데이터베이스에 포함된 정보와 같이 이미 존재하는 자료를 분석한다. Judd, Smith와 Kidder(1991)는 통계 기록물, 조사 기록물, 문서 기록물의 세 가지 유형의 기록물 연구를 구분하였다.

통계 기록물

통계 기록물은 많은 공공기관이나 다른 조직에 의해 수집된다. 미국인구조사국은 가용한 가장 광범위한 통계 기록물 자료를 보유하고 있으며, 주정부나 지역 기관들 또한 그러한 기록물을 보유하고 있다. 공공 기록물을 이용한 어느 연구에서, Bushman, Wang과 Anderson(2005)은 기온과 공격성 간의 관계를 조사하였다. 그들은 1987년과 1988년 사이 3시간 간격으로 기록된 Minneapolis의 기온 자료를 사용하였고, 폭행에 관한 자료는 경찰 기록을 통해 사용할 수 있었다. 그들은 높은 기온이 높은 공격성과 관련되며, 또한 이 관계는 오후 9시부터 다음날 오전 3시까지 기록된 자료에 한정되는 것을 발견하였다.

공공 건강 통계, Educational Testing Service(ETS)와 같은 시험 출제기관이 보유하고 있는 시험 점수, 스포츠 단체가 보유한 기록을 포함하여, 덜 분명한 수많은 통계 기록물의 출처들이 있다. 미국 메이저리그 야구는 모든 경기, 모든 선수에 대해 거의 모든 면들에 관한 광범위한 기록물을 보유하고 있는 것으로 알려져 있다. Abel과

Kruger(2010)는 이 사실을 이용하여 긍정적 정서와 수명 간의 관계를 연구하였다. 그들은 1952년에 나온 230명의 메이저리그 선수들의 사진으로부터 시작하였다. 그 사진들은 정서적 긍정성의 측정치를 제공하는 웃음 강도에 대해 평정되었다. 그런 다음, 2009년까지 사망한 선수들의 수명이 웃음 강도와 관련되는지 연구되었다. 연구 결과는 이 두 변인들이 실제로 관련된다는 것을 나타냈다. 더욱이, 매력도의 평정치들은 수명과 관련이 없었다.

✿ 조사 기록물

조사 기록물은 컴퓨터에 저장되어 그 자료를 분석하기를 원하는 연구자들이 이용 가능한 조사 자료로 구성된다. 주요 여론조사기관은 그들의 조사 결과들의 많은 부분을 이용 가능하게 만든다. 또한 많은 대학들이 정치 · 사회 연구를 위한 대학 컨소시엄(Inter-university Consortium for Political and Social Resaerch, ICPSR, http://www.icpsr.umich.edu/)의 일부로 참여하여 조사 기록물을 가용하게 만든다. 한 가지 매우 유용한 세트는 일반 사회조사(General Social Servey, GSS, http://www.norc.uchicago.edu/GSS+Website/)라는 국가과학재단(National Science Foundation)에 의해 지원받은 일련의 조사다. 각 조사는 태도나 생활 만족도, 건강, 종교, 교육, 연령, 성별, 인종과 같은 광범위한 주제를 아우르는 200개가 넘는 질문들을 포함한다. 조사 기록물은 이제 연구자들이 그 자료를 온라인으로 분석하는 것을 가능하게 하는 인터넷 사이트를 통해 이용하는 것이 가능해지고 있다. 조사 기록물은 대단히 중요한데, 그 이유는 대부분의 연구자들이 무선적으로 선택된 전 국가적 표본들에 대한 연구를 수행하기 위한 재정적 자원을 가지고 있지 않기 때문이다. 이 기록물은 그들의 아이디어를 검증하기 위해 그러한 표본들에 접근할 수 있도록 해준다. Robinson과 Martin(2009)의 연구는 어떻게 일반 사회조사가 가설 검증에 이용될 수 있는지를 잘 보여준다. 이 연구는 인터넷 사용자들의 사회적 태도가 비사용자들과 서로 다른지를 연구하였다. 분명히, 그 결과는 인터넷을 통해 수행된 조사의 결과를 해석하기 위한 시사점을 지녔을 것이다. 연구 결과는 인터넷 사용자들이 다소 더 낙관적이었는데도 불구하고, 인터넷을 사용하는 사람과 그렇지 않은 사람 간 체계적인 차이는 결코 없다는 것을 보여 주었다.

✿ 문서 기록물과 대중매체 기록물

문서 기록물은 역사적으로 존재하였던 사회들이 보존해 온 일기나 편지, 인류학자들이 기록한 다른 문화에 대한 민족지, 정치가의 연설부터 인터넷 사용자들이 남긴 게시판의 글까지 다양한 공공 문서자료와 같은 문서들을 말한다. 대중매체 기록물로는 책이나 잡지의 기사, 영화, 텔레비전 프로그램, 그리고 신문 등이 있다.

이러한 기록물을 이용한 기록물 연구의 한 가지 예는 Rhodes, Roskos-Ewoldsen, Eno와 Monahan(2009)이 수행한 487개의 흡연 반대 광고에 대한 연구다. 그들은 시간이 흐르면서 담배 회사를 공격하는 광고의 수가 증가하였다는 것과 많은 수의 광고들이 건강에 대한 흡연의 부정적인 영향을 강조한다는 것을 발견하였다. 그러나 소수의 광고만이 스트레스 감소나 체중 증가의 방지와 같이 흡연의 이점에 관한 주장을 공격하였다.

✿ 내용분석

내용분석(content analysis)은 존재하는 문서에 대한 체계적 분석이다. 체계적 관찰과 같이, 연구자들은 내용분석을 위해 평정자가 그 문서에 있는 정보를 수량화하는 데 이용할 수 있는 입력체계를 고안해야 한다. 때때로 입력은 매우 간단하고 쉽다. 예컨대, 혼인신고서에 쓰여진 신고인들의 주소가 같은지, 다른지를 입력하는 것은 쉽다. 더 흔한 경우로, 연구자는 정보를 입력하기 위해서 범주를 정의해야 한다. 흡연 광고에 관한 연구에서, 연구자들은 광고를 기술하는 범주들을 예컨대 '담배 회사에 대한 공격' 또는 '암 유발'과 같은 범주들을 정의해야만 하였다. 유사한 절차들이 연설이나 잡지의 기사, 텔레비전 쇼, 그리고 인터넷에 있는 기사들에 달린 독자의 의견과 같은 문서들을 연구하는 경우에도 사용될 것이다.

기록물 자료의 사용은 연구자들에게 흥미로운 질문들, 이들 중 일부는 다른 방법으로는 연구될 수 없는 것들을 연구할 수 있는 기회를 제공한다. 기록물 자료는 보다 전통적인 자료 수집 방법들에 대한 가치 있는 보완 수단이다. 그러나 기록물 자료의 사용과 관련하여 최소한 두 가지 주요 문제가 있다. 첫째, 이상적인 기록은 아마 얻기 어려울 것이다(그러한 기록은 오래전 잊혀진 저장소에 있거나 이미 훼손되었을 수 있다). 둘째, 다른 사람에 의해 수집된 정보의 정확성을, 우리는 결코 완전히 믿을 수는 없다.

이 장은 행동에 관한 다양한 질문들을 연구하는 데 사용될 수 있는 중요한 질적 및 양적 관찰법에 관한 많은 정보를 제공하였다. 다음 장에서, 우리는 인간의 행동에 관하여 알아내는 매우 일반적인 방법, 즉 단순히 사람들에게 그들 자신에 관하여 말해 달라고 하는 자기보고를 사용하는 것에 대해 살펴볼 것이다.

✻ 읽을거리: 관찰법

아리스토텔레스에 따르면, 행복은 모든 것들 중에 가장 가치 있는 것이다. 지난 십여 년간, 많은 연구자들이 행복의 구성개념을 이해하기 위한 노력으로 행복의 예언변인들을 연구해 왔다.

Mehl, Vazire, Holleran과 Clark(2010)는 전기적으로 활성화되는 녹음기(주기적인 간격으로 일정 시간 동안 소리를 은밀하게 기록하는 장치)를 이용하여 행복이라는 주제로 자연관찰을 수행하였다. 이 연구에서, 79명의 대학생들이 4일 동안 그 장치를 착용하였고, 매 12.5초마다 30초간 녹음이 진행되었다. 각 발췌된 소리는 그 소리가 녹음되는 동안 해당 참가자가 혼자였는지, 아니면 다른 사람들과 함께였는지에 따라 입력되었다. 만약 참가자가 누군가와 함께였다면, 그 녹음은 또한 '잡담'과 '중요한 대화'로 입력되었다. 삶의 안녕과 행복에 관한 다른 측정도구들도 시행되었다.

먼저, 다음 논문을 읽어 보라.

Mehl, M. R., Vazire, S., Holleran, S. E., & Clark, C. S. (2010). Eavesdropping on happiness: Well-being is related to having less small talk and more substantive conversations. *Psychological Science*, *21*, 539-541.

이제 논문을 읽은 다음, 아래 문제들을 생각해 보라.

1. 이 연구의 연구 질문은 무엇인가?
2. 이 연구에서 사용된 기본적인 접근법은 질적인가, 아니면 양적인가?
3. 이 연구는 은폐 관찰의 예인가, 아니면 비은폐 관찰의 예인가? 이 연구에 어떠한 윤리적 쟁점이 있는가?
4. 당신은 참가자들이 이 자료 수집방법에 대해 반동적이었다고 생각하는가?
5. 평정자들은 얼마나 신뢰성이 있었는가? 저자들은 그 신뢰성에 대해 어떻게 평정하였는가?
6. 연구자들이 '잡담', '중요한 대화', '삶의 안녕', '행복'을 어떻게 조작적으로 정의하

였는가? 이러한 조작적 정의들의 질에 관해 어떻게 생각하는가?

7. 이 연구가 인과성의 방향을 수반하는 문제를 겪고 있는가?
8. 이 연구가 제3 변인 문제를 겪고 있는가? 왜 그러한가?
9. 당신은 이 연구가 혼입변인을 포함한다고 생각하는가? 예들을 제시하라.
10. 이 연구의 주제에 비추어 볼 때, 관찰법을 사용하여 이 연구를 수행하는 다른 방법으로 무엇이 있다고 생각하는가?

✻ 주요 용어

기록물 연구(archival research) 150
내용분석(content analysis) 152
반동성(reactivity) 147
사례연구(case study) 148
심리분석전기(psychobiography) 148
입력체계(coding system) 146
자연관찰(naturalistic observation) 141
참여 관찰(participant observation) 143
체계적 관찰(systematic observation) 146

✻ 복습문제

1. 자연관찰은 무엇인가? 연구자는 자연관찰 연구를 수행할 때 자료를 어떻게 수집하는가?
2. 자연관찰 연구의 자료는 왜 기본적으로 질적인가?
3. 참여 관찰과 비참여 관찰을 구분하라. 은폐 관찰과 비은폐 관찰을 구분하라.
4. 체계적 관찰은 무엇인가? 체계적 관찰로부터 얻은 자료는 왜 기본적으로 양적인가?
5. 입력체계는 무엇인가? 입력체계를 개발할 때 고려해야 할 몇몇 중요한 사항들은 무엇인가?
6. 사례연구는 무엇인가? 사례연구는 언제 사용되는가? 심리분석전기는 무엇인가?
7. 기록물 연구는 무엇인가? 기록물 연구의 주요 출처는 무엇인가?
8. 내용분석은 무엇인가?

✻ 실전문제

1. 어떤 문제들은 양적 기법을 사용하여 좀 더 쉽게 답할 수 있고, 어떤 문제들은 질적 기법을 통해서, 또는 두 접근의 조합을 통해 가장 잘 다루어진다. 부모의 알코올 중독이 청소년의 삶에 어떻게 영향을 주는가에 당신이 관심이 있다고 가정하자. 양적 기법을 이용하여 가장 잘 답할 수 있는 연구질문과 질적 기법에 더 적합한 또 다른 연구질문을 개발하라. 양적 질문의 예는 "알코올 중독인 부모가 있는 청소년들은 범죄기록을 더 가지고 있을 가능성이 높은가?"이고, 질적 질문의 예는 "알코올 중독인 부모가 청소년 자녀의 또래 관계에 나타나게 할 문제는 무엇인가?"다.
2. 유명 잡지의 광고에 대한 내용분석을 수행하기 위한 간단한 입력체계를 고안하라. 당신이 이용하고자 하는 내용의 차원(예: 성별)을 선택하는 것으로 연구를 시작하라. 입력체계를 잡지 한 권에 적용한 후 당신의 발견을 기술하라.
3. 아래의 각 시나리오를 읽고, 각 시나리오에 사례연구, 자연관찰, 체계적 관찰, 기록물 연구가 사용되었는지를 결정하라.

시나리오	사례연구	자연관찰	체계적 관찰	기록물 연구
연구자들이 2001년 월드 트레이드 센터에 발생한 공격의 심리학적 영향을 이해하기 위해 특정한 9 · 11 생존자들에 대해 철저한 연구를 수행하였다.				
연구자들이 운전자가 주차장에서 주차 공간에서 빠져나오는 데 걸린 시간을 기록하였다. 또한 그들은 운전자들의 연령과 성별, 또 다른 차가 그 공간을 기다리고 있었는지를 측정하였다.				

(계속)

시나리오	사례연구	자연관찰	체계적 관찰	기록물 연구
세 개의 주요 도시에서 Craigslist의 개인 광고 내용이 남녀가 그들의 자기 표현의 면에서 서로 다른지를 결정하기 위해 입력되었다.				
연구자가 심리분석전기를 구성하기 위해 《몬스터》라는 영화의 대상이 되었던 악명 높은 여성 연쇄 살인범인 Aileen Wuornos를 만나고 면접하는 데 1년 이상을 보냈다.				
연구자들이 여섯 개 도시에서 실업률과 경찰에 신고된 가정 폭력의 발생률을 조사하였다.				
연구자들이 6개월 이상 세 개의 지역 공원에서 재활용 행동을 연구하였다. 그들은 자신들의 존재를 은폐하였고, 상세한 현장 노트를 작성하였다.				

✻ 정답

사례연구, 체계적 관찰, 기록물 연구, 사례연구, 기록물 연구, 자연관찰

7

사람들에게 그들 자신에 관해 질문하기: 조사연구

학습 목표

- ❖ 조사연구를 수행하는 이유를 논의하기
- ❖ 면접과 질문지를 위한 질문을 작성할 때, 연구 목적을 정의하는 것과 질문의 단어 선택을 포함하여 고려할 요인들을 확인하기
- ❖ 폐쇄형 질문, 개방형 질문, 평정척도를 포함하여 질문지 반응을 구성하는 서로 다른 방법들을 기술하기
- ❖ 조사를 시행하는 두 가지 방법을 비교하기: 질문지와 면접
- ❖ 면접자 편향을 정의하기
- ❖ 패널 연구를 기술하기
- ❖ 확률표집과 비확률표집 기법을 구분하기
- ❖ 단순 무선표집, 계층화 무선표집, 군집표집을 설명하기
- ❖ 무계획표집, 목적표집, 할당표집을 기술하기
- ❖ 표본들이 표집틀과 반응률을 포함한 잠재적 편향에 대해 평가되는 방식을 설명하기

조사연구(survey research)는 사람들에게 그들 자신에 관한 정보, 즉 그들의 태도, 신념, 인구통계(연령, 성별, 수입, 결혼 상태 등), 기타 사실들, 그리고 과거의 행동이나 의도하는 미래의 행동 등에 관한 정보를 제공하도록 요청하는 질문지와 면접을 채용한다. 이 장에서 우리는 표집 기법을 포함한 조사를 설계하고 수행하는 방법을 살펴볼 것이다.

왜 조사를 하는가

조사는 사람들에게 자신들에 관하여 말해 달라고 요청하는 데 사용되는 연구방법이다. 조사는 사회가 단지 직관이나 일화보다는 쟁점에 관한 자료를 요구하면서 대단히 중요해졌다.

조사는 언제나 수행되고 있다. 신문이나 TV 뉴스 방송, 아니면 인터넷을 보기만 해도 알 수 있다. 질병 통제 및 예방 센터는 모유수유에 관해 새롭게 엄마가 된 사람들에 대한 조사 결과를 보고하고 있다. 대학 조사 센터는 정치적 태도에 관한 전화 조사 결과를 보고하고 있다. 대학 여기저기를 보면, 졸업반이나 최근의 졸업생에 대한 조사를 수행하고 있는 학과를 찾을 수 있을 것이다. 미국심리학회 웹사이트를 방문해 보면, 2010년에 수행된 1,300명이 넘는 성인에 대한 인터넷 조사 결과를 제시하는「미국의 스트레스(*Stress in America*)」라는 보고서를 읽을 수 있을 것이다.

조사는 행동을 연구하는 매우 일반적이고 중요한 한 가지 방법이다. 모든 대학은 교육과정과 학생 서비스를 변경하는 것을 결정하는 데 도움이 되는 자료를 졸업생들로부터 필요로 한다. 자동차 회사는 제품의 질과 고객 만족을 평가하고 향상하기 위해 구매자들로부터 자료를 원한다. 그러한 자료 수집 없이는, 우리는 들은 이야기나 졸업생이나 고객이 쓴 한 통의 편지에 전적으로 의존할 것이다. 또 다른 조사들은 입법자와 공공기관에 의해 이루어지는 공공 정책에 관한 결정을 하는 데 중요할 수 있다. 기초연구에서, 태도나 현재의 정서 상태, 그리고 행동에 관한 자기보고 등을 포함하는 많은 중요한 변인들은 질문지나 면접을 이용하여 대체로 쉽게 연구된다.

우리는 종종 조사 자료가 사람들이 그 당시 어떻게 생각하고 행동하는지 보여 주는 스냅 사진을 제공한다고 생각한다. 그러나 조사법은 연구자들에게 변인들 간의 관계와 태도나 행동이 시간이 지나면서 변화하는 방식을 연구하는 중요한 한 가지 방법이다. 예를 들어,「미래를 감시하기(Monitoring the Future)」프로젝트(http://mon-

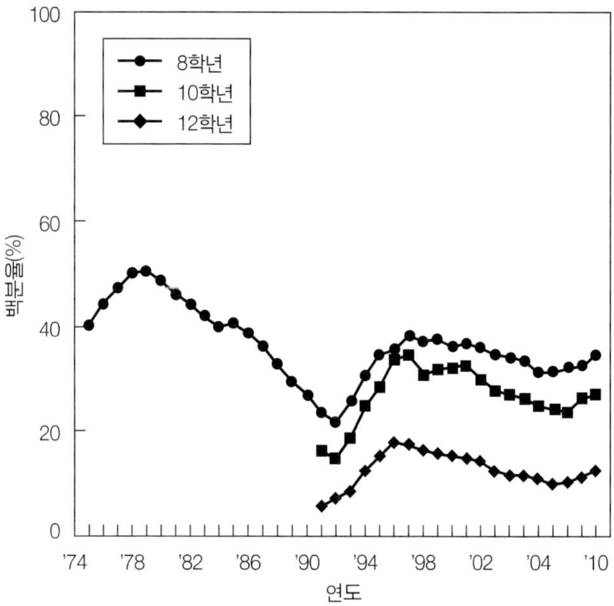

그림 7.1 지난 12개월 동안 대마초를 사용한 경험이 있다고 보고한 조사 응답자의 비율의 시간에 따른 변화

출처: 「미래를 감시하기」에서 발췌. http://monitoringthefuture.org/data/10data/fig10_3.pdf

itoringthefuture.org)는 1975년 이래로 해마다 수행되고 있는데, 이 프로젝트의 목적은 미국 고등학생들과 대학생들의 행동과 태도, 가치관을 추적하는 것이다. 해마다 50,000명의 8, 10, 12학년(중학교 2학년, 고등학교 1, 3학년) 학생들이 이 조사에 참여한다. **그림 7.1**은 전형적인 결과를 보여 주는데, 그래프의 각 선은 지난 12개월 내에 대마초를 경험하였다고 보고한 조사 응답자의 백분율을 보여 준다. 대마초 경험 비율의 최고점이 1970년대 후반에 나타나고, 최저점이 1990년대 초임을 보여 주는 경향을 주목하라.

조사연구는 실험연구의 보완 연구로서 또한 중요하다. Winograd와 Soloway(1986)가 물건을 어디에 놓았는지를 망각하도록 이끄는 조건들에 관한 실험을 수행하였다는 2장의 내용을 회상해 보라. 조사법을 이용하여 이 주제를 연구하기 위해, Brown과 Rahhal(1994)은 젊은 성인과 노인들에게 어떤 물건을 숨겨 놓았다가 이후에 그 장소를 잊어버렸던 실제 경험들에 관하여 질문하였다. 그들은 노인들이 젊은 성인들보다 그 물건을 찾는 데 더 오래 걸렸고, 젊은 성인들은 친구나 가족으로부터 물건들을 숨기는 반면, 노인들은 잠재적인 도둑으로부터 물건들을 숨긴다고 보고하였다. 흥미롭게도, 대부분의 잃어버린 물건들은 대체로 이전에 이미 찾아보았던 장소에서 우연한 기회로 결국은 발견되었다. 이 연구는 어떤 행동을 이해하는 데 중다 방법을 필요로 한다는, 이전 장들에서 제시하였던 취지를 잘 보여 준다.

질문지와 면접의 사용에서 기초가 되는 한 가지 가정은, 사람들이 진실되고 정확한 답변을 기꺼이 제공하고자 하며, 또한 제공할 수 있다는 것이다. 연구자들은 사람들이 응답하는 방식에서의 가능한 편향에 관하여 연구를 함으로써 이 문제를 다루어 왔다. **반응 갖춤새**(response set)는 모든 질문에 직접 관련되는 응답을 제공하는 것이 아니라 특정한 조망에서 질문들에 응답하는 경향이다. 따라서 반응 갖춤새는 자기보고로 얻은 자료의 유용성에 영향을 줄 수 있다. 가장 보편적인 반응 갖춤새는 사회적 바람직성 또는 '긍정적 허위(faking good)'라고 부른다. 사회적 바람직성이라는 반응 갖춤새는 개인이 사회적으로 가장 잘 받아들여지는 방식, 즉 대부분의 사람들이 응답할 것으로 지각된, 혹은 그 사람을 대체로 좋은 사람으로 보이게 하는 방식으로 대답하도록 이끈다. 사회적 바람직성은 많은 연구 분야에서 문제가 될 수 있지만, 질문이 폭력이나 공격적 행동, 약물남용, 성생활과 같은 민감한 주제와 관련될 때 아마도 가장 민감할 것이다. 그러나 사람들이 일관성 있게 자신들을 허위로 나타낸다고 가정하지는 말아야 한다. 만약 연구자가 연구의 목적과 사용에 대해 숨김없이 정직하게 의사를 전달하고, 결과에 관한 피드백을 제공할 것을 약속하며, 비밀보장을 보증한다면, 참가자들이 정직한 반응을 제공할 것이라고 타당하게 기대할 수 있다.

우리는 이제 조사연구에서 주요 고려사항들에 대해 살펴볼 것이다. 이는 질문할 문항을 구성하는 것, 질문을 제시하는 방법을 선택하는 것, 그리고 연구에 참여할 사람들을 포집하는 것을 포함한다.

질문할 문항들을 구성하기

질문지와 면접을 위한 질문 문항들을 작성하는 데 많은 생각을 해야 한다. 이 절은 문항들을 구성할 때 고려해야 할 가장 중요한 요인들을 설명한다.

연구 목적을 정의하기

조사를 위한 질문들을 구성할 때, 연구자가 해야 할 가장 첫 번째는 연구 목적을 분명히 결정하는 것이다. 즉, 연구자가 알고자 하는 것이 무엇인가? 조사 질문들은 다루어지는 연구 질문들에 밀접하게 관련되어야 한다. 연구자들이 정확히 어떤 유용한 정보를 그 조사를 통해 얻을 것인가에 대한 깊은 생각 없이 한 가지 주제에 관해 마음속에 떠오른 어떤 질문으로 시작하게 되면, 대부분의 경우 그 조사는 감당할 수 없게 된다. 이 과정은 연구자들이 물어볼 질문의 유형을 결정하는 데 대체로 필요하다. 조사 질문의 세 가지 일반적인 유형이 있다(Judd, Smith, & Kidder, 1991).

태도와 신념 태도와 신념에 관한 질문들은 사람들이 어떤 문제에 대해 평가하고 생각하는 방식에 초점을 둔다. 정신건강 서비스에 더 많은 비용을 지불해야만 할까? 경찰이 전화응대를 하는 방식에 당신은 만족하는가? 당신은 이 강사를 어떻게 평가하는가?

사실과 인구통계 사실적 질문들은 사람들에게 자신들에 관해서, 그리고 자신들의 상황에 관해서 알고 있는 것들을 나타내라고 물어본다. 대부분의 연구들에서, 몇몇 인구통계적 정보를 물어보는 것은 그 표본을 충분하게 기술하는 데 필수적이다. 연령, 성별, 인종과 같은 것들이 전형적으로 물어보는 것들이다. 연구의 주제에 따라 다르겠지만, 수입, 결혼 상태, 고용 상태, 자녀의 수와 같은 정보에 대한 질문이 포함될 수 있다. 분명히, 만일 당신이 남성과 여성 같은 집단들 간 비교를 하는 것에 관심이 있다면, 어느 집단에 속하는지에 관한 관련 정보를 반드시 물어보아야 한다. 당신은 그 표본을 충분히 묘사하기 위해 그러한 정보가 필요할 수도 있다. 그러나 그 정보를 사용할 실질적인 이유가 전혀 없다면 그러한 질문을 하는 것은 현명하지 않다.

당신이 물어볼 수도 있는 또 다른 사실적 정보는 조사의 주제에 달려 있다. 「소비자 보고(*Consumer Reports*)」라는 잡지는 매년 독자들에게 자동차나 세탁기같이 그들이 가지고 있는 많은 제품들의 수리작업에 관해 물어본다. 질환이나 다른 의학적 정보에 관한 사실적 질문은 건강과 삶의 질에 대한 조사에서 물어볼 것이다.

행동 어떤 조사 질문들은 과거의 행동이나 의도한 미래의 행동에 관해 초점을 둘 수 있다. 지난주에 20분 이상 운동을 한 날이 며칠이나 되는가? 몇 명의 자녀를 당신은 계획하고 있는가? 아픈 중에 일하라고 불려 나가서 매우 우울했던 적이 있는가?

✿ 질문의 어법

많은 세심한 주의가 조사를 위한 가장 최선의 질문을 작성하는 데 필수적이다. 인지

심리학자들은 질문의 어법과 관련된 수많은 잠재적 문제들을 확인하였다(Graesser, Kennedy, Weimer-Hastings, & Ottati, 1999 참조). 많은 문제들이 질문을 이해하는 데 어려움이 있는 것으로부터 파생된다. 이는 (1) 친숙하지 않은 기술적 용어들, (2) 모호하거나 명확하지 않은 용어, (3) 문법적으로 맞지 않는 문장구조, (4) 작업기억에 과부하를 주는 어구, (5) 허위정보에 관한 질문 등과 같은 것을 포함한다. 아래에 Graesser 등에 의해 확인된 문제들 중 일부를 묘사하는 질문이 있다.

> 당신의 어머니, 아버지, 친누나, 친언니, 친형, 친오빠, 친동생, 딸, 아들이 심장마비나 심근경색을 경험한 적이 있는가?

이 예는 질문을 읽는 동안 질문의 길이와 모든 가족들을 기억해야 할 필요로 인한 기억 과부하의 예다. 또한 응답자는 두 가지 서로 다른 진단명을 각 가족과 관련지어 생각해야만 한다. 더욱이, **심근경색**이라는 용어는 대부분의 사람들에게 친숙하지 않을 수 있다. 이러한 문제들을 피하기 위해 당신은 질문을 어떻게 작성해야 할까? 다음 항목들이 당신이 질문을 작성할 때 고려해야 할 중요한 것들이다.

간결성 조사에서 이루어지는 질문들은 상대적으로 간결해야 한다. 사람들은 질문에 대해 쉽게 이해하고 반응할 수 있어야 한다. 사람들이 이해하지 못하는 은어적인 표현이나 전문적인 용어는 피해야 한다. 그러나 때때로 당신은 더 이해하기 쉽게 하기 위해 질문을 더 복잡하게, 더 길게 만들어야 하기도 한다. 대체로 이런 경우는 질문을 하기 전에 어떤 용어를 정의하거나 어떤 문제에 관해 기술하는 것이 필요할 때 일어난다. 따라서 어떤 사람에게 J 법안에 대해 찬성을 할 것인지를 묻기 전에, 당신은 아마도 이 찬반투표의 내용에 대한 간단한 설명을 제공하기를 원할 것이다. 마찬가지로, 만약 당신이 모집단에서 알코올 음용의 빈도에 관해서 알고 싶다면, "당신은 지난 30일 동안 알코올을 음용한 적이 있습니까?"라고 묻는 것은 "당신은 지난 30일 동안 알코올(맥주 한 캔, 소주 한 잔, 와인 한 잔을 의미함)을 음용한 적이 있습니까?"라고 묻는 것과는 조금 다른 답을 만들어 낼 것이다. 후자의 질문이 아마도 당신이 알고 싶어 하는 것에 더 가까울 것이다.

이중목적의 질문 두 가지를 한 번에 묻는 이중목적의 질문을 피해야 한다. "노인들에게 여가활동과 식량 보조 프로그램을 위해 더 많은 돈을 주어야 합니까?"와 같은 질문은 잠재적으로 두 가지 매우 다른 태도에 관한 것이기 때문에 응답하기가 어렵다. 만일 당신이 두 쟁점에 관해 모두 관심이 있다면, 두 개의 질문을 해야 한다.

유도질문 유도질문은 사람들을 한 가지 방향으로 응답하도록 이끌게 쓰여져 있다. 예를 들어, "당신은 공공학교 예산에서 낭비되는 부분을 제거하는 것을 원하십니까?"와 "당신은 공공학교 예산을 줄이는 것을 원하십니까?"라는 질문들은 서로 다른 응답을 이끌어 낼 것이다. 남자들은 강제적인 성관계를 가졌다는 말보다 어떤 사람을 강간하였다는 말을 더 하지 않으려 하고, 여자들도 마찬가지로 원하지 않는 성관계를 가졌다는 말보다 어떤 사람에게 강간당하였다는 말을 더 하지 않으려 한다(Koss, 1992)는 것을 생각해 보라. 정서적으로 격한 단어들, 예컨대 강간, 낭비, 비도덕적, 사악한, 위험한과 같은 단어들은 사람들이 반응하는 데 영향을 미치고, 따라서 편향된 결론으로 이끌 수 있다.

부정적 어법 질문을 부정적으로 구성하는 것을 피해야 한다. 이 질문은 부정적으로 구성되었다. "당신은 제안된 여성 쉼터를 시에서 승인하지 말아야 한다고 느끼십니까?" 이 질문에 대한 동의는 제안에 대한 비동의를 의미한다. 이 구문은 사람들을 혼동시킬 수 있고, 부정확한 응답을 산출할 수 있다. 더 나은 형식은 아마도 다음과 같을 것이다. "당신은 제안된 여성 쉼터를 시에서 승인해야 한다고 믿습니까?"

'예' 편향과 '아니요' 편향 한 가지 주제에 관하여 여러 질문들을 물어볼 때, 응답자는 모든 질문들에 대하여 동의하거나 동의하지 않는 반응 갖춤새를 적용할 지도 모른다. 그러한 경향을 **'예' 편향**(yea-saying)과 **'아니요' 편향**(nay-saying)이라고 일컫는다. 여기서 문제는 응답자가 사실은 실제로 동의를 표현하고 있는 것일 수 있지만, 그것이 아니라 당신이 말하는 어떠한 것에 대해서도 단순히 동의하고 있는 것일 수 있다. 이 반응 갖춤새를 탐지하는 한 가지 방법은 질문을 일관성 있게 동의하는 것이 발생하지 않는 질문을 구성하는 것이다. 예를 들어, 가족 간 소통 형태에 대한 연구는 사람들에게 다음의 질문들에 얼마나 동의하는가를 물어볼 수 있을 것이다. "우리 가족 구성원들은 서로 많은 시간을 보낸다"와 "나는 대부분의 주말을 친구와 함께 보낸다." 유사하게, 외로움에 대한 측정도구는 일부 질문들에 대해 동의의 의미가 응답자가 외롭다는 것을 의미하도록("나는 다른 사람들로부터 고립된 것처럼 느낀다"), 그리고 의미가 역전된 다른 질문들에 대해 비동의의 의미가 외로움을 의미하도록("나는 친구 집단의 구성원이라고 느낀다") 구성할 수 있을 것이다. 비록 어떤 사람이 당당하게 두 항목들에 동의할 수 있겠지만, 원래의 형태와 역전된 형태의 모든 질문들에 대해 일관성 있게 동의하거나 비동의하는 것은 그 사람이 '예' 편향과 '아니요' 편향적이라는 것의 지표다.

표 7.1 질문의 어법: 무엇이 문제인가?

다음의 각 질문을 읽고, 각각에 대해 문제점을 확인하시오.	부정적 어법	간결성	이중목적	유도질문
교수들은 매번 출석을 부를 필요는 없다. 1=매우 동의하지 않음, 5=매우 동의함				
나는 공부를 하고 친구들과 함께 시간을 보내면서 주말을 보낸다.				
당신은 근면한 농부들에게 불평등하게 세금을 부과하는 법률 제정을 지지하십니까?				
나는 나 자신을 매력적이고 똑똑하다고 묘사할 것이다.				
당신은 휴대전화 행동과 패스트푸드 소비 간의 관계가 독립적이라고 믿습니까?				
식당은 매월 점검받을 필요는 없다.				
당신은 점심시간을 30분으로 줄이자는 상사의 변덕에 찬성합니까?				

정답은 이 장의 끝에 제시되어 있다.

Graesser와 동료들은 질문의 어법을 분석하는 QUAID(Question Understanding Aid)라는 컴퓨터 프로그램을 개발하였다. 연구자들은 QUAID 웹사이트(http://mnemosyne.csl.psyc.memphis.edu/quaid/quaidindex.html)에서 온라인으로 그들의 질문을 시험해 볼 수 있다. 당신은 또한 표 7.1에 있는 질문의 어법에 관한 예를 살펴보아야 한다.

질문에 대한 반응

폐쇄형 질문 대 개방형 질문

질문은 폐쇄형이거나 개방형일 수 있다. **폐쇄형 질문**(closed-ended question)에서는 제한된 수의 응답 선택지가 제공되며, **개방형 질문**(open-ended question)에서는 응답자들이 원하는 방식으로 자유롭게 대답한다. 따라서 당신은 사람들에게 "아이들이 앞으로의 인생을 준비하기 위해 배워야 할 가장 중요한 것은 무엇입니까?"라고 물어본 다음에 선택할 답변들의 목록을 제시할 수도 있고(폐쇄형 질문), 아니면 사람들이 답을 제공하도록 이 질문을 개방형으로 둘 수 있다.

폐쇄형 질문을 사용하는 것은 좀 더 구조화된 접근이다. 이 질문들은 입력하기가 더 쉽고 응답 선택지가 모든 사람들에게 동일하다. 개방형 질문은 범주화하고 입력하는 데 시간이 필요하기 때문에 뒤이은 대가가 더 크다. 때때로 응답자의 반응이 전혀 범주화될 수 없기도 한데, 그 이유는 그 응답이 사리에 맞지 않거나 그 사람이 답을 생각할 수 없기 때문일 수 있다.

그럼에도 불구하고 여전히 개방형 질문은 사람들이 무엇을 생각하는지에 관한 가치 있는 통찰을 제공해 줄 수 있다. 개방형 질문은 연구자가 사람들이 무엇을 생각하는지를 알려고 하고, 그들이 세상을 어떻게 바라보는지에 대한 자연스러운 답변을 필요로 할 때 가장 유용하다. 폐쇄형 질문은 변인들의 차원이 잘 정의될 때 사용되는 것이 더욱 좋다.

Schwarz(1999)는 이 두 가지 접근이 때때로 서로 다른 결론에 도달하게 할 수 있다고 지적한다. 그는 인생을 위한 아이들의 준비에 관한 조사 질문의 결과를 인용한다. '자신들을 위해 생각하기'가 폐쇄형 질문의 한 가지 선택지였을 때, 62%의 아이들이 이 선택지를 선택하였다. 반면, 개방형이 사용되었을 때에는 5%의 아이들만이 응답을 하였다. 이 발견은 폐쇄형 질문을 할 때 주제에 대한 충분한 이해를 하는 것이 필요하다는 것을 강조한다.

반응 선택지의 수

폐쇄형 질문에서는 고정된 수의 반응 선택지들이 있다. 공공 의견 조사에서는 단순한 예/아니요 또는 동의/비동의와 같은 이분법이 종종 충분하다. 기초연구에서는 사람들이 자신들을 표현하도록 충분한 수의 선택지를 포함하는 것이 더 바람직하다. 예컨대, 5점이나 7점의 척도로 '매우 동의함'부터 '매우 동의하지 않음', 혹은 '매우 긍정적'부터 '매우 부정적'의 범위를 갖는 선택지들이다. 이러한 척도는 다음과 같이 제시될 것이다.

매우 동의함 ___ ___ ___ ___ ___ ___ ___ ___ 매우 동의하지 않음

✿ 평정척도

위에 기술된 것과 같은 **평정척도**(rating scale)는 많은 연구 분야에서 매우 일반적이다. 평정척도는 사람들에게 동의, 선호, 확신의 정도와 같이 어떤 차원에 관한 숫자에 대해 '얼마나 많이'의 판단을 제공하도록 요구한다. 평정척도는 매우 다양한 형태를 취할 수 있다. 사용되는 형태는 연구되는 주제와 같은 요인들에 의존한다. 아마도 그 형태의 다양성을 이해하는 최선의 방법은 단순히 몇몇 예들을 들여다보는 것이다. 가장 단순하고 가장 직접적인 척도는 사람들에게 척도의 양 끝점에 그 극단을 정의하는 말들과 함께 제시된다. 예를 들어 다음과 같다.

대학에 있는 학생들은 졸업하기 위해서는 종합시험을 통과해야만 한다.

매우 동의함 ___ ___ ___ ___ ___ ___ ___ ___ 매우 동의하지 않음

당신은 그 피고인이 살인을 시도한 죄에 대해 얼마나 확신하는가?

전혀 확신하지 않음 ___ ___ ___ ___ ___ 매우 확신함

도표식 평정척도 **도표식 평정척도**(graphic rating scale)는 양극단에 기술하는 어구가 있는 연속되는 100mm의 선을 따라 표시할 것을 요구한다.

당신이 방금 본 영화에 대해 어떻게 평가합니까?

매우 재미없음 ________________________________ 매우 재미있음

그다음 그 줄 위에 자를 대고 0부터 100까지의 범위에서 척도상 점수를 얻는다.

의미미분 척도 **의미미분 척도**(semantic differential scale)는 Osgood과 동료들(Osgood, Suci, & Tannenbaum, 1957)이 개발한 개념의 의미에 대한 측정도구다. 응답자들은 어떠한 개념(예: 사람, 대상, 행동, 생각 등)에 대해 다음과 같은 7점 척도를 이용하여 일련의 양극단의 형용사들에 대해 평정을 한다.

흡연은

좋은	___ ___ ___ ___ ___ ___ ___	나쁜
강한	___ ___ ___ ___ ___ ___ ___	약한
능동적인	___ ___ ___ ___ ___ ___ ___	수동적인

의미미분에 관한 연구는 이 기법을 사용하여 거의 모든 것을 측정할 수 있다는 것을 보여 준다. 예컨대, 특정 대상(대마초), 장소(학생회관), 사람(정부관료), 생각(낙태, 세금 감면), 행동(교회에 나가는 것, 공공 여객운송수단을 이용하는 것)을 얻을 수 있다. 많은 연구들은 개념이 세 가지 기본 차원들과 관련되는 것을 보여 준다. 이 차원들 중 첫 번째, 그리고 가장 중요한 것은 **평가**(예: 좋은-나쁜, 현명한-멍청한, 친절한-무뢰한), 두 번째는 **활동성**(능동적-수동적, 느린-빠른, 흥분된-차분한), 세 번째는 **능력**(약한-강한, 견고한-부드러운, 큰-작은)이다.

아동을 위한 비언어적 척도 어린 아동은 우리가 방금 기술한 척도들의 유형을 이해하지 못할 수 있지만, 그래도 평정을 할 수는 있다. 얼굴 그림을 이용하여 아동이 경험하고 있는 고통의 수준을 평가하도록 고안된 4장의 예를 생각해 보라. 이와 유사한 얼굴 척도들이 장난감과 같은 다른 것들에 대해 아동이 평정을 하는 데 사용될 수 있다.

✿ 반응 선택지들에 이름 붙이기

위의 예들은 평정척도의 양 끝점에만 이름이 붙어 있다. 응답자들은 이름이 붙어 있지 않은 반응 선택지의 의미를 결정하게 된다. 이는 합리적인 방식이며, 사람들은 대체로 어려움 없이 그러한 척도를 사용할 수 있다. 때때로 연구자들은 각 선택지들의 의미를 더 명확하게 정의하기 위해 이름을 붙이는 것을 필요로 한다. 아래에 동의-비동의 척도에 대한 매우 표준화된 선택지의 예가 있다.

____ 배우 동의
____ 동의
____ 결정하지 못함

____ 동의 안 함
____ 매우 동의 안 함

이러한 유형의 척도는 가운데 대안을 양 끝점의 중간에 있는 '중성적' 지점으로 가정한다. 그러나 때때로 완전히 균형 잡힌 척도는 가능하지 않을 수도 있고 바람직하지 않을 수도 있다. 대학 교수에게 직업이나 대학원과 관련하여 어떤 학생을 평정하라고 묻는 척도를 생각해 보라. 이 특별한 척도는 아래와 같이 학생들에 대한 상대적 평정치를 요구한다.

다른 졸업생들과 비교하여, 당신은 성공을 위한 이 학생의 잠재력을 어떻게 평가할 것인가?

____ 하위 50%
____ 상위 50%
____ 상위 25%
____ 상위 10%
____ 상위 5%

대부분의 선택지들이 사람들에게 학생들을 상위 25% 이내에서 평가하도록 만들고 있다는 점을 주목하라. 이렇게 구성된 이유는 그러한 프로그램에 지원하는 학생들이 매우 똑똑하고 동기가 높은 경향이 있기 때문에, 교수들이 호의적으로 평정하기 때문이다. 이 선택지의 구성은 평정자들이 일반적으로 매우 좋은 학생들 사이에서 더 세부적인 구분을 할 수 있도록 해준다.

이름이 붙은 선택지는 행동의 빈도에 관한 질문을 할 때 특히 흥미롭다. 예를 들어, 당신은 "당신은 얼마나 자주 최소한 20분 이상 운동을 합니까?"와 같은 질문을 할 수 있다. 이 질문을 하기 위해 당신은 어떤 유형의 척도를 사용해야 할까? 당신은 (1) 전혀, (2) 가끔, (3) 때때로, (4) 자주 등을 나열할 수 있다. 이 단어들은 당신의 의미를 전달하지만 막연한 표현이다. 여기 Schwarz(1999)가 사용한 것과 유사한 또 다른 선택지들이 있다.

____ 일주일에 두 번 미만
____ 일주일에 한 번 정도
____ 일주일에 네 번 정도
____ 일주일에 여섯 번 정도

____ 최소한 하루에 한 번

다른 형태의 척도는 아마도 다음과 같을 수 있다.

____ 한 달에 한 번 미만
____ 한 달에 한 번 정도
____ 2주에 한 번 정도
____ 일주일에 한 번 정도
____ 매주 한 번 이상

Schwarz(1999)는 위 첫 번째 척도를 대부분의 선택지들이 운동의 높은 빈도를 나타내기 때문에 고빈도 척도라고 불렀다. 그다음 척도는 저빈도 척도다. Schwarz는 척도에 붙인 이름은 사람들이 사용된 이름에 근거하여 그 척도를 다르게 해석할 수 있기 때문에 주의 깊게 선택해야 한다고 지적한다. 당신이 실제로 운동에 관한 질문을 하고 있다면, 당신은 여기에 제시된 척도와 다른 선택지를 사용하는 결정을 할 수도 있다. 더욱이, 당신의 선택은 당신이 연구하는 모집단과 같은 여러 요인들에 의해 영향을 받을 것이다. 만약 당신이 일반적으로 운동을 많이 하는 사람들을 연구한다면, 일반적으로 운동을 하지 않는 사람들을 연구할 때 사용하는 것보다는 더욱 고빈도 척도를 사용해야 할 것이다.

질문지 완성하기

질문지 형식 맞추기

인쇄된 질문지는 관심을 끌고 전문적으로 보여야 한다. 보기 좋게 인쇄되어야 하고 잘못 표기된 글자가 없어야 한다. 응답자들이 질문과 반응 선택지를 쉽게 찾을 수 있어야 한다. 질문들 간에 충분한 공간을 두어 사람들이 그 질문을 읽을 때 혼동되지 않도록 해야 한다. 만약 5점 평정척도와 같이 특정한 척도 형식이 있다면, 일관성 있게 사용해야 한다. 예컨대, 5점을 4점이나 7점 척도로 바꾸어서는 안 된다.

당신이 질문하려고 하는 문항들의 순서를 주의 깊게 고려하는 것도 좋은 생각이다. 일반적으로, 응답자들의 주의를 끌고 그들이 그 조사를 완료하도록 동기화하기 위해서 가장 흥미롭고 중요한 질문을 첫 번째로 하는 것이 최선이다. Roberson과

Sundstrom(1990)은 중요한 질문들이 앞에 제시되고 인구통계적 질문이 마지막에 배치되었을 때 종업원 태도 조사에서 가장 높은 회신율을 얻었다. 추가적으로, 질문들이 유사한 주제에 관해 언급할 때 그 질문들을 서로 집단화하는 것도 좋은 생각이다. 이렇게 함으로써 당신의 조사가 더욱 전문적으로 보일 수 있고, 응답자들 또한 그 조사를 더욱 진지하게 받아들일 것이다.

✿ 질문 다듬기

조사를 실제로 시행하기 전에, 소수의 사람들에게 그 질문을 먼저 준 다음 그 질문에 대해 생각나는 대로 말해 보도록 하는 것이 좋다. 참가자들은 연구되는 모집단으로부터 선택될 수도 있고, 그 질문에 합리적인 응답을 할 수 있는 친구나 동료들이 될 수도 있다. 생각나는 대로 말하기 절차를 위해, 당신은 그 사람들에게 각 질문을 어떻게 해석하는지, 반응 선택지에 대해 어떻게 반응하는지에 관해 당신에게 말해 달라고 요청하는 것이 필요하다. 이 절차는 질문을 향상시키는 데 사용될 수 있는 가치 있는 정보를 제공해 줄 수 있다(이런 경우와 같은 예비연구의 중요성에 대해 9장에서 설명할 것이다).

조사 실행하기

조사를 실행하는 두 가지 방식이 있다. 하나는 서면 질문지를 이용하는 것으로, 응답자들이 질문을 읽고 질문지 양식에 따라 응답을 하는 것이다. 두 번째 방법은 면접의 형태다. 면접자는 질문을 하고 개인적인 언어적 상호작용을 통해 반응을 기록한다. 질문지와 면접 모두 여러 방식으로 응답자에게 제시될 수 있다. 조사를 시행하는 다양한 방법에 대해 살펴보자.

✿ 질문지

질문지를 사용하여 질문들이 서면 형식으로 제시되고, 응답자는 대답을 적는다. 질문지를 사용하는 여러 긍정적인 면들이 있다. 첫째, 질문지는 일반적으로 면접보다 비용이 덜 든다. 또한 개인적 정보(예: 이름, 사회보장번호, 운전면허번호)를 묻지 않는 한, 질문지법은 응답자가 철저하게 익명으로 처리되도록 해준다. 그러나 질문지는 응답자들이 질문을 읽고 이해할 수 있을 것을 필요로 한다. 또한 많은 사람들은 질문들을 읽고 응답을 제공하는 것을 지루해한다. 따라서 동기의 문제가 발생할 수 있다. 질문지는 집단이나 개인에 직접 시행하거나, 우편이나 인터넷을 통해, 아니면 다른 여러 방법들을 통해 시행될 수 있다.

집단이나 개인에 대한 직접적 시행 연구자들은 종종 질문지를 집단으로 구성된 사람들에게 배부할 수 있다. 이들은 대학교 수업이나 학교모임에 참석한 부모들, 신규직원 오리엔테이션에 참여한 사람들, 지도교수와의 약속을 기다리고 있는 학생들이 될 수 있다. 이 방식의 장점은 응답자들이 질문지를 작성하기 시작하면 끝까지 완성할 가능성이 높은 고정적인 사람들에 시행한다는 것이다. 또한 연구자가 사람들이 필요한 경우에 질문을 할 수 있도록 해당 장소에 위치한다.

우편 조사 질문지는 가정이나 직장 주소로 개인들에게 우편으로 배달될 수 있다. 이는 표본으로 선택된 사람들에게 접촉하는 매우 값싼 방법이다. 그러나 우편의 형식은 잠재적으로 낮은 응답률이라는 단점이 있다. 질문지는 사람들이 집이나 직장에서 주의를 기울여야 하는 다른 모든 일들 속에서 매우 손쉽게 한쪽으로 치워지거나 잊혀질 수 있다. 비록 사람들이 질문지를 채워 나가기 시작한다 할지라도, 그들을 방해하는 어떤 일이 일어날 수 있고, 작성하는 것이 지루해져서 질문지를 그냥 휴지통에 버릴 수도 있다. 사람들의 응답률을 증가시키는 몇몇 방법이 이 장의 후반부에 소개되어 있다. 또 다른 단점은 응답자가 혼동되거나 어떤 것에 관한 질문이 있다고 하더라도 이를 도와줄 수 있는 사람이 아무도 없다는 것이다.

인터넷 조사 인터넷에서 시행하기 위한 질문지를 고안하는 것은 매우 쉽다. 개방형과 폐쇄형 질문들이 모두 **인터넷 조사**(internet survey)의 형태로서 응답자들에게 제공될 수 있다. 질문지가 완성되면, 응답들은 즉시 연구자에게 보내진다. 고려해야 할 중요한 문제들 중 하나는 사람들을 어떻게 표집할 것인가다. 가장 일반적으로, 조사가 검색엔진에 등록되어 어떤 주제에 관심이 있는 사람들이 어떤 사람이 자료를 수집하는 데 관심이 있나는 것을 발견하는 것이다. 주요 여론조사기관들 중 일부는 조사에 참여하는 데 관심이 있는 사람들에 대한 데이터베이스를 구축하고 있다. 조사를 수행할 때 매번 그들은 그 데이터베이스로부터 표본을 선택하고 참가를 위한 초청 이메일을 보낸다. 또한 인터넷은 특정한 속성을 지닌 사람들의 표본을 얻는 것을 더 쉽게 만들어 준다. 특정한 질병이나 특정 연령, 결혼 상태, 직업을 지닌 사람들을 위한 모든 유형의 인터넷 동호회가 존재한다. 이 집단들의 구성원들은 생각과 정보를 교환하기 위해 사회적 연결망이나 이메일 토론, 게시판, 채팅방을 이용한다. 연구자들은 이러한 인터넷을 이용하는 사람들에게 연구를 위해 자원해 줄 것을 요청할 수 있다. 인터넷 자료 수집에 관한 한 가지 우려는 그 결과가 전통적인 방식을 이용하여 발견한 것과 유사할 것인가 하는 점이다.

인터넷 자료의 또 다른 문제점은 연구를 위해 정보를 제공한 개인들의 특성에 관한 모호성이다. 윤리적 가이드라인을 충족시키기 위해, 일반적으로 연구자는 18세 이상의 성인들만이 응답할 자격이 있다고 진술하게 된다. 그러나 이것이 어떻게 통제될 수 있는가? 또한 사람들은 자신의 연령이나 성별, 인종 등에 관해 허위로 진술할 수도 있다. 이것이 주요 문제인지 우리는 알지 못한다. 그러나 대부분의 연구 주제에 대해, 다른 방법으로 자료를 수집한 것과 비교하여 사람들이 인터넷으로 응답할 때 허위정보를 제공하여 문제를 일으킬 가능성이 더 높은 것은 아니다. Krout 등(2004)과 Buchanan과 Williams(2010)는 인터넷 연구의 윤리적 쟁점에 관하여 상세하게 기술하고 있다.

다른 기법들 연구자들은 자료를 수집하는 데 도움이 되는 새로운 기법을 이용하고 있다. 한 가지 흥미로운 방식은 장기간에 걸친 사람들의 행동과 정서를 표집하는 데 목적이 있는 연구에서 볼 수 있다. 대체적인 방식은 그들의 행동이나 정서에 대한 회상적 설명을 제공해 달라고 사람들에게 요청하는 것이다(예: "지난주에 얼마나 자주 분노를 느꼈습니까?"). 휴대전화나 다른 무선 통신 기기를 이용하여, 다양한 시간에 사람들을 접촉하여 그들의 현재 활동과 정서에 관한 즉각적인 보고를 제공해 달라고 요청하는 것이 가능하다. Barrett과 Barrett(2001)은 이를 '전산화된 경험 표집'이라고 일컫는다.

✿ 면접

면접이 사람들 간의 상호작용을 필요로 한다는 사실은 중요한 시사점을 갖는다. 첫째, 사람들은 종종 우편으로 받은 질문지에 대해서보다 실제 사람으로부터의 질문에 대한 답을 하는 데 더 동의할 가능성이 높다. 좋은 면접자는 사람들을 참여하게 설득하는 데 확실한 기술을 가지고 있다. 따라서 응답률은 면접이 이용될 때 더 높은 경향이 있다. 면접자와 응답자는 종종 사람들이 모든 질문에 대해 답을 하고 그 조사를 완성하도록 동기화하는 것을 돕는 라포(rapport)를 형성한다. 사람들은 면접에서보다 서면 질문지에서 더 많은 질문들에 대해 응답을 하지 않을 가능성이 더 높다. 면접의 한 가지 중요한 장점은 면접자가 응답자가 질문을 이해하는 데 가질 수도 있는 어떠한 문제라도 분명하게 해줄 수 있다는 것이다. 더욱이, 답변을 명확하게 하는 것을 돕는 데 필요하다면 추후 질문을 할 수도 있다.

면접에서의 한 가지 잠재적 문제는 **면접자 편향**(interviewer bias)이라고 하는 것이다. 이 용어는 면접자가 다른 사람과 상호작용하고 있는 유일한 사람이라는 사실로부터 발생할 수 있는 모든 편향들을 묘사한다. 따라서 한 가지 잠재적인 문제는 면접자가 부적절하게 특정 답변들에 대해 찬성 또는 반대의 표현을 보여 줌으로써 응답자의 반응을 교묘하게 편향시킬 수 있다는 것이다. 여러 면접자들이 있다면, 각각의 면접자가 응답자들의 반응을 하는 방식에 영향을 미칠 수도 있는 서로 다른 특성들(예: 신체 매력도의 수준이나 연령, 인종 등)을 보유할 수 있다. 또 다른 문제는 면접자들이 응답자들의 반응에 '저들이 무엇을 찾고 있는지를 알아보는 것'으로 이끌 수 있는 기대를 가지고 있을 수 있다는 것이다. 그러한 기대는 반응에 대한 그들의 해석에 편향을 일으킬 수 있고, 전체가 아닌 특정 응답자들로부터 나온 응답에 대해서 더욱 매진하도록 만들 수도 있다. 예를 들어, 백인들에게만 질문을 하고 다른 인종들에게는 하지 않거나, 남사아이들에게만 질문을 하고 여자아이들에게는 하지 않는 경우와 같은 것들이다. 면접자에 대한 세심한 적격심사와 훈련이 그러한 편향을 제한하는 데 도움을 줄 것이다.

우리는 면접을 수행하는 세 가지 방법, 즉 면대면 면접, 전화 면접, 그리고 초점집단 면접을 살펴볼 것이다.

면대면 면접 **면대면 면접**(face-to-face interview)은 면접을 수행하기 위해 면접자와 응답자가 만나는 것을 필요로 한다. 때때로 응답자가 면접자의 사무실로 가기도 하지만, 일반적으로는 면접자가 개인의 집이나 회사를 방문한다. 이러한 면접은 꽤 비용이 많이 들고 시간 소모적인 경향이 있다. 따라서 대체로 이 방식은 표본크기가 상당히 작고, 면대면 상호작용에 의한 명확한 이득이 있는 경우에 사용될 수 있을 것이다.

전화 면접 대단위 조사를 위한 거의 모든 면접은 전화를 통해 이루어진다. **전화 면접**(telephone interview)은 면대면 면접보다 비용이 덜 들고, 많은 면접자가 동시에 동일한 조사에 착수할 수 있기 때문에 상대적으로 빨리 자료를 모을 수 있다. 또한 전산화된 전화 조사 기법은 근로자 수와 자료 분석 비용을 줄여 줌으로써 전화 조사의 비용을 낮추어 준다. **컴퓨터 보조 전화 면접**(computer-assisted telephone interview, CATI) 시스템을 사용하면, 면접자의 질문들이 컴퓨터 화면에 나타나고, 자료는 분석을 위해 컴퓨터로 직접 입력된다.

초점집단 면접 산업현장에서 종종 사용되는 면접 기법은 초점집단 면접이다. **초점집단**(focused group)은 대체로 2~3시간 정도, 6~10명 정도의 사람들로 구성된 한 집단에 대한 면접이다. 거의 모든 주제가 초점집단에서 다루어질 수 있다. 종종 집단 구성원이 선택되는데, 그 이유는 그들이 해당 주제에 관한 특정한 지식이나 관심을 가지고 있기 때문이다. 초점집단은 사람들로 하여금 시간을 보내고, 장소 이동으로 인한 약간의 비용을 발생시키기 때문에, 참가자들은 일반적으로 금전적 보상이나 선물을 받는다.

질문은 개방형인 경향이 있고, 전체 집단에 대해 질문을 하게 된다. 여기서의 이점은 집단 상호작용이 가능하다는 것이다. 즉, 사람들은 서로에게 대답할 수 있고, 하나의 언급이 다양한 반응을 이끌어 낼 수 있다. 면접자는 의사소통을 촉진하고, 토론을 주도하려고 하는 사람들이나 집단 구성원들 간의 호의와 같은, 일어날 수 있는 문제들을 다루는 데 숙련된 사람이어야 한다. 집단토론은 일반적으로 녹음되고 녹취록이 만들어지기도 한다. 그다음 녹음기록과 녹취록은 집단의 합의나 불화의 주제나 영역을 찾기 위해 분석된다. 때때로 녹취록이 특정 단어나 어구를 찾기 위해 컴퓨터 프로그램에 의해 분석되기도 한다. 연구자들은 수집한 정보가 한 집단에 대한 사람들에게만 유일한 것이 아니라는 것을 확실히 하기 위해 동일한 주제를 일반적으로 최소한 둘 이상의 토론집단에 수행하는 것을 선호한다. 그러나 각 초점집단이 시간 소모적이고 비용이 들며, 굉장히 많은 정보를 제공하기 때문에, 어떤 한 가지 주제에 관해 너무 많은 집단을 상대로 수행하지는 않는다.

시간 경과에 따른 변화를 연구하기 위한 조사 설계

조사는 한 시점에서 사람들을 가장 빈번하게 연구한다. 그러나 많은 경우에 연구자들은 시간 경과에 따른 비교를 해보는 것을 원한다. 예를 들어, 지역 신문은 종종 지역 거주자들에 대한 연간 무선 조사를 수행하기 위해 회사를 고용한다. 매년 질문들이 동일하기 때문에, 지역에 대한 만족도, 교육체계에 대한 태도, 해당 지역이 당면하고 있는 지각된 주요 문제점 등과 같은 변인들에 대해 시간 경과에 따른 변화를 추적하는 것이 가능하다. 유사하게, 미국 전역에 걸쳐 수많은 1학년 학생들에 대한 조사가 그 학생들의 구성, 태도, 장래 희망에서의 변화를 연구하기 위해 이루어진다(Pryor, Hurtado, DeAngelo, Palucki Blake, & Tran, 2011). 예컨대, 오늘날 대학 1학년 학생들은 1970년대와 비교하여 인종적으로 더욱 다양한 배경을 가지고 있다(1971년도에는 응답자의 90.9%가 백인이었던 반면, 2006년에는 백인의 비율이 75.6%였다). 이 집단의 정치적 태도 또한 시간이 지남에 따라 변화되었다. 즉, 세금을 지불하는 것과 낙태의 권리에 관한 의견에서 이러한 경향이 관찰되었다. 끝으로, 그들의 정서적 건강이 평균 이상이나 상위 10%에 해당한다고 생각하는 신입생들의 비율이 2010년에 25년 중 최하위를 기록하였다. 즉, 1985년에는 응답자들의 64%가 양호한 정서적 건강 상태라고 보고한 반면, 2010년에는 응답자들의 52%만이 그러하다고 보고하였다.

시간 변화에 따른 변화를 연구하는 또 다른 방법은 동일한 사람들이 두 번 이상의 시점에서 조사를 받게 되는 **패널 연구**(panel study)를 수행하는 것이다. 2차 패널 연구에서는, 사람들은 두 번의 시점에서 조사를 받고, 3차 패널 연구에서는 세 번의 조사가 수행되는 방식이다. 패널 연구는 연구 문제가 첫 번째 시점에서의 한 변인과 이후 두 번째 시점에서의 다른 변인들 간의 관계를 다룰 때 특히 중요하다. 예를 들어, Chandra 등(2008)은 텔레비전의 성적 내용에 대한 노출과 시간 경과에 따른 10대 임신의 관계를 연구하였다. 자료는 3년이 넘는 기간에 2,000명이 넘는 10대들로부터 수집되었다. 텔레비전의 성적 내용에 대한 노출은 참가자의 성적 지식, 태도, 행동과 더불어 그들의 TV 시청 습관에 관하여 질문을 하는 조사를 통해 평가되었다. 참가자들은 3년간 세 번의 조사를 받았다. Chandra와 동료들은 텔레비전의 성적 내용에 대한 노출의 수준이 높을수록 실제로 10대 임신의 높은 비율을 예측하는 것을 발견하였다(**그림 7.2**). 실제로 그들은 "높은 비율의 노출이 낮은 비율의 노출과 비교하여 관찰된 임신율이 두 배에 해당하였다"(p. 1052)고 보고하였다.

모집단으로부터의 표집

대부분의 연구 프로젝트는 관심 모집단으로부터 참가자들을 **표집**(sampling)하는 것

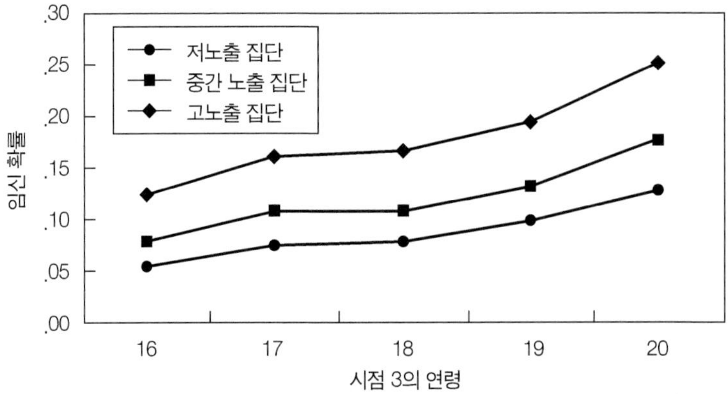

그림 7.2 시점 1에서 텔레비전의 성적 내용에 노출된 정도가 낮은 집단, 중간 집단 높은 집단에 관련되는 시점 3에서의 임신 확률

출처: "Does watching sex on television predict teen pregnancy? Findings from a national longitudinal survey of youth," by A. Chandra, S. C. Martino, R. L. Collins, M. N. Elliott, S. H. Berry, D. E. Kanouse, & A. Miu, 2008, *Pediatrics*, *122*, 1047-1054에서 발췌.

을 수반한다. **모집단**(population)은 연구자가 관심을 두는 모든 개인들로 구성된 집단을 말한다. 예를 들어, 대단위 선거에서 관심 모집단은 미국에 있는 투표권이 있는 모든 투표권자가 될 것이다. 이는 관심 모집단이 18세 이하나 유죄를 선고받은 재소자, 다른 나라로부터 온 여행객, 그리고 투표권이 없는 사람은 포함하지 않는다는 것을 의미한다. 당신은 모집단이 당신의 대학에 있는 모든 학생으로 구성된 조사를 수행할 수도 있을 것이다. 충분한 시간과 돈이 있다면, 조사를 수행하는 연구자는 이 모집단에 있는 모든 사람과 접촉할 수 있다고 생각할 수 있을 것이다. 미국 정부는 전체 모집단에 대한 공식적인 인구통계에 대하여 10년에 한 번씩 이 방식을 시도한다. 상대적으로 작은 모집단이라면, 당신은 전체 모집단을 쉽게 연구할 수 있음을 알 수 있을 것이다.

그러나 대부분의 경우에서, 전체 모집단을 연구하는 것은 엄청난 사업이 될 것이다. 다행히도, 관심 모집단으로부터 표본을 선발함으로써 그러한 일을 하지 않을 수 있다. 타당한 표집을 한다면, 우리는 모집단의 특성을 정확히 추정하기 위해 표집된 참가자들(혹은 응답자들)로부터 획득한 정보를 사용할 수 있다. 통계 이론이 표본으로부터 획득한 자료에 근거하여 모집단의 특성이 무엇일까에 대해 추론하는 것을 가능하게 해준다(통계적 유의도로 불리는 논리적 기저에 대해서는 13장에서 다루게 될 것이다).

✿ 신뢰구간

연구자들이 모집단에 관하여 추론을 할 때, 그들은 특정한 확신의 정도를 가지고 하게 된다. 당신이 조사 결과를 읽을 때 보게 될 수 있는 문장은 다음과 같다. "이 조사 결과는 95%의 신뢰수준에서 3%의 오차범위를 가지고 있다." 이것은 당신에게 무엇을 말해 주는가? 당신이 학생들에게 집에서 공부하는 것을 선호하는가, 아니면 학교에서 하는 것을 선호하는가를 질문하였고, 그 조사 결과가 61%의 학생들이 집에서 공부하는 것을 선호한다고 보여 준다고 가정해 보자. 동일한 확신의 정도를 이용하면, 당신은 실제 모집단의 값이 아마도 58%에서 64% 범위 내에 있음을 알게 될 것이다. 이것을 **신뢰구간**(confidence interval)이라고 부른다. 당신은 실제 모집단의 값이 획득한 표본 결과 근처에 이 구간 내에 놓일 것이라는 것을 95% 확신할 수 있다. 모집단의 값에 대한 최선의 추정치는 표본의 값이다. 그러나 당신은 전체 모집단이 아닌 하나의 표본만을 가지고 있기 때문에 당신의 결과에는 오차가 있을 수 있다. 신뢰구간은 그 오차의 정도에 관한 정보를 제공해 준다. 당신은 오차범위(margin of error)라는 말에 더욱 친숙할 수 있겠지만, 이 오차의 공식적인 용어는 **표집오차**(sampling error)다. 5장에서 논의한 측정오차의 개념을 기억해 보라. 즉, 당신이 한 변인에 대하여 한 개인을 측정할 때, 획득된 점수는 측정오차 때문에 진점수로부터 벗어나 있을 수 있다. 유사하게, 당신이 한 표본을 연구할 때, 획득된 결과는 표집오차 때문에 실제 모집단 값으로부터 벗어나 있을 수 있다.

신문이나 다른 곳에서 당신이 종종 읽게 되는 조사들은 백분율을 다룬다. 좀 더 양적인 정보에 관해 물어보는 질문들은 어떠할까? 이 경우에서의 논리는 정확히 동일하다. 예를 들어, 만약 당신이 학생들에게 그 전날 몇 시간 동안 공부하였는가를 보고하도록 요청하였고, 76분이라는 평균 시간을 얻었다고 가정하자. 신뢰구간은 표본의 크기에 근거하여 계산될 수 있는데, 예컨대 95% 신뢰구간은 76분±10분이 된다. 따라서 실제 모집단의 값이 66분에서 86분의 구간에 놓일 확률이 매우 높다. 신뢰구간에 관한 주제는 13장에서 다시 다루게 된다.

✿ 표본크기

더 큰 표본크기가 신뢰구간의 크기를 줄일 것이라는 점을 이해하는 것이 중요하다. 신뢰구간의 크기가 여러 요인들에 의해 결정되기는 하지만, 가장 중요한 것은 표본크

표 7.2 표본크기와 모집단 평가의 정확률(95% 신뢰수준)

모집단의 크기	평가의 정확률		
	±3%	±5%	±10%
2,000	696	322	92
5,000	879	357	94
10,000	964	370	95
50,000	1,045	381	96
100,000	1,055	383	96
100,000 이상	1,067	384	96

주: 표본크기는 실제 모집단 값의 속성에 관한 보수적인 가정을 이용하여 계산되었다.

기다. 더 큰 표본은 실제 모집단 값을 정확히 반영하는 자료를 산출할 가능성이 더 높다. 다음 문장이 당신에게 더 직관적으로 와 닿을 것이다. 즉, 당신의 학교에서 200명으로 구성된 표본은 25명으로 구성된 표본보다 당신의 학교에 관하여 더욱 정확한 자료를 산출한다.

표본은 얼마나 커야 하는가? 표본크기는 신뢰구간의 크기와 당신이 연구하는 모집단의 크기를 설명하는 수학적 공식을 이용하여 결정될 수 있다. 표 7.2는 95% 신뢰수준에서 각각 3%, 5%, 10%의 오차범위 이내로 정확하기 위해 필요한 표본크기를 보여 준다. 더 높은 정확률을 얻기 위해서는 더 큰 표본크기가 필요함을 확인하라. 10,000명의 모집단 크기라면, ±5% 이내의 정확률을 위해서는 370명의 표본이 필요하며 ±3% 이내의 정확률을 얻기 위해서는 964명으로 필요한 표본크기가 증가된다. 표본크기가 모집단 크기에 대한 일정한 백분율이 아님을 주목하라. 많은 사람들이 적절한 표집이 모집단에 대한 특정 백분율을 필요로 한다고 믿는다. 이런 사람들은 전국에 대한 조사가 '단지' 700명 또는 1,000명에 대해서 이루어진 것을 확인하고 조사결과에 대해 종종 불평을 한다. 그러나 모집단 크기가 5,000명에서 100,000명, 그 이상 증가하더라도 필요로 하는 표본크기가 그렇게 많이 변하지 않는다는 것을 표에서 볼 수 있다. Fowler(2009)는 "150명의 표본이 1,500명의 모집단 또는 1,500만 명의 모집단을 거의 같은 정도의 정확률로 기술할 것이다"(p. 45)라고 지적한다.

표집 기법

모집단으로부터 개인을 표집하는 두 가지 기본적인 기법(확률표집과 비확률표집)이 있다. **확률표집**(probability sampling)에서, 모집단의 각 구성원은 표본으로 선택될 명시적인 확률을 지니고 있다. 확률표집은 당시의 조사 결과를 기반으로 특정 모집단에 관한 정확한 진술을 하고자 할 때 필요하다. **비확률표집**(nonprobability sampling)에서, 우리는 모집단의 어떠한 구성원에 대해서도 선택될 확률을 알지 못한다. 비록 이 방식이 확률표집만큼 세련된 것은 아니지만, 비확률표집이 많은 환경에서 매우 일반적이고 유용하다는 것을 보게 될 것이다.

확률표집

단순 무선표집 **단순 무선표집**(simple random sampling)에서는, 모집단의 모든 구성원이 표본으로 선택될 동등한 확률을 지닌다. 만약 모집단에 1,000명의 구성원이 있다면, 각 구성원은 1,000분의 1의 확률로 선택될 기회를 갖는다. 당신의 학교에 다니는 학생들을 표집하기를 원한다고 가정해 보자. 모든 학생들의 목록이 필요할 것이다. 그 목록으로부터 학생들이 무선적으로 표본으로 선택될 것이다.

선화 면접을 수행할 때, 연구자들은 연구되는 도시나 지역에 있는 거주자들에게서 사용되는 지역번호와 함께 전화번호 목록을 무선적으로 만드는 컴퓨터 프로그램을 가지고 있다. 대부분의 거주자들이 전화를 가지고 있기 때문에, 이것은 모집단에 대한 **무선표본**(random sample)을 생성할 것이다(만약 많은 사람들이 전화를 가지고 있지 않다면, 그 표본은 편향될 것이다). 몇몇 회사들은 조사를 위한 전화번호 목록을 연구자들에게 제공해 줄 것인데, 이 목록에는 이미 제거된 사업체 전화번호와 전화회사들이 사용하지 않는 번호들도 포함한다. 당신은 이 절차가 개인이 아닌 가구에 대한 무선표본을 만들어 낼 것이라는 점을 알아차렸을 수 있다. 조사연구자들은 가구로부터 한 개인을 무선적으로 선택하는 것이 중요할 때, 다른 절차를 사용한다.

계층화 무선표집 좀 더 복잡한 방식들 중 한 가지가 **계층화 무선표집**(stratified random sampling)이다. 모집단이 여러 하위집단(혹은 계층)으로 구분된 다음, 무선표집 기법이 각 계층으로부터 표본 구성원들을 선택하는 데 이용된다. 모집단을 분할하기 위해 사용되는 차원의 수는 어떤 수여도 되지만, 선택된 차원은 연구에서 다루는 문제와 관련되어야만 한다. 예를 들어, 성적 태도에 대한 조사는 연령, 성별, 교육 수준에 기반하여 계층화될 수 있는데, 그 이유는 이러한 요인들이 성적 태도와 관련되기 때문이다. 키나 머리색에 근거한 계층화는 이 연구에 대해서는 터무니없는 것이 될 것이다.

계층화 무선표집은 표본이 다양한 하위집단들의 수치적 구성을 정확히 반영할 것이라는 내재된 확신이라는 이점을 가지고 있다. 이러한 유형의 정확성은 일부 하위집단이 매우 적은 비율의 모집단을 대표할 때 특히 중요하다. 예컨대, 만약 아프리카계 미국인들이 100,000명이 사는 도시의 5%를 구성한다면, 100명의 단순한 무선표본은 아프리카계 미국인을 하나도 포함하지 않을 수 있다. 반면, 계층화 무선표본은 모집단으로부터 5명의 아프리카계 미국인들을 포함할 것이다. 실제로는, 모집단 내 작은 집단을 대표하는 것이 중요할 때, 연구자들은 조사되는 집단의 대표적인 표본을 확실히 하기 위해 해당 집단을 과표집할 것이다. 여기서, 충분히 큰 표본이 모집단에 관한 추론을 할 수 있기 위해 얻어져야 한다. 따라서 만약 당신의 대학이 여기에 기술한 도시와 유사한 학생 분포를 가지고 있고, 당신이 아프리카계 미국인들과 백인들의 태도를 비교할 필요가 있다면, 각 집단으로부터의 충분한 수의 응답자를 얻기 위해서 당신은 충분히 큰 비율의 아프리카계 미국인인 학생들을 표집하고, 작은 비율의 백인 학생들을 표집하는 것이 필요할 것이다.

군집표집 모집단에 대한 모든 구성원의 목록을 얻는 것은 매우 어렵다는 것을 경험해 보았을 수 있다. 만약 당신의 학교의 정책이 당신이 모든 학생들의 목록에 접근할 수 없다고 결정하면 어떻게 할 것인가? 만약 당신이 지역 보건소에서 일하는 사람들과 같이 구성원의 목록이 없는 모집단을 연구하고자 한다면 어떻게 할 것인가? 그러한 상황에서, **군집표집**(cluster sampling)이라고 불리는 기법이 사용될 수 있다. 개인들의 목록으로부터 무선적으로 표집을 하는 것이 아니라, 연구자들이 개인들의 군집을 확인할 수 있다면 그 군집들로부터 표집하는 것이다. 군집들이 선택되고 난 후, 각 군집 내 모든 개인들은 표본에 포함된다. 예를 들어, 당신은 진행되고 있는 모든 교과목들을 확인함으로써 군집표집을 이용하여 학생들에 대한 조사를 수행할 수 있을 것이다. 여기서 교과목이 군집이 된다. 그런 다음 당신은 이 교과목 목록으로부터 무선적으로 표집을 하여 선택된 교과목을 수강하는 모든 구성원들에게 조사를 완성하라고 할 수 있다(물론, 어느 누구도 조사에 두 번 이상 참여하지 않는 것을 확실히 해야 한다).

빈번한 경우로, 군집표집의 사용은 큰 군집으로부터 더 작은 군집으로까지 일련의 표본들을 필요로 하게 된다(단계적 방식). 예컨대, 지역 보건소에 관심이 있는 연구자는 먼저 표집할 주의 수를 무선적으로 결정하고, 그다음 선택된 각 주에서 무선적으로 지역을 표집할 수 있다. 연구자는 그다음 이러한 지역들의 각각에서 보건소를 찾아가서 거기에서 일하는 사람들을 연구할 것이다. 군집표집의 중요한 이점은, 연구자들이 개인에 대한 실질적인 무선표본을 얻기 위해 개인들의 목록으로부터 표집할 필요가 없다는 것임을 주목하라.

✿ 비확률표집

모든 구성원의 확률을 알 수 있는 확률표집과는 대조적으로, 비확률표집에서는 선택될 확률이 알려져 있지 않다. 비확률표집 기법은 상당히 임의적이다. 모집단이 정의되지만, 표본이 정확하게 그 모집단을 대표하는지를 확실히 하는 노력을 거의 하지 않는다. 그러나 다른 것들 중에서, 비확률표집은 비용이 저렴하고 편리하다. 세 가지 유형의 비확률표집은 무계획표집, 목적표집, 할당표집이다.

무계획표집 비확률표집의 한 가지 형태는 **무계획표집**(haphazard sampling) 또는 편의표집(convenience sampling)이다. 무계획표집은 참가자들을 얻기 위해, '당신이 찾고자 하는 곳에서 그들을 찾는' 방법이라고 할 수 있다. 따라서 당신은 편리한 어떤 방법으로도 당신의 학교로부터 학생들의 표본을 선택할 수 있다. 당신은 9시에 학생회관 앞에 서서, 수업시간에 당신 근처에 앉는 사람들에게 참여를 요청하거나 동호회 몇 곳을 들르거나, 여학생 동아리를 방문할 수도 있을 것이다. 불행하게도, 그러한 절차는 표본에 편향을 만들 가능성이 있어서, 그 표본은 모든 학생들에 대한 모집단의 정확한 대표가 아닐 수도 있다. 따라서 만약 당신이 11시에 학생회관 근처를 지나가는 학생들로부터 표본을 구성하였다면, 당신의 표본은 그 장소에 자주 오지 않는 학생들을 배제하게 되고, 오후나 저녁에 그곳을 지나는 학생들 또한 제외하게 될 것이다. 이 표본은 어리거나, 더 적게 걷거나, 동호회나 다른 동아리에 소속된 사람들일 가능성이 높기 때문에, 모든 학생들에 대한 모집단과는 다를 것이다. 이러한 것들과 같은 표본 편향들이 당신의 표본 자료를 실제 모집단 값을 추정하는 데 사용하는 것을 제한한다. 당신의 결과는 당신의 의도한 모집단으로 일반화하는 것은 어렵겠지만, 대신에 당신이 획득한 편향된 표본을 기술하는 데 사용될 수 있을 것이다.

목적표집 비확률표집의 두 번째 형태는 **목적표집**(purposive sampling)이다. 여기서 목적은 몇몇 미리 정해진 기준에 도달하는 사람들의 표본을 얻는 것이다. 때때로 대단위 영화관에서, 당신은 하나 혹은 그 이상의 영화에 관하여 관람객들에게 설문지 작성을 요청하는 연구자를 보았을 수도 있다. 그들은 늘 목적표집을 하고 있다. 극장을 향해 걸어가는 아무나를 표집하는 것 대신에, 그들은 대상자가 몇몇 기준에 들어맞는지를 확실히 하기 위해 각 개인을 살펴본다(예: 30세 이하, 혹은 자녀가 1~2명이 있는 성인 등). 이것은 특정 집단의 사람들을 표집하는 데 제한을 두는 좋은 방법이다. 그러나 이것은 확률표본이 아니다.

할당표집 비확률표집의 세 번째 형태는 **할당표집**(quota sampling)이다. 이 기법을 사용하는 연구자는 모집단의 여러 하위집단에 대한 수치적 구성을 반영하는 표본을 선택한다. 따라서 할당표집은 이전에 설명하였던 계층화표집 절차와 유사하다. 그러나 할당표집을 사용할 때 무선표집은 이루어지지 않는다. 이를 묘사하기 위해, 학생들의 표본이 1학년 19%, 2학년 23%, 3학년 26%, 4학년 22%, 대학원생 10%를 포함하는 것을 확실히 하는 것을 원한다고 가정해 볼 수 있는데, 이는 이 비율들이 전체 모집단에서의 수업의 백분율이기 때문일 수 있다. 만약 당신이 학생회관 앞에서 충분한 수의 대학원생들을 얻지 못한다면, 그 표본을 완성하기 위해 대학원 수업에 찾아갈 수도 있을 것이다. 비록 할당표집이 무계획표집보다 더 정교하지만, 다양한 하위집단에 있는 개인들이 어떻게 선택되는지에 관해서 아무런 제약이 있지 않기 때문에 문제들은 여전히 존재한다. 그 표본은 관심 있는 전체 모집단의 수치적 구성을 반영하지만, 각 하위집단 내의 응답자들은 무계획적인 방식으로 선택된다. 이러한 기법들이 표 7.3에 요약되어 있다.

표본 평가하기

표본은 해당 표본이 추출된 모집단을 대표해야만 한다. 완전히 비편향된 표본은 그 모집단에 대한 대표성이 매우 높은 표본이다. 어떻게 완전히 비편향된 표본을 만들 수 있는가? 첫째, 모집단에 있는 모든 개인들을 포함하는 모집단으로부터 무선적으로 표집해야 한다. 둘째, 표본으로 선택된 모든 개인에게 접촉해야 하고, 그들로부터 완전한 반응을 얻어야 한다. 이러한 기준들은 거의 이루어지지 않는다. 무선표집이 사용되었다 할지라도, 두 가지 출처, 즉 사용된 표집틀과 낮은 반응률에 의해 편향을 초래할 수 있다. 더욱이, 비확률표본이 확률표본보다 더 많은 잠재적인 편향의 출처

표 7.3 표집 기법들의 장점과 단점

표집 기법	예시	장점	단점
확률표집 기법			
단순 무선표집	컴퓨터 프로그램이 A 대학에서 모든 10,000명의 학생들의 목록으로부터 100명의 학생들을 무선적으로 선택한다.	모집단에 대한 대표성	비용이 더 많이 들 수 있음. 관심을 두는 특정 모집단의 모든 구성원들에 대한 전체 목록을 얻는 것이 어려울 수 있음.
계층화 무선표집	모든 10,000명의 A 대학생들의 이름들이 전공에 의해 정렬된 다음, 컴퓨터 프로그램이 각 전공마다 50명의 학생들을 무선적으로 선택한다.	모집단에 대한 대표성	비용이 더 많이 들 수 있음. 관심을 두는 특정 모집단의 모든 구성원들에 대한 전체 목록을 얻는 것이 어려울 수 있음.
군집표집	심리학 전공에 대한 200개의 군집들이 미국 전역에 걸친 대학들에서 확인된다. 이 200개의 군집들 중에서, 10개의 군집들이 무선적으로 선택되고, 각 군집에서 모든 심리학 전공이 표집된다.	연구자가 전체적인 무선표본을 얻기 위해 개인들의 목록으로부터 표본을 가질 필요가 없다.	비용이 더 많이 들 수 있음. 무선적으로 선택된 군집의 모든 구성원들에 대한 전체 목록을 얻는 것이 어려울 수 있음.
비확률표집 기법			
무계획표집	점심시간이나 수업시간에 당신의 주위에 있는 학생들에게 참여할 것을 요청한다.	비용이 저렴하고, 효율적이며, 편리함.	표본에 편향을 일으킬 수 있음. 결과가 의도한 모집단에 일반화되지 않을 수 있음.
목적표집	기준(예: 특정 연령 집단)에 들어맞는 개인들을 선택하는 것을 제외하고는 무계획표집임.	표본이 당신이 관심이 있는 개인들의 유형만을 포함한다.	표본에 편향을 일으킬 수 있음. 결과가 의도한 모집단에 일반화되지 않을 수 있음.
할당표집	모집단 내 집단들의 백분율을 대표하는 특정한 비율의 자료를 수집한 후, 무계획 기법을 사용함.	비용이 저렴하고, 효율적이며, 편리함.	표본에 편향을 일으킬 수 있음. 결과가 의도한 모집단에 일반화되지 않을 수 있음. 하위집단에서 개인들을 선택하기 위한 아무런 방법이 없음.

들을 가지고 있는데도 불구하고, 그것들이 사용되고 긍정적으로 평가되어야 하는 많은 이유들이 있다(표 7.3을 보라).

✿ 표집틀

표집틀(sampling frame)은 무선표본이 추출될 개인들(혹은 군집들)의 실제 모집단이다. 관심 모집단과 완전히 일치하는 것은 거의 드문 일이다. 이로 인해 일부 편향이 발생한다. 만약 당신이 모집단을 '이 도시의 거주자들'이라고 정의한다면, 표집틀은 오후 5시에서 9시 사이에 거주자들과 접촉하는 데 사용할 전화번호의 목록이 될 수 있다. 이 표집틀은 전화가 없거나 당신이 전화를 할 때 집에 있지 않을 스케줄이 있는 사람들을 제외할 것이다. 또한, 만약 전화번호를 얻기 위해 전화번호부를 이용한다면, 목록에 없는 사람들을 제외할 것이다. 또 다른 예로서, 당신이 의료업에 대한 텔레비전의 묘사에 관해 의사들이 어떻게 생각하는지를 알고 싶어 한다고 가정해 보자. 적절한 표집틀은 전화번호부에 있는 모든 의사들이 될 수 있을 것이다. 그러나 당신은 당신의 표본을 특정 지역으로 한정하고 있음을 즉시 알아차릴 수 있다. 더욱 중요하게, 당신은 개인의료업을 하는 의사들로 표본을 제한한 것이다. 즉, 병원에서 일을 하는 의사들은 제외된 것이다. 조사의 결과를 평가할 때, 당신은 표집틀이 관심 모집단과 얼마나 잘 들어맞는지를 고려해야 한다. 종종 초래된 편향들이 매우 사소한 것일 수 있으나, 중요한 것일 수 있다.

✿ 반응률

조사에서 **반응률**(response rate)은 표본에서 실제로 조사를 완료한 사람들의 단순한 백분율이다. 따라서 당신의 지역에 살고 있는 성인들의 무선표본에 1,000부의 설문지를 배포하고 500명이 설문지를 완성해서 당신에게 다시 보냈다면, 반응률은 50%다. 반응률은 응답자들의 최종 표본에 있을 수 있는 편향이 얼마나 큰지를 나타내기 때문에 중요하다. 무응답자들은 연령, 수입, 결혼상태, 교육수준 등 어떤 방식으로든 응답자들과 다를 수 있다. 응답률이 낮을수록 그러한 편향이 연구 결과를 왜곡시키고, 그 다음 관심 모집단에 그 결과를 일반화할 능력을 제한할 가능성을 증가시킨다.

일반적으로, 우편 조사는 전화 조사보다 더 낮은 응답률을 보인다. 그러나 두 방법 모두에서, 응답률을 최대화하기 위해 여러 단계를 적용할 수 있다. 우편 조사에서,

조사의 이유를 설명하는 엽서나 편지를 실제 조사 설문지를 발송하기 일주일 정도 전에 미리 보낼 수 있다. 추후에 이를 상기시키기 위한 편지와 설문지를 동봉한 두 번째 우편을 보내는 것이 종종 응답률을 높이는 데 효과적이다. 상용의 반송 우편봉투를 보내는 것보다는 개별적으로 우표를 붙인 반송 우편봉투를 동봉하는 것이 종종 도움이 된다. 심지어 설문지 표지의 생김새도 중요할 수 있다(Dillman, 2000). 전화 조사에서는, 집에 있지 않은 응답자들에게는 전화를 다시 걸 수 있고, 당일에 면접을 할 수 없는 사람들은 더 편한 시간에 전화 스케줄을 잡을 수 있다. 때때로 어떤 보상이 응답률을 증가시키는 데 필수적일 수 있다. 그러한 보상은 참가에 대한 동의를 위해 현금이나 선물, 상품권을 포함할 수 있다. 감사를 표현하는 빳빳한 지폐가 우편으로 보내지는 설문지와 함께 포함될 수 있다. 또 다른 보상은 상품에 대한 당첨의 기회다. 마지막으로, 연구자들은 조사의 목적이 중요하고 그들의 참여가 가치 있는 기여를 할 것이라는 것을 사람들에게 납득시키는 노력을 해야만 한다.

편의표본을 사용하는 이유

심리학 분야에서 많은 연구들이 조사나 실험을 위한 참가자들을 얻기 위해 비확률표집 기법을 사용한다. 이 기법의 장점은 연구자가 표본을 선택하는 데 많은 돈이나 시간을 소모하지 않고 연구 참여자를 얻을 수 있다는 것이다. 예를 들어, 심리학 개론 수업을 듣는 학생들로부터 참가자들을 선택하는 것이 흔한 방법이다. 종종 이러한 학생들은 교수나 대학원생들이 수행하고 있는 연구에 참여하기를 요구받는다. 심리학 개론 수강생들은 어떤 연구들에 참여하고 싶은지를 선택할 수 있다.

대학생을 사용하지 않는 연구에서조차도, 표본은 무선표본을 얻는 것에 대한 중요성보다는 종종 편의에 기반하여 구성된다. 아동을 연구하는 동료 연구자들 중 한 명은 거의 항상 특정한 초등학교로부터 표본을 구성한다. 당신은 이것이 그 연구자가 해당 학교의 교사들과 행정직원들과 좋은 관계를 갖고 있기 때문이라는 것을 짐작할 수 있다. 따라서 연구를 수행하기 위한 허가를 받는 것이 상당히 쉽다. 비록 표본이 오직 특정한 사회경제적 특성을 지니고 있는 한 지역의 아동들을 포함하기 때문에 어느 정도 편향될 수 있지만, 연구자에게는 그 이점이 표본에 대한 염려보다 더 중요하다.

왜 연구자들은 그들의 연구를 위해 일반적인 모집단으로부터 무선표본을 얻는 것에 관해 더 많은 걱정을 하지 않는가? 대부분의 심리학 연구는 표본이 편향되었을 수 있다 할지라도 변인들 간의 관계를 연구하는 데 초점을 둔다(예: 일반적인 미국 전체의 모집단보다는 표본이 더 많은 대학생들을 포함하고, 더 어릴 것이다). 그러나 이러한 관점에서, 미국 거주자들의 일반적인 모집단에 대한 무선표본조차도 다른 나라 사람들에 관하여 아무것도 말해 주지 않음을 기억하라. 즉, 우리의 연구 결과는 비록 그 자료가 사용된 표본에 의해 정의되는 모집단을 넘어서서 직접적으로 일반화될 수는 없어도 중요한 정보를 제공한다. 예를 들면, 젊은 성인과 노인들이 어떤 물건을 숨겼다가 이후에 그 위치를 잊어버린 경험에 관한 Brown과 Rahhal(1994)의 연구 결과는 실제 표본이 한 대학의 현재 재학생(젊은 성인)과 졸업생(노인)들 중 설문지를 받은 사람들로 구성되어 있는데도 불구하고 의미가 있다. 14장에서, 우리는 과학에서의 일반화가 결과의 반복에 있음을 강조할 것이다. 우리는 젊은 성인과 노인들에 대한 더 우수한 표본을 필요로 하지는 않는다. 대신, 우리는 다양한 표본들과 다양한 방법들을 이용하여 그 결과를 반복하는 것을 추구해야 한다. 많은 연구 결과들은 그 발견에 대한 더 나은 통찰을 얻기 위해 통합될 수 있다(Albright & Malloy, 2000 참조).

이와 관련된 쟁점들을 14장에서 더욱 자세히 살펴볼 것이다. 지금은, 일부 비확률표본들이 다른 것들보다 더욱 대표성이 있다는 것을 알아차리는 것이 또한 중요하다. 심리학 개론 수강 학생들은 일반적으로 대학생들에 대한 상당한 대표성을 지니고 있는 학생들이고, 대부분의 대학생 표본들은 젊은 성인들에 대한 상당한 대표성을 지닌다. 만일 특히 당신이 기초 심리 과정에 관한 연구를 하고 있다면, 여기에서 명백한 많은 편향은 없다. 다른 표본들은 의도한 모집단을 덜 대표할 수도 있다. 얼마 전에, 지역 텔레비전 방송국의 사회문제를 다루는 한 프로그램이 입법부가 고려하고 있는 총기 규제안에 대하여 찬성하거나 반대하는 것에 대하여 전화번호를 누르거나 이메일을 보내 투표를 하라는 요청을 하였다. 다음 날 저녁, 그 프로그램은 응답자들의 90%가 그 규제안에 대해 반대하였음을 발표하였다. 여기서 표집의 문제는 명백하다. 즉, 총기 규제에 반대하는 집단들은 집단 구성원들에게 급히 투표를 하라고 독려하였을 수 있고, 한 사람이 얼마나 많이 응답할 수 있는지에 관한 제한이 없었다. 실제로, 그 프로그램은 다른 조사를 할 때 일반적으로 받게 되는 것보다 100배 더 많은 표를 받았다. 그러면 이 표본은 해당 도시, 혹은 심지어 그 프로그램 시청자에 대한 모집단에 대하여 전혀 대표성이 없을 것이다.

지역 뉴스 프로그램이나 24시간 뉴스채널 혹은 웹사이트에서 사람들에게 어떤 주제에 관한 투표를 하라고 요청할 때, 구성되는 표본들은 그들이 종종 일반화하고자 하는 대상의 모집단을 대표하지 않게 된다. 첫째, 시청자(청취자 혹은 해당 웹사이트 이용자)는 유의한 방식에서 모집단과 다를 수 있다(예: 많은 FOX 시청자들은 보수적이고, 많은 MSNBC 시청자들은 더 진보적이다). 둘째, 이러한 프로그램이나 웹사이트들은 종종 사람들이 열정적으로 관심을 보이는 것들, 즉 뜨거운 주제에 관하여 질문을 하는데, 왜냐하면 그러한 주제들이 사람들로 하여금 응답에 참여하도록 만들기 때문이다. 낙태나 세금, 전쟁에 관한 질문들은 이러한 비공식적인 투표에 특정 유형의 시청자들을 끌어들이는 경향이 있다. 그것이 무엇이든, 그 결과는 편향되는데, 왜냐하면 표본이 우선적으로 그 프로그램을 보거나 해당 웹사이트를 찾는 사람들로 구성되어 있고, 그들이 주제에 깊은 관심을 두고 있는 이유로 투표를 하기로 결정하기 때문이다.

당신은 이제 사람들에게 그들 자신에 관하여 질문하기 위한 방법에 관해 많은 정보를 가지고 있다. 만약 당신이 이런 유형의 연구에 관여하게 된다면, 이 장에서 소개된 지침이나 Groves, Fowler, Couper와 Lepkowski(2009)와 Fowler(2008)과 같은 출처들을 따름으로써 자신의 질문들을 고안하는 것이 필요하게 될 것이다. 그러나 당신은 또한 이전 연구에서 사용되었던 전체 설문지나 질문들을 사용할 수 있다. 예를 들어, Greenfield(1999)는 게임 중독에 관한 많은 연구들로부터 질문들을 수정함으로써 인터넷 중독에 대한 현상을 연구하였다. 특히 만약 이미 개발된 질문들이 다른 연구들에서 유용하다면, 그 질문들을 사용하는 것을 고려하라(그러나 저작권을 위반해서는 안 된다는 것을 명심하라). 다른 사람들에 의해 개발된 사회, 정치, 직업적 태도에 대한 다양한 측정도구들이 Robinson과 동료들(Robinson, Athanasiou, & Head, 1969; Robinson, Rusk, & Head, 1968; Robinson, Shaver, & Wrightsman, 1991, 1999)에 의해 편찬되었다.

4장에서 우리는 행동을 완전히 이해하는 데 비실험적 방법과 실험적 방법 모두가 필수적이라고 말하였다. 이전 장들은 비실험적 접근에 초점을 두었다. 다음 장에서 우리는 실험적 연구설계에 대한 상세한 설명을 시작할 것이다.

✻ 읽을거리: 조사연구

매년 수십만 명의 미국 대학생들이 봄방학에 플로리다 주, 멕시코 혹은 이와 비슷한 날씨를 보이는 지역으로 여행을 한다. 대부분의 경우, 관여된 모든 사람들(학생, 대학, 부모, 그들이 여행을 가는 곳의 지역사회 등)은 봄방학이 대학생들에게 위험한 시간이 될 수도 있다는 것을 깨닫는다. 즉, 학생들은 봄방학 동안에 더 많은 알코올을 소비하고, 이러한 과용과 관련된 위험들이 더 많이 나타나게 된다.

Patrick, Morgan, Maggs와 Lefkowitz(2011)에 의해 수행된 한 조사연구에서, 남녀

대학생들은 봄방학 행동에 대한 친구들의 이해에 관한 자신들의 지각에 관련된 조사에 참여하였다. 즉, 학생들은 그들의 친구들이 봄방학 동안 바보 같은 짓을 함께할 친구를 가질 것인가를 알아보기 위한 조사에 참여하였다. 먼저, 다음 논문을 읽어 보라.

> Patrick, M. E., Morgan, N., Maggs, J. L., & Lefkowitz, E. S. (2011). "I got your back": Friends' understandings regarding college student Spring Break behavior. *Journal of Youth and Adolescence*, *40*, 108–120.

논문을 읽은 후, 다음을 생각해 보라.

1. 어떤 유형의 질문들이 조사에 포함되었는가? 각각의 예를 확인하라.
2. 조사가 언제 어떻게 시행되었는가? 그들의 시행 전략과 관련한 잠재적인 문제는 무엇인가?
3. 표집 전략은 무엇이었는가? 최종 표본크기는 무엇이었는가?
4. 조사에 대한 응답률은?
5. 표본의 인구통계학적 측면을 기술하라.
6. 이러한 발견이 모든 대학생들에게 일반화된다고 생각하는가? 왜 그렇다고, 혹은 왜 그렇지 않다고 생각하는가?
7. 특히 흥미롭거나 놀라운 것으로 보이는 최소한 한 가지 발견을 기술하라.

✻ 주요 용어

개방형 질문(open-ended question) 169
계층화 무선표집(stratified random sampling) 179
군집표집(cluster sampling) 180
단순 무선표집(simple random sampling) 179
도표식 평정척도(graphic rating scale) 166
면대면 면접(face-to-face interview) 173
면접자 편향(interviewer bias) 173
모집단(population) 176
목적표집(purposive sampling) 181
무계획표집(haphazard sampling) 181
무선표본(random sample) 179
반응 갖춤새(response set) 160
반응률(response rate) 184
비확률표집(nonprobability sampling) 179
신뢰구간(confidence interval) 177
'예' 편향(yea-saying)과 '아니요' 편향(nay-saying) 163
우편 조사(mail survey) 171
의미미분 척도(semantic differential scale) 166
인터넷 조사(internet survey) 171
전화 면접(telephone interview) 173
조사연구(survey research) 158

✻ 복습문제

1. 조사란 무엇인가? 조사를 이용해 다룰 수 있는 몇몇 연구 질문들을 기술하라.
2. 조사를 위한 질문들을 구성할 때 고려해야 할 요인들(질문과 반응 선택지를 포함하여)은 무엇인가?
3. 조사를 위해 설문지와 면접을 이용하는 것의 장점과 단점은 무엇인가?
4. 설문지, 면접, 인터넷 조사 방법들 간의 다른 점을 비교하라.
5. 면접자 편향을 정의하라.
6. 사회적 바람직성 반응 갖춤새는 무엇인가?
7. 표본크기가 조사 결과의 해석에 어떻게 영향을 미치는가?
8. 확률표집과 비확률표집 기법을 구분하라. 각각의 함의는 무엇인가?
9. 단순 무선표집, 계층화 무선표집, 군집표집을 구분하라.
10. 무계획표집과 할당표집을 구분하라.
11. 변인들 간의 관계에 관한 가설을 검증하기를 원하는 연구자들은 왜 무선표집에 관하여 큰 걱정을 하지 않는가?

✻ 실전문제

1. Chadra 등(2008)의 TV 시청과 10대 임신에 관한 연구에서, 성적 내용을 담고 있는 TV에 대한 노출은 높은 수준의 10대 임신과 관련되었다. 당신은 TV 시청이 10대 임신의 원인이 된다고 결론 내릴 수 있는가? 왜 그런가, 혹은 왜 그렇지 않은가? 이 연구의 범위를 패널 조사를 통해 확장하면 어떻겠는가?
2. 조사를 위한 주제 하나를 선택하라. 그 조사에 포함하고자 하는 최소한 다섯 개의 폐쇄형 질문들을 작성하라. 각 질문에 대하여, 좋은 형식과 나쁜 형식을 작성

하라. 각 나쁜 형식의 질문에 대하여, 어떤 요소들이 그것을 나쁘게 만들고, 왜 좋은 형식은 향상된 것인지를 설명하라.

3. 이 장의 첫 부분에서 말한 바와 같이, 조사는 항상 이루어지고 있다. 많은 조사 보고서들은 전문 학술지에 게재되지 않는다. 자신이 관심이 있는 조사 보고서를 확인하고, 다음의 질문에 답하라. 여기 몇 개의 예들이 있다.
   - Youth Risk Behavior Survey Surveillance, 2009: http://www.cdc.gov/mmwr/pdf/ss/ss5905.pdf
   - Pew U.S. Religious Landscape Survey: http://religions.pewforum.org/reports
   - National Crime Victimization Survey (NCVS): http://bjs.ojp.usdoj.ogv/index.cfm?ty=dcdetail&iid=245
   - Behavioral Risk Factor Surveillance System: http://cdc.gov/brfss/

   a. 어떠한 종류의 질문들이 조사에 포함되었는가? 각각에 대한 예들을 확인하라.
   b. 질문들이 어떻게 개발되었는가?
   c. 언제 어떻게 조사가 시행되었는가?
   d. 표집 전략은 무엇이었는가? 최종 표본크기는 무엇이었는가?
   e. 조사에 대한 응답률은?
   f. 조사 결과에 대한 신뢰구간은?
   g. 특히 흥미롭거나 놀라운 것으로 보이는 발견을 최소한 한 가지 기술하라.

4. 당신이 서점에 있는 얼마나 많은 책들이 오직 남성 저자들, 오직 여성 저자들, 혹은 남녀 저자들에 의해 저술되었는가를 알고 싶어 한다고 가정하자(여기서 서점은 대단위 서점이나 대학 서점의 교재 섹션, 혹은 도서관 서고 등에 있는 모든 책이 될 수 있다). 그 서점에 수많은 책들이 있기 때문에, 당신은 거기에 있는 모든 책들에 대해 조사를 하기보다는 책들의 표본을 연구하기로 결정한다. 비확률표집 기법을 이용한 가능한 표집 절차를 기술하라. 그런 다음, 확률표집 기법을 이용하여 어떻게 표집할 것인가를 기술하라. 이제 두 기법을 이용한 당신의 연구의 결과물들이 다를 수 있는 방식에 관하여 생각하라.

✻ 정답

표 7.1

부정적 어법, 이중목적, 유도질문, 이중목적, 간결성, 부정적 어법, 유도질문

8

실험설계

학습 목표

- ❖ 혼입변인을 정의하고, 혼입변인들이 내적 타당도에 어떻게 관련되는지를 기술하기
- ❖ 사후 설계와 사전사후 설계를 각 설계의 장점과 단점을 포함하여 기술하기
- ❖ 독립집단(참가자 간) 설계를 반복측정(참가자 내) 설계와 비교하기
- ❖ 반복측정 설계 사용의 장점과 단점을 요약하기
- ❖ 대응 짝 설계와 대응 짝 설계를 사용하는 이유를 기술하기

실험법에서, 연구자는 모든 외생변인들을 통제하려는 시도를 한다. 운동이 기분에 영향을 미친다는 가설을 검증하고 싶다고 가정하자. 이를 위해서, 당신은 한 집단의 사람들에게 1시간 동안 실내 유산소운동을 하도록 할 수 있고, 다른 집단에게는 사람들이 한 시간 동안 운동하는 비디오를 실내에서 시청하도록 할 수 있다. 모든 참가자들은 그런 다음 동일한 기분 평정을 완성하게 될 것이다. 이제 유산소운동을 한 사람들이 비디오 시청을 한 조건에 있던 사람들보다 자신을 더 행복하다고 평정하였다고 가정해 보자. 기분에서의 차이가 운동에서의 차이에 기인한 것이라고 할 수 있는가? 만일 두 집단 간에 그 밖의 다른 점이 없다면, 그렇다. 그러나 유산소운동을 한 집단은 창문이 있는 방에서 기분 평정을 하였고, 비디오 시청을 한 집단은 창문이 없는 곳에서 기분 평정을 하였다면 어떨까? 이 경우, 유산소운동 집단의 참가자들 기분이 더 높은 것이 운동에 기인하는지, 아니면 창문의 존재에 기인하는지를 아는 것은 불가능하다.

혼입과 내적 타당도

실험법이 결과에 대한 상대적으로 모호적이지 않은 해석을 가능하게 해주는 장점을 지니고 있다고 한 4장의 내용을 회상해 보라. 연구자는 독립변인을 조작하여 집단을 만들고, 그다음 종속변인에서 그 집단들의 점수를 비교한다. 모든 다른 변인들은 직접적인 실험적 통제나 무선화를 통하여 일정하게 유지된다. 만약 집단들의 점수가 서로 다르다면, 연구자는 종속변인이 결과를 야기하였다고 결론 내릴 수 있게 되는데, 그 이유는 집단 간 유일한 차이는 조작된 변인이기 때문이다.

실험을 설계하는 작업이 비록 논리적으로 우아하고 매우 단순할지라도, 가능한 함정에 대해 주의를 기울여야 한다. 방금 언급한 가상의 운동 실험에서, 운동과 창문의 존재라는 변인들은 혼입된다. 창문 변인은 일정하게 유지되지 않았다. **혼입변인**(confounding variable)은 독립변인과 함께 변화하는 변인이다. 혼입은 독립변인의 효과와 통제되지 않은 변인들이 뒤섞여 일어남으로 인해, 어떤 변인이 관찰된 효과를 설명하는가를 결정하지 못할 때 발생한다. 창문 변인이 일정하게 유지되기 위해서는, 운동과 비디오 조건은 동일한 방에서 이루어졌어야 한다. 그런 방식으로 창문의 효과는 집단 간 차이를 해석할 때 고려해야 할 요인이 아니게 된다.

다시 말하면, 운동 실험에서의 두 방들은 모두 창문이 있었거나 모두 창문이 없었어야 한다. 한 방은 창문을 가지고 있었고 다른 방은 그렇지 않았기 때문에, 종속변인(기분)에서의 어떤 차이도 단독으로 독립변인(운동)에 기인할 수가 없다. 대안적인 설명이 제공될 수 있다. 즉, 기분에서의 차이는 최소한 부분적으로는 창문 변인에 의해 야기되었을 수 있다.

좋은 실험설계는 대안적 설명을 야기할 수 있는 가능한 혼입변인들을 제거하는 것을 필요로 한다. 연구자는 오직 경쟁적인, 대안적 설명을 제거함으로써 독립변인이 그 결과를 야기하였다고 주장할 수 있다. 실험의 결과가 확실하게 독립변인의 효과에 의한 것이라고 할 수 있을 때, 그 실험은 **내적 타당도**(internal validity)를 지니고 있다고 말할 수 있다(내적 타당도는 자료로부터의 인과적 관계에 관한 결론을 이끌어 낼 수 있는 능력이라는 점을 기억하라. 4장을 보라). 내적 타당도를 달성하기 위해서, 연구자는 오직 독립변인이 그 결과의 원인이 될 수 있기 위한 실험을 설계하고 수행해야만 한다(Campbell & Stanley, 1966).

이 장은 진실험 설계에 초점을 둘 것인데, 이는 가장 높은 내적 타당도를 제공한다. 11장에서 우리는 준실험 설계를 논의할 것인데, 이는 독립변인이 종속변인에 영향을 준다는 추론을 시도하기는 하지만, 무선할당이라는 결정적인 요소가 결여된 것이다. 내적 타당도는 11장에서 더 다루어질 것이다. 결과가 일반화될 수 있는 정도인 외적 타당도는 14장에서 다루어질 것이다.

기본적 실험설계

가장 간단한 가능한 실험설계는 독립변인과 종속변인의 두 변인을 가진다. 독립변인은 최소한 두 수준, 즉 실험집단과 통제집단을 가지고 있다. 연구자들은 두 집단 간 유일한 차이가 조작된 변인이라는 점을 확실하게 할 모든 노력을 기울여야 한다. 실험법은 외생변인을 일정하게 유지하거나(실험적 통제), 외생변인의 영향이 두 집단에 동등하게 만드는 무선화를 사용하여 외생변인들을 통제하는 것을 수반한다는 점을 기억하라. 기본적인, 간단한 실험설계는 둘 중 하나의 형태(사후 설계 또는 사전사후 설계)를 취할 수 있다.

✿ 사후 설계

사후 설계(posttest-only design)를 사용하는 연구자는 반드시 (1) 동등한 두 집단을 얻어야 하고, (2) 독립변인을 적용하고, (3) 종속변인에 대한 독립변인의 효과를 측정한다. 이 설계는 다음과 같이 표현할 수 있다.

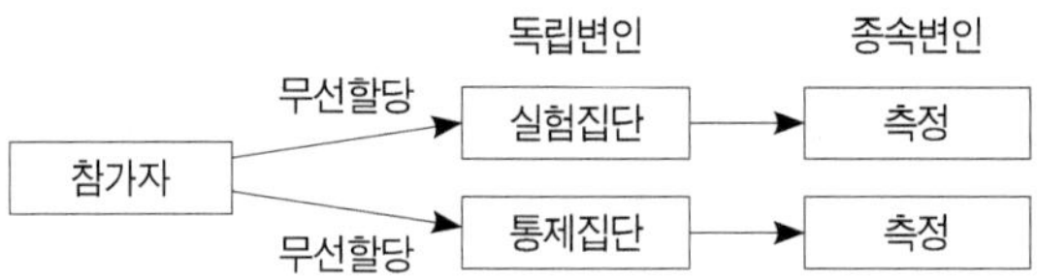

따라서 첫 번째 단계는 참가자를 선택하여 그들을 두 집단으로 할당하는 것이다. 사용되는 절차는 어떠한 잠재적인 **선택 차이**(selection difference)도 제거하기 위해 동등한 집단을 만들어야 한다. 즉, 두 조건들로 선택된 사람들이 어떠한 체계적인 방식으로도 차이가 나지 않아야 한다. 예를 들면, 수입이 높은 개인들을 한 조건에 참여시키고, 수입이 낮은 개인들을 다른 조건에 참여하도록 선택할 수 없다. 집단은 참가자들을 두 조건에 무선적으로 할당함으로써, 혹은 동일한 참가자들을 두 조건에 모두 참여하도록 함으로써 동등해질 수 있다. 무선할당은 어떠한 개인적 특성과 관계없이 무선적으로 한 조건에 각 참가자가 할당되는 방식으로 이루어진다고 설명한 4장의 내용을 회상해 보라. 위 그림에서 '무선할당'은 참가자들이 두 집단에 무선적으로 할당된다는 것을 의미한다.

그다음, 연구자는 예컨대 처치를 받는 실험집단과 처치를 받지 않는 통제집단과 같이 독립변인의 두 수준을 선택해야 한다. 따라서 연구자는 한 집단의 아동에게는 게임을 하기 전에 보상을 제공하고, 통제집단의 아동에게는 보상을 제공하지 않음으로써 동기에 관한 보상의 효과를 연구할 수도 있을 것이다. 흡연을 감소시키기 위한 치료 방법의 효과를 검증하는 연구는 치료를 받는 집단을 치료를 받지 않는 통제집단과 비교할 수 있을 것이다. 또 다른 방식은 독립변인에 대한 두 개의 서로 다른 정도를 이용하는 것이다. 즉, 한 집단에 다른 집단보다 더 많은 보상을 주는 것, 혹은 사람들을 금연하도록 돕기 위해 고안된 이완훈련의 서로 다른 정도의 효과를 비교하는 것(예: 10시간의 훈련과 1시간의 훈련을 비교) 등이다. 또 다른 방식은 질적으로 서로 다른 두 조건들을 포함하는 것이 될 수 있다. 예를 들면, 시험을 치르기 전에 시험 불안이 있는 학생들로 구성된 한 집단에게는 그들의 불안에 관하여 글을 쓰도록 하고,

다른 집단에게는 명상 실습에 참가시킬 수 있다. 이 모든 방식들은 두 집단 간의 비교를 위한 기반을 제공한다(물론, 실험은 두 집단 이상을 포함할 수 있다. 예컨대, 서로 다른 두 가지 금연 치료를 받는 집단을 처치를 받지 않는 통제집단과 비교할 수 있다. 이러한 유형의 실험설계는 10장에서 다룰 것이다).

끝으로, 독립변인의 효과가 측정된다. 동일한 측정 절차가 두 집단에게 적용되어, 두 집단의 비교가 가능해진다. 두 집단이 독립변인의 투입 이전에 동등하였고, 혼입변인이 없었기 때문에, 집단 간 종속변인에서의 어떠한 차이도 독립변인의 효과에 기인해야만 한다. 이 우아한 실험설계는 높은 내적 타당도를 가지고 있다. 즉, 우리는 독립변인이 종속변인에 영향을 준다고 확신을 가지고 결론 내릴 수 있다. 실제로는, 통계적 유의도 검증이 집단 간 차이를 평가하는 데 사용된다. 그러나 이 시점에서 통계에 관해서는 염려할 필요가 없다. 실험은 잘 설계되어야 하고, 혼입변인은 통계분석으로 우리가 결론을 이끌어 낼 수 있기 전에 반드시 제거되어야만 한다.

✿ 사전사후 설계

사후 설계와 **사전사후 설계**(pretest-posttest design)의 유일한 차이는 후자에서는 실험적 처치가 가해지기 전에 사전검사가 주어진다는 것이다.

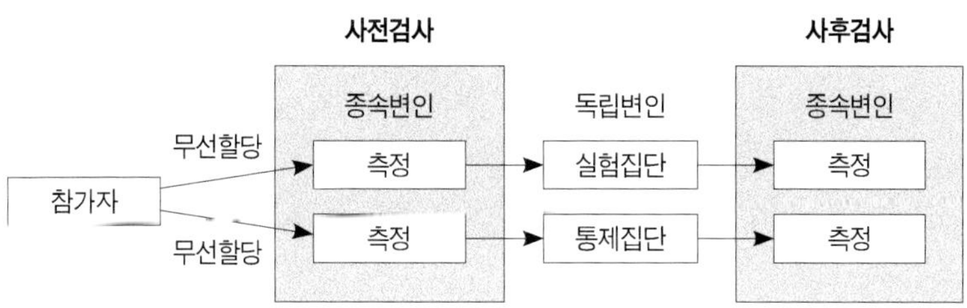

이 설계는 실제로 집단들이 실험의 초기에 동등하였는지를 확인하는 것을 가능하게 해준다. 그러나 이 예방책은 만약 참가자들이 두 집단에 무선적으로 할당되었다면, 대체로 필수적이지 않다. 충분히 큰 표본에 대해서는 무선할당이 집단을 모든 면에서 거의 동등하게 만들게 될 것이다.

당신은 아마도 무선할당이 집단들을 동등하게 만드는 것을 확신히 하기 위해 각 집단에 얼마나 많은 참가자들이 필요한지를 궁금해할 것이다. 표본이 클수록, 집단들이 독립변인의 조작 이전에 체계적으로 다를 가능성은 더 낮다. 추가적으로, 표본크기가 증가함에 따라 종속변인에서의 집단 간 어떠한 차이도 독립변인의 효과에 기인하는 가능성 또한 증가한다. 통계적으로 유의미한 효과를 탐지하기 위해 필요한 표본크기를 결정하기 위한 공식적인 절차가 있지만, 경험에 바탕을 둔 방식으로, 당신은 최소한 각 조건에 20명에서 30명의 참가자가 필요할 것이다. 일부 연구 분야에서는, 더 많은 참가자가 필요할 수 있다. 실험을 위해 필요한 참가자들의 수에 대한 결정을 하는 데 있어서의 쟁점은 13장에서 더 다루어질 것이다.

✿ 두 설계의 장점과 단점

각 설계는 사전검사를 포함할 것인가, 아니면 생략할 것인가에 관한 결정에 영향을 주는 장점과 단점을 지니고 있다. 첫 번째 결정요인은 실험에서의 집단 간 동등성과 관련이 있다. 비록 무선화가 동등한 집단을 만들 것이지만, 작은 표본크기에 대해서는 집단들이 동등하지 않을 가능성이 있다. 따라서 사전검사는 연구자에게 두 집단이 실제로 동등한 상태에서 연구를 시작하는지를 평가하는 것을 가능하게 해준다.

때때로, 사전검사는 실험에서 참가자들을 선택할 때 필수적이다. 연구자는 흡연 측정도구나 수학 불안검사, 편견 측정도구에서의 최저점수나 최고점수를 보인 사람들을 찾기 위해 사전검사를 시행할 수 있다. 일단 확인이 되면, 그 참가자는 실험집단과 통제집단에 무선적으로 할당될 수 있을 것이다.

사전사후 설계는 사전검사에서 사후검사로의 **변화**에 초점을 두게 해준다. 변화에 관한 이 강조는 집단 간 차이 분석에 포함된다. 또한, 각 개인에서의 변화의 정도를 살펴볼 수 있다. 만약 흡연 감소 프로그램이 일부 개인에 대해서는 효과적이고 다른 사람들에게는 그렇지 않은 것으로 보인다면, 왜 그러한가를 찾아내기 위한 시도를 할 수 있다.

또한 사전검사는 참가자들이 실험에서 떨어져 나갈 가능성이 있을 때 필수적이다. 이는 연구가 장기간 지속되는 경우에 일어날 가능성이 매우 높다. 실험에서 이러한 요인을 **소모**(attrition) 또는 **탈락**(mortality)이라고 부른다. 사람들은 질병과 같이 실험적 조작과 관계없는 이유로 인해 탈락할 수도 있다. 그러나 탈락은 때때로 실험적 조작과 관련된다. 집단들이 처음에는 동등하였다 할지라도, 서로 다른 탈락률은 그 집단들을 비동등하게 만들 수 있다. 어떻게 탈락이 흡연 감소를 위해 설계된 치료 프로그램에 영향을 줄 수 있을까? 한 가지 가능성은 실험집단에 있는 매우 심한 흡연자들이 그 프로그램에서 이탈하는 것이다. 그러므로 사후검사가 시행된다면, 경미한 흡연자들만이 남을 것이고, 실험집단과 통제집단의 비교는 비록 그 프로그램이 아무 효과가 없다 할지라도 실험집단에서의 흡연이 더 낮은 것으로 보일 수 있다. 이러한 방식으로, 탈락은 그 결과에 대한 대안적 설명이 된다. 사전검사의 사용은 탈락의 영향을 평가하는 것을 가능하게 해준다. 즉, 당신은 탈락한 사람들의 사전검사를 보고, 그들의 점수가 연구를 완료한 다른 개인들의 점수와 다른지를 알 수 있다. 따라서 사전검사를 바탕으로, 탈락이 이치에 맞는 대안적 설명인지를 확인할 수 있다. 이는 사전사후 실험설계의 장점이다.

그러나 사전검사의 단점은 그것이 시간 소모적이고 사용되는 특정한 실험적 절차의 맥락에서 시행하는 것이 곤란할 수 있다. 아마도 가장 중요한 것은, 사전검사가 참가자들이 지금 무엇을 연구하는지에 관하여 민감하게 만들 수 있어서, 연구의 가설을 알아내도록 할 수 있다. 그러면 참가자들은 사전검사가 없는 경우보다 실험적 조작에 대해 다르게 반응할 수 있다. 사전검사가 조작에 대해 참가자들이 반응하는 방식에 영향을 줄 때, 그 결과를 사전검사를 받지 않은 사람들에게 일반화하는 것은 매우 어렵다. 즉, 그 독립변인은 사전검사가 거의 주어지지 않는 실제 세계에서는 아무런 영향이 없을 수 있다. 우리는 이 쟁점을 14장에서 더 자세히 다룰 것이다.

만약 사전검사의 자각이 문제라면, 그 사전검사를 다른 것으로 꾸밀 수 있다. 이를 위한 한 가지 방법은 다른 실험자와 완전히 다른 상황에서 시행하는 것이다. 또 다른 방법은 사전검사를 무관련한 다른 측정도구의 세트에 포함시켜서 연구자가 특정 주제에 관하여 관심이 있다는 것을 명확하지 않게 만드는 것이다.

또한 사후 설계와 사전사후 설계를 모두 사용함으로써 사전검사의 영향을 직접적으로 평가하는 것도 가능하다. 이 설계에서는, 참가자의 반은 사후검사만을 받고, 다른 반은 사전검사와 사후검사를 모두 받는다(표 8.1을 보라). 이는 공식적으로 솔로

표 8.1 솔로몬 네 집단 설계

	독립변인	
사전검사 조건	**통제집단**	**실험집단**
사전검사 없음(사후검사만 있음)		
사전검사와 사후검사		

주: 만약 사전검사의 효과가 없다면, 두 통제집단의 사후검사 평균 점수들은 동일할 것이고, 두 실험집단의 사후검사 평균들 또한 동일할 것이다. 만약 사전검사의 효과가 있다면, 사후검사만 있는 조건과 사전검사와 사후검사가 모두 있는 조건에서의 결과의 형태는 다를 것이다.

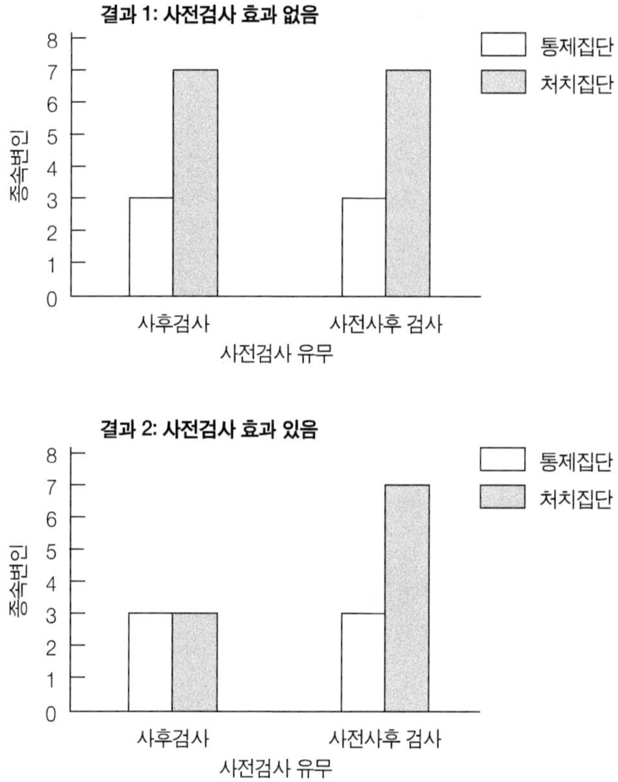

그림 8.1 솔로몬 네 집단 설계의 결과물에 대한 예시

몬 네 집단 설계(Solomon four-group design)라고 부른다. 만약 사전검사의 영향이 없다면, 사후검사 점수는 사전검사가 있거나 없는 두 통제집단에서 동일할 것이고, 두 실험집단에서도 동일할 것이다. Garvin과 Damson(2008)은 여성 건강잡지 모델을 보는 것이 우울한 기분에 대한 측정치에 미치는 영향을 연구하기 위해 솔로몬 네 집단 설계를 적용하였다. 여자 대학생들이 건강잡지 또는 *National Geographic* 같은 다른 잡지를 보면서 30분을 보냈다. 이 연구의 두 가지 가능한 결과물이 **그림 8.1**에 제시되어 있다. 위쪽의 그래프는 사전검사가 아무런 효과도 없는 경우의 결과물을 나타낸다. 즉, 건강잡지를 보는 것이 사후검사 조건과 사전사후 검사 조건 모두에서 높은 우울 수준을 보인다. 이것이 실제 연구에서 발견된 것이다. 아래쪽 그래프는 사전검사가 있을 때, 처치집단과 통제집단 간 차이가 있지만, 사전검사가 없을 때에는 집단 간 차이가 없는 결과물을 보여 준다.

실험 조건에 참가자를 할당하기

실험 조건에 참가자를 할당하는 데 두 가지 기본적인 방법이 있다는 것을 회상하라. 그중 한 가지 절차에서, 참가자들을 다양한 조건들에 무선적으로 할당함으로써 각 참가자가 한 집단에만 할당되는 것이다. 이를 **독립집단 설계**(independent groups design)라고 부른다. 이는 또한 **참가자 간 설계**(between-subjects design)라고도 부르는데, 그 이유는 서로 다른 집단의 참가자들 간을 비교하기 때문이다. 다른 절차에서, 참가자들은 모든 조건들에 참여한다. 예를 들어 두 조건이 있는 실험에서, 각 참가자는 독립변인의 두 수준 모두에 할당된다. 이를 **반복측정 설계**(repeated measures design)라고 부르는데, 그 이유는 각 참가자가 독립변인의 각 수준에 참여한 다음 측정되기 때문이다. 이는 또한 **참가자 내 설계**(within-subjects design)라고도 부르는데, 이는 동일한 집단의 참가자들 내에서 비교가 이루어지기 때문이다. 다음 두 절에서 우리는 이들 각각의 설계를 더 자세히 살펴볼 것이다.

독립집단 설계

독립집단 설계에서는 서로 다른 참가자들이 **무선할당**(random assignment)을 이용하여 조건들 각각에 할당된다. 이는 특정한 조건에 어떤 개인을 할당하도록 결정하는 것이 완전히 무선적이고 연구자의 통제를 벗어나 있음을 의미한다. 예를 들면, 당신은 참가자들의 출생 월을 요구할 수 있다. 그다음 홀수 달에 태어난 개인들을 한 집단에, 짝수 달에 태어난 개인들을 다른 집단에 할당할 수 있다. 실제적으로 연구자들은 참가자 할당을 결정하기 위해 난수(무선적인 수)들의 순서를 이용한다. 그러한 숫자들은 Research Randomizer(http://www.randomizer.org) 또는 QuickCalcs(http://graphpad.com/quickcalcs/randomize1/cfm)와 같은 난수 생성기 프로그램을 통해 얻을 수 있다. 또한 엑셀도 난수를 생성할 수 있다. 이러한 프로그램들은 연구에 포함되는 다양한 집단들에 각 참가자의 할당을 무선적으로 결정하도록 해준다. 무선할당은 어떠한 체계적인 편향을 막아 줄 것이며, 그렇게 형성된 집단들은 수입이나 지능, 연령, 성격, 정치적 태도와 같은 참가자 특성의 관점에서 동등하다고 여겨질 수 있다. 이런 방식으로, 참가자 차이는 그 실험 결과에 대한 설명이 될 수 없다. 4장에서 언급하였듯이, 불안에 대한 운동의 효과에 관한 실험에서, 운동을 하지 않은 집단보다 운동을 한 집단에서의 낮은 수준의 불안은 집단에 할당된 사람들이 수입이나 교육 수준, 성격과 같은 특성들에서 어느 정도 다른 점에 의해서는 설명될 수 없다.

대안적 절차는 동일한 개인들을 모든 집단에 참여시키는 것이다. 이를 반복측정 실험설계라 부른다.

반복측정 설계

재료의 의미수준과 그 재료에 대한 학습 간의 관계를 연구하는 실험을 생각해 보자. 독립집단 설계에서는, 한 집단의 참가자들에게는 높은 의미의 재료가 학습해야 할 재료로 주어지고, 다른 집단에게는 낮은 의미를 가지고 있는 재료가 주어진다. 반복측정 설계에서는, 동일한 개인들이 두 조건에 모두 참여할 것이다. 따라서 참가자들은 먼저 저의미 재료를 읽고 학습을 측정하기 위한 회상검사를 받을 것이고, 동일한 참가자들이 그다음에 고의미 재료를 읽고 회상검사를 받을 것이다. 당신은 이것이 왜 반복측정 설계인지를 알아차릴 수 있을 것이다. 즉, 참가자들이 실험의 각 조건에 참여한 후 종속변인에 대하여 반복적으로 측정된다.

반복측정 설계의 장점과 단점

반복측정 설계는 여러 장점을 지니고 있다. 한 가지 분명한 장점은 더 적은 참가자가 필요하다는 것인데, 이는 각 참가자가 모든 조건에 참여하기 때문이다. 참가자들이 부족한 경우이거나 참가자의 수가 많아지면 비용이 많이 드는 실험의 경우라면, 반복측정 설계를 선호할 것이다. 예컨대, 지각에 관한 연구에서, 실제 실험을 시작하기 전에 참가자에 대한 집중적인 훈련이 필수적이다. 이러한 연구는 종종 실험의 모든 조건에 참여하는, 소수의 참가자들만을 포함한다.

반복측정 설계의 추가적인 장점은 집단 간 통계적으로 유의미한 차이를 찾아내는 것에 극히 민감하다는 것이다. 이는 모든 조건에 들어 있는 동일한 사람들로부터 자료를 얻기 때문이다. 이것이 왜 중요한지를 설명하기 위해, 회상 실험으로부터 나올 수 있는 가능한 자료를 생각해 보자. 독립집단 설계를 이용하여, 고의미 조건에 있는 첫 세 명은 68, 81, 92점을 받았다. 저의미 조건의 첫 세 명의 점수는 64, 78, 85점이었다. 각 조건에 관한 평균 점수를 계산한다면, 재료가 더 의미를 많이 가지고 있을 때 평균 회상점수가 조금 더 높다는 것을 발견할 것이다. 그러나 두 집단의 점수들에 많은 변산성이 있다. 당신은 고의미 조건에 있는 모든 사람들이 높은 회상점수를 가지고 있고, 다른 조건에 있는 모든 사람들이 낮은 회상점수를 지니고 있음을 발견하지는 못한다. 이 변산성의 이유는 사람들이 다른 것이다. 즉, 회상능력에 개인차가 있기 때문에 두 조건 모두에서 점수들의 범위가 발생한다. 이것이 우리가 설명할 수 없는, 점수에서의 '무선오차'의 부분이다.

그러나 만약 같은 점수가 반복측정 설계에서 첫 세 참가자들로부터 나온 것이라면, 결론은 많이 달라질 것이다. 두 조건에 대한 회상점수를 다음과 같이 정렬해 보자.

	고의미	저의미	차이
참가자 1	68	64	+4
참가자 2	81	78	+3
참가자 3	92	85	+7

반복측정 설계에서는, 개인차를 볼 수 있고 설명할 수 있다. 회상능력에서의 개인차 때문에 어떤 사람들은 다른 사람들보다 점수가 높은 것이 사실이지만, 이제는 회상점수에 대한 독립변인의 효과를 훨씬 더 명확하게 볼 수 있다. 독립변인의 효과로부터 체계적인 개인차를 분리해 내는 것이 훨씬 더 쉬워졌다. 즉, 모든 참가자들에게서 고의미 조건의 점수가 더 높다. 결과적으로, 종속변인에 대한 독립변인의 효과를 탐지할 가능성이 훨씬 더 높다.

반복측정 설계에 관한 주요 문제는 서로 다른 조건들이 특정한 순서로 제시되어야만 한다는 사실에 기인한다. 고의미 조건에서 더 높은 회상점수를 보였다고 가정해 보자. 비록 이 결과가 의미라는 변인의 조작에 의해 나타난 것일 수 있는데도 불구하고, 이 결과는 또한 단순히 **순서효과**(order effect)에 의한 것일 수 있다. 순서효과는 처치를 제시하는 순서가 종속변인에 영향을 주는 것을 말한다. 따라서 고의미 조건에서 높은 회상 결과는 고의미 과제가 조건을 제시하는 순서상에서 두 번째로 제시된 사실에 기인할 수 있다. 두 번째 과제에서의 수행은 단지 첫 번째 과제에서의 연습으로 인하여 향상되었을 수도 있다. 이 향상을 실제로는 **연습효과**(practice effect) 또는 **학습효과**(learning effect)라고 부른다. 또한 **피로효과**(fatigue effect)로 인해 연구 참가자들이 지치거나 지루해져서, 혹은 혼란스럽게 되어서 첫 번째에서 두 번째 조건으로 갈수록 수행이 저하될 수 있는 가능성도 있다.

또한 첫 번째 처치에 의한 효과가 두 번째의 처치에 대한 반응에도 영향을 넘겨

주게 되는 것 또한 가능하다. 이는 **이월효과**(carryover effect)라고 불린다. 독립변인이 범죄의 심각성이라고 가정해 보자. 덜 심각한 범죄에 관한 재료를 읽은 후, 더욱 심각한 범죄는 정상적으로 그러할 것으로 보이는 것보다 더 나쁜 것으로 보일 수 있다. 추가적으로, 심각한 범죄에 관한 읽기는 참가자들이 덜 심각한 범죄를 정상적으로 그러한 것보다 더욱 가벼운 것으로 바라보게 만들 수도 있다. 두 경우에서, 한 조건에 관한 경험이 두 번째 조건에 대한 반응에 영향을 주도록 이월되었다. 이 예에서, 이월효과는 두 상황이 서로 대비되는 방식의 심리적 효과로 나타났다.

또한 이월효과는 두 번째 조건이 처치될 때 첫 번째 조건이 개인에게 여전히 영향을 주는 변화를 일으킬 때에도 발생한다. 첫 번째 조건이 중요한 과제에서의 실패 경험을 포함한다고 가정해 보자. 이는 스트레스 반응에서의 일시적인 증가로 나타날 수 있다. 그 사람이 정상적인 상태로 되돌아오는 데 얼마나 걸릴까? 만약 두 번째 조건이 너무 이르게 제시된다면, 그 스트레스는 여전히 그 참가자에게 영향을 주고 있을 것이다.

순서효과를 다루는 두 가지 방법이 있다. 첫 번째는 역균형화 기법을 사용하는 것이다. 두 번째는 조건들 간 간격을 첫 번째 조건에 두 번째 조건에 미치는 영향을 최소화할 만큼 충분히 긴 절차를 고안하는 것이다.

✿ 역균형화

완전 역균형화 반복측정 설계에서, 조건들의 순서를 **역균형화**(counterbalancing)하는 것은 매우 중요하다. 완전 역균형화에서는, 모든 가능한 제시의 순서들이 실험에 포함된다. 고의미 재료와 저의미 재료의 학습에 관한 연구의 예에서, 참가자들의 절반은 저의미-고의미 순서에 무선적으로 할당되고, 다른 절반은 고의미-저의미 순서에 할당될 수 있을 것이다. 이 설계는 다음과 같이 표현된다.

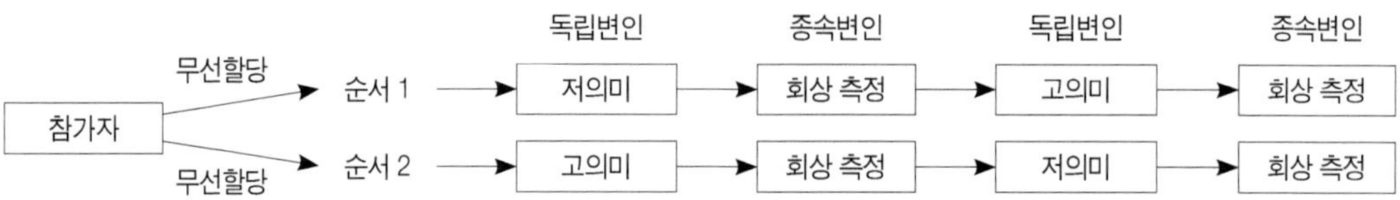

조건들의 순서를 역균형화함으로써, 순서가 결과에 미치는 영향의 정도를 결정하는 것이 가능하다. 이 가상의 기억 연구에서, 고의미 조건의 높은 회상점수가 두 순서에

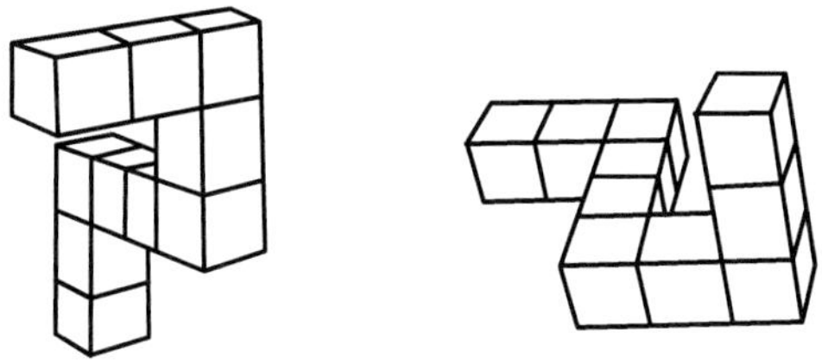

그림 8.2 Shepard와 Metzler(1971)가 사용한 3차원 그림

출처: R. N. Shepard and J. Metzler, 1971, *Science*, 171, pp. 701-703.

대해 일관적으로 나타나는지를 알게 될 것이다. 또한 연습효과가 결과를 설명하는 정도에 대해서도 알게 될 것이다.

역균형화의 원리는 셋 이상의 집단을 가진 실험에도 확장될 수 있다. 세 집단에 대해서는, 여섯 가지 가능한 순서들이 있다(3!=3×2×1=6). 네 집단에 대해서는 가능한 순서들이 24개로 증가한다(4!=4×3×2×1=24). 이 경우, 각 순서를 대표하기 위해 최소한 24명의 참가자들이 필요하게 되며, 각 순서당 단지 두 명의 참가자를 포함하는 데 48명의 참가자들이 필요하게 된다. Shepard와 Metzler(1971)가 수행한 실험에서 가능한 순서의 수를 상상해 보라. 그들의 기본적인 실험 패러다임에서, 각 참가자는 3차원 대상과 함께, 동일한 대상이 0°에 180°의 범위에서 10개의 다른 각도 중 하나로 회전된 그림을 보았다(대상의 예시가 제시된 **그림 8.2**를 보라). 매번, 참가자는 두 그림이 같은지 다른지를 결정할 때 버튼을 누른다. 종속변인은 반응시간, 즉 두 그림이 같은지 다른지를 결정하는 데 걸리는 시간이다. 결과는 회전의 각도가 원래의 그림으로부터 증가하면 할수록 반응시간이 길어지는 것을 보여 준다. 10개의 조건들이 있는 이 실험에서는 3,628,800개의 가능한 순서가 발생한다! 다행스럽게도, 연구자들이 360만 번의 검사를 하지 않고도 독립변인의 효과에 관한 타당한 결론을 여전히 이끌어 내도록 해주는 완전 역균형화에 대한 대안들이 존재한다.

라틴방형 모든 가능한 순서들을 가지지 않고도 순서효과를 통제하는 한 가지 방법은 **라틴방형**(Latin square)을 만드는 것이다. 이는 (1) 각 조건이 각 순서 위치에 나타나고, (2) 각 조건이 각 조건을 한 번씩 앞서고 뒤따르는 것이 확실하도록 구성된 순서들의 제한된 집합이다. 순서를 결정하기 위해 라틴방형을 이용하는 것은 모든 가능한 순서들을 포함하지 않고도 대부분의 순서효과를 통제한다. 당신이 열 가지 회전각도 중 네 개(0°, 60°, 120°, 180°) 각도만을 이용하여 Shepard와 Metzler(1971) 연구를 반복한다고 가정해 보자. 이 네 조건들을 위한 라틴방형이 **그림 8.3**에 제시되어 있다. 이

조건의 순서

	1	2	3	4
열 1	A (60)	B (0)	D (120)	C (180)
열 2	B (0)	C (180)	A (60)	D (120)
열 3	C (180)	D (120)	B (0)	A (60)
열 4	D (120)	A (60)	C (180)	B (0)

그림 8.3 네 조건을 가진 라틴방형

주: 네 조건들은 다음의 알파벳으로 무선적으로 주어졌다. A=60°, B=0°, C=180°, D=120°. 각 열은 조건을 수행하는 서로 다른 순서를 나타낸다.

방형의 각 열은 조건들(A, B, C, D로 이름이 붙어 있다)에 대한 순서들 중 하나다. 라틴방형에 있는 순서들의 수는 조건들의 수와 일치한다. 따라서 만약 네 개의 조건이 있다면, 네 개의 순서들이 존재한다. 순서를 결정하기 위해 라틴방형을 이용하여 연구를 수행할 때, 최소한 각 열당 최소한 1명의 참가자를 필요로 하게 된다. 일반적으로, 각 열당 2명 이상의 참가자들을 가지게 될 것이다. 각 순서에서 검사를 받는 참가자들의 수는 반드시 일치해야 한다.

✿ 처치들 사이의 시간 간격

처치의 순서를 역균형화하는 것 외에도, 연구자들은 처치들의 제시 간의 시간 간격과 그 사이의 가능한 활동을 주의 깊게 결정하는 것을 필요로 한다. 휴식은 피로효과에 대응적으로 작용할 수 있고, 처치들 간에 무관련한 과제를 하는 것은 참가자들이 첫 번째 처치를 두 번째 처치와 대조할 가능성을 감소시킬 수 있다. 만약 처치가 그 효과가 사라지는 데 시간이 걸리는 약물이라면, 처치들 사이의 간격은 하루 이상이 되어야 할 것이다. Wilson, Ellinwood, Mathew와 Johnson(1994)은 세 개의 대마초가 인지 및 운동 과제 수행에 미치는 영향을 연구하였다. 각 참가자는 대마초를 피우기 전과 후에 과제를 수행하였다. 약물의 효과가 사라지는 데 필요한 시간 때문에, 세 가지 조건들이 서로 다른 날에 시행되었다. 비슷하게 긴 시간 간격이 불안이나 분노를 증가시키는 것과 같이 정서적 변화를 유발하는 절차들에 필요할 수 있다. 당신은 시간 간격이 벌어져서 시행되면 별개의 문제를 만들 수 있다는 것을 알아차렸을 수 있다. 즉, 참가자들은 더 긴 시간 동안 실험에 전념해야 할 것이다. 이는 참가자를 모집하는 것을 더욱 어렵게 만들 수 있고, 연구가 이틀 이상 길어진다면, 일부 참가자들은 실험으로부터 빠져나갈 수 있다.

✿ 독립집단 설계와 반복측정 설계를 선택하기

반복측정 설계는 독립집단 설계를 뛰어넘는 두 가지 주요 장점을 가지고 있다. 첫째, 실험을 위해 필요한 참가자들의 수가 적다. 둘째, 참가자들 간 개인차를 극복할 수 있고, 따라서 독립변인의 효과를 탐지할 수 있는 능력이 더 높다. 이전에 언급한 바와 같이, 특정 연구 분야에서는 이러한 장점이 매우 중요하다. 그러나 반복측정 설계의 단점과 이러한 단점 때문에 필요한 예방책들은 연구자들이 독립집단 설계를 사용하는 충분한 이유가 된다.

반복측정 설계를 사용할지에 관한 매우 다른 생각은 실제 세계의 조건들에 대한 일반화와 관련된다. Greenwald(1976)는 실생활 상황에서 우리는 때때로 독립집단의 형태로 독립변인들을 만나게 된다고 언급하였다. 즉, 우리는 비교를 하지 않는 한 가지 조건만을 만나게 된다. 그러나 어떤 독립변인들은 매우 빈번하게 반복측정의 형태로 만나게 된다. 즉, 두 조건들이 나타나고, 우리의 반응은 독립변인의 두 수준에 노출된 상태에서 일어난다. 예를 들면, 만약 당신이 피고의 특성이 어떻게 배심원에게 영향을 주는지에 관심이 있다면, 실제 배심원들이 하나의 재판에서 단일 피고인에 초점을 두기 때문에, 독립집단 설계가 가장 적절할 것이다. 그러나 만약 당신이 지원자의 특성이 고용인에 미치는 효과에 관심이 있다면, 고용인들은 전형적으로 한 번에 많은 지원자들을 고려하기 때문에, 반복측정 설계가 더욱 합리적일 것이다. 독립집단 설계를 사용할지, 아니면 반복측정 설계를 사용할지는 부분적으로는 이러한 일반화의 문제들에 의해 결정될 것이다.

끝으로, 개인에게 상대적으로 영구적인 변화를 일으키는 어떠한 실험 절차도 반복측정 설계에서 다루어질 수 없다. 이러한 예들은 심리치료적인 처치 또는 뇌 조직 제거와 같은 외과적 시술들을 포함한다.

대응 짝 설계

실험 조건들에 참가자들을 할당하는 좀 더 복잡한 방법을 **대응 짝 설계**(matched pairs design)라고 한다. 단순히 참가자들을 집단에 무선적으로 할당하는 것이 아니라, 우선 참가자 변인에 대하여 사람들을 대응시키는 것이다(4장을 보라). 대응하는 변인은 종속변인이 될 수도 있고, 종속변인에 관련이 많은 변인이 될 수도 있다. 예컨대 학습실험에서, 참가자들은 인지능력 측정치에서의 점수에 기초하여, 혹은 심지어 학점에 기초하여 대응될 수 있다. 그러나 만약 인지능력이 종속측정치와 관련이 없다면, 대응은 시간낭비일 수 있다. 목표는 반복측정 설계로 이룰 수 있는 집단 간 동질성을 두 조건에 동일한 참가자들을 가지지 않고도 이루는 것이다. 이 설계는 다음과 같을 것이다.

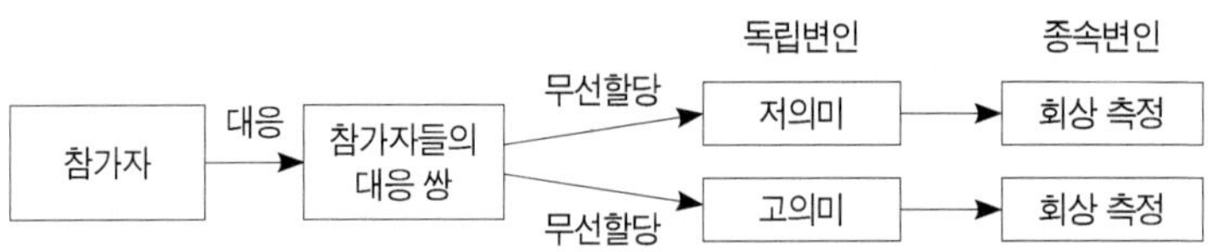

대응 짝 설계를 사용할 때, 첫 번째 단계는 각 개인으로부터 대응되는 변인에 대한 측정치를 획득하는 것이다. 참가자들은 그 대응변인에 대한 점수들을 기반으로 높은 점수로부터 낮은 점수로 순위가 매겨지게 된다. 이제 연구자는 그 특성에 대하여 거의 동일한 대응 쌍들을 형성할 수 있게 된다(가장 높은 두 명의 참가자들이 첫 번째 쌍을 형성하고 다음의 두 참가자들이 두 번째 쌍을 형성하는 식이다). 최종적으로, 각 쌍의 구성원들은 실험 조건들에 무선적으로 할당되게 된다(중다 변인들에서 나온 점수들을 기반으로 개인들에 대한 대응 쌍을 형성하는 방법이 있음을 주목하라. 이 방법은 11장에서 간략하게 설명된다).

대응 짝 설계는 독립변인의 조작이 이루어지기 전에 집단들이 (대응변인에 대하여) 동등하다는 점을 확실히 한다. 이 확신은 무선할당 절차가 표본크기가 증가함에 따라 동등한 집단들을 만들 가능성이 높아지기 때문에 상대적으로 작은 표본크기를 가지고 있을 때 특히 중요하다. 즉, 대응은 소수의 참가자들만이 가용할 때, 혹은 많은 참가자들을 포함하는 것이 비용이 매우 많이 들 때(종속변인과 대응변인 간 강한 관계가 있을 때), 가장 많이 사용될 것이다. 결과는 독립변인에 대한 통계적으로 유의미한 효과를 탐지할 수 있는 능력이 더 높은데, 왜냐하면 우리가 반복측정 설계에서 보았던 것과 마찬가지로, 독립변인에 대한 반응의 개인차를 설명하는 것이 가능하기 때문이다(변산성과 통계적 유의성에 대한 쟁점은 13장에서 더 자세하게 다루어질 것이다).

이 설계가 유용하긴 하지만, 대응 절차는 비용이 많이 들고 시간 소모적인데, 그 이유는 실험 이전에 대응변인에 대하여 참가자들을 측정하는 것이 필요하기 때문이다. 그러한 노력은 대응변인이 종속측정치에 강하게 관련되고, 연구를 수행하기 이전에 그 관계가 존재한다는 것을 알 때에만 가치가 있다. 이러한 이유들로, 대응 쌍 설계는 실험설계에서 흔하게 사용되지는 않는다. 그러나 조건들에 대한 무선할당을 하지 않는 준실험 설계를 설명할 때, 11장에서 대응을 다시 한 번 논의할 것이다. 당신은 이제 실험설계에 대한 기본적인 이해를 하고 있다. 다음 장에서, 우리는 어떻게 실제로 실험을 수행할지를 결정할 때 발생하는 쟁점들을 생각해 볼 것이다.

✻ 읽을거리: 실험설계

우리는 항상 연결되어 있다. 우리는 언제라도 거의 모든 곳에 휴대전화를 통해 연락을 할 수 있다. 문자 메시지들은 우리의 주의를 끌기 위해 경쟁한다. 이메일과 인터넷 메시지는 우리가 컴퓨터를 사용할 때 우리의 주의를 분산시킬 수 있다. 이것이 문제인가? 대부분의 사람들은 자신들을 다중작업(multitasking)의 전문가로 생각하고 싶어 한다. 이것이 사실일까?

Bowman, Levine, Waite와 Gendron(2010)의 연구는 읽기 동안 인터넷 메시지를 하는 것이 검사 수행에 영향을 주는지를 확인하고자 하였다. 이 연구에서, 참가자들은 세 조건들 중 하나에 무선적으로 할당되었다. 한 조건은 읽기 전에 인터넷 메시지를 하라고 요구하였고, 다른 조건에서는 읽기 동안에 인터넷 메시지를 하라고 요구하였으며, 나머지 조건에서는 인터넷 메시지를 사용하는 것이 허락되지 않았다. 이후에, 모든 참가자들은 읽기 재료에 대한 간단한 검사를 수행하였다.

먼저, 다음의 논문을 읽어 보라.

Bowman, L. L., Levine, L. E., Waite, B. M., & Gendron, M. (2010). Can students really multitask? An experimental study of instant messaging while reading. *Computers & Education*, *54*, 927-931. doi: 10.1016/j.compedu.2009.09.024

이 논문을 읽은 다음, 다음 질문에 답하라.

1. 이 실험은 사후 설계를 사용하였다. 연구자들이 사전사후 설계를 사용하였다면

어떠하였을까? 사전사후 설계를 사용하는 장점과 단점은 무엇이었을까?

2. 이 실험은 독립집단 설계를 사용하였다.
   a. 연구자들이 반복측정 설계를 사용하였다면 어떠하였을까? 반복측정 설계를 사용하는 장점과 단점은 무엇이었을까?
   b. 연구자들이 대응 짝 설계를 사용하였다면 어떠하였을까? 당신이 생각하는 참가자들을 대응시킬 만한 변인은 무엇이었을까? 대응 짝 설계를 사용하는 장점과 단점은 무엇이었을까?
3. 당신이 생각할 수 있는 잠재적인 혼입변인들은 무엇인가?
4. 이 연구가 대학에서의 공부와 시험에 대한 실제를 어떠한 방식으로 반영하는가, 혹은 반영하지 않는가? 즉, 이 연구의 외적 타당도를 당신은 어떻게 평가하는가?
5. 이 실험에 대한 내적 타당도는 얼마나 우수한가?
6. 이 실험에 대한 연구자들의 핵심 결론은 무엇인가?
7. 당신은 이 실험에서 얻은 결과를 예상하였는가? 왜 그런가, 혹은 왜 그렇지 않은가?

❋ 주요 용어

내적 타당도(internal validity) 193
대응 짝 설계(matched pairs design) 206
독립집단 설계(independent groups design) 199
라틴방형(Latin square) 203
무선할당(random assignment) 199
반복측정 설계(repeated measures design) 199
사전사후 설계(pretest-posttest design) 195
사후 설계(posttest-only design) 194
선택 차이(selection difference) 194
소모(attrition) 196
순서효과(order effect) 201
역균형화(counterbalancing) 202
연습효과(practice effect) 201
이월효과(carryover effect) 202
참가자 간 설계(between-subjects design) 199
참가자 내 설계(within-subjects design) 199
탈락(morality) 196
피로효과(fatigue effect) 201
학습효과(learning effect) 201
혼입변인(confounding variable) 192

❋ 복습문제

1. 변인의 혼입은 무엇인가?

2. 실험의 내적 타당도는 무엇인가?
3. 두 가지 진실험 설계가 어떻게 선택 차이를 제거하는가?
4. 사후 설계와 사전사후 설계를 구분하시오. 각각의 장점과 단점은 무엇인가?
5. 반복측정 설계는 무엇인가? 반복측정 설계를 사용하는 것의 장점과 단점은 무엇인가?
6. 반복측정 설계의 문제들을 다룰 수 있는 방법은 무엇인가?
7. 연구자는 언제 대응 짝 설계를 사용하고자 하는 결정을 하는가? 이 설계의 장점은 무엇인가?
8. 표본을 얻기 위해 사용된 절차(즉, 무선표집 또는 비무선표집)는 참가자들을 조건들에 할당하는 데 사용되는 절차와 같지 않다. 무선표집과 무선할당을 구분하라.

✻ 실전문제

1. 동성의 수학 수업이 여자 청소년들에게 이롭다는 가설을 검증하기 위한 실험을 설계하라. 독립변인과 종속변인 둘 다에 대한 조작적 정의를 구성하라. 실험은 반드시 두 집단을 가지고 있어야 하고, 대응 쌍 절차를 사용해야 한다. 대응변인의 선택을 위한 좋은 예를 들어 보라. 이에 더하여, 당신이 선택한 사후 설계 또는 사전사후 설계를 옹호하라.
2. 보고서 제출 양식이 보고서의 성적에 미치는 효과를 연구하는 반복측정 실험을 설계하라. 독립변인의 두 수준을 이용하라. 즉, 한 수준은 전문적 양식(양질의 종이, 여백과 글자체의 일관적인 사용, 세심하게 구성된 표와 그림)이고, 다른 수준은 비전문적 양식(보통의 종이, 여백과 글자체의 잦은 변화, 적절한 제목이 달려 있지 않은 표와 그림)이다. 역균형화에 대한 필요성을 논의하라. 실험설계를 묘사하는 표를 작성하라.
3. Foley 교수는 콜라 맛 실험을 수행하였다. 실험에 참여한 각 참가자는 코카 콜라 2온스(약 57그램)를 먼저 맛보았고, 그다음 펩시 콜라 2온스를 맛보았으며, 마지막에 샘스 콜라 2온스를 맛보았다. 콜라 맛에 대한 평정은 각 음용 이후에 이루어졌다. 이 실험설계와 절차의 잠재적인 문제들은 무엇인가? 이 문제들을 다루기 위하여 이 설계와 절차를 재구성하라. 당신은 여러 대안들을 생각할 수 있는데, 각각의 장점과 단점에 관해 생각해 보라.

9

실험의 수행

학습 목표

- ❖ 독립변인에 대한 단순 조작과 단계화 조작을 구분하기
- ❖ 세 유형의 종속변인을 기술하기: 자기보고식 변인, 행동적 변인, 생리적 변인
- ❖ 종속변인의 민감도를 바닥효과와 천장효과를 대조하여 논의하기
- ❖ 참가자 기대와 실험자 기대를 통제하는 방법을 기술하기
- ❖ 예비연구를 수행하는 이유를 기술하기
- ❖ 실험에서 조작 점검을 포함하는 장점을 기술하기

이전 장들은 연구를 계획하는 데 기초가 되는 것들을 다루었다. 이 장에서는, 실제로 연구를 수행하는 데 있어 매우 실용적인 몇몇 측면들에 초점을 둘 것이다. 어떻게 연구 참가자들을 선택할 것인가? 독립변인을 조작하는 방법을 결정할 때 무엇을 고려해야 하는가? 변인을 측정할 때 고려해야 하는 것들은 무엇인가? 연구가 완료되었을 때 무엇을 해야 하는가?

연구 참가자 선정

당신의 연구의 관심은 아동, 대학생, 노인, 종업원, 쥐, 비둘기, 심지어 바퀴벌레나 편형동물이 될 수 있다. 모든 경우들에서, 참가자들이나 피험자들은 어떤 식으로든 선택되어야만 한다. 참가자들을 선택하는 데 사용되는 방법은 외적 타당도에 큰 영향을 미칠 수 있다. 외적 타당도가 연구에서 얻은 결과가 다른 모집단이나 환경에 일반화될 수 있는 정도로 정의된다는 것을 기억하라.

대부분의 연구 프로젝트가 관심 모집단으로부터 연구 참가자를 표집하는 것을 수반한다고 한 7장의 내용을 회상해 보라. 모집단은 연구자에게 관심이 되는 모든 개인들로 구성된다. 표본은 확률표집이나 비확률표집 기법을 이용하여 추출될 것이다. 모집단을 정확하게 기술하는 것이 중요할 때에는 확률표집을 사용해야 한다. 이것이 과학적 여론조사를 수행할 때 확률표집이 중요한 이유다. 반면, 대부분의 연구들은 행동에 관한 가설을 검증하는 데 관심이 있다. 즉, 모집단을 기술하는 것보다는 X가 Y의 원인이 되는지를 탐지하는 노력을 한다. 여기서 연구의 두 가지 초점은 연구되는 변인들 간의 관계와 행동에 대한 이론으로부터 나온 예측을 검증하는 것이다. 이러한 경우들에서, 참가자들은 무계획적이거나 편의적인 방법인 비확률표집 방법을 사용하는 매우 쉬운 방법으로 모집될 수 있다. 심리학 개론 수업을 듣는 학생들에게 참여 의사를 묻거나 기숙사에 있는 학생들에게 검사를 받으라고 얘기하거나, 당신이 알고 있는 교사를 통해 단순히 검사할 아동을 선택할 수도 있을 것이다. 이러한 방법들에서 당신이 결과가 더 큰 모집단에 일반화될 능력에 영향을 준다는 것을 알고 있다면 아무것도 잘못된 것이 없다. 14장에서, 우리는 오히려 비전형적인 대학생 표본과 다른 편리한 방법으로 얻은 연구 참여자들로부터 일반화를 하는 쟁점을 살펴볼 것이다.

또한 표본크기를 결정해야 할 필요가 있다. 연구에 얼마나 많은 참가자들이 필요할 것인가? 일반적으로 표본크기가 증가하면 결과가 통계적으로 유의미할 가능성이 증가하게 되는데, 그 이유는 더 큰 표본이 모집단 값들에 대한 더 정확한 추정치를 제공하기 때문이다(표 7.2를 보라). 대부분의 연구자들은 연구되는 분야에서의 표본크기에 대해 알아차리고 있고, 그 분야에서의 연구에 대한 전형적인 표본크기를 선택한다. 표본크기를 선택하는 더 공식적인 방식인 검증력 분석에 대해서는 13장에서 다룰 것이다.

독립변인 조작하기

독립변인을 조작하기 위해, 당신은 변인에 대한 조작적 정의를 구성해야 한다(4장을 보라). 즉, 개념적 변인을 조작적 정의(즉, 참가자들에게 제시할 구체적인 지시, 사건, 자극)로 바꾸어야만 한다. 그러면 독립변인에 대한 조작은 연구자가 참가자들에게 제시할 조건들에 대해 변화시킬 때 이루어진다. 이에 더하여, 독립변인과 종속변인은 전체 실험 환경의 맥락에서 주어져야 한다. 이는 **기초 다지기**로 불린다(Aronson, Brewer, & Carlsmith, 1985).

기초 다지기

기초 다지기 단계에서, 당신은 일반적으로 참가자들에게 참여에 대한 사전 동의를 제공하는 데 필요한 정보를 제공해야만 한다(사전 동의에 관한 내용은 3장에 제시되어 있다). 이는 일반적으로 해당 연구를 수행하는 근본적인 이유에 관한 정보를 포함한다. 비록 참가자들에게 실제 가설을 말해 주는 것은 거의 드문 일이라 할지라도, 때때로 그 이유는 참가자들에게 완전히 정직한 형태로 전달된다. 예를 들어, 실제로 당신이 기억의 특정 측면(종속변인)을 연구하고 있을 때, 기억에 관한 실험을 수행한다고 말할 수 있다. 만약 참가자들이 당신이 무엇을 연구하는지 안다면, 그들은 그 가설을 확증하기 위해 노력하거나, 사회적으로 가장 바람직한 방법으로 행동함으로써 좋게 보이려고 애쓸지 모른다. 만약 당신이 속임수가 필수적이라고 생각한다면, 실험의 마지막 단계에서 참가자들에게 사후설명을 할 때, 그 속임수를 언급해야 할 의무를 가지게 된다.

실험 상황이 참가자들에게 타당하게 보여야 한다는 점을 제외하고는 기초 다지기를 위한 명확한 규칙은 없을 뿐만 아니라, 개념적 변인들을 구체적인 조작으로 변환하는 데에도 명확한 규칙은 없다. 변인이 정확히 어떻게 조작되는지는 그 변인과 비용, 실현 가능성, 그리고 고려되는 절차의 윤리적 측면에 달려 있다.

✿ 조작의 유형

단순 조작 연구자들은 대체로 글로 작성되거나 구두로 전달되는, 혹은 시각적인 재료를 참가자들에게 제시함으로써 상대적인 단순하게 독립변인을 조작할 수 있다. 이러한 **단순 조작**(straightforward manipulation)은 실험 지시나 자극 제시의 방법으로 변인을 조작한다. 자극은 구두로, 글의 형태로, 동영상을 통해, 컴퓨터로 제시될 수 있다. 몇몇 예들을 살펴보자.

Goldstien, Cialdini와 Griskevicius(2008)는 호텔에서 투숙객이 수건을 재사용하도록 화장실에 남겨 놓는 표어의 영향에 관심을 두었다. 이 연구에서, 그들은 최소 이틀 밤을 지내는 홀로 머무는 투숙객들의 방에 있는 수건걸이에 단순히 인쇄된 표어를 걸어 두었다. 표준적인 메시지로, 그 표어는 "환경을 보호해 주세요! 당신은 여기에 머무는 동안 수건을 재사용함으로써 자연에 대한 존중을 표현할 수 있고, 환경을 보호하는 데 도움을 줄 수 있습니다"라고 쓰여 있었다. 이 경우에, 투숙객의 35%가 이틀날 수건을 재사용하였다. 다른 조건은 다른 사람들은 수건을 재사용한다는 사회적 규범을 일깨우는 것이었다. 즉, "환경을 보호하기 위한 투숙객 동료에 참여하십시오! 우리의 새로운 자원절약 프로그램에 참여해 달라고 요청받았던 투숙객들의 약 75%가 수건을 두 번 이상 사용함으로써 이 프로그램에 참여하였습니다. 당신은 자연을 보호하기 위한 이 프로그램에 당신이 머무는 동안 수건을 재사용함으로써 투숙객 동료로서 참여할 수 있습니다." 이 표어는 44%의 수건 재사용의 결과를 낳았다. 당신이 예상할 수 있듯이, 연구자들은 표어가 자연보호를 증가시키는 데 더 효율적으로 작용할 수 있는 방식을 연구하는 데 이 연구를 확장하였다.

배심원 결정에 관한 연구들은 종종 참가자들에게 핵심적인 정보가 변화되는 배심 재판에 대한 묘사를 읽도록 요청한다. Bornstein(1998)은 생산물 책임 결정에서 피해의 심각성의 효과를 연구하였다. 저(低)심각 조건에서, 참가자들은 피임약을 복용한 한 여성이 암으로 진단된 사건에 관하여 읽었다. 저심각 조건에서, 암은 조기에 발견되었고, 한쪽 난소가 제거되었으며, 해당 여성은 여전히 아이를 가질 수 있었고, 앞으로의 예후 또한 좋았다. 고(高)심각 조건에서, 암이 늦게 발견되었고, 양쪽 난소가 모두 제거되어 임신은 불가능하였으며, 예후 또한 나빴다. 피임약이 암의 원인이 되었는지에 관한 증거는 두 조건에서 모두 같았기 때문에, 생산물 책임 결정은 두 조건에서 모두 같아야 한다. 그럼에도 불구하고, 심각성 정보는 책임 결정에 영향을 주었다. 즉, 고심각 조건에서 참가자들의 40%가 피임약 생산자의 책임이 있다고 한 반면, 저심각 조건에서는 31%가 책임이 있다고 하였다.

대부분의 기억연구는 단순 조작에 의존한다. 예를 들어, Coltheart와 Langdon(1998)은 참가자들에게 단어 목록을 제시하였고, 이후 회상을 측정하였다. 단어목록은 음운 유사성에 따라 달랐다. 일부 목록들은 유사하게 소리 나는, 즉 *cat*, *map*, *pat*과 같은 단어들로 이루어져 있었고, 다른 목록들은 소리가 유사하지 않은, 즉 *mop*, *pen*, *cow*와 같은 단어들로 이루어져 있었다. 그들은 유사하지 않은 단어의 목록이 더 정확하게 회상된다는 것을 발견하였다. 더 복잡한 기억 연구에서, Reeve와 Aggleton(1998)은 'The Archers(궁수)'라는 영국 라디오 프로그램의 이후 에피소드에 대한 대본을 열렬한 청취자(전문가)와 그 프로그램을 잘 모르는 사람들에게 제시하였다. 한 조건에서, 대본은 그 프로그램의 실제 에피소드의 전형이었고(궁수가 가축시장에 방문함), 다른 조건에서, 대본은 전형적이지 않은 것(궁수가 보트 전시회에 방문함)이었다. 해당 프로그램의 특성이나 기본적 구조는 이 두 조건들에서 동일하였다. 대본을 읽은 후, 참가자들은 그 에피소드의 상세한 내용을 유지하는지에 대한 측정을 받았다. 그들은 그 이야기가 전형적인 경우일 때에만 전문가들이 더 나은 정보를 유지하고 있었다는 것을 발견하였다. 비전형적인 조건에서, 열렬한 청취자와 비청취자는 동일한 수준으로 유지하고 있었다. Reeve와 Aggleton은 전문가로서의 이득은 제한되어 있다는 결론을 내렸다.

단순 조작의 마지막 예로서, 대학 강사들의 (페이스북을 통한) 자기노출이 강사의 효율성에 대한 지각에 미치는 효과에 관한 Mazer, Murphy와 Simonds(2009)의 연구를 생각해 보자. 이 연구에서, 학생들은 자원한 강사들이 고노출, 중노출, 저노출의 세 조건 중 하나에 해당하도록 작성한 페이스북 프로파일을 읽었다. 노출의 수준은 사진과 자서전적 정보, 좋아하는 영화/책/인용구, 대학 동아리, 벽에 붙어 있는 대자보 등에 대한 수와 속성을 바꿈으로써 조작되었다. 참가자들은 할당된 프로파일을 본 다음에, 여러 차원에 대하여 그 강사를 평정하였다. 높은 수준의 노출은 더 높은 관심과 신뢰성에 대한 지각으로 나타났으나, 강의의 능숙함에 대한 지각과는 관련되지 않았다.

모든 연구 분야에서 독립변인에 대한 대부분의 조작은 단순하다는 것을 발견하게 될 것이다. 연구자들은 학습할 재료의 난이도, 동기수준, 질문을 하는 방식, 판단될 사람들의 특성뿐만 아니라 다양한 다른 많은 요인들을 단순한 방식으로 변화시킨다.

단계화 조작 어떤 조작은 덜 단순하다. 때때로, 독립변인을 성공적으로 조작하기 위해 실험 동안에 사건들을 단계화하는 것이 필요하다. 이것이 발생할 때, 그 조작을 **단계화 조작**(staged manipulation) 또는 **사건 조작**(event manipulation)이라고 부른다.

단계화 조작은 두 가지 이유로 인해 가장 빈번하게 사용된다. 첫째, 연구자가 참가자들에게 좌절감이나 분노, 자존감의 일시적인 하락과 같은 어떤 심리적 상태를 만들고자 시도할 수 있다. 예를 들면, Zitek와 동료들은 **자격감**(sense of entitlement)이라고 하는 것에 관하여 연구하였다(Zitek, Jordan, Monin, & Leach, 2010). 그들의 가설은 공정하지 않게 잘못되었다는 느낌은 그 결과로서 자격감과 다른 사람들에 대해 더욱 이기적으로 만드는 경향으로 이끈다는 것이었다. 이 연구에서, 모든 참가자들은 컴퓨터 게임에 임하였다. 연구자들은 게임 프로그램이 고장 날 때, 일부 참가자들이 지도록 게임을 설계하였다. 이 조건에서는 참가자들이 아무런 이유 없이 지도록 설계되었기 때문에 불공정하다. 다른 조건의 참가자들 또한 게임에서 지도록 되어 있었는데, 이 조건의 참가자들은 게임 자체가 매우 어려웠기 때문으로 생각하도록 설계되었다. 고장 난 게임을 경험한 참가자들은 실제로 게임 이후에 더 이기적으로 행동하였다. 즉, 그들은 다른 참가자와 경쟁할 때, 그들이 받아야 할 것보다 더 많은 돈을 자신에게 할당하였다.

둘째, 단계화 조작은 실생활에서 일어나는 어떤 상황을 모사하기 위해 필요할 수 있다. 3장에서 소개한 Milgram의 복종 실험을 회상해 보라. 이 연구에서, 표면적으로는 학습에 관한 연구를 하는 정교한 절차가 실제로는 권위에 대한 복종을 연구하기 위해 구성되었다. Bowman, Levine, Waite와 Gendron(2009)의 컴퓨터 멀티태스킹에 관한 연구를 생각해 보자. 이 연구에서 학생들은 컴퓨터 화면에 제시된 학술 재료를 읽었다. 한 조건에서, 참가자들은 그들이 읽는 동안 문자 메시지들을 받고 응답하였다. 다른 참가자들은 메시지를 받지 않았다. 검사에 대한 학생의 수행은 두 조건에서 동등하였다. 그러나 메시지 조건의 학생들은 그 재료를 읽는 데 더 오랜 시간이 걸렸다(메시지에 보낸 시간은 컴퓨터에서 작업한 전체 시간에서 차감되었음).

단계화 조작은 빈번하게 **조력자**(confederate)를 채용한다[때때로 협력자(accomplice)라고도 함]. 대체로, 조력자는 실험의 또 다른 참가자로 나타나지만, 실제로는 조작의 일부다(우리는 조력자의 이용을 3장에서 논의하였다). 조력자는 특정한 사회적 상황을 만드는 데 유용하다. 예를 들어, Hermans, Herman, Larsen과 Engels(2010)는 남성의 음식 섭취가 동료에 의해 소비된 음식의 양에 의해 영향을 받는지를 연구하였다. 참가자들은 영화 예고편 평가에 관한 연구를 위해 모집되었다. 참가자와 조력자는 세 편의 예고편을 보고 평가하는 편안한 환경에 앉았다. 그들은 다음 예고편

그림 9.1 Asch의 선 판단 과제의 예

을 보기 전에 휴식을 취하라는 말을 들었다. 원한다면 과자를 먹는 것이 가능하였다. 한 조건에서, 조력자는 많은 과자를 가져왔다. 다른 조건에서는 적은 양의 과자를 가져왔으며, 또 다른 조건에서 조력자는 과자를 먹지 않았다. 연구자들은 실제 참가자들에 의해 소비된 양을 측정하였다. 참가자들은 배가 고플 때에만 조력자에 의해 소비된 양을 따라서 소비하였다.

고전적인 Asch(1956)의 동조 실험은 어떻게 조력자가 사용될 수 있는지를 보여주는 또 다른 예를 제공한다. Asch는 사람들을 모아 집단을 구성하였고, 그들에게 **그림 9.1**에 제시된 것과 같은 선 판단 과제에 응답하도록 하였다. 세 개의 검사 선들 중 어떤 것이 기준과 들어맞는가? 비록 이것이 단순한 과제로 보일지라도, Asch는 실제 참가자에게 묻기 전에 여러 조력자들이 똑같이 틀린 판단을 하도록 함으로써, 이를 더욱 흥미롭게 만들었다. 이 절차는 서로 다른 선 판단을 하는 수많은 시행에 대하여 반복되었다. Asch는 동조를 만들어 내는 것이 얼마나 쉬운가를 증명할 수 있었다. 즉, 참가자들은 정답이 명확한데도 불구하고 많은 시행에서 다수의 만장일치에 대해 동조하였다. 끝으로, 조력자는 실험실 연구뿐만 아니라 현장 실험에서도 사용될 수 있다. 4장에서 기술한 바와 같이, Lee, Schwarz, Taubman과 Hou(2010)는 한 대학의 공공장소에서 누군가 걸어가는 동안, 재채기를 하거나 하지 않는(통제 조건) 조력자를 이용하여, 관련 없는 위험 지각에 대한 공공장소에서의 재채기의 영향을 연구하였다. 그런 다음, 한 연구자가 그 사람들에게 다가가서, 수업 프로젝트라고 설명한 설문지를 완성해 달라고 요청하였다. 설문지는 심각한 질병에 직면할 미국인들의 평균 위험에 대한 참가자들의 지각 정도를 측정하였다. 연구자들은 실제로, 재채기를 하는 사람 근처에 있는 것이 위험에 대한 자기보고식의 지각을 증가시키는 것을 발견하였다.

단계화 조삭은 높은 수준의 독창성과 심지어는 일부 연기능력을 요구한다. 단계화 조작은 개인들이 실험이 아닌 실제 경험으로 지각하는, 계속 진행 중인 사회적 환경에 있는 참가자들을 관련시키기 위해 사용된다. 연구자들은 그 결과가 참가자들의

표 9.1 단순 조작과 단계화 조작

단순 조작	단계화 또는 사건 조작
• 글이나 구두로 전달되는, 또는 시각적인 지시나 자극의 제시 • 동영상이나 컴퓨터를 이용할 수도 있음.	• 참가자들의 특정 심리적 상태를 만들기 위해, 또는 실제 세계에서 일어나는 상황을 만들기 위해 필요함. • 조력자를 이용할 수도 있음.

시험해 보기: 각 문장을 읽고 참/거짓에 표시하라.
(답은 이 장의 마지막 페이지에 제공된다.)

1. 대부분의 조작은 단순하다.	참	거짓
2. 단계화 조작은 참가자들을 그 상황에 관련시키고 그것이 실제 경험이라고 생각하도록 만들기 위해 설계된다.	참	거짓
3. 단계화 실험은 다른 연구자들에 의해 반복되기 어려울 수 있다.	참	거짓
4. 단순 조작은 종종 해석하기가 어렵다.	참	거짓

느낌과 의도를 실제로 반영하는 자연적 행동이 될 것이라고 추정한다. 그러나 그러한 절차들은 언어로 표현하기에는 힘든 미묘한 개인들 간의 의사소통을 포함하게 되는데, 이것이 다른 연구자들로 하여금 실험을 반복하는 것을 어렵게 만든다. 또한, 복잡한 조작은 해석하기가 어렵다. 만약 실험 중에 많은 일들이 일어났다면, 어떤 한 가지가 그 결과를 설명하는가? 일반적으로, 조작이 상대적으로 단순할 때, 결과를 해석하는 것이 더 쉽다. 그러나 당신이 연구하는 변인의 속성이 때때로 복잡한 절차를 요구한다. 단계화 조작과 단순 조작의 비교가 표 9.1에 제시되어 있다.

✿ 조작의 강도

가장 단순한 실험설계는 독립변인의 두 수준을 갖는다. 실험을 계획할 때, 연구자는 이 수준들을 선택해야 한다. 일반적인 원칙은 조작을 가능한 한 강하게 하도록 만드는 것이다. 강한 조작은 두 집단 간 차이를 최대화하고, 독립변인이 종속변인에 통계적으로 유의미한 효과를 가지게 되는 가능성을 증가시킨다.

이를 묘사하기 위해, 당신은 태도 유사성과 호감 간에 정적 선형 관계(즉, 유유상종)가 있다고 생각한다고 가정해 보자. 실험을 수행할 때, 당신은 참가자들이 조력자인 또 다른 사람을 만나도록 계획할 수 있다. 한 집단에서 조력자와 참가자는 유사한

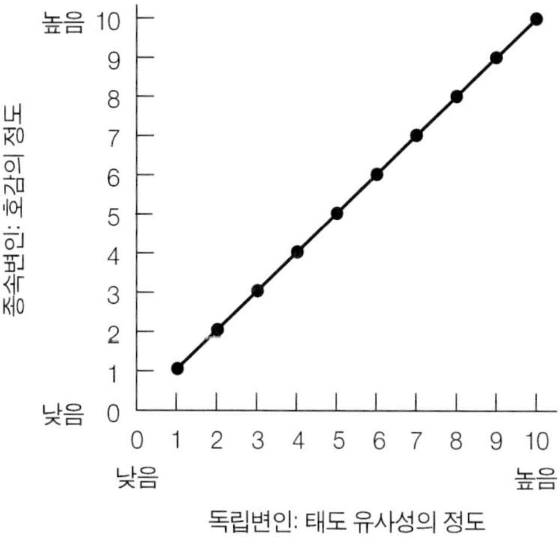

그림 9.2 태도 유사성과 호감의 관계

태도를 공유할 것이고, 다른 집단에서 조력자와 참가자는 서로 다를 것이다. 그러면, 유사성이 독립변인이고 호감이 종속변인이다. 이제 당신은 유사성의 정도를 결정해야 한다. **그림 9.2**는 태도 유사성과 호감 간의 가설적인 관계를 10점의 유사성 수준에서 보여 준다. 수준 1은 공통된 태도가 없는 최저의 유사성을 나타내고, 수준 10은 가장 높은 유사성(모든 태도들이 유사함)을 나타낸다. 가장 강력한 조작을 하기 위해서, 한 집단의 참가자들은 수준 1의 유사성을 가진 조력자와 만나게 되고, 다른 집단의 참가자들은 수준 10의 유사성을 지닌 조력자와 만나게 된다. 이는 호감에서의 가장 큰 평균 차이(9점 차이)의 결과로 나타나게 된다. 약한 조작(예컨대 수준 4와 7을 사용하는 것)은 더 작은 평균 차이의 결과로 나타날 것이다.

강한 조작은 연구의 초기 단계, 즉 연구자가 그 관계가 실제로 존재하는가를 증명하는 데 가장 관심이 있을 때 특히 중요하다. 만일 초기 실험들이 변인들 간의 관계를 밝힌다면, 이후의 연구는 그 관계에 대한 더욱 상세한 설명을 제공하기 위해 독립변인의 다른 수준을 체계적으로 조작할 수 있을 것이다.

가능한 가장 강력한 조작을 사용하는 원칙은 최소한 두 가지 고려사항에 의해 조절되어야 한다. 첫 번째는 연구의 외적 타당도와 관련된다. 즉, 가능한 가장 강한 조작은 실제 세계에서는 거의 일어나지 않거나 심지어 아예 일어나지 않는 상황을 만들 수 있다. 예를 들어, 극단적으로 강한 밀집 조작은 많은 사람들을 한 방에 들어가도록 하여 아무도 움직일 수 없도록 하는 것이 될 수 있고, 이 조작은 많은 행동들에 유의미한 영향을 줄 수 있을 것이다. 그러나 만일 그 결과가 많은 교실이나 사무실과 같이, 덜 밀집된 상황에서 좀 더 일반적으로 일어나는 것들과 유사할지는 우리는 알지 못한다.

두 번째 고려사항은 윤리다. 조작은 윤리의 범위 내에서 강하게 이루어져야 한다. 예를 들어 공포나 불안과 같은 것에 대한 강한 조작은 참가자들에게 미칠 잠재적인 생리적 · 심리적 피해 때문에 가능하지 않을 것이다.

✿ 조작에 드는 비용

비용은 독립변인을 어떻게 조작할지에 관한 결정을 하는 또 다른 요인이다. 한정된 재정을 가진 연구자들은 값비싼 장비나 조력자들을 위한 월급, 혹은 장기간의 실험에 참여하는 참가자들에 대한 지불을 할 형편이 안 될 수 있다. 또한 참가자들이 개인적으로 수행해야 하는 조작은 많은 개인들이 같은 환경에서 동시에 수행할 수 있는 조작보다 연구자의 시간을 더 많이 필요로 한다. 이러한 점에 있어서, 글이나 말로 표현된 재료의 단순한 제시를 사용하는 조작이, 복잡한 단계화 실험 조작보다 비용이 덜 든다. 일부 정부 기관과 사설 기관들은 연구를 위한 보조금을 제공한다. 많은 연구들이 비용이 많이 들기 때문에, 이러한 기관들의 지속적인 지원이 매우 중요하다.

종속변인 측정하기

이전 장들에서, 우리는 신뢰도, 타당도, 측정에 대한 반동성을 포함하는 변인을 측정하는 다양한 측면들과 관찰법, 그리고 설문지와 면접에 대한 자기보고식 측정도구들의 개발에 관하여 논의하였다. 이 장에서, 우리는 실험연구에 특히 관련되는 측정의 고려사항들에 초점을 둘 것이다.

✿ 측정의 유형

대부분의 실험에서 종속변인은 자기보고, 행동 측정치, 생리적 측정치의 세 유형들 중 하나다.

자기보고 측정치 **자기보고**(self-report)는 태도나 어떤 사람에 대한 호감, 어떤 사람의 성격 특성에 관한 판단, 의도된 행동, 정서적 상태, 왜 어떤 사람은 과제에서 잘하고 또 어떤 사람은 못하는지에 관한 귀인, 판단에 대한 확신, 그리고 인간의 사고와 행동에 대한 많은 다른 측면들을 측정하는 데 사용될 수 있다. 양 끝점에 그 극단을 기술하는 말들이 있는 평정척도가 가장 흔하게 사용된다. 예를 들어, Labranche, Helweg-Larsen, Byrd와 Choquette(1997)은 여성들에게 유방 자가검진에 관한 책자를 읽고, 7점 척도의 여러 질문들에 응답하라고 요청함으로써 건강 증진 책자의 영향을 연구하였는데, 다음과 같은 질문을 포함하였다.

나는 유방 자가검진을 혼자서 잘 따라 할 수 있었다고 생각한다.
매우 동의하지 않음 ____ ____ ____ ____ ____ ____ ____ 매우 동의함

행동 측정치 **행동 측정치**(behavioral measure)는 행동에 대한 직접적인 관찰이다. 자기보고에서처럼, 끝이 없을 정도로 수많은 행동에 대한 측정이 가능하다. 때때로, 연구자는 정해진 행동이 발생하는지를 기록하기도 한다. 예를 들어, 어떤 개인이 도움 요청에 응답하는지, 검사에서 오류를 범하는지, 어떤 활동에 관여할 것을 선택하는지 등이다. 종종 연구자는 정해진 시간 동안에 행동이 얼마나 많이 일어나는지(행동의 비율), 자극 이후에 반응이 얼마나 빨리 이루어지는지(반응시간), 행동이 얼마나 오래 지속되는지(지속기간)를 기록하는 것에 관해 결정해야 한다. 행동의 어떤 측면에 관해 측정할지에 대한 결정은 특정한 문제에 관한 연구에 이론적으로 가장 관련이 높은 것이 무엇인가, 혹은 어떤 측정치가 독립변인의 조작에 의해 논리적으로 뒤따르는가에 달려 있다.

행동 측정치의 한 가지 예는 공항에서의 성인 쌍들의 애착행동에 대한 연구에서 찾을 수 있다. Fraley와 Shaver(1998)는 공항에서 떨어져 있거나, 혹은 그렇지 않은 성인 쌍들의 애착행동을 관찰하였다. 그들의 행동을 관찰하면서, Fraley와 Shaver는 특정 행동들을 범주화하여 입력하였다. 예컨대, 울음은 '슬픔'으로, 마지막 시간까지 손을 잡고 있는 것은 '접촉 추구'로 입력하였다.

생리적 측정치 **생리적 측정치**(physiological measure)는 신체의 반응에 대한 기록이다. 이러한 많은 측정치들이 가용하다. 그 예로서, **피부전기반응**(galvanic skin response, GSR), **근전도**(electromyogram, EMG), 그리고 **뇌파**(electroencephalogram, EEG)를 포함한다. GSR은 일반적인 정서적 각성과 불안의 측정도구다. 이는 땀이 분비될 때 변화하는 피부의 전기적 전도를 측정한다. EMG는 근육 긴장을 측정하며, 긴장이나 스트레스의 측정도구로 빈번하게 사용된다. EEG는 뇌세포들의 전기적 활동

에 대한 측정도구다. 이는 학습이 일어날 때 뇌의 특정 부분에서의 활동이나 수면의 여러 단계 동안의 뇌 활동과 같이 서로 다른 상황에 대한 반응으로서 일반적인 뇌의 각성수준을 기록하는 데 사용될 수 있다.

GSR, EMG, EEG는 중요한 심리학적 변인들에 대한 생리적 지표로서 오랜 기간 동안 사용되어 왔다. 체온이나, 심박률, 혈액이나 소변 분석을 포함하는 다른 많은 생리적 측정치들이 가용하다(Cacioppo & Tassinary, 1990을 보라). 최근에는, 자기공명영상(MRI)이 행동 신경과학 분야의 연구자들에게 매우 중요한 도구가 되고 있다. **자기공명영상**(Magnetic resonance imaging, MRI)은 개인의 뇌 구조에 관한 영상을 제공한다. 이는 과학자들에게 특정한 조건(예: 인지적 손상, 조현병, 주의력 결핍 과잉 행동 장애)에 있는 개인들의 뇌 구조를 그 조건이 없는 개인들의 뇌 구조와 비교할 수 있도록 해준다. 이에 더하여, **기능적 자기공명영상**(functional MRI, fMRI)은 연구자들이 참가자들이 신체적 과제나 인지적 과제를 수행하는 동안 뇌 영역을 스캔할 수 있도록 해준다. 이 자료는 이러한 과제들에 뇌 처리과정이 어떤 관여를 하는가에 대한 증거를 제공해 준다. 예를 들어, 연구자는 서로 다른 기억 과제를 수행하는 동안 가장 활동적인 뇌 영역이 어디인가를 볼 수 있다. fMRI를 이용한 어느 연구에서, 교육 수준이 높은 노인들은 교육 수준이 낮은 다른 노인들보다 기억 과제를 더 우수하게 수행하였을 뿐만 아니라, 다른 노인들이나 젊은 성인들보다 전두피질 영역을 더 많이 사용하였다(Springer, McIntosh, Winocur, & Grady, 2005).

✿ 중다측정

단일 종속변인을 기술하는 것이 편리할지라도, 대부분의 연구들은 둘 이상의 종속변인들을 포함한다. 중다측정을 사용하는 한 가지 이유는 한 변인이 다양한 구체적인 방법에 의해 측정될 수 있다는 사실로부터 나온다(4장에서 조작적 정의에 관해 논의한 부분을 회상해 보라). 예컨대, 건강과 관련된 행동에 관한 연구에서, 연구자는 건강이 나쁜 이유로 병가를 낸 날의 수, 병원에 방문한 날의 수, 그리고 아스피린과 신경안정제의 사용을 측정하였다(Matteson & Ivancevich, 1983). 혈압과 같은 생리적 측정치들 또한 수집되었다. 만약 독립변인이 동일한 종속변인에 대한 여러 측정치들에 동일한 효과를 가지고 있다면, 결과에 대한 우리의 확신은 증가할 것이다. 동일한 독립변인이 일부 측정치들에는 영향을 미치지만, 다른 변인들에게는 영향을 미치지 않는지를 아는 것 또한 유용하다. 예컨대, 호감에 효과를 주도록 고안된 독립변인은 호감에 대한 몇몇 측정치들(예: 그 사람과 함께 일하는 것을 희망하는 정도)에는 효과를 보이지만, 다른 측정치들(예: 데이트 상대자로 희망하는 정도)에게는 효과를 보이지 않을 수 있다. 또한 연구자들은 한 독립변인이 여러 다른 행동들에 미치는 영향을 연구하는 데 관심을 가질 수도 있다. 예를 들어, 새로운 학급관리 기법의 효과에 관한 실험은 학업 수행, 급우들 간의 상호작용 비율, 그리고 교사 만족도에 관해 측정할 수 있다.

둘 이상의 종속변인을 가지고 있을 때, 순서에 대한 질문이 나타나게 된다. 어떤 측정치들이 먼저 얻어지는 것이 문제가 되는가? 특정 측정에 대한 결과가 그 측정치를 먼저 얻거나 이후에 얻는 것에 따라 달라지는 것이 가능한가? 이 문제는 반복측정 설계의 맥락에서 8장에서 논의한 순서효과와 유사하다. 아마도 첫 번째 측정에 대해 응답하는 것이 이후 측정들에 대한 응답에 어느 정도는 영향을 줄 것이다. 혹은, 아마도 참가자들은 나중의 측정보다 첫 번째에 좀 더 밀접히 관여할지도 모른다. 이 문제에 대한 반응으로, 두 가지 가능한 방식이 있다. 만약 문제가 심각하다고 보인다면, 측정을 제시하는 순서를 8장에서 기술한 기법들을 이용하여 역균형화할 수 있다. 선행 연구에서 순서가 심각한 문제라고 명시하는 경우는 별로 없다. 이 경우, 신중한 반응은 가장 중요한 측정을 맨 앞에 제시하고, 덜 중요한 것들을 이후에 제시한다. 이러한 방식으로, 순서는 가장 중요한 종속변인에 대한 결과를 해석하는 데 문제가 되지 않을 것이다. 비록 순서가 측정치 일부에 잠재적인 문제일지라도, 연구에 미치는 전체적인 영향력은 최소화될 것이다.

단일 실험에서 중다측정을 하는 것은 그렇게 하는 것이 가능하다면 가치가 있다. 그러나 한 독립변인이 다양한 행동에 미치는 효과를 탐색하기 위해서는 별개의 연속된 실험들을 수행하는 것이 필수적일 수 있다.

✿ 종속변인의 민감도

종속변인은 집단 간 차이를 탐지하는 데 충분히 민감해야 한다. 단순히 '예/아니요'의 응답 선택지만을 가지고 있는 "이 사람을 좋아합니까?"라고 묻는 호감의 측정은 5~7점 척도에 "이 사람을 얼마나 많이 좋아합니까?"라고 묻는 것보다 덜 민감하다. 첫 번째 측정에서, 사람들은 좋은 사람으로 보이려는 경향을 보일 수 있고, 그 사람에 관해 약간 부정적인 느낌을 가지고 있다고 하더라도 '예'라고 응답할 수 있다. 두 번째 측정은 호감의 정도를 나타낼 수 있다. 즉, 그러한 척도는 호감 정도에서의 차이를 탐지하는 것을 더 쉽게 만든다.

민감도(sensitivity)의 문제는 인간 수행을 측정할 때 특히 중요하다. 기억은 회상, 재인, 반응시간을 이용해 측정될 수 있다. 인지 과제 수행은 오탈자 찾기 과제를 수행하는 동안 속도나 오류의 수를 확인함으로써 측정될 수 있다. 신체적 수행은 다양한 운동 과제를 수행하는 동안 측정될 수 있다. 그러한 과제들은 난이도에서 다양하다. 때때로 어떤 과제는 너무 쉬워서 독립변인에 의해 조작된 조건인데도 불구하고 모든 사람들이 잘 수행할 수 있다. 이는 **천장효과**(ceiling effect)라고 하는 결과를 산출한다. 천장효과는 단지 참가자들이 최대 수행 수준에 일찍 도달하기 때문에 독립변인이 종속측정치에 아무런 영향을 주지 않는 것으로 보이는 것을 말한다. 이와 반대의 문제는 과제가 너무 어려워서 거의 모든 사람들이 과제를 잘 수행할 수 없을 때 발생한다. 이를 **바닥효과**(floor effect)라고 부른다.

측정의 민감도를 고려해야 하는 필요는 4장에서 언급한 밀집에 대한 Freedman 등(1971)의 연구에 잘 묘사되어 있다. 이 연구는 인지 과제 수행에 대한 다양한 측정치들에 미치는 밀집의 효과를 살펴보았고, 밀집이 수행을 손상시키지 않음을 발견하였다. 당신은 밀집이 수행에 아무런 영향을 미치지 않는다고 결론 내릴 수 있을 것이다. 그러나 측정치들이 너무 쉽거나 너무 어려워서 밀집의 영향을 탐지하는 데 어려웠을 가능성 또한 존재한다. 실제로, 이후의 연구는 그 과제가 너무 쉬웠을 것이라는 것을 보여 주었다. 참가자들에게 좀 더 복잡한 과제를 수행하라고 요청하였을 때, 밀집은 더 낮은 수행의 결과로 나타났다(Paulus, Annis, Seta, Schkade, & Matthews, 1976).

✿ 측정의 비용

또 다른 고려사항은 비용이다. 어떤 측정은 다른 것들보다 매우 비쌀 수 있다. 종이와 연필로 구성된 자기보고식 측정은 일반적으로 비싸지 않다. 훈련된 관찰자나 정교한 장비를 필요로 하는 측정은 비용이 매우 많이 필요할 수 있다. 예컨대, 비언어적 행동을 연구하는 연구자는 어떤 상황에서 각 참가자의 행동을 녹화할 비디오 카메라를 사용해야 할 수 있다. 그다음 둘 이상의 관찰자들이 시선 맞춤이나 미소, 자기 접촉과 같은 행동들을 입력하기 위해 녹화된 영상을 보게 될 것이다(최소한 두 명의 관찰자들이 그 관찰이 신뢰로운지를 확실히 하기 위해 필요할 것이다). 따라서 장비나 인적 차원에서 모두 비용적 손실이 있을 수 있다. 생리적 반응의 기록 장치들을 사용하려면 역시 비용이 많이 든다. 연구자들은 그러한 연구를 수행하기 위해 대학이나 외부 기관의 경제적 자원을 필요로 한다.

부가적인 통제

기본적인 실험설계는 두 집단을 가진다. 가장 단순한 경우로, 실험집단은 처치를 받고, 통제집단은 처치를 받지 않는다. 통제집단의 사용은 결과에 대한 다양한 대안적 설명을 제거하는 것을 가능하게 해주어, 결과적으로 내적 타당도를 향상시킨다. 때때로 부가적인 통제 절차가 다른 유형의 대안적 설명을 다루기 위해 필수적일 수 있다. 두 가지 일반적인 통제 문제는 실험에 참여한 참가자와 실험자 모두에서 기대와 관련된다.

참가자 기대를 통제하기

요구특성 우리는 연구자들이 연구되고 있는 구체적인 가설이나 연구의 정확한 목적에 관하여 참가자들에게 정보를 주는 것을 일반적으로 바라지 않는다는 것을 이전에 언급하였다. 그 이유는 **요구특성**(demand characteristics)의 문제에 있는데, 이는 실험의 어떠한 속성도 연구의 목적에 대해 참가자들에게 정보를 줄 수 있다는 것이다 (Orne, 1962). 이 염려는 참가자들이 연구의 가설에 관한 기대를 형성할 때, 그 가설을 확증하기 위해 필요한 무엇이든 하려고 하는 데 있다. 예를 들어, 만약 당신이 정치적 방향과 동성애 혐오 간의 관계를 연구하고 있다면, 참가자들은 그 가설을 찾아내어 실제 자신들의 의지가 아닌, 그들이 생각하기에 당신이 원하는 것에 따라서 행동할 수 있다.

요구특성을 통제하는 한 가지 방법은 속임수를 사용하는 것이다. 즉, 실제로 어떤 것을 연구하고 있을 때, 참가자들로 하여금 그 실험이 다른 것을 연구하고 있다고 생각하도록 만드는 것이다. 실험자는 연구의 목적을 설명하고, 실제로 연구되는 것이 무엇인가를 위장하는 정교한 표지 이야기를 고안할 수 있다. 또한 연구자는 은폐된 측정을 사용하거나 설문지에 무관련한 **채우기 항목**(filler item)들의 세트를 사이에 측정을 배치함으로써 종속변인을 위장하려는 시도를 할 수도 있다. 또 다른 방식은 참가자들에게 연구의 목적에 대한 그들의 인식을 질문함으로써 요구특성이 문제인지를 단순히 평가하는 것이다. 참가자들이 연구의 목적에 대한 정확한 견해를 가지고 있지 않을 수 있고, 혹은 일부 참가자들이 연구의 가설을 추측하였다면, 그들의 자료는 별개로 분석할 수 있다.

요구특성은 사람들이 실험이 진행되고 있는지, 그들의 행동이 관찰되고 있는지를 알아차리지 못할 때 제거될 수 있을 것이다. 따라서 관찰자가 은폐되거나 드러나지 않는 측정치들이 사용되는 현장 상황에서 수행된 실험과 관찰 연구는 요구특성의 문제를 최소화한다.

위약집단 특별한 유형의 참가자 기대가 약물의 효과에 관한 연구에서 발생한다. 프로잭(Prozac) 같은 약물이 우울을 감소시키는지를 연구하는 실험을 생각해 보자. 우울증으로 진단받은 한 집단의 사람들은 그 약물을 투여받고, 다른 집단은 아무것도 받지 않는다. 이제, 약물 투여 집단에서 향상을 나타냈다고 가정해 보자. 우리는 이 향상이 약물의 속성에 의해서 나타난 것인지, 아니면 약물의 효과에 관한 참가자들의 기대에 의한 것, 즉 위약효과(placebo effect)인지를 알지 못한다. 다른 말로 하면, 알약이나 주사를 처방받는 것만으로 행동에서의 관찰된 향상을 야기하는 데 충분할 수도 있다. 이 가능성을 통제하기 위해 **위약집단**(placebo group)이 추가될 수 있다. 위약집단의 참가자들은 아무 효과도 없는, 해롭지 않은 물질로 이루어진 알약이나 주사를 받는다. 즉, 이 참가자들은 실험집단의 참가자들에게 주어진 약물을 받지 않는다. 만약 이 향상이 약물의 유효한 속성으로부터 나온 것이라면, 실험집단의 참가자들은 위약집단의 참가자들보다 더 큰 향상을 보여야만 한다. 만약 위약집단이 실험집단만큼 향상된다면, 모든 향상은 위약효과에 의한 것일 수 있다.

때때로 참가자들의 기대가 연구의 일차적인 초점이 된다. 예를 들어, Marlatt과 Rohsenow(1980)는 알코올에 의한 어떠한 행동적 효과가 알코올을 마신다고 믿는 심리학적 영향의 반대로서 알코올 그 자체에 기인하는가를 결정하기 위한 연구를 수행하였다. 이러한 효과를 확인하기 위한 실험설계는 네 집단을 포함하였다. 즉, (1) 알코올 기대 안 함–알코올 안 마심, (2) 알코올 기대 안 함–알코올 마심, (3) 알코올 기대함–알코올 안 마심, (4) 알코올 기대함–알코올 마심의 네 집단이었다. 이 설계를 **균형화된 위약설계**(balanced placebo design)라고 한다. Marlatt과 Rohsenow의 연구는 어떤 사람이 알코올을 소비한다는 믿음이 알코올 그 자체보다 행동에 대한 더 중요한 결정요인임을 제안한다. 즉, 스스로 알코올을 소비한다고 믿는 사람들(집단 3과 4)이 매우 유사하게 행동하였는데, 여기서 집단 3은 심지어 알코올을 전혀 마시지 않은 사람들이었다.

어떤 연구 분야에서는, 위약 통제집단의 사용이 윤리적 함의를 담고 있다. 사람들에게 긍정적인 효과(예: 편두통을 감소시키거나 우울증세를 감소시킴)를 가지고 있는 치료에 관한 연구를 수행하고 있다고 가정해 보자. 치료가 영향력을 가지고 있으며 위약효과를 포함하는 그 효과에 대한 대안적인 설명들이 제거되는 것을 확실히 하기 위한 세심한 실험적 절차를 사용하는 것이 중요하다. 그러나 통제집단에 있는 사람들을 돕는 것 또한 중요하다. 이는 3장에서 살펴본 선행의 개념과 일치한다. 따라서 통제집단의 참가자들은 참가에 대한 이득을 최대화하기 위해 연구에서 그들의 역할이 끝나자마자 치료를 받을 수 있어야만 한다.

위약효과는 실제이고, 많은 연구 분야에서 이를 신중하게 고려해야 한다. 많은 최근 연구와 논쟁은 프로잭 같은 항우울 약물의 유익한 효과가 위약효과에 기인하는 정도에 초점을 둔다(예: Kirsch, 2010; Wampold, Minami, Tierney, Baskin, & Bhati, 2005).

✿ 실험자 기대를 통제하기

실험자는 일반적으로 연구의 목적을 인지하고 있기 때문에 참가자들이 어떻게 반응해야 하는지에 관한 기대를 발달시킬 수 있다. 이 기대는 결과를 편향시킬 수 있다. 이 일반적인 문제를 **실험자 편향**(experimenter bias) 또는 **기대효과**(expectancy effect)라고 한다(Rosenthal, 1966, 1967, 1969).

기대효과는 실험자가 참가자들이 어떤 조건에 있는지를 알 때 언제든지 일어날 수 있다. 실험자 편향의 잠재적인 두 가지 출처가 있다. 첫째, 실험자는 연구의 다양한 조건들에서 의도하지 않게 참가자들을 서로 다르게 대할 수 있다. 예를 들어, 지시문을 읽을 때, 특정 단어들이 한 집단에 대해서는 강조되고 다른 집단에 대해서는 그렇지 않거나, 실험자가 한 조건의 사람들과 상호작용할 때 더 많이 웃음 지을 수도 있다. 편향의 두 번째 출처는 실험자가 참가자들의 행동을 기록할 때 발생할 수 있다. 즉, 실험자가 그 행동을 해석하고 기록하는 방식에서 미묘한 차이가 있을 수 있다.

기대효과에 관한 연구 기대효과는 다양한 방식으로 연구되었다. 이 문제에 대한 아마도 최초의 연구는 Clever Hans이라는 말의 사례인데, 총명하다고 알려진 이 말은 Pfungst(1911)에 의해 착각이라고 밝혀졌다. Robert Rosenthal은 Clever Hans를 다음과 같이 묘사하였다.

> Hans라고 기억될 이 말은 단순히 발굽으로 두드려 답을 가리킴으로써 수학 문제를 풀 수 있고, 우아하게 음악적 하모니를 맞출 수 있는 영리한 말이었다. 저명한 전문가 위원회가 Hans는 질문자로부터 어떠한 단서도 받지 않고 있음을 증명하였다. 또한 말의 주인은 그 말의 재능으로부터 어떠한 이익도 발생시키지 않았다. 물론, 이후에 Pfungst가 실제로는 그렇지 않았음을 보였는데, 머리와 눈의 매우 작은 움직임이 Hans의 말발굽 두드리기의 시작과 끝에 대한 신호였다. Hans가 질문을 받았을 때, 질문자는 Hans의 발굽을 바라보았고, 이는 매우 자연스러운 것이었으며, 질문자가 Hans의 답이 맞았는지를 결정하기 위한 방법이었다. 그다음, Hans가 정답 개수에 도달하였을 때, 질문자가 머리와 눈을 위쪽으로 우연히 움직였을 것이다. 이는 Hans가 단서를 구별하기에 충분한 것이었지만, 훈련된 동물 관찰자나 심리학자가 볼 수 있기에는 충분하지 않은 것이었다.[1]

만약 영리한 말이 미세한 단서에 반응할 수 있다면, 영리한 인간 역시 할 수 있다고 생각하는 것이 합리적이다. 사실, 실험자 기대가 언어적 · 비언어적인 방식 모두에 의해 참가자들에게 전달될 수 있다는 것이 연구에서 밝혀졌다(Duncan, Rosenberg, & Finklestein, 1969; Jones & Cooper, 1971). 실험자 기대에 관한 더욱 체계적인 연구의 예는 Rosenthal(1966)에 의한 연구다. 이 실험에서, 대학생들이 미로에 영리하거나 미로에 우둔한 유전자 혈통으로부터 나온 것으로 묘사된 쥐들을 훈련시켰다. 실제로 그 동물들은 동일한 혈통으로부터 나왔으며, 영리한 범주와 우둔한 범주로 무선적으로 할당되었다. 그러나 영리한 쥐들은 우둔한 쥐들보다 더 우수하게 수행하였다. 학생들이 쥐들을 대하거나 그 행동을 기록한 방식에서의 미묘한 차이가 이 결과를 야기하였다. 이 특정한 발견에 대한 일반화를 '교사 기대(teacher expectancy)'라고 한다. 한 연구는 교사에게 한 학생이 1년간 지적으로 꽃을 활짝 피우게 될 것이라고 말하는 것이 그 학생의 IQ 점수에서의 증가로 나타난다는 것을 보여 주었다(Rosenthal & Jacobson, 1968). 다시 말하면, 교사의 기대가 학생의 수행에 영향을 줄 수 있다.

행동에 대한 평정에 영향을 주는 기대의 문제는 Langer와 Abelson(1974)의 실험에 잘 묘사되어 있다. 임상심리학자들에게 어떤 직장에 대한 지원자 또는 환자라고 소개된 사람이 면접을 하는 동영상을 보여 주었다. 즉, 실제로는 모두 같은 동영상을 보았다. 이후 그 심리학자들은 그 사람이 지원자라고 소개되었을 때보다 환자로 소개

---

1) Rosenthal, R. (1967). Covert communication in the psychological experiment. *Psychological Bulletin*, *67*, 356-367. Copyright 1967 by the American Psychological Association. 허락하에 발췌함.

되었을 때, 그 사람을 더욱 정신장애가 있는 것으로 평정하였다.

기대 문제에 대한 해결책 명백하게, 실험자 기대는 연구의 결과에 영향을 미칠 수 있다. 어떻게 이 문제를 해결할 수 있을까? 다행스럽게도, 기대효과를 최소화하는 수많은 방법들이 있다. 첫째, 실험자는 잘 훈련을 받아야 하고, 모든 참가자들에게 일정하게 행동하는 것을 훈련해야 한다. 훈련의 이점은 임상심리학자들에 관한 Langer와 Abelson의 연구에 잘 묘사되어 있다. 환자들을 정신병리적이라고 평정한 편향은 전통적인 심리치료사들보다 행동 중심 심리치료사들 사이에서 덜 나타났다. 추측하건대, 행동 중심 심리치료사들의 훈련이 사람의 실제 행동에 더욱 초점을 두도록 만들어, 연구자가 환자라고 말해 줌으로써 발생한 기대에 의한 영향을 덜 받았을 것이다.

다른 해결책은 모든 조건들을 한 번에 시행하여 실험자의 행동이 모든 참가자들에게 동일하도록 만드는 것이다. 그러나 이 방법은 연구가 인쇄된 자료를 사용하여 수행될 수 있거나 실험자의 지시가 모든 사람들에게 동일할 때와 같은 특정한 상황에서만 실행할 수 있다.

또한 기대효과는 절차가 자동화될 때 최소화될 수 있다. 이전에 언급하였듯이, 컴퓨터를 이용하여 독립변인을 조작하고 반응을 기록하는 것이 가능하다. 이러한 자동화된 절차에서는 실험자의 기대가 결과에 미칠 가능성이 거의 없다.

마지막 해결책은 연구되는 가설을 알아차리지 않는 실험자를 사용하는 것이다. 이 경우에, 연구를 수행하거나 관찰을 하는 사람은 무엇이 연구되거나 어떤 조건에 참가자들이 들어가 있는 것인지에 관하여 알지 못한다. 이 절차는 위약효과를 사용하는 약물 연구에서 기원하였다. **단일은폐 실험**(single-blind experiment)에서는 참가자가 위약을 받는지, 실제 약물을 받는지에 대해 알지 못한다. **이중은폐 실험**(double-blind experiment)에서는, 참가자뿐만 아니라 실험자도 위약이 주어지는지, 실제 약물이 주어지는지를 알지 못한다. 실험자나 관찰자가 가설이나 참가자가 참여한 집단에 대해 알지 못하게 하는 절차를 사용하기 위해서는, 실험을 수행하고 관찰을 할 다른 사람들을 고용해야 한다.

연구자들이 기대효과에 대한 문제를 알고 있기 때문에, 방금 기술한 것들과 같은 해결책들은 연구의 절차들에 대체로 통합되어 있다. 과학적 연구에서 사용하는 절차들은 상세하게 정의되어서 다른 사람들에 의해 반복이 가능하도록 해야 한다. 이는 다른 연구자들이 이전 연구를 기반하여 다른 연구를 수행하도록 해준다. 만약 어떤 연구가 기대효과에 대한 잠재적인 문제를 가지고 있다면, 연구자들은 알아차려야 할 의무가 있고, 그 효과를 통제한 절차를 사용하여 실험을 반복할 시도를 할 것이다. 이는 또한 방법론적 결함이 발견될 것을 확실히 하는 자기교정적 기제다. 반복의 중요성은 14장에서 더 논의될 것이다.

부가적인 고려사항

지금까지, 우리는 연구를 계획할 때 연구자가 고려해야 할 여러 요인들을 살펴보았다. 실제로 연구를 수행하고 그 결과를 분석하는 것은 시간 소모적인 과정이다. 연구를 시작하기 전에, 연구자는 가능한 한 모든 것이 올바르게 수행될 수 있도록 확실히 하고자 한다. 그리고 연구가 일단 설계되면, 그것을 향상시킬 수 있는 몇몇 부가적인 절차들이 있다.

연구 제안서

연구를 계획하는 데 신중한 생각을 한 다음, 연구자는 연구 제안서를 작성한다. 제안서는 연구의 배경을 제공하는 문헌 개관을 포함할 것이다. 연구의 목적은 연구가 왜 수행되는지, 즉 연구가 어떤 질문에 답하기 위해 설계되는지를 명확하게 설명하는 것이다. 그 아이디어를 검증하는 데 사용하게 될 상세한 절차들이 포함된다. 자료에 대한 분석 계획 또한 제시된다. 연구 제안서는 학술지 논문의 서론과 방법 절과 매우 유사하다. 그러한 제안서는 연구 지원금을 신청하는 데 반드시 포함된다. 기관심의위원회(IRB) 또한 어떤 유형의 제안서를 요구한다(기관심의위원회에 관한 상세한 정보를 위해서는 3장을 보라).

제안서를 준비하는 것은 단순히 당신의 생각을 서면으로 표현함으로써 그 아이디어를 조직화하고 체계화하는 것에 도움이 되기 때문에 어떠한 연구 프로젝트를 계획하는 데에도 좋은 생각이다. 이에 더하여, 그 제안서를 연구 절차의 적절성에 관하여 유용한 피드백을 제공해 줄 수 있는 친구나 동료 연구자, 교수, 다른 관심 있는 사람 사람들에게 보여 줄 수도 있다. 그들은 당신이 알아차리지 못한 문제를 발견할 수도 있고, 그 연구를 향상시킬 수 있는 방법을 제공해 줄지도 모른다.

✿ 예비연구

연구자가 모든 절차들에 대한 구체적인 측면들을 최종적으로 결정하였다면, 연구자가 소규모의 참가자들을 대상으로 한 시험적 실험을 수행을 하는 **예비연구**(pilot study)를 수행하는 것이 가능하다. 예비연구는 참가자들이 지시를 이해하는지, 전체적인 실험적 환경이 적절한지, 혼동되는 질문들이 없는지 등을 확인하게 해준다.

때때로 예비연구의 참가자들은 실험 이후에 그 경험에 관한 상세한 질문을 받는데, 또 다른 방법은 생각나는 대로 말하기(7장에서 설명) 방식을 사용하는 것인데, 이 방법에서는 예비연구의 참가자들에게 연구의 과정에서 일어난 모든 것들에 관하여 그들의 생각을 말로 표현하라고 요청할 수 있다. 이러한 절차들은 전체 실험을 진행하기 전에 절차에서 필요한 변화를 가할 수 있는 기회를 연구자에게 제공한다. 또한, 예비연구는 자료를 수집하고 있는 실험자들이 자신의 역할을 편안하게 느끼고, 절차를 표준화하도록 해준다.

✿ 조작 점검

조작 점검(manipulation check)은 독립변인 조작이 참가자들에게 의도한 효과를 나타내는지를 직접 측정하려는 시도다. 조작 점검은 조작의 구성 타당도에 대한 증거를 제공한다(구성 타당도는 4장에서 논의하였다). 예컨대, 당신이 만약 불안을 조작하고 있다면, 조작 점검은 고(高)불안 집단의 참가자들이 실제로 저(低)불안 조건의 사람들보다 실제로 더 불안한지를 말해 줄 것이다. 조작 점검은 불안에 대한 자기보고나 행동 측정치(예: 손과 팔의 움직임 횟수), 생리적 측정치를 수반할 수 있다. 그런 다음, 모든 조작 점검은 독립변인 조작이 실제로 연구되는 개념적 변인에 대해 성공적으로 조작적 정의를 하였는지를 질문하게 된다. 예를 들어, 독립변인으로서 신체적 매력도의 조작을 생각해 보자, 실험에서 참가자들은 매력적이라고, 또는 매력적이지 않다고 지각될 것으로 가정된 어떤 사람에게 반응을 한다. 이 경우, 조작 점검은 참가자들이 매력도가 높은 사람을 더 신체적으로 매력적이라고 평정하는가를 확인하는 것이다.

조작 점검은 독립변인 조작이 실제로 의도한 효과를 보이는지를 결정하기 위한 예비실험에서 특히 유용하다. 만약 독립변인이 효과적이지 않다면, 절차들을 변화시킬 수 있다. 그러나 실제 실험에서도 조작 점검을 수행하는 것도 중요하다. 실제 실험에서 조작 점검은 참가자들을 방해하거나 그들에게 실험의 목적에 관한 정보를 줄 수 있기 때문에, 대체로 실험이 끝날 때쯤에 조작 점검을 시행하는 것이 현명한 방법이다. 즉, 대부분의 경우에, 이는 종속변인에 대한 측정이 끝나고 사후설명을 하기 전이 될 것이다.

조작 점검은 두 가지 장점을 가지고 있다. 첫째, 만약 조작 점검이 당신의 조작이 효과적이지 못하다는 것을 보여 준다면, 당신은 실제 실험을 진행하는 데 드는 비용을 절약하게 해줄 것이다. 당신은 그 조작을 더 효과적으로 만들기 위한 변화에 주의를 둘 수 있을 것이다. 예를 들어, 만약 조작 점검이 저불안 집단과 고불안 집단 모두에 대해 그렇게 불안이 높지 않다는 것을 보여 준다면, 당신은 고불안 조건의 불안을 증가시키기 위한 절차를 변화시킬 수 있을 것이다.

둘째, 조작 점검은 만일 당신이 유의미하지 않은 결과를 얻었을 때, 즉 만약 결과가 독립변인과 종속변인 간에 아무런 관계가 존재하지 않음을 나타낼 때, 장점이 될 수 있다. 조작 점검은 그 유의미하지 않은 결과가 독립변인에 대한 조작에서의 문제에 기인하는지를 확인할 수 있게 해준다. 만약 당신의 조작이 성공적이지 않다면, 유의미하지 않은 결과를 얻는 것은 합리적일 것이다. 만약 당신이 불안을 조작한 이후에 두 집단이 동등한 불안 정도를 보인다면, 불안은 종속측정치에 어떠한 영향도 줄 수가 없다. 조작 점검이 그 조작이 성공적이었음을 보여 주지만, 유의미하지 않은 결과를 얻는 경우라면 어떨까? 그러면 당신은 최소한 그 결과가 조작과 관련된 문제에 기인하지 않는다는 것을 알게 된다. 즉, 관계를 찾지 못한 이유는 다른 곳에 있는 것이다. 아마도 좋지 못한 종속 측정도구를 사용하였거나, 아마도 그 변인들 간에 실제로 아무 관련이 없을 수 있다.

✿ 사후설명

사후설명의 중요성이 윤리적 고려의 맥락에서 3장에서 논의되었다. 모든 자료가 수집된 후, 일반적으로 사후설명이 진행된다. 이는 연구자가 해당 연구의 윤리적·교육적 함의를 논의하기 위해 참가자들과 상호작용하는 기회다.

또한 사후설명은 참가자들이 실험 동안에 무엇을 생각하고 있었는지에 관해 더 많이 배울 수 있는 기회를 제공할 수 있다. 연구자들은 참가자들에게 실험의 목적이 무엇이라고 생각하였는지, 독립변인 조작을 어떻게 해석하였는지, 종속측정치에 대해 반응할 때 무엇을 생각하고 있었는지를 질문할 수 있다.

끝으로, 연구자들은 참가자들에게 다른 사람들과 그 연구를 논의하는 것을 그만두도록 요청할 수 있다. 이러한 요청은 전형적으로 더 많은 사람들이 참여할 예정이고, 참가자들이 수업시간이나 기숙사에서 다른 사람에게 말할 수 있을 것이라 생각될 때 이루어지게 된다. 이미 참여한 사람들은 그 연구의 일반적인 목적이나 절차에 대해 인식하게 되는데, 이 사람들이 이후의 잠재적인 참가자들에게 그 연구에 관한 경험을 제공하지 않는 것이 중요하다.

결과의 분석과 해석

자료가 수집된 이후, 다음 단계는 그 자료를 분석하는 것이다. 자료에 대한 통계분석은 연구자가 해당 연구에서 얻은 결과를 조사하고 해석하는 것을 가능하게 한다. 통계분석은 연구자가 독립변인과 종속변인 간에 관계가 실제로 있는지를 결정하는 데 도움을 준다. 통계검증의 사용에 기초가 되는 논리는 13장에서 살펴볼 것이다. 이 책의 목적은 통계방법을 가르치기 위한 것이 아니기 때문에, 여러 통계검증에 포함된 계산들은 제공하지 않는다.

연구를 다른 사람들에게 알리기

마지막 단계는 왜 그 연구를 수행하였는지, 참가자들을 어떻게 모집하였는지, 어떤 절차가 사용되었는지, 그리고 무엇을 발견하였는지에 관한 상세한 내용을 포함하는 보고서를 쓰는 것이다. 보고서를 작성한 이후에는 그것으로 무엇을 하는가? 다른 사람들과 그 발견을 어떻게 알릴 것인가? 연구 결과는 거의 주로 학술지 논문이나 학술대회 논문의 형태로 투고된다. 어떤 경우든, 투고된 논문은 출판이나 학회에서의 발표를 위해 받아들여질지를 결정하는 둘 이상의 관련 분야의 심사자들에 의해 평가된다.

전문 학술대회

전문적 학회에 의해 개최되는 학술대회는 연구자들이 그들의 발견을 다른 연구자들과 대중에 발표를 하는 중요한 기회다. 미국심리학회(American Psychological Association, APA)나 심리과학회(Association for Psychological Science, APS)와 같은 전문적 학회는 심리학자들과 학생들이 그들의 연구를 발표하고 다른 연구자들이 수행하는 최신의 연구에 관해 배울 수 있는 기회를 제공하는 연차 학술대회를 개최한다. 때때로 구두 발표도 진행된다. 그러나 포스터 세션이 더욱 일반적인데, 여기서 연구자는 연구를 요약한 포스터를 게시하고, 다른 사람들과 그 연구에 관한 논의를 하는 것이 가능하다.

✿ 학술지 논문

2장에서 언급한 바와 같이, 많은 학술지들이 연구 논문들을 출판한다. 그럼에도 불구하고, 작성된 보고서의 수에 견주어 볼 때, 학술지의 수는 적다. 따라서 연구를 출판하는 것은 쉬운 일이 아니다. 연구자가 논문을 학술지에 투고할 때, 둘 이상의 심사자들이 그 논문을 읽고 게재 여부를 추천한다(종종 수정본을 요구하기도 한다). 이 절차를 **동료 평가**(peer review)라고 하며, 그 연구가 출판되기 전에 그 연구에 대한 세심한 외부 심사를 받는 것을 확실히 하는 데 있어 매우 중요하다. 명성이 높은 학술지들에 투고되는 논문들 중 90%는 게재를 거절당한다. 거절된 많은 논문들은 다른 학술지들에 투고되고, 결국에는 게재가 가능해지지만, 많은 연구들은 끝내 출판되지 않는다. 이것이 나쁜 것만은 아니다. 이는 높은 질적 수준을 가진 연구를 그렇지 않은 연구로부터 분리하는 것을 의미하는 것이다.

실험을 계획할 때 해야 할 많은 결정들을 이 장에서 다루었다. 이 논의는 하나의 독립변인을 가진 가장 단순한 실험설계를 사용하는 실험들에 초점을 두었다. 다음 장에서는 좀 더 복잡한 실험설계를 다룰 것이다.

✻ 읽을거리: 실험 수행하기

많은 사람들이 미신적으로 행동한다. 즉, 사람들은 행운의 티셔츠가 시험에 도움이 된다거나, 시합 이후에 유니폼을 빠는 것이 행운을 없애 버린다거나, 복권에 당첨되는 것은 행운의 숫자에 따라 달라진다고 믿을 수 있다. 많은 사람들은 이러한 미신이 결과에 실제로 영향을 주지 않는다고 믿는다. 미신은 이전에 심리학에서 연구되었다.

B.F. Skinner(1947)는 미신적 행동이 비둘기에서 관찰될 수 있음을 증명하였다. 최근에 Damisch, Stoberock과 Mussweiler(2010)는 미신적 행동이 골프 퍼트, 운동 숙련도, 기억, 단어 알아맞히기를 포함하는 여러 다양한 수행 측정치들에 미치는 영향을 관찰할 수 있는지를 확인하고자 하였다.

네 가지 서로 다른 실험에서, 연구자들은 참가자들의 행운에 대한 지각을 변화시킨 다음 수행을 측정하였다. 첫 번째 실험에서, 대학생들이 무선적으로 실험 조건들에 할당되었는데, 한 조건에서는 '행운의 공'을 사용하여 퍼트를 하였고(조건 1), 다른 조건에서는 '보통의 공'을 가지고 퍼트를 하였다(조건 2). '행운의 공' 조건의 참가자들은 '보통의 공' 조건의 참가자들보다 통계적으로 더 우수한 퍼트 수행을 보였다.

먼저, 다음의 논문을 읽어 보라.

> Damisch, L., Stoberock, B., & Mussweiler, T. (2010). Keep your fingers crossed! How superstition improves performance. *Psychological Science*, *21*, 1014-1020. doi: 10.1177/0956797610372631

논문을 읽은 후, 다음을 생각해 보라.

1. 네 개의 실험 각각에 대하여, 독립변인에 대한 조작이 어떻게 단순 조작인지 또는 단계화 조작인지를 설명하라.
2. 이 장에서, 우리는 세 유형의 종속변인(자기보고식 변인, 행동적 변인, 생리적 변인)을 논의하였다. 이 논문에 제시된 실험들에서, 어떤 유형의 종속측정치들이 사용되었는가? 다른 유형의 종속변인들이 사용될 수 있었을까? 어떻게 그러한가?
3. 실험 1에 사용된 종속측정치는 민감하였는가? 어떻게 그러한가?
4. 이 연구자들은 실험에서 조작 점검을 사용하였는가? 실험 2를 위한 조작 점검을 고안하라.
5. 이 논문은 네 개의 실험을 포함한다. 이 연구자들이 미신에 관심이 있었다는 것을 바탕으로, 왜 여러 연구를 사용하는 것이 연구의 내적 타당도를 위해 좋은 일인가?
6. 이 일련의 연구들의 내적 타당도는 얼마나 우수한가?
7. 이 연구를 어떻게 확장할 수 있을까?

❋ 주요 용어

근전도(electromyogram, EMG) 221
기능적 자기공명영상(functional magnetic resonance imaging, functional MRI, fMRI) 222
기대효과(expectancy effect) 227
뇌파(electroencephalogram, EEG) 221
단계화 조작(staged manipulation) 216
단순 조작(straightforward manipulation) 214
단일은폐 실험(single-blind experiment) 229
민감도(sensitivity) 224
바닥효과(floor effect) 224
생리적 측정치(physiological measure) 221
실험자 편향(experimenter bias) 227
예비연구(pilot study) 231
요구특성(demand characteristics) 225
위약집단(placebo group) 226
이중은폐 실험(double-blind experiment) 229
자기공명영상(magnetic resonance imaging, MRI) 222
자기보고(self-report) 220
조력자(confederate) 216
조작 강도(manipulation strength) 218
조작 점검(manipulation check) 231
채우기 항목(filler item) 225
천장효과(ceiling effect) 224
피부전기반응(galvanic skin response, GSR) 221
행동 측정치(behavioral measure) 221

❋ 복습문제

1. 독립변인에 대한 단계화 조작과 단순 조작의 차이는 무엇인가?
2. 종속변인의 일반적인 유형들은 무엇인가?
3. 종속측정치의 민감도는 무엇을 의미하는가? 천장효과와 바닥효과는 무엇인가?
4. 요구특성은 무엇인가? 요구특성을 최소화하기 위한 방법들을 기술하라.
5. 위약집단을 포함하는 이유는 무엇인가?
6. 실험자 기대효과는 무엇인가? 실험자 편향 문제를 위한 해결책은 무엇인가?
7. 예비연구는 무엇인가?
8. 조작 점검은 무엇인가? 이것이 어떻게 연구자들이 실험 결과를 해석하는 데 도움을 주는가?
9. 연구 이후의 사후설명의 가치를 기술하라.
10. 연구 프로젝트를 완료한 다음, 연구자는 그 결과를 가지고 무엇을 하는가?

✻ 실전문제

1. Turk 박사는 연령과 읽기 이해의 관계를 연구하였고, 구체적으로 노인들이 젊은 성인들보다 낮은 이해 수준을 보일 것이라고 예상하였다. Turk는 특히 일반적인 출판물에서 가용한 재료들에 대한 이해에 관심이 있었다. 20대, 30대, 40대, 50대 집단의 참가자들이 이론물리학자인 Stephen W. Hawking(1988)이 쓴 *A Brief History of Time: From the Big Bang to Black Holes*라는 책의 한 장을 읽었다. 그 장을 읽은 다음, 참가자들의 이해를 측정하였다. 결과는 연령과 이해 점수 간에 아무 관련이 없는 것으로 나타났다. 즉, 모든 연령 집단이 동일하게 낮은 이해 점수를 보였다. 왜 아무 관련이 없는 것으로 나타났다고 생각하는가? 최소한 두 가지 가능한 이유를 확인하라.
2. 2장에서 기술한, 자폐증이 있는 아동에 의한 촉진된 의사소통에 관한 실험(Montee, Miltenberger, & Wittrock, 1995)을 회상해 보라. 실험자 기대효과의 측면에서 그 연구 결과를 해석하라.
3. 당신이 속한 조가 학습시간이 회상 과제에 미치는 효과를 연구하기 위한 실험을 설계하는 과제에 할당되었다. 이제까지 당신의 조는 다음의 계획을 떠올렸다. "참가자들을 무선적으로 두 집단에 할당한다. 한 집단에 있는 사람들은 5개 단어를 5분 동안 학습하고, 다른 집단에 있는 사람들은 같은 목록을 7분 동안 학습한다. 학습시간이 끝난 직후, 참가자들은 10개의 단어 목록을 읽고, 원래의 학습목록에 있었던 단어들에 표시를 한다." 이 설계를 향상시키고, 변화를 준 것에 대한 구체적인 이유를 명시하라.
4. 만약 당신이 도움행동에 미치는 변인들을 연구하고 있다면, 단순 조작을 사용하기를 원하는가, 아니면 단계화 조작을 사용하기를 원하는가? 왜 그러한가?
5. 사람들이 기분 좋은 상태일 때 자선운동에 참여할 가능성이 더 높다는 가설을 검증하기 위해 단계화 조작을 사용한 실험을 설계하라. 그 설계에 조작 점검을 포함하라.
6. 한 예비연구에서 Mori 교수는 조작 점검을 수행하였고, 실험 조건들 간에 유의미한 차이가 없다는 것을 발견하였다. 이 교수는 실험을 계속 진행해야 하는가? 다음 단계로 무엇을 해야 하는가? Mori 교수에게 당신의 추천사항들을 설명하라.
7. Asch의 선 판단 과제 연구의 참가자들에게 당신이 읽어 줄 사후설명을 작성하라.

❋ 정답

표 9.1

1. 참
2. 참
3. 참
4. 거짓

10

복잡한 실험설계

학습 목표

- ❖ 요인설계를 정의하고, 연구자가 이 설계를 사용하는 이유를 논의하기
- ❖ 요인설계의 주효과와 상호작용 효과가 제공하는 정보를 기술하기
- ❖ IV×PV 설계를 기술하기
- ❖ 상호작용의 해석에서 단순 주효과의 역할을 논의하기
- ❖ 독립집단 설계, 반복측정 설계, 혼합 요인설계에서 참가자 할당을 비교하기

이제까지 우리는 기본적으로 가장 단순한 실험설계에 초점을 두었는데, 그러한 설계에서는 하나의 독립변인이 조작되고 하나의 종속변인이 측정된다. 그러나 연구자들은 종종 좀 더 복잡한 설계를 요하는 문제들을 연구한다. 이러한 복잡한 실험설계가 이 장의 주제다.

우리는 실험에서 한 독립변인의 수준의 수를 증가시키는 것을 논의하는 것부터 시작할 것이다. 그런 다음, 독립변인의 수를 확장하는 실험들을 설명할 것이다. 이 둘 모두 실험의 복잡성에 영향을 미친다.

독립변인 수준의 수를 증가시키기

가장 단순한 실험설계에서는 독립변인에 대한 두 수준만이 있었다. 그러나 연구자는 여러 이유로 셋 이상의 수준을 가진 실험을 설계하려고 할 수 있다. 첫째, 독립변인에 대한 두 수준만을 가진 설계는 독립변인과 종속변인 간 관계의 정확한 형태에 관한 많은 정보를 제공해 줄 수 없다. 예컨대, **그림 10.1**은 정신적 훈련의 양과 운동과제 수행의 관계에 관한 실험 결과에 기반한다(Kremer, Spittle, McNeil, & Shinners, 2009). 정신적 훈련은 실제 다트 던지기 과제에 앞서 연습으로 던지는 것을 상상하는 것으로

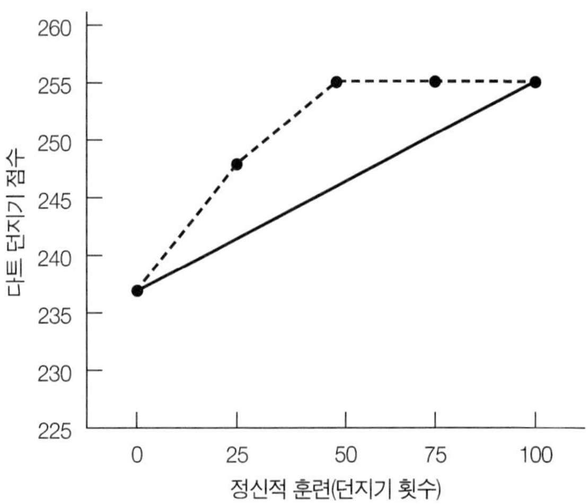

그림 10.1 선형 함수 대 정적 단조 함수

주: 이 자료는 Kremer, Spittle, McNeil과 Shinners(2009)의 실험에 기반한 것으로, 실제 실험에서는 던지기 횟수 75번의 조건은 포함되지 않았다.

구성되었다. 정신적 훈련이 다트 수행을 향상시킬까? 실선은 두 수준, 즉 연습이 없는 조건과 100번의 정신적 훈련 조건만이 포함되었을 때의 결과를 보여 준다. 단지 두 수준밖에 없기 때문에, 그 관계가 직선으로밖에 표현될 수 없다. 우리는 만일 다른 연습량이 독립변인에 대한 별개의 수준들로 포함되었을 때 그 관계가 어떤지를 알지 못한다. **그림 10.1**의 점선은 25, 50, 75번의 정신적 훈련이 포함되었을 때의 결과를 보여 준다. 이 결과는 정신적 훈련의 양과 수행 간의 관계에 대한 더 정확한 묘사를 한다. 즉, 훈련의 양은 어떤 지점에 이르기까지 수행이 향상되는 점에서 매우 효과적이지만, 그 양보다 많은 연습은 도움이 안 된다는 것을 보여 준다. 따라서 그 관계는 엄격한 선형 관계가 아닌 단조적인 정적 관계다(4장 참조). 두 수준만을 가진 실험은 그러한 정확한 정보를 산출할 수 없다.

4장에서 변인들은 때때로 곡선형이나 비단조적 형태로 관련된다고 한 것, 즉 관계의 방향이 변화한다고 한 것을 회상해 보라. **그림 10.2**는 곡선형 관계의 예를 보여 준다. 이 특정한 형태를 **역전된 U자형**(inverted-U)이라고 하는데, 그 이유는 독립변인의 넓은 범위의 수준에서 역전된 U자 형태가 관찰되기 때문이다[4장에서 논의하였던 역전된 U자형 관계(inverted-U relationship)를 회상해 보라]. 독립변인에 대한 오직 두 개의 수준만 있는 실험설계는 변인들 간의 곡선형 관계를 탐지할 수 없다. 곡선형 관계가 예상된다면, 최소한 세 수준이 반드시 사용되어야 한다. **그림 10.2**에서 볼 수 있듯이, 수준 1과 3만이 독립변인의 수준으로 사용된다면, 변인들 간 아무런 관계도 없는 것으로 보일 것이다. 이러한 많은 곡선형 관계가 심리학에 존재한다. 공포 유발과 태도 변화의 예가 한 가지 예다. 즉, 우리는 위협을 해서 태도를 변화하게 만들 수 있지만, 그것이 지나치다고 생각하면 태도 변화는 일어나지 않는다. 다른 말로 하면,

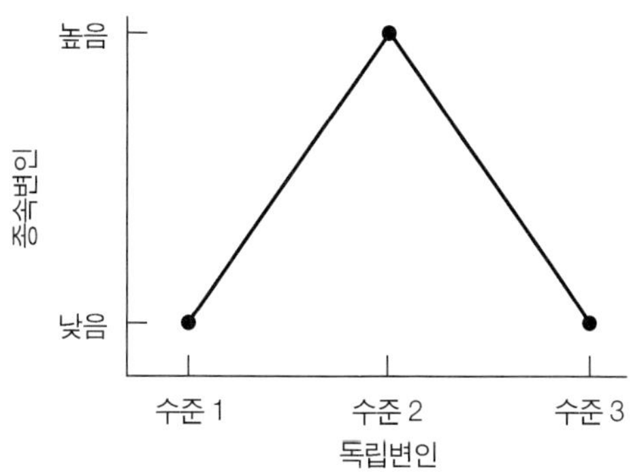

그림 10.2 곡선형 관계

주: 곡선형 관계를 보여 주기 위해서는 독립변인이 최소한 세 수준을 포함해야 한다.

설득적인 메시지에 의해 유발된 공포의 양이 증가함에 따라 중간 수준까지는 태도 변화를 증가시키지만, 이후의 공포 유발을 증가시키는 것은 실제로는 태도 변화를 감소시킨다.

끝으로, 연구자들은 빈번하게 세 집단 이상을 비교하는 데 관심이 있다. 동물과 함께 지내는 것이 요양기관 거주자들에게 이로운 효과를 보이는지를 알고 싶다고 가정해 보자. 당신은 동물 통제집단과 개를 데려와서 매일 함께 놀도록 한 집단과 같이 두 집단을 구성할 수 있다. 그러나 당신은 또한 고양이와 새의 효과를 아는 것에도 관심이 있을 수 있고, 그래서 이 두 집단을 연구에 추가할 수 있을 것이다. 혹은 동물이 없는 통제집단에 추가하여 큰 개와 작은 개의 효과를 비교하는 데 관심이 있을 수도 있다. 네 집단을 사용한 실제 연구에서, Strassberg와 Holty(2003)는 여성의 인터넷 개인 광고에 대한 반응을 비교하였다. 연구자들은 먼저 그림 그리기와 하이킹을 좋아하는 것같이 일반적으로 긍정적인 태도를 지닌 한 여성을 묘사하는 통제광고를 고안하였다. 다른 광고들은 각각 좀 더 구체적인 특성, 즉 (1) '날씬하고 매력적인', (2) '관능적이고 정렬적인', (3) '경제적으로 독립적이고 야심이 있는'이라는 특성을 각각 추가하였다. 연구자들의 첫 예상과 달리, 독립적/야심 있는 여성이 다른 세 조건들보다 더 많은 반응을 받았다.

독립변인의 수를 증가시키기: 요인설계

연구자들은 종종 하나의 실험에서 둘 이상의 독립변인을 조작한다. 전형적으로, 둘 또는 셋의 독립변인들이 동시에 조작된다. 이러한 유형의 실험설계는 독립변인들이 홀로 존재하지 않는, 실제 세계의 조건에 대한 더 가까운 접근이다. 연구자들은 어떠한 상황에서도 수많은 변인들이 행동에 영향을 준다는 것을 인식하고 있다. 8장에서 소개한 운동과 기분에 관한 실험을 회상해 보라. 운동과 우울의 관계에 관한 실제 실험은 Dunn, Trivedi, Kampert, Clark와 Chambliss(2005)에 의해 수행되었다. 참가자들은 저수준(주간 에너지 소비량: 7.0kcal/kg)과 고수준(주간 에너지 소비량: 17.5kcal/kg)의 두 가지 운동 조건들 중 하나에 무선적으로 할당되었다. 종속변인은 운동 12주 후 표준 우울 측정치에서의 점수였다. 당신은 각 주에 참가자들이 얼마나 자주 운동을 하였는지를 궁금해할 수 있다. 실제로, 연구자들은 운동의 빈도가 중요한지에 대해서 궁금해하였고, 그래서 일부 참가자들에게는 주당 3일을 운동하도록, 다른 사람들에게는

	질문 유형: 독립변인 A	
질문자 유형: 독립변인 B	호도하는 질문	공평한 질문
박식한 질문자	호도하는 질문/박식한 질문자	공평한 질문/박식한 질문자
순진한 질문자	호도하는 질문/순진한 질문자	공평한 질문/순진한 질문자

그림 10.3 2×2 요인설계: 목격자 증언 실험에 대한 설정

주당 5일을 운동하도록 계획하였다. 따라서 연구자들은 두 개의 독립변인이 있는 실험을 설계하였다. 이 경우에, 두 독립변인은 운동량과 운동의 빈도다.

요인설계(factorial design)는 둘 이상의 독립변인(또는 요인)을 지닌 설계다. 요인설계에서는, 각 독립변인의 모든 수준들이 다른 독립변인들의 모든 수준과 결합된다. 가장 단순한 요인설계는 두 개의 독립변인을 가지고 있고, 각각은 두 수준을 포함한다(2×2 요인설계로 불림).

Smith와 Ellsworth(1987)의 실험은 2×2 요인설계를 잘 묘사한다. Smith와 Ellsworth는 호도하는 질문을 하는 것이 목격자 증언의 정확률에 미치는 영향을 연구하였다. 실험에 참여한 참가자들은 먼저 강도에 대한 동영상을 보았고, 그다음 그들이 본 것에 관한 질문을 받았다. 한 독립변인은 질문의 유형(호도하는 질문/공평한 질문)이었다. 두 번째 독립변인은 그 범죄에 대한 질문자의 지식이었다. 즉, 질문을 하는 사람이 그 동영상을 한 번만 보았거나(순진한 질문자) 수없이 반복해서 본 사람(박식한 질문자)이었다.

이 2×2 요인설계는 네 가지 실험 조건을 만들어 낸다. 즉, (1) 박식한 질문자–호도하는 질문, (2) 박식한 질문자–공평한 질문, (3) 순진한 질문자–호도하는 질문, (4) 순진한 질문자–공평한 질문, 이렇게 네 조건이다. 2×2 요인설계는 항상 네 집단을 갖는다. **그림 10.3**은 어떻게 실험 조건들이 만들어지는지를 보여 준다.

요인설계를 기술하는 일반적인 형식은 다음과 같은 방식이다.

$$\text{첫 번째 독립변인의 수준 수} \times \text{두 번째 독립변인의 수준 수} \times \text{세 번째 독립변인의 수준 수}$$

두 독립변인을 지닌 설계에서, 한 변인은 두 수준을 지니고, 다른 변인은 세 수준을 지닌다면, 이는 2×3 요인설계다. 여기에는 여섯 조건이 있다. 3×3 설계는 아홉 조건을 지닌다.

표 10.1 2×2 요인설계: 목격자 증언 실험의 결과

질문자 유형 (독립변인 B)	질문의 유형(독립변인 A)		전체 평균(B의 주효과)
	공평한 질문	호도하는 질문	
박식한 질문자	13.0	41.0	27.0
순진한 질문자	13.0	18.0	15.5
전체 평균(A의 주효과)	13.0	29.5	

✿ 요인설계의 해석

요인설계는 두 종류의 정보를 산출한다. 첫 번째는 각 독립변인 자체의 효과에 관한 것이다. 이를 그 독립변인의 **주효과**(main effect)라고 한다. 따라서 두 개의 독립변인이 있는 설계에는 두 개의 주효과가 있다. 두 번째 유형의 정보는 **상호작용**(interaction)이라 부른다. 만약 두 독립변인 간 상호작용이 있다면, 한 독립변인의 효과는 다른 변인의 특정한 수준에 의존한다. 다른 말로 하면, 한 독립변인이 종속변인에 미치는 영향은 다른 독립변인의 수준에 달려 있다. 상호작용은 단지 한 독립변인이 조작되는 단순한 실험설계에서는 얻을 수 없는 새로운 정보다.

주효과와 상호작용을 묘사하기 위해, 우리는 목격자 증언의 정확률에 관한 Smith와 Ellsworth의 결과를 들여다볼 수 있다. 표 10.1은 요인설계의 여러 집단에 관한 결과들을 제시하는 일반적인 방법을 보여 준다. 각 칸의 숫자는 네 조건에서 관찰된 오류의 평균 백분율을 나타낸다.

주효과 주효과는 각 변인이 그 자체로 지닌 효과를 말한다. 독립변인 A(질문의 유형)의 주효과는 종속측정치에 대한 그 전체의 효과다. 유사하게, 독립변인 B(질문자 유형)의 주효과는 회상 정확률에서의 서로 다른 질문자 유형의 효과다.

각 독립변인의 주효과는 그 독립변인과 종속변인 간 전체적인 관계다. 독립변인 A에 대해서, 질문의 유형과 회상 오류 간에 관계가 있는가? 우리는 공평한 질문 조건과 호도하는 질문 조건의 전체 평균을 확인함으로써 이를 찾아낼 수 있다. 이 전체적인 주효과에 대한 평균은 질문자 유형(박식한 질문자 또는 순진한 질문자)을 무시하고 각 집단의 모든 참가자들에 걸쳐 평균을 구함으로써 얻을 수 있다. 이 평균은 표 10.1의 가장 오른쪽 열과, 그리고 가장 아래쪽 행[주변(margin)이라고 부름]에서 볼

수 있다. 호도하는 질문 조건에서 참가자들이 저지른 오류의 전체 백분율은 29.5이고, 공평한 질문 조건에서의 전체 오류 백분율은 13.0이다. 호도하는 질문 조건에서의 전체 평균 29.5는 '박식한 질문자–호도하는 질문' 조건의 41과 '순진한 질문자–호도하는 질문' 조건의 18에 대한 평균임을 주목하라(이 계산은 각 집단의 참가자들의 수가 같음을 가정한 것이다). 당신은 전체적으로, 질문의 유형이 공평한 질문일 때보다 호도하는 질문일 경우에 더 많은 오류가 발생하였음을 알 수 있다. 통계검증이 이 차이가 유의미한 주효과인지를 결정하는 데 사용될 것이다.

독립변인 B(질문자 유형)의 주효과는 그 독립변인 자체와 종속변인 간의 전체적인 관계다. **표 10.1**에서 볼 수 있듯이, 박식한 질문자 조건에서의 전체 평균이 27.0이고, 순진한 질문자 조건의 전체 평균은 15.5이다. 따라서 일반적으로, 더 많은 오류가 박식한 질문자일 때 발생하였다.

상호작용 이 주효과들은 전체적으로, 박식한 질문자일 때와 호도하는 질문일 때 더 많은 오류들이 발생한다는 것을 말해 준다. 또한 상호작용이 존재할 가능성도 있다. 만일 그렇다면, 독립변인들의 주효과에 대한 해석은 반드시 제한되어야 한다. 이는 독립변인들 간의 상호작용이 한 독립변인의 효과가 다른 독립변인의 수준에서 달라짐을 의미하기 때문이다. 즉, 상호작용은 한 독립변인의 효과가 다른 독립변인의 특정 수준에 의존한다는 것을 말해 준다.

우리는 Smith와 Ellsworth의 결과에서 상호작용을 관찰할 수 있다. 질문 유형의 효과는 질문자가 박식한지, 순진한지에 따라 달라진다. 질문자가 박식할 때, 호도하는 질문은 더 많은 오류를 산출하였다(호도하는 질문 조건에서 41%였고, 공평한 질문 조건에서 13%). 따라서 질문 유형과 회상 오류 간의 관계는 두 독립변인을 모두 고려함으로써 가장 잘 이해가 된다. 즉, 우리는 호도하는 질문인가와 동시에 질문자가 박식한가 그렇지 않은가를 동시에 고려해야만 한다.

상호작용은 모든 조건들에 대한 평균이 한 그래프에 제시될 때 쉽게 알아차릴 수 있다. **그림 10.4**는 Smith와 Ellsworth의 목격자 증언 실험의 결과에 대한 막대그래프를 보여 준다. 모든 네 조건들의 평균이 표현되어 있음을 주목하라. 두 개의 막대는 공평한 질문 조건에서 질문자 유형을 비교하고, 동일한 비교가 호도하는 질문 조건에 대해서 나타나 있다. 당신은 질문자 지식은 공평한 질문을 하였을 때에는 문제가 되지 않지만, 호도하는 질문일 때에는 박식한 질문자는 순진한 질문자보다 편향을 만들어 낼 능력이 더 많음을 알아차릴 수 있다.

상호작용의 개념은 아마도 당신이 항상 사용하고 있을 단순한 개념이다. 당신이

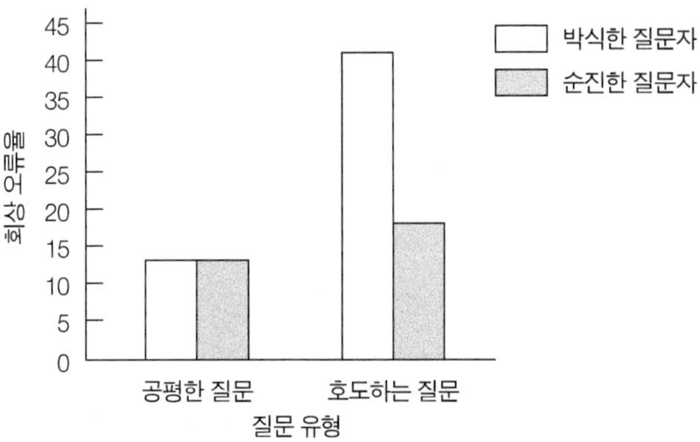

그림 10.4 질문 유형과 질문자 유형의 상호작용

출처: Smith and Ellsworth(1987)에 근거

'~에 달려 있다'라고 말할 때, 우리는 어떤 유형의 상호작용이 작용하고 있음을 말하고 있는 것이다. 즉, 그것은 어떤 다른 변인에 달려 있다. 예컨대, 어떤 친구가 당신에게 영화를 보러 가고 싶은지를 물어보았다고 가정해 보자. 당신이 가고 싶은지는 다음 두 변인들 간 상호작용을 반영하는 것일 수 있다. (1) 시험이 다가오고 있는가? (2) 어떤 배우가 영화에 나오는가? 만약 시험이 다가오고 있다면, 당신은 어떤 조건에서도 가지 않으려고 할 것이다. 만약 걱정해야 할 시험이 없다면, 당신이 그 영화의 배우를 좋아하는지에 달려 있을 것이다. 즉, 당신은 당신이 선호하는 배우가 영화에 나올 때에만 갈 것이다.

당신은 영화의 예를 **그림 10.4**의 목격자 증언을 도표화한 동일한 방식으로 그래프를 그려 볼 수 있을 것이다. 종속변인(영화 보러 가는 것)은 항상 수직축에 위치한다. 한 독립변인은 수직축에 위치한다. 그다음 다른 독립변인의 수준들 각각을 나타내는 막대를 그리면 된다. 이런 방식으로 결과를 그래프화하는 것은 요인설계에서 상호작용을 시각화하는 유용한 방법이다.

✿ 조작 변인과 비조작 변인을 가진 요인설계

요인설계의 한 가지 흔한 유형은 실험 변인(조작된 변인)과 비실험 변인(측정되거나 조작되지 않은 변인) 모두를 포함한다. 이 설계는 때때로 **IV×PV 설계**(IV×PV design, 즉 독립변인과 참가자 변인)라고 부르는데, 이 설계는 연구자들로 하여금 어떻게 서로 다른 개인(즉, 참가자) 유형이 동일한 조작된 변인에 반응하는가를 연구하는

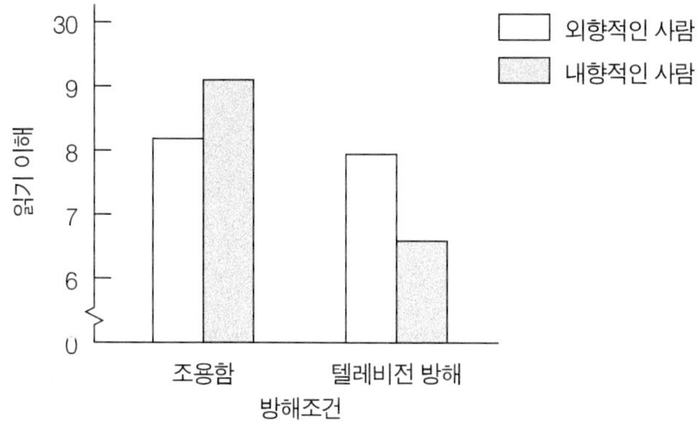

그림 10.5 IV × PV 설계에서의 상호작용

것을 가능하게 해준다. 이러한 참가자 변인들은 성별, 연령, 인종 집단, 성격 특성, 임상적 진단 범주와 같은 개인적 속성들이다. 당신은 때때로 참가자 변인을 **피험자 변인** 또는 **속성 변인**으로 기술하는 것을 보게 될 것이다. 이는 단지 용어의 차이다.

가장 단순한 IV×PV 설계는 최소한 두 수준을 지닌 하나의 조작된 독립변인과 최소한 두 수준을 지닌 참가자 변인을 포함한다. 이 두 수준의 피험자 변인은 서로 다른 두 연령 집단이 될 수도 있고, 성격측정치에서 낮거나 높은 점수를 보인 집단들일 수도 있으며, 남성과 여성 집단이 될 수도 있다. 이 설계의 예는 Furnham, Gunter와 Peterson(1994)에 의한 연구다. 당신은 텔레비전 프로그램과 같은 방해자극이 있는 가운데 공부를 하려고 한 적이 있는가? Furnham 등은 그러한 방해자극이 있는 상태에서 공부를 하는 능력은 외향적이냐, 내향적이냐에 달려 있다는 것을 보여 주었다. 여기서 조작된 변인은 방해자극이었다. 대학생들이 조용한 가운데, 그리고 텔레비전 드라마를 들을 수 있는 범위에서 재료를 읽었다. 즉, 반복측정 설계가 사용되었고, 조건들의 순서는 역균형화되었다. 학생들이 그 재료를 읽은 후, 그 학생들은 읽기 이해 측정을 수행하였다. 여기서 참가자 변인은 외향성이었다. 참가자들은 외향성 측정도구를 완성하였고, 그다음 외향적인 사람이나 내향적인 사람으로 분류되었다. 이 결과가 그림 10.5에 제시되어 있다. 여기에는 방해자극의 주효과와 상호작용이 있었다.

전체적으로, 학생들은 조용한 가운데 공부를 할 때, 높은 이해 점수를 보였다. 이에 더하여, 외향성과 방해자극 간의 상호작용도 있었다. 방해자극이 없으면, 외향적인 사람들과 내향적인 사람들의 수행은 거의 같았다. 그러나 TV가 켜져 있었을 때에는 외향적인 사람들이 내향적인 사람들보다 더 나은 수행을 보였다. 당신이 외향적인 사람이라면, 내향적인 당신의 친구가 공부할 때 조용히 하자고 하는 것을 이해해야 한다.

조작된 독립변인과 참가자 변인 모두를 지닌 요인설계는 많은 흥미로운 연구 문제들을 연구하는 매우 매력적인 방법을 제공한다. 그러한 실험은 행동에 대한 완전한 이해는 상황적 변인과 개인적 속성 모두에 대한 지식을 필요로 한다는 점을 일깨워 준다.

✿ 상호작용과 조절변인

많은 연구들에서, 상호작용은 **조절변인**(moderator variable)에 대한 조작의 맥락에서 논의된다. 조절변인은 두 가지 다른 변인들 간의 관계에 영향을 준다(Baron & Kenny, 1986). 목격자 증언에 대한 연구에서, 우리는 질문의 유형과 회상 오류 간의 관계에 대한 일반적 진술, 예를 들어, "호도하는 질문들은 공평한 질문들보다 더 많은 오류를 산출한다."라는 문장으로 시작할 수 있다. 그러면 질문자 유형이 이 관계에 영향을 주는 제한된 다음 문장을 만들면 어떨까? "호도하는 질문들은 질문자가 박식하다고 여겨질 때에만 많은 오류를 산출하지만, 질문자가 순진할 때에는 그러한 오류 증가가 나타나지 않을 것이다." 질문자 변인은 조절변인인데, 이는 그것이 다른 변인들 간의 관계를 조절하기 때문이다. 조절변인은 Smith와 Ellsworth(1987)의 목격자 증언의 연구에서와 같이 특정한 상황이 될 수 있고, 외향적인 사람과 내향적인 사람의 읽기 이해에 관한 연구에서처럼 사람들의 특성이 될 수도 있다.

✿ 2×2 요인설계의 결과

2×2 요인설계는 각각 두 수준을 지닌 두 개의 독립변인들을 가지고 있다. 그 결과를 분석할 때, 연구자들은 여러 가능성들을 다룬다. 즉, (1) 독립변인 A의 유의한 주효과가 있거나 없을 수 있다. (2) 독립변인 B의 유의한 주효과가 있거나 없을 수 있다. (3) 독립변인들 간의 유의미한 상호작용이 있거나 없을 수 있다.

그림 10.6은 2×2 요인설계의 여덟 가지 가능한 결과들을 보여 준다. 각 결과에 대하여, 평균과 선 그래프를 이용한 그래프가 제시되어 있다. 이에 더하여, **그림 10.6**의 각 그래프는 각 변인(A와 B)에 대한 주효과가 '예(주효과가 있음)' 또는 '아니요(주효과가 없음)'로 표시되어 있다. 유사하게, A×B 상호작용이 있거나('예') 없는('아니요') 것도 표시되어 있다. 그림에 주어진 평균들은 이상적인 예일 뿐이다. 그러한 완벽한 결과는 실제 연구에서는 거의 일어나지 않는다. 그럼에도 불구하고, 각 경우에 대하여 왜 A의 주효과, B의 주효과, 그리고 A×B 상호작용이 있거나 없는가를 결정하기 위

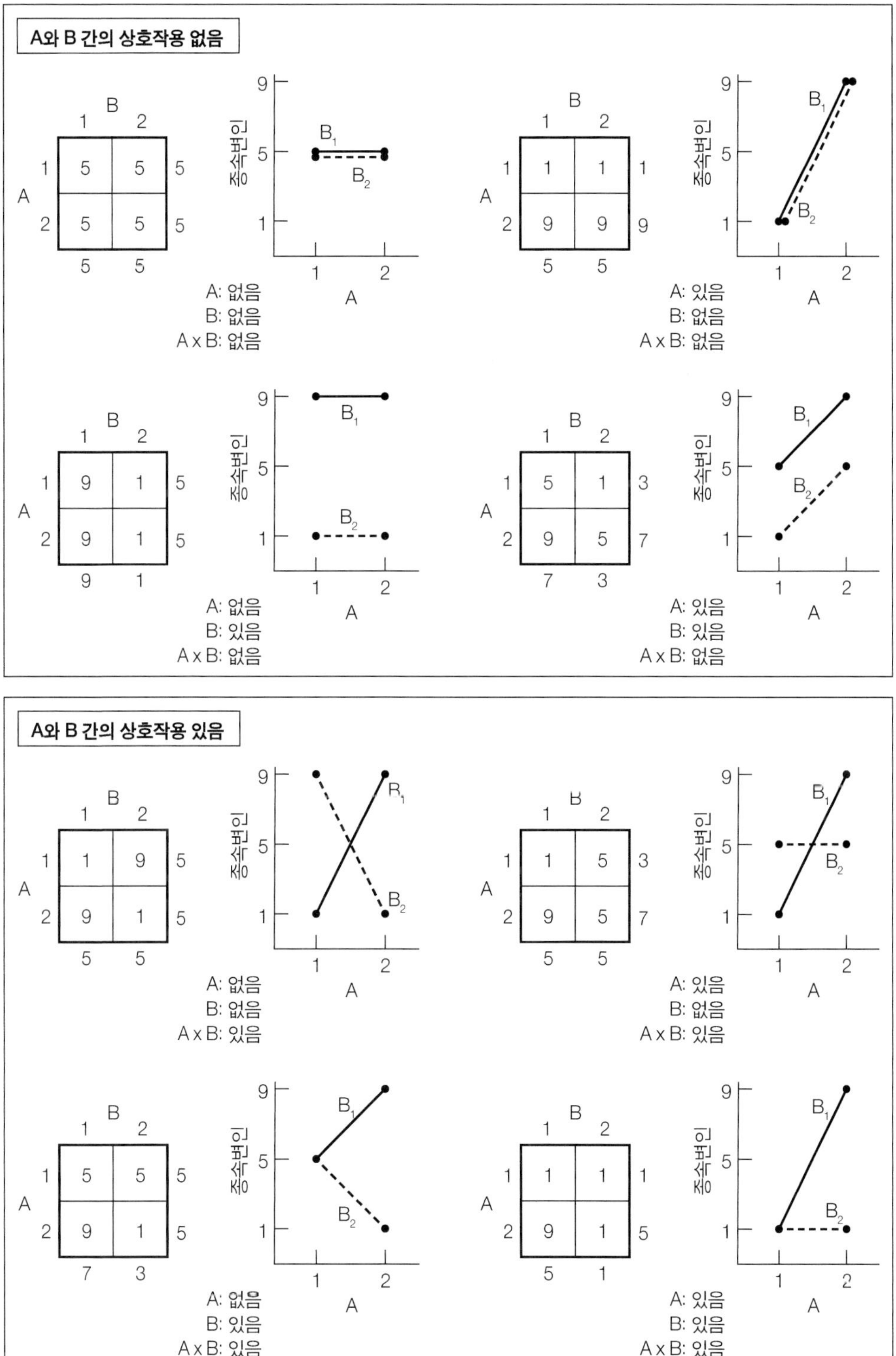

그림 10.6 두 독립변인을 가지는 요인설계의 결과

해 이 그래프들을 공부해야 한다. 이 그래프들에 대한 공부를 시작하기 전에, 두 독립변인들과 종속변인을 나타내는 구체적인 변인들을 생각해 보는 것이 도움이 될 것이다. 운동의 양과 빈도의 효과가 우울에 미치는 영향에 대한 예에 관해 생각을 해도 된다. 독립변인 A는 주당 운동의 양(A_1은 적은 양의 운동, A_2는 많은 양의 운동)이고, 독립변인 B는 운동의 빈도(B_1은 주당 3회, B_2는 주당 5회)라고 가정해 보자. 종속변인은 점수가 높을수록 우울이 높음을 나타내는 우울 측정도구에서의 점수다.

맨 위 줄의 네 개의 그래프들은 A×B 상호작용이 없는 결과를 나타내며, 맨 아래 줄의 네 그래프들은 상호작용이 있는 결과를 나타낸다. 통계적으로 유의미한 상호작용이 있을 때, 왜 상호작용이 발생하였는가를 이해하기 위해 그 평균들을 세심하게 살펴볼 필요가 있다. 어떤 경우에는, 첫 번째 독립변인과 종속변인이 두 번째 독립변인의 한 수준에서 강한 관계가 있을 수 있다. 그러나 두 번째 독립변인의 다른 수준에서는 관계가 없거나 약한 관계만이 있을 수 있다. 다른 결과들에서는, 상호작용이 한 독립변인이 종속변인에 대하여 두 번째 독립변인의 수준에 의존하여 반대적인 효과를 가진 것을 나타낼 수도 있다.

그림에서 독립변인과 종속변인은 구체적인 변인 이름을 가지고 있지 않다. 연습으로, 아래 제시된 시나리오를 이용하여 세 가지 서로 다른 가설적 실험으로부터 나온 실제 변인들을 사용하여 그래프 각각을 해석해 보라. 이는 각 실험에 대하여 별개의 종이 위에 변인들에 대한 이름을 포함하는 그래프를 그려 보면 가장 잘 될 것이다. 선 그래프나 막대 그래프 둘 중 하나를 사용하여 자료를 그려 볼 수도 있다. 이 두 유형의 그래프들에서 자료점들은 같고, 그림에서 사용된 것들을 이용하면 된다. 일반적으로, 선 그래프는 수평축(독립변인 A)의 독립변인 수준들이 양적일 때, 즉 낮거나 높은 수준인 경우에 사용된다. 막대 그래프는 독립변인의 수준이 특정 유형의 치료를 다른 유형과 비교하는 경우와 같이 서로 다른 범주를 나타낼 때 흔히 사용된다.

가설적 실험 1: 피고의 연령과 위법행위 중 약물의 유형이 선고기간에 미치는 효과. 20세 혹은 50세의 한 남성이 알코올이나 대마초의 영향이 있는 가운데 교통사고로 인한 유죄로 판결되었다.

독립변인 A: 위법행위의 유형(알코올 대 대마초)
독립변인 B: 피고의 연령(20세 대 50세)
종속변인: 선고기간(1~10개월)

가설적 실험 2: 성별과 폭력성이 광고의 회상에 미치는 효과. 참가자들(남성 및 여성)은 컴퓨터 화면에서 폭력적이거나 비폭력적인 비디오를 시청하였다. 그들은 이후 3분에 걸쳐 여덟 가지 서로 다른 광고에 대한 인쇄된 광고를 읽었다. 종속변인은 올바르게 회상한 광고의 개수다.

독립변인 A: 폭력에 대한 노출(폭력적 비디오 대 비폭력적 비디오)
독립변인 B: 참가자 성별(남성 대 여성)
종속변인: 회상된 광고의 개수(0~8)

가설적 실험 3: 두 독립변인과 한 종속변인을 가진 자신의 실험을 설계하라.

✿ 상호작용과 단순 주효과

변량분석이라 부르는 절차는 요인설계에서 주효과와 상호작용의 통계적 유의성을 평정하는 데 사용된다. 유의한 상호작용이 발생할 때, 연구자는 개별 평균을 통계적으로 평가해야만 한다. **표 10.1**과 **그림 10.4**를 다시 한 번 들여다보면, 다음 단계는 **단순 주효과**(simple main effect)를 보는 것이다. 단순 주효과 분석은 독립변인에 대한 각 수준에서 평균 차이를 확인하는 것이다. 한 독립변인의 주효과는 다른 독립변인의 모든 수준들에 걸친 평균이라는 점을 회상하라. 단순 주효과는 마치 우리가 다른 독립변인의 각 수준에서 별개의 실험을 가지고 있는 것처럼 결과를 분석한다.

질문자 유형의 단순 주효과 그림 10.4에서, 질문자 유형의 단순 주효과를 볼 수 있다. 이는 (1) 공평하고 (2) 호도하는 질문일 때, 박식한 질문자와 순진한 질문자 간의 차이가 유의한지를 알려 준다. 이 경우에, 질문자 유형의 단순 주효과는 호도하는 질문일 때(평균 41 대 18) 유의미하지만, 공평한 질문일 때에는(평균 13 대 13) 질문자 유형의 단순 주효과가 유의하지 않다.

질문 유형의 단순 주효과 또한 우리는 질문 유형의 단순 주효과에 대해서도 살펴볼 수 있다. 여기서, 우리는 질문자가 (1) 박식하고 (2) 순진할 때 두 질문들을 비교하게 된다. 당신이 가장 관심이 있을 단순 주효과는 당신이 연구를 설계하였을 때 생성한 예측에 의존할 것이다. 정확한 통계적 절차는 여기서 문제가 되지 않는다. 즉, 여기서의 핵심은 요인설계에서 유의미한 상호작용이 있을 때에는 모든 평균들을 포함하여 그 결과의 양상을 반드시 비교해야 한다는 것이다.

할당 절차와 요인설계 참가자들을 조건들에 할당하는 것에 관하여 8장에서 논의하였는데, 이 방법이 요인설계에 일반화될 수 있다. 참가자들을 조건들에 할당하는 두 가지 기본적인 방법이 있다. 즉, (1) 독립집단 설계에서는 서로 다른 참가자들을 해당 연구의 조건들 각각에 할당하게 되며, (2) 반복측정 설계에서는, 동일한 개인들을 해당 연구의 모든 조건에 참여시키게 된다. 이 두 가지 유형의 할당 절차는 실험을 완성하는 데 필요한 참가자들의 수에 관해 알려 준다. 이를 2×2 요인설계의 맥락에서 살펴볼 수 있다. 실험설계는 완전한 독립집단 설계, 완전한 반복측정 설계, 그리고 이 둘을 결합한 **혼합 요인설계**(mixed factorial design)의 형태가 될 수 있다.

독립집단 설계(참가자 간 설계) 2×2 요인설계에는 네 가지 조건들이 있다. 만약 우리가 완전한 **독립집단 설계**(independent groups design) 또는 **참가자 간 설계**(between-subjects design)를 원한다면, 서로 다른 참가자 집단들이 네 조건들 각각에 할당될 것이다. 목격자 증언에 관한 Smith와 Ellsworth(1987)의 연구는 실험 조건들 각각에 서로 다른 참가자들이 포함된 요인설계를 나타낸다. 당신이 2×2 요인설계를 계획하였고, 각 조건에 10명의 참가자들을 할당하고 싶다고 가정해 보자. 그림 10.7에 첫 번째 표에 나타난 바와 같이 전체 40명의 서로 다른 참가자들을 필요로 할 것이다.

		B 1	B 2
A	1	P_1 P_6 P_2 P_7 P_3 P_8 P_4 P_9 P_5 P_{10}	P_{11} P_{16} P_{12} P_{17} P_{13} P_{18} P_{14} P_{19} P_{15} P_{20}
	2	P_{21} P_{26} P_{22} P_{27} P_{23} P_{28} P_{24} P_{29} P_{25} P_{30}	P_{31} P_{36} P_{32} P_{37} P_{33} P_{38} P_{34} P_{39} P_{35} P_{40}

I
독립집단 설계

		B 1	B 2
A	1	P_1 P_6 P_2 P_7 P_3 P_8 P_4 P_9 P_5 P_{10}	P_1 P_6 P_2 P_7 P_3 P_8 P_4 P_9 P_5 P_{10}
	2	P_1 P_6 P_2 P_7 P_3 P_8 P_4 P_9 P_5 P_{10}	P_1 P_6 P_2 P_7 P_3 P_8 P_4 P_9 P_5 P_{10}

II
반복측정 설계

		B 1	B 2
A	1	P_1 P_6 P_2 P_7 P_3 P_8 P_4 P_9 P_5 P_{10}	P_1 P_6 P_2 P_7 P_3 P_8 P_4 P_9 P_5 P_{10}
	2	P_{11} P_{16} P_{12} P_{17} P_{13} P_{18} P_{14} P_{19} P_{15} P_{20}	P_{11} P_{16} P_{12} P_{17} P_{13} P_{18} P_{14} P_{19} P_{15} P_{20}

III
독립집단 설계와
반복측정 설계의 결합

그림 10.7 각 조건에서 10개의 관찰치를 얻기 위해 필요한 참가자(P)의 수

반복측정 설계(참가자 내 설계) 완전한 **반복측정 설계**(repeated measures design) 또는 **참가자 내 설계**(within-subjects design)에서는, 동일한 개인들이 모든 조건에 참여할 것이다. 당신이 대마초의 영향에 관한 연구를 계획하였다고 가정해 보자. 한 요인은 대마초(대마초 처치 대 위약 통제)이고 다른 요인은 과제 난이도(고/저)다. 완전한 2×2 반복측정 설계에서는, 각 개인이 대마초 처치 조건과 위약 통제 조건 모두에서 저난이도와 고난이도 과제 모두를 완료함으로써 모든 조건들에 참여하게 된다. 만약 당신이 각 조건에 10명의 참가자를 원한다면, 그림 10.7의 두 번째 표에서처럼 전체 10명의 참가자들을 필요로 하게 될 것이다. 이 설계는 필요한 참가자들의 수에서 상당한 절약을 할 수 있다. 그러나 완전한 반복측정 할당 절차를 사용하는 것을 결정하는 과정에서, 연구자는 반복측정 설계의 단점을 반드시 고려해야 한다.

결합된 할당을 이용한 혼합 요인설계 Furnham, Gunter와 Peterson(1994)의 텔레비전 방해자극과 외향성에 관한 연구는 독립집단과 반복측정 절차 모두를 사용한 예를 보여 준다. 참가자 변인인 외향성은 독립집단 변인이다. 방해자극은 반복측정 변인으로, 모든 참가자들이 방해자극이 있는 조건과 조용한 조건 모두에서 공부를 하였다. 그림 10.7의 세 번째 표는 2×2 혼합 요인설계에서 조건당 10명을 가질 때 필요한 참가자들의 수를 보여 준다. 이 표에서, 독립변인 A는 독립집단 변인이다. 10명의 참가자들은 이 독립변인의 첫 번째 수준에 할당되었고, 다른 10명의 참가자들은 두 번째 수준에 할당되었다. 그러나 독립변인 B는 반복측정 변인이다. A_1에 할당된 10명의 참가자들은 독립변인 B의 모든 수준에 포함되어 있다. 유사하게, A_2에 할당된 다른 10명의 참가자들은 B 변인의 두 수준 모두에 포함되어 있다. 따라서 전체 20명의 참가자들이 필요하다.

✿ 독립변인의 수준의 수를 증가시키기

2×2 요인설계는 가장 단순한 요인설계다. 이 기본적인 설계로부터, 연구자는 더욱 복잡한 실험을 만들어 나갈 수 있다. 복잡성을 증가시키는 한 가지 방법은 하나 이상의 독립변인의 수준의 수를 증가시키는 것이다. 예컨대, 2×3 요인설계는 두 개의 독립변인을 포함하는데, 독립변인 A는 두 수준, 독립변인 B는 세 수준을 가지고 있다. 따라서 2×3 요인설계는 여섯 조건들을 가지고 있다. 표 10.2는 과제 난이도(고/저)와 불안 수준(저/중/고)을 독립변인으로 한 2×3 요인설계를 보여 준다. 종속변인은 과제에 대

표 10.2 2×3 요인설계

과제 난이도	불안 수준			전체 평균 (주효과)
	저	중	고	
쉬움	4	7	10	7.0
어려움	7	4	1	4.0
전체 평균(주효과)	5.5	5.5	5.5	

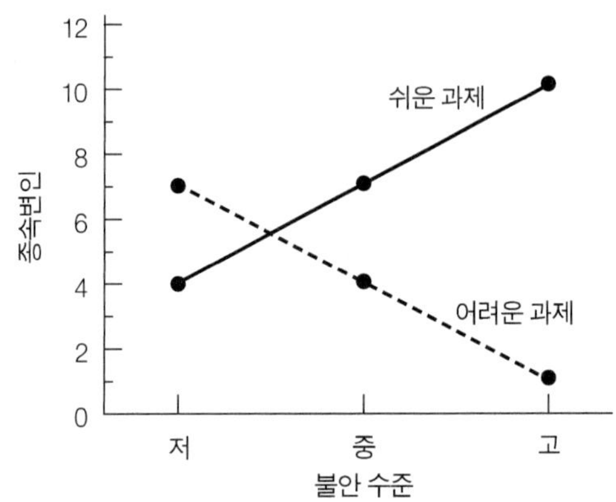

그림 10.8 3(불안 수준)×2(과제 난이도) 요인설계로부터 나온 결과에 대한 선 그래프

한 수행이다. 이 설계의 여섯 칸들 각각에서의 숫자들은 해당 집단의 수행 수준 평균을 나타낸다. 주변부(우측 맨 끝 열과 맨 아래 열)의 전체 평균은 독립변인들 각각의 주효과를 보여 준다. 표 10.2의 결과는 저난이도 집단의 전체 수행 점수가 고난이도 집단보다 높기 때문에, 과제 난이도의 주효과를 나타내고 있다. 그러나 세 불안 집단 각각에서 평균 수행 점수가 동일하기 때문에 불안의 주효과는 없다. 과제 난이도와 불안 간의 상호작용이 있는가? 불안의 양이 증가할수록 쉬운 과제에서의 수행을 향상시키는 효과를 보이지만, 어려운 과제에서의 수행은 감소시킨다는 것을 주목하라. 불안의 효과는 과제가 쉬우냐, 어려우냐에 따라 달라진다. 즉, 상호작용이 있다.

이 상호작용은 그래프에서 쉽게 관찰할 수 있다. **그림 10.8**에서 직선은 쉬운 과제에 대한 불안의 효과를 보여 주고, 점선은 어려운 과제에 대한 불안의 효과를 보여 주는 선 그래프다. 이전에 언급한 바와 같이, 선 그래프는 수평축에 표현된 독립변인이 양적일 때 사용된다. 즉, 독립변인의 수준은 그 변인의 양이 증가함을 나타낸다(범주에서의 차이가 아님).

표 10.3 2×2×2 요인설계

	학급 크기	
교수법	10	40
	남성	
강의		
토론		
	여성	
강의		
토론		

✿ 요인설계에서 독립변인의 수를 증가시키기

또한 우리는 설계에서 변인들의 수를 증가시킬 수 있다. 2×2×2 요인설계는 각각 두 수준을 지닌 세 가지 독립변인을 포함한다. 따라서 이 실험에는 여덟 개의 조건이 있다. 2×2×3 요인설계에는 12조건, 2×2×2×2 요인설계에는 16조건들이 있다. 요인설계를 구성하는 규칙은 이전과 같다.

2×2×2 요인설계가 표 10.3에 구성되어 있다. 독립변인들은 (1) 교수법(강의, 토론), (2) 학급 크기(10, 40), (3) 학생 성별(남성, 여성)이다. 여기서 성별은 비조작 변인이고, 다른 두 변인들은 조작 변인임을 주목하라. 종속변인은 표준화된 검사에서의 수행이다.

이 2×2×2 요인설계는 각각 남성과 여성에 대한 두 개의 2×2 요인설계로 볼 수 있음을 주목하라. 이 설계는 세 가지 독립변인들 각각에 대한 주효과를 산출한다. 예컨대, 강의 방법의 전체 평균은 학급 크기나 성별에 관계없이 강의 방법을 경험한 모든 참가자들을 고려함으로써 얻어진다. 유사하게, 토론 방법의 평균은 이 조건에 있는 모든 참가자들로부터 계산된다. 이 두 평균들은 그다음 유의한 주효과가 있는지를 확인하기 위해 비교된다. 즉, 한 방법이 **전체적으로** 다른 방법보다 우수한가?

이 설계는 또한 상호작용을 볼 수 있게 해준다. 2×2×2 요인설계에서, 우리는 (1) 방법과 학급크기, (2) 방법과 성별, 그리고 (3) 학급 크기와 성별 간의 상호작용을 볼 수 있다. 또한 우리는 모든 세 변인들이 관여하는 삼원 상호작용을 볼 수도 있다. 여기서 우리는 두 변인들 간의 상호작용의 속성이 또 다른 변인의 특정 수준에 의존하여 달라지는가를 결정하고자 한다. 삼원 상호작용은 꽤 복잡하지만, 다행스럽게도 행동과학 연구를 탐색하는 동안 이러한 경우를 그렇게 많이 만나지는 않을 것이다.

때때로, 학생들은 그들이 생각할 수 있는 한 많은 독립변인들을 한 연구에 포함시키고 싶은 유혹을 받는다. 이와 관련한 문제는, 그 설계가 불필요하게 복잡해져서 수많은 참가자들을 필요로 하게 된다는 것이다. 위에서 언급한 설계는 8개 집단을 가지고 있고, 2×2×2×2 요인설계는 16개 집단을 가지고 있다. 여기에 두 수준을 지닌 한 변인을 추가하면 32개의 집단을 필요로 하게 된다. 또한, 셋 이상의 독립변인들이 있을 때, 특정 조건들은 그 변인들의 조합에 의해 생성되어서, 많은 조건들이 상식적이지 않거나 자연적 상황에서는 일어나지 않는 것이 될 수 있다.

지금까지 설명한 설계들은 독립변인이 실제로 종속변인 측정치의 변화를 야기하는가를 결정하기 위한 동일한 논리를 사용한다. 다음 장에서, 우리는 독립변인과 종속변인의 관계를 연구하는 조금 다른 절차를 사용하는 대안적 설계들을 살펴볼 것이다.

❋ 읽을거리: 복합 실험설계

"돈으로 행복을 살 수 없다."라는 격언이 있다. Mogilner(2010)는 어떻게 시간을 보낼까에 관한 우리의 생각이 미치는 영향을 조사하는 세 가지 실험에서 이 아이디어를 경험적으로 검증하고자 하였다.

첫 번째 실험에서 참가자들은 돈에 관하여, 시간에 관하여, 혹은 특정적이지 않은 것에 관하여 생각하도록 만드는 점화 단어들을 포함하는 뒤섞인 단어 과제를 수행하였다. 그다음 참가자들에게 다양한 활동의 목록을 제시하고, 하루를 보내기 위한 자신들의 계획과 전형적인 미국인들의 계획을 표시하도록 하였다. 저자는 뒤섞인 단어 과제를 기초로 하여 돈에 관하여 생각하도록 점화된 참가자들이 일할 계획에 더 많은 초점을 둔 반면, 시간에 관해 생각하도록 점화된 참가자들은 사회적 연결에 참여하도록 동기화되었다.

먼저, 다음의 논문을 읽어 보라.

Mogilner, C. (2010). The pursuit of happiness: Time, money, and social connection. *Psychol Science*, *21*, 1348-1354. doi: 10.1177/0956797610380696

논문을 읽은 후, 다음을 생각해 보라.

1. 실험 1a에서 각 독립변인을 확인하라.
2. 실험 1a에서 각 종속변인을 확인하라.
3. 실험 1a에서 어떤 유형의 할당 절차가 사용되었는가?
4. 저자는 실험 1b와 실험 2에서 연구의 외적 타당도를 향상시키기 위한 시도를 하였다. 당신은 그것이 성공적이었다고 생각하는가? 왜 그러한가, 혹은 왜 그렇지 않은가?
5. 사회화(socializing)라는 종속변인에 대하여 *x*축에 **점화**라는 독립변인을 가지고, 자신의 계획과 다른 사람들의 계획에 관한 별개의 선을 가진 그래프를 그려 보라. 당신이 보는 것을 다음을 바탕으로 기술하라. 즉, 어떤 독립변인의 주효과가 있는가? 상호작용이 보이는가?
6. 일하기(work)라는 종속변인에 대하여 *x*축에 **점화**라는 독립변인을 가진 그래프를 그려라. 당신이 보는 것을 다음을 바탕으로 기술하라. 즉, 어떤 독립변인의 주효과가 있는가? 상호작용이 보이는가?

✻ 주요 용어

단순 주효과(simple main effect) 251
독립집단 설계(independent groups design) 252
반복측정 설계(repeated measures design) 253
상호작용(interaction) 244
요인설계(factorial design) 243
조절변인(moderator variable) 248
주효과(main effect) 244
참가자 간 설계(between-subjects design) 252
참가자 내 설계(within-subjects design) 253
혼합 요인설계(mixed factorial design) 252
IV×PV 설계(IV×PV design) 246

✻ 복습문제

1. 왜 연구자는 한 실험에서 세 수준 이상의 독립변인을 가지려고 하는가?
2. 요인설계는 무엇인가? 왜 연구자가 요인설계를 사용하는가?
3. 요인설계에서 주효과는 무엇인가? 상호작용은 무엇인가?
4. IV × PV 요인설계를 기술하라.
5. 독립변인의 수와 각 독립변인의 수준의 수를 알고 있다는 기초하에 요인설계에 포함된 조건들의 수를 확인하는 방법을 설명하라.

✻ 실전문제

1. Chaiken과 Pliner(1987)의 연구에서, 연구 참가자들은 남성 또는 여성의 '섭식 일기'를 읽었다. 그 일기의 정보는 그 사람의 식사량이 소식인지 혹은 대식인지를 나타냈다. 이 정보를 읽은 후, 참가자들은 그 사람의 여성성과 남성성을 평정하였다.
   a. 이 실험의 설계는 무엇인가?
   b. 이 실험에 몇 개의 조건들이 포함되는가?
   c. 독립변인과 종속변인을 확인하라.
   d. 이 실험에서 참가자 변인이 있는가? 만약 그렇다면, 그것은 무엇인가? 만약 그렇지 않다면, 여기에 포함될 수 있는 어떤 참가자 변인을 제안할 수 있는가?
2. Chaiken과 Pliner는 다음의 여성성 평정치를 보고하였다(높은 점수들이 높은 여성성을 나타냄). 남성–소식(2.02), 남성–대식(2.05), 여성–소식(3.90), 여성–대식(2.82). 각 조건에 동일한 수의 참가자들이 참여하였다고 가정하라.
   a. 어떠한 주효과가 있는가?
   b. 상호작용이 있는가?
   c. 평균을 그래프로 그려 보라.
   d. 짧은 한 문단으로 이 결과를 기술하라.
3. 3×3 요인설계를 사용하는 당신의 실험 각 조건에 15명의 참가자들을 원한다고 가정해 보자. 얼마나 많은 개별 참가자들이 (a) 완전한 독립집단 할당, (b) 완전한 반복측정 할당, (c) 독립집단 할당과 반복측정 변인을 모두 포함하는 혼합 요인설계에 필요한가?
4. 운동의 양과 빈도가 불안에 미치는 효과에 관한 실험의 결과를 그래프로 그리는 연습을 해보라. 실제 실험에서, 운동량의 주효과가 나타났다. 즉, 17.5kcal/kg/주 조건의 참가자들은 7.0kcal 조건의 참가자들보다 12주 후 더 낮은 우울 점수를 보였다. 운동량의 주효과는 없었다. 즉, 운동이 주 3회 혹은 주 5회로 시행되었는지의 여부는 문제가 되지 않았다. 상호작용도 없었다. 이 연습을 위해, 우울 측정치에서 높은 점수는 높은 우울을 나타낸다. 이 측정치에서 점수는 0~16점 사이에 분포한다.
5. 다음의 연구 시나리오 각각을 읽고, 표의 각 열에 정답을 채워 넣으라.

시나리오	독립변인의 개수	실험 조건의 개수	가능한 주효과의 개수	가능한 상호작용의 개수
a. 참가자들이 세 가지 글꼴(고딕체, 신명조체, 바탕체) 중 하나로 12포인트 혹은 14포인트의 크기로 인쇄된 짧은 이야기를 읽도록 무선적으로 할당되었다. 이후, 그들은 기억 회상을 측정하도록 고안된 여러 질문들에 답하였다.				
b. 연구자들이 배심원 행동에서 성별과 신체적 매력의 편향을 연구하기 위한 실험을 수행하였다. 참가자들은 체중이 정상이거나 과체중으로 묘사된, 매력적이거나 매력적이지 않은 여성, 혹은 매력적이거나 매력적이지 않은 남성이 저지른 범죄를 묘사하는 시나리오를 읽도록 무선적으로 할당되었다.				

* 정답

a. 2개의 독립변인(글자크기와 글꼴), 6개 소선, 2개의 가능한 주효과, 1개의 가능한 상호작용

b. 3개의 독립변인(성별, 매력도, 체중 수준), 8개 조건, 3개의 가능한 주효과, 4개의 가능한 상호작용(3개의 이원 상호작용과 1개의 삼원 상호작용)

11

단일사례 실험설계, 준실험 설계 및 발달연구 설계

학습 목표

- ❖ 단일사례 실험설계를 기술하고, 이 설계를 사용하는 이유를 논의하기
- ❖ 프로그램 평가 연구에 관여하는 다섯 가지 유형의 평가를 기술하기: 요구 평가, 프로그램 평가, 과정 평가, 결과 평가, 효율성 평가
- ❖ 단일집단 사후 설계를 기술하기
- ❖ 단일집단 사전사후 설계와 일어날 수 있는 내적 타당도에 대한 관련된 위협을 기술하기: 역사, 성숙, 검사, 도구의 쇠퇴, 평균으로의 회귀
- ❖ 비동등 통제집단 설계와 비동등 통제집단 사전사후 설계를 기술하고, 통제집단을 갖는 것의 장점을 논의하기
- ❖ 틈입 시계열 설계와 통제 시계열 설계를 구분하기
- ❖ 횡단법, 종단법, 순차법을 각 설계의 장점과 단점을 포함하여 기술하기
- ❖ 동년배 효과를 정의하기

8장에서 설명한 전통적인 실험설계에서는 참가자들이 독립변인의 조건들에 무선적으로 할당되고, 종속변인이 측정된다. 그다음 종속측정치에 대한 반응들은 독립변인이 효과를 가지는지를 결정하기 위해 서로 비교된다. 다른 모든 변인들이 일정하게 유지되기 때문에, 종속변인에서의 차이는 반드시 독립변인의 효과에 기인하게 된다. 이 설계는 높은 내적 타당도를 지닌다. 즉, 우리는 독립변인이 종속변인에 대한 관찰된 반응을 야기하였다고 매우 확신하게 된다. 당신은 행동과학에서 연구를 살펴볼 때, 이 실험설계를 자주 만나게 될 것이다. 그러나 다른 연구설계들이 특별한 연구 문제들을 다루기 위해 고안되어 왔다.

이 장은 특별한 연구 상황의 세 유형에 초점을 둔다. 그중 첫 번째는 독립변인의 효과가 오직 한 참가자만 있는 실험으로부터 추론되어야 하는 예로, 이를 단일사례 실험설계라고 한다. 둘째, 우리는 8장에서 다루어진 진실험 설계들 중 하나를 사용하지 못하는 경우에 고려되는 사전실험 설계와 준실험 설계를 다룰 것이다. 셋째, 우리는 연령과 함께 발생하는 변화를 연구하기 위한 연구설계들을 살펴볼 것이다

단일사례 실험설계

단일사례 실험설계(single-case experimental design)는 전통적으로 단일 피험자 설계(single-subject design)로 불려 왔다. 현재는 둘 다 사용되고 같은 의미를 나타낸다. 심리학에서 단일사례 실험설계에 관한 초기 관심은 B. F. Skinner(예: Skinner, 1953)의 조작적 조건화에 관한 선구적인 실험으로부터 나왔다. 오늘날, 단일사례 실험설계를 사용하는 연구는 임상이나 상담, 교육, 그리고 다른 응용 장면에서 종종 보게 된다(Kazdin, 2011).

단일사례 실험은 실험 조작이 단일의 연구 참가자에게 미치는 영향이 있는지를 결정하기 위한 필요에 의해 개발되었다. 단일사례 실험설계에서는, 참가자의 행동이 **기저선**(baseline) 통제기간 동안 시간에 걸쳐 측정된다. 그런 다음 처치기간 동안에 조작이 이루어지며, 참가자의 행동이 지속적으로 관찰된다. 기저선으로부터 처치기간 동안 관찰된 참가자의 행동의 변화가 그 조작의 효과성에 대한 증거다. 그러나 실험적 처치가 아닌 다른 많은 설명(즉, 대안적 설명)들이 그 변화를 설명할 수 있다는 문제가 있다. 예컨대, 어떤 다른 사건이 처치를 시행하는 것과 동시에 일어날 수 있다. 다음 절에서 기술한 단일사례 실험설계들이 이 문제를 다루고 있다.

✿ 역전 설계

주지한 바와 같이, 단일사례 실험의 기본적인 문제는 독립변인의 조작이 효과를 지닌다고 어떻게 결정할 것인가다. 한 가지 방법은 해당 조작의 역전성을 시험하는 것이다. 단순한 **역전 설계**(reversal design)는 다음의 형태를 따른다.

A(기저선) → B(처치기간) → A(기저선)

이 기본적 역전 설계를 ABA 설계라고 부른다. 이 설계는 기저선 통제기간(A) 동안, 다시 처치기간(B) 동안, 그리고 실험적 처치가 제거된 이후 다시 두 번째 기저선(A) 동안 행동의 관찰을 필요로 한다[때때로 이를 철회 설계(withdrawal design)라고 부르는데, 처치가 제거되거나 철회되는 사실에 기인한다]. 예컨대, 아동의 학업 수행에 대한 강화 절차의 효과가 ABA 설계를 통해 평가될 수 있다. 기저선 동안에 숙제로 내준 문제를 올바르게 푼 개수가 매일 측정될 수 있다. 그다음 그 아동에게 올바로 푼 문제에 대해 별을 줌으로써 강화 처치 절차가 시행될 수 있는데, 여기서 별들은 합산되어서 장난감이나 사탕과 교환할 수 있다. 이후, 이 처치는 두 번째 기저선(A) 기간 동안 중단될 것이다. 이러한 실험에 관한 가설적 자료가 그림 11.1에 제시되어 있다. 처치가 주어졌을 때 행동이 변화되었고, 그 처치가 철회되었을 때 그것이 역전되었다는 것이 그 효과성에 대한 증거가 된다.

그림 11.1은 상대적으로 행동에 극적인 효과를 주는 처치를 나타내고 있다. 어떤 처치들은 행동에서의 즉각적인 변화를 만들어 내지만, 많은 다른 변인들은 영향을 보

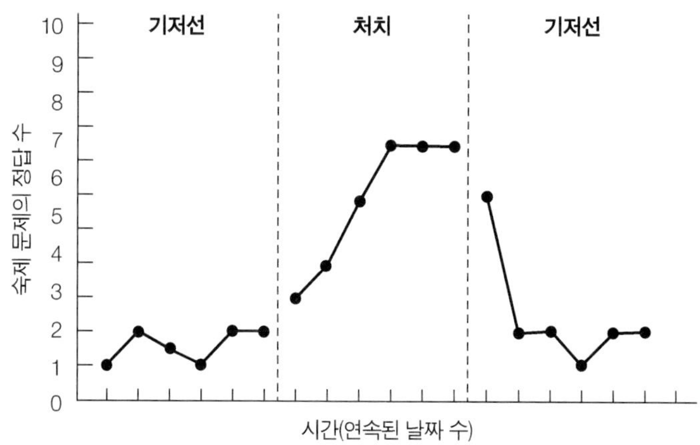

그림 11.1 ABA 역전 설계에 대한 가설적 결과

이는 데 오랜 시간을 필요할 수도 있다.

ABA 설계는 실험적 처치가 한 번 더 들어가는 ABAB 설계나, 처치의 효과가 세 번 검증되는 ABABAB 설계까지로도 확장됨으로써 대단히 향상될 수 있다. 이는 ABA 역전 설계가 지닌 두 가지 문제를 다루기 위해 수행된다. 첫째, 단순 역전은 처치의 효과성에 관한 극히 강력한 증거가 아니다. 관찰된 역전은 아동의 행동에 있어서 무선적인 변동에 기인한 것일 수 있다. 즉, 아마도 처치가 그러한 변화를 야기하는 다른 사건들, 예를 들어 아동의 다가오는 생일(그리고 생일 후의 역전)과 같은 것들과 동시에 일어났을 수 있다. 이러한 가능성들은 만약 처치가 두 번 이상 그 효과를 보인다면 매우 적을 것이다. 즉, 무선적이거나 동시적인 사건들이 두 역전 모두를 설명할 가능성은 낮을 것이다. 두 번째 문제는 윤리다. Barlow, Nock, 그리고 Hersen(2009)이 지적한 바와 같이, 참가자에게 매우 이득이 될 수 있는 처치의 철회를 지닌 설계를 끝내는 것은 바람직하게 보이지 않는다. ABAB 설계를 이용하는 것은 처치가 다시 제공되었을 때 두 번째 역전을 관찰할 기회를 제공한다. 이 연속은 그 처치의 철회가 아닌 처치의 시행으로 끝나게 된다.

역전 설계의 논리는 단일 상황에서 관찰되는 행동들에 또한 적용될 수 있다. 예컨대, Kazbour와 Bailey(2010)는 술집에서 대리운전자의 이용을 증가시키도록 고안된 절차의 효과성을 연구하였다. 대리운전자를 이용하거나 혹은 대리운전자가 함께 있는 술집 고객의 비율이 2주간의 기저선 동안에 기록되었다. 대리운전자의 이용을 증가시키는 절차가 그다음 처치기간 동안에 적용되었다. 대리운전자는 5달러짜리 주유권을 받았고, 그 운전자와 승객은 술집을 드나들면서 무료로 피자를 받았다. 피자와 주유권 인센티브는 연구의 마지막 기간 동안에는 중단되었다. 대리운전자를 동반하는 술집 고객들의 비율은 처치기간 동안에 상당히 증가하였으나, 그 인센티브가 철회되자, 기저선 수준으로 되돌아갔다.

✿ 중다 기저선 설계

어떤 행동의 역전은 불가능하거나 비윤리적일 수 있다. 예컨대, 외설적 노출이나 알코올 중독과 같은 위험하거나 불법적 행동을 감소시키는 처치를 역전하는 것은 그것이 비록 두 번째 처치의 시행이 효과적일 가능성이 있다고 하더라도 비윤리적이다. 다른 처치들은 역전되지 않는 오래 지속되는 행동의 변화를 만들 수도 있다. 이러한 경우들에서, 시간에 걸쳐 중다 측정치들이 그 조작의 전후에 이루어질 수 있다. 만약 조작이 효과적이라면, 행동에서의 변화는 즉시 관찰될 것이고, 그 변화는 행동에 대한 다른 측정치들에도 지속적으로 반영될 것이다. **중다 기저선 설계**(multiple baseline design)에서는, 처치의 효과성이 오직 조작이 시행된 후에만 행동이 변화할 때 증명된다. 처치의 효과성을 증명하기 위해, 그러한 변화는 다른 사건들이 설명할 가능성을 배제하기 위해 중다의 상황에서 관찰되어야 한다.

중다 기저선 설계에는 다양한 형태가 있다(Barlow et al., 2009). 참가자에 걸친 중다 기저선 설계에서는 여러 참가자들의 행동이 시간에 걸쳐 측정된다. 그러나 각 참가자에게 서로 다른 시점에 조작이 시행된다. 그림 11.2는 세 명의 피험자가 있는 가설적인 흡연 감소 실험의 결과를 보여 준다. 조작의 시행 이후 각 피험자에 대해 행동의 변화가 뒤따르고 있음을 주목하라. 그러나 이 변화가 모든 개인들에 걸쳐서 일어났고, 조작이 각 피험자에 대해 서로 다른 시점에 시행되었기 때문에, 우리는 우연이나 역사적 사건 등과 같은 것에 기반한 설명들을 제외시킬 수 있다.

행동에 걸친 중다 기저선 설계에서는, 한 피험자의 서로 다른 여러 행동들이 시간

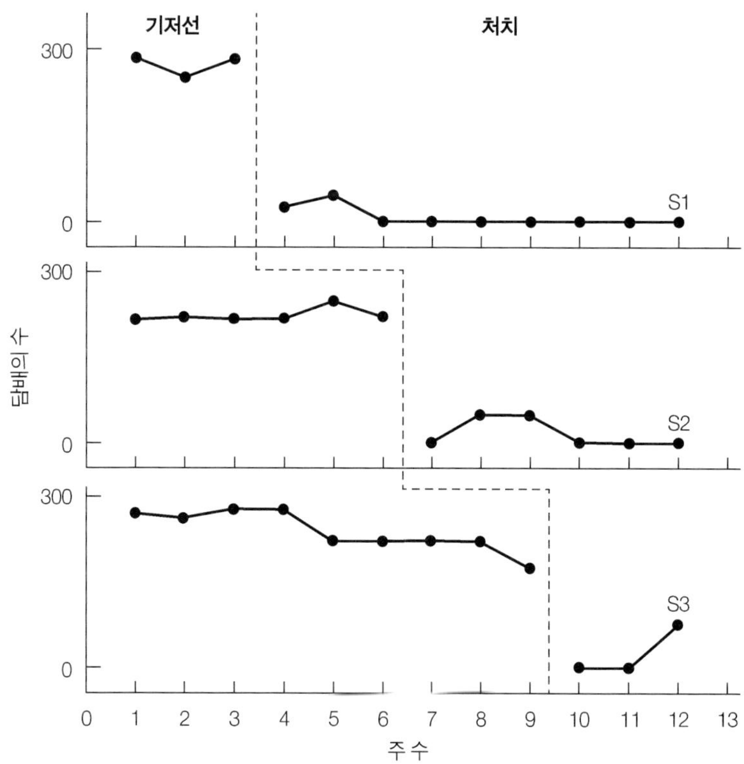

그림 11.2 세 피험자에 걸친 중다 기저선 설계에 대한 가설적 결과

에 걸쳐 측정된다. 서로 다른 시점에서, 동일한 조작이 그 행동 각각에 대하여 적용된다. 예컨대, 보상 체계는 정신질환자들의 사교 행동, 몸단장, 읽기 행동을 증가시키는 것을 시작하게 할 수 있다. 보상 체계는 서로 다른 시점에서 이 행동들 각각에 적용될 것이다. 각 행동이 보상 체계가 적용되었을 때 증가하는 것을 증명하는 것은 그 조작의 효과성에 관한 증거가 된다.

세 번째 형태는 **상황에 걸친** 중다 기저선 설계로, 여기서는 집이나 직장에서와 같이 서로 다른 상황에서 동일한 행동이 측정된다. 다시 말하면, 조작이 각 상황에서 서로 다른 시점에서 시행되며, 각 상황에서의 행동의 변화는 오직 그 조작 이후에 일어날 것이라는 예측을 한다.

✿ 단일사례 설계에서의 반복

물론, 단일 피험자를 사용하기 위한 절차들은 다른 피험자들에게 반복되며, 이는 그 결과의 일반화 가능성을 대단히 향상시킨다. 일반적으로, 단일사례 실험 절차를 적용한 연구에 대한 보고는 여러 피험자들로부터의(그리고 종종 여러 상황에서의) 결과를 함께 제시한다. 단일사례 연구의 전통은 집단 자료를 전체 평균의 형태가 아닌 각 피험자의 결과를 개별적으로 제시하는 것이다. 이 전통에 관한 선두 대변인인 Sidman(1960)은 집단 평균을 이용하여 많은 피험자의 자료를 집단화하는 것은 때때로 조작에 대한 개인의 반응에 대해 호도하는 형태를 보여 줄 수 있다고 지적하였다. 예컨대, 조작은 일부 피험자들의 행동을 변화시키는 것에는 효과적이었으나 다른 사람들에게는 그렇지 않았을 수 있다. 이는 대학생들에게 숙제를 제출하는 것에 대해 과목 점수를 보상으로 주는 것의 영향을 연구한 Ryan과 Hemmes(2005)의 연구에서 실제로 그러하였다. 10개 장의 반에 대해서는 학생들은 숙제를 제출하는 것에 대해 점수를 받았다. 그러나 만약 학생들이 다른 장에 관한 숙제를 제출하였다면 점수를 받지 못하였다(장의 주제를 통제하기 위해, 일부 학생들은 홀수 장들에 대해서만 점수를 받았고, 다른 학생들은 짝수 장들에 대해서만 점수를 받았다). Ryan과 Hemmes는 평균적으로 학생들은 더 많은 숙제를 제출하였고, 점수 보상과 직접 관련된 장별 퀴즈에서 더 우수하게 수행하였다. 그러나 일부 학생들은 조건에 관계없이 거의 동일하게 수행하였다. 이 연구의 중요성은 개인 피험자에게 있었기 때문에, 이러한 패턴의 결과가 빨리 발견되었다.

단일사례 설계는 많은 연구 문제들을 연구하는 데 유용하며, 더 전통적인 연구설계에 대한 강력한 대안으로 고려되어야 한다. 이 설계들은 자연 환경에서 어떤 변화 기법을 적용하고자 하는 사람들(예: 교실에서 새로운 기법을 시험하고자 하는 교사)에게 특히 가치가 있을 것이다. 이에 더하여, 복잡한 통계분석은 단일사례 설계에서는 필요하지 않다.

프로그램 평가

1장에서 언급한 바와 같이, 연구자들은 빈번하게 응용문제를 연구하고, 평가 연구를 수행한다. 이 연구는 진실험 설계나 조사, 관찰기법, 그리고 연구자에게 가용한 다른 방법들을 사용할 수 있다. 이러한 연구는 수많은 실행적 문제들이 연구자들이 연구를 수행하는 데 최선의 상황을 이용하지 못하도록 하기 때문에 종종 매우 어렵다. 진실험은 가능하지 않은 상황이 빈번하고, 연구자들은 최선의 측정 기법에 관한 결정을 하는 데 너무 늦거나, 비용문제가 많은 수의 자료 수집을 불가능하게 만든다(Bamberger, Rugh, Church, & Fort, 2004). 그럼에도 불구하고 연구는 수행되어야 한다. 우리는 응용연구 상황에서의 방법론적 도구로서 준실험 설계의 사용에 초점을 둘 것이다. 이에 앞서, 프로그램 평가 연구를 논의하는 것이 유용할 것이다.

프로그램 평가(program evaluation)는 개인들로 구성된 한 집단에 어떤 긍정적 효과를 달성하고자 적용되는 프로그램에 관한 연구다. 이러한 프로그램은 학교나 직장, 또는 전체 사회에 적용될 수 있다. 학교에서의 한 가지 예는 약물 사용을 감소시키도록 고안된 약물남용 예방교육 프로그램이다. 이 프로그램은 지역 경찰서와 함께 수행되고 있고, 1980년대 초에 개발된 이래로 매우 대중적이 되었다. 즉, 전 세계의 3,600만 명이 넘는 아동들이 이 프로그램에 참여하였다. 프로그램 평가는 이러한 유형의 프로그램들을 연구하기 위한 많은 연구방법을 적용한다.

Donald Campbell(1969)은 모든 그러한 프로그램들이 효과적인지를 결정하기 위해 진실된 평가를 받는 평가의 문화를 강력히 촉구하였다. 따라서 평가 연구의 초기 초점은 결과물 평가였다. 즉, 그 프로그램이 그것이 고안된 목적에 맞게 긍정적인 결과(예: 약물 사용 감소, 더 높은 성적, 더 낮은 결석, 더 낮은 재범률)로 나타나는가? 그러나 Campbell의 1969년 논문 이래로 프로그램 평가의 분야가 진보하면서, 평가 연구는 결과물 평가보다 더 많은 것들과 관련되기 시작하였다(Rossi, Freeman, & Lipsey, 2004).

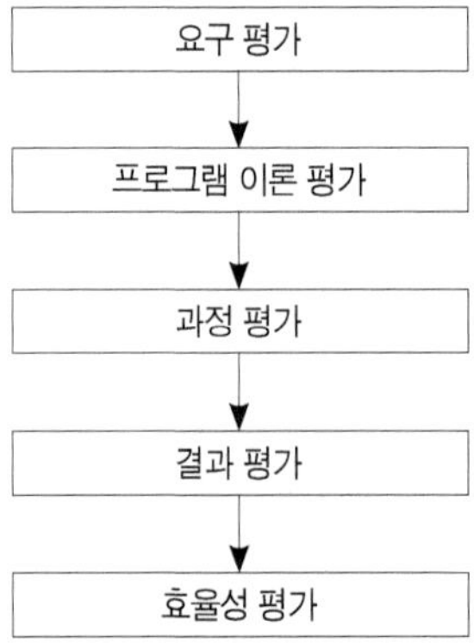

그림 11.3 프로그램 평가 연구의 단계

Rossi 등(2004)은 다섯 가지 유형의 평가를 확인하였다. 각각은 프로그램에 관한 서로 다른 질문에 대한 답을 하기 위한 시도를 한다. 이것이 다섯 단계의 평가 과정으로서 **그림 11.3**에 나타나 있다. 첫 번째는 요구에 대한 평가다. **요구 평가**(needs assessment) 연구는 대상 모집단에 다루어질 필요가 있는 문제가 실제로 존재하는지를 질문한다. 예컨대, 이 사회에 아동과 청소년에게 약물남용이 있는가? 만약 그렇다면 어떠한 유형의 약물이 사용되는가? 노숙자들에게 가장 필요한 서비스는 무엇인가? 상습적인 청소년 범죄자들은 중재 프로그램에 의해 다루어질 수 있는 특정한 개인적 · 가정적 문제가 있는가? 일단 어떤 요구가 확인되면, 프로그램이 그 요구를 다루기 위해 계획될 수 있다. 그러한 요구 평가에 관한 자료는 조사나 면접, 그리고 공공 건강기관, 형사행정기관, 기타 다른 공공기관들이 보유하고 있는 통계 자료들로부터 얻을 수 있다.

두 번째 유형의 프로그램 평가 질문은 프로그램 이론을 다룬다. 요구를 확인한 다음, 프로그램이 그 요구들을 다루기 위해 설계될 수 있다. Rossi 등(2004)은 프로그램은 그 문제의 원인에 대한 타당한 가정과 제안된 프로그램의 합리성에 근거해야 한다고 강조한다. **프로그램 이론 평가**(program theory assessment)는 제안된 프로그램이 실제로 적절한 방법으로 대상 모집단의 요구를 다루고 있는지를 결정하기 위해, 다른 연구자들과 서비스 제공자, 그리고 해당 프로그램의 잠재적 고객들과의 공동작업을 수반할 수 있다. Rossi 등은 뉴욕시티의 남녀 노숙자들의 요구를 평가한 연구(Herman, Struening, & Barrow, 1994)를 기술하였다. 전체적으로, 가장 중요한 요구는 살 곳을 찾고, 직장을 찾고, 직업 기술을 향상시키는 것에 대한 도움이었다. 특별히 남자들은 음주 문제나 약물 문제, 돈을 관리하는 것, 다른 사람들과 어울려 지내는 것에 대한 도움을 요구하였다. 여자들은 건강과 의료 문제에 관한 도움을 더 많이 필요로 하였다. 이러한 요구들을 다루기 위해 고안된 프로그램은 이 정보를 고려해야 하며, 어떻게 노숙자들이 그 프로그램으로부터 실질적인 이득을 얻을 것인가에 관한 논리성을 지녀야 한다.

프로그램 평가의 세 번째 유형은 **과정 평가**(process evaluation) 또는 프로그램 모니터링이다. 프로그램이 진행되고 있을 때, 평가 연구자는 그 프로그램이 대상 모집단에 이르고 있는지, 고객들을 충분히 끌어당기고 있는지, 관련 직원은 계획된 서비스를 제공하고 있는지를 결정하기 위해, 그 과정을 모니터한다. 때때로, 직원이 적절한 훈련을 받지 않았거나, 서비스가 바람직하지 않거나 찾기 어려운 장소에서 제공되고 있을 수 있다. 간단히 말하면, 연구자는 그 프로그램이 원래 하기로 되어 있던 것을 진행하고 있는지를 확신하고 싶어 한다. 만약 프로그램의 내용이 실제로 실행되지 않는다면, 우리는 프로그램 자체가 효과적이지 않다고 결론 내리기를 원하지는 않을 것이기 때문에 이 연구는 매우 중요하다. 이러한 연구는 설문지나 면접, 관찰 연구, 그리고 프로그램 직원이 기록한 정보들에 대한 분석을 포함할 수 있다.

네 번째 질문은 **결과 평가**(outcome evaluation) 또는 영향 평가와 관련된다. 즉, 프로그램에서 의도한 결과물들이 실제로 실현되고 있는가? 약물 사용을 감소시키거나, 글읽기 능력을 증가시키거나, 청소년의 재범률을 감소시키거나, 직업 능력을 제공하기 위한 목표가 달성되고 있는가? 이를 결정하기 위해, 평가 연구자는 결과를 측정하는 방법을 고안해야 하고, 그런 다음 결과 측정치에 대한 프로그램의 영향을 연구해야 한다. 이상적으로는, 조건들에 대한 무선할당을 하는 진실험 설계가 결과물에 관한 질문들에 답하기 위해 수행되어야 할 것이다. 그러나 이 장에서 기술하고 있는 준실험 설계나 단일사례 실험설계와 같은 다른 연구방법들이 중재 프로그램의 영향을 평가하는 매우 유용한 방법이다.

마지막 프로그램 평가 질문은 **효율성 평가**(efficiency assessment)를 다룬다. 일단 프로그램이 의도한 효과를 가지고 있다고 판단되면, 연구자들은 그것이 다른 자원들을 소비할 가치가 있는가를 결정해야 한다. 프로그램의 비용은 반드시 그 이득에 견주어 보아야만 한다. 또한, 연구자들은 프로그램을 실행하는 데 사용되는 자원들이 다른 더 좋은 사용처에서 사용될 수 있는지도 결정해야만 한다.

준실험 설계

준실험 설계(quasi-experimental design)는 진실험 설계의 통제적 속성들이 이루어질 수 없는 상황에서 독립변인의 효과를 연구하기 위해 사용된다. 따라서 준실험 설계는 독립변인이 종속변인에 미치는 영향을 살펴볼 수 있게 해주지만, 준실험은 조건들에 대한 무선할당과 같이 진실험의 중요한 속성들에 결함이 있기 때문에, 인과적 추론은 더욱 어렵다. 이 장에서, 우리는 진실험이 가능하지 않은 상황에서 사용될 수 있는 여러 준실험 설계들을 살펴볼 것이다.

많은 유형의 준실험 설계들이 있다. 이를 위해서는 Campbell(1968, 1969), Campbell과 Stanley(1966), Cook과 Campbell(1979), Shadish, Cook과 Campbell (2002)을 보라. 우리는 여섯 가지 설계 유형만을 살펴볼 것이다. 각 설계에 관하여 읽을 때, 해당 설계의 특성과 문제들을 8장에서 설명한 무선화된 진실험 설계와 비교해 보라. 우리는 가장 간단하고 문제가 많은 설계로부터 시작할 것이다. 사실, 처음 세 가지 설계들은 때때로 다른 준실험 설계들과 구분하기 위해 '사전실험적 설계(pre-experimental design)'라고 부르기도 한다. 이는 이 설계들과 관련된 문제들 때문이다. 그럼에도 불구하고, 이 모두가 서로 다른 상황에서 사용될 수 있으며, 따라서 각 설계에 의해 제기되는 내적 타당도 문제를 인식하는 것이 중요하다.

단일집단 사후 설계

낯선 사람과 가까이 앉아 있는 것이 그 낯선 사람을 떠나게 하는지를 연구하기를 원한다고 가정해 보자. 당신은 수많은 낯선 사람들 옆에 앉으려고 노력하고, 그들이 떠나기 전에 흐른 시간을 측정할 수 있다. 당신의 설계는 다음과 같을 것이다.

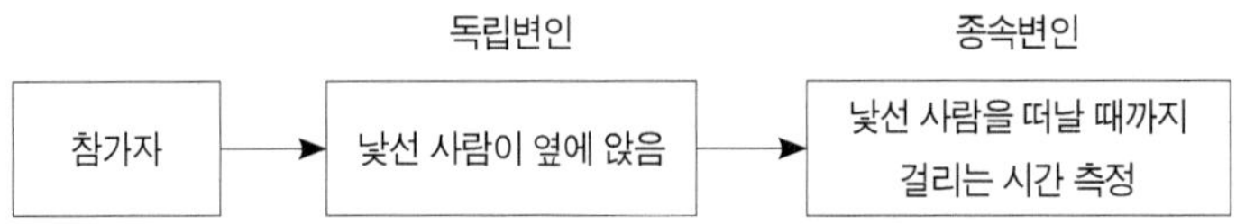

이제 그 사람들이 떠나기 전까지 걸린 시간의 평균이 9.6초라고 가정해 보자. 불행하게도, 이 결과는 해석이 불가능하다. 당신은 만약 당신이 앉지 않았을 경우에 그들이 더 오래 머물러 있었을지, 혹은 그럼에도 9.6초를 머물러 있었을지를 알지 못한다. 심지어 만약 당신이 앉지 않았을 경우에 그들은 더 빨리 떠났을 수도 있다(그들이

아마도 당신을 좋아하였을 수도 있다).

이 **단일집단 사후 설계**(one-group posttest-only design)는 진실험의 핵심적인 요소에 대한 결핍이 있다[Campbell과 Stanley(1996)는 이를 '단일회기 사례연구(one-shot case study)'라고 불렀다]. 즉, 통제집단이나 비교집단이 존재하지 않는다. 당신의 결과를 해석하기 위해서는 어떤 유형의 비교조건이 반드시 있어야 한다. 비교집단이 없는 단일집단 사후 설계는 독립변인이 종속변인에 미치는 효과에 관한 인과적 추론을 이끌어 낼 수 있는 내적으로 타당한 실험을 설계하는 맥락에서 심각한 결함이 있다.

당신은 이 설계가 사용된 적이 있는지를 궁금해할지 모른다. 사실, 이 유형의 설계가 프로그램의 효과성에 관한 증거로 사용된 것을 보았을 수 있다. 예를 들어, 회사의 직원들이 비상시 절차에 관한 4시간짜리 교육에 참여하였다고 가정하자. 그리고 그 프로그램의 마지막에, 그들은 관련 지식을 묻는 시험을 보았고, 평균 정답률이 90%였다고 해보자. 이 결과는 그 프로그램이 직원들을 성공적으로 교육하였다고 결론 내리는 데 사용된다. 이러한 연구들은 내적 타당도에 결핍이 있다. 내적 타당도는 독립변인이 종속변인에 영향을 미쳤다고 결론 내릴 수 있는 능력을 말한다. 이러한 설계를 가지고서는, 우리는 종속변인에서의 점수가 그 프로그램이 없을 때 같을지, 낮을지, 심지어 더 높을지에 관해 전혀 알지 못한다. 이러한 결과들이 때때로 받아들여지는 이유는 통제집단이 어떻게 수행할 것인가에 관한 암묵적인 생각을 가지고 있기 때문일 것이다. 불행하게도, 우리는 그 비교 자료가 필요하다.

단일집단 사전사후 설계

비교를 하는 한 가지 방법은 참가자들을 조작 이전(사전)과 이후(사후)에 다시 측정하는 것이다. 그러면 사전검사에서 사후검사로 변화한 지수가 계산될 수 있다. 비록 이 **단일집단 사전사후 설계**(one-group pretest-posttest design)가 그럴듯하게 들릴지라도, 몇 가지 주요 문제들이 있다.

이를 설명하기 위해, 이완훈련 프로그램이 흡연을 감소시킬 것이라는 가설을 검증하고자 한다고 가정해 보자. 단일집단 사전사후 설계를 이용하여, 당신은 흡연을 하는 사람들의 집단을 선택하여, 흡연 측정치를 구하고, 이완훈련 프로그램을 수행하게 한 후, 흡연 측정치를 다시 구할 것이다. 이 설계는 다음과 같을 것이다.

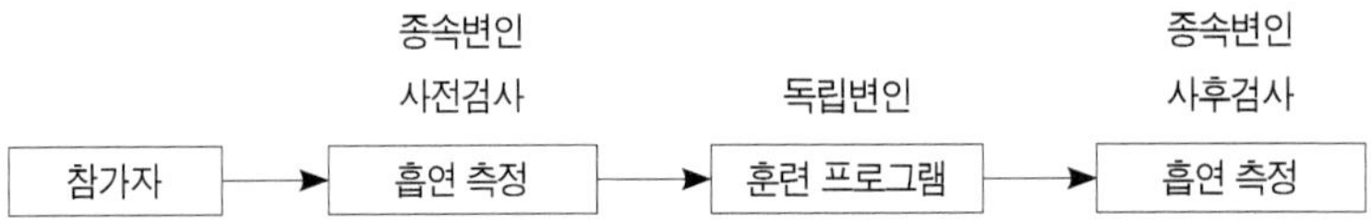

만일 흡연에서 감소가 나타났다는 것을 확인하였다고 하더라도, 당신은 그 결과가 이완훈련 프로그램에 기인한다고 가정할 수 없을 것이다. 이 설계는 여러 대안적 설명을 고려하는 데 실패하였다. 이러한 대안적 설명들은 이 설계를 이용한 연구들의 내적 타당도에 대한 위협으로, 역사, 성숙, 검사, 도구의 쇠퇴, 평균으로의 회귀를 포함한다.

역사 역사는 첫 번째 측정과 두 번째 측정 사이에 발생하지만 조작의 부분이 아닌 어떤 사건을 일컫는다. 그러한 어떤 사건도 조작과 혼입된다. 예컨대, 첫 번째 측정과 두 번째 측정 사이에 유명한 사람이 폐암으로 죽었다고 가정해 보자. 이완훈련이 아닌 이 사건이 흡연 감소를 설명할 수 있을 것이다. 틀림없이 유명인사의 죽음은 극적이고, 아마도 잘 일어나지 않을 것이다. 그러나 **역사 효과**(history effect)는 실험 조작과 동시에 일어나는 거의 모든 혼입 사건들에 의해 야기될 수 있다.

성숙 사람들은 시간이 흐름에 따라 변한다. 짧은 기간에서는 지루해지거나, 피로해지거나, 좀 더 영리해지거나, 배가 고파질 수 있다. 긴 기간에서는, 아이들은 더욱 조직화되고 분석적이 될 것이다. 시간의 흐름에 따라 체계적으로 발생하는 변화를 **성숙 효과**(maturation effect)라고 부른다. 성숙은 흡연 감소의 예에서 만일 사람들이 나이가 들어 감에 따라 일반적으로 건강에 더 염려를 하게 된다면 문제가 된다. 이렇게 시간과 관련된 어떠한 요인도 사전검사와 사후검사 간의 변화로 나타나게 된다. 만약 이것이 발생한다면, 당신은 그 변화가 성숙의 결과가 아니라 처치에 의한 결과라고 잘못 결론 내릴 수 있다.

검사 검사는 만일 사점검사를 받는 것이 단순히 참가자의 행동을 변하게 할 때 문제가 된다. 이 문제를 **검사 효과**(testing effect)라고 한다. 예컨대, 흡연 측정은 사람들에게 하루 동안 피운 모든 담배를 기록하는 일기를 기록하도록 요구할 수 있다. 단순히 흡연을 추적하는 것을 지속하는 것이 개인이 피우는 담배의 수를 감소시키는 충분한 원인이 될 수 있다. 따라서 사후검사에서 발견한 감소는 해당 프로그램 자체의 결과라기보다는 사전검사를 받은 결과일 수 있다. 다른 맥락에서, 사전검사를 받는 것이 사람들에게 실험의 목적에 대해 예민하게 만들거나 검사를 받고 있는 기술에 대해 더 능숙하게 만들 수 있다.

도구의 쇠퇴 때때로 측정하는 도구의 기본적 속성들이 시간이 지남에 따라 변화한다. 이를 **도구의 쇠퇴**(instrument decay)라고 부른다. 관찰자들이 행동을 측정하는 경우에 도구의 쇠퇴에 대한 출처를 생각해 보라. 시간이 지날수록, 관찰자는 기술을 얻거나 피로해질 수 있으며, 관찰이 기반하는 기준이 변화할 수 있다. 흡연에 관한 우리의 예에서, 참가자들은 과제가 새롭고 흥미로운 사전검사 동안에는 피운 모든 담배 개비 수를 기록하는 데 높게 동기화될 수 있지만, 시간이 흘러 사후검사가 주어지면 그들은 과제에 대해 지치거나 때로는 담배 개비 수를 기록하는 것을 잊어버리게 될 수 있다. 이러한 도구의 쇠퇴는 흡연에서의 외현적 감소로 나타날 것이다.

평균으로의 회귀 **평균으로의 회귀**(regression toward the mean)는 때때로 **통계적 회귀**(statistical regression)로 불리며, 참가자들이 선택될 때마다 어떤 변인에서 그들이 극단적으로 높거나 낮은 점수를 보이기 때문에 발생하게 된다. 그들이 다시 검사를 받게 되면, 그들의 점수는 평균의 방향으로 변화하는 경향을 보인다. 즉, 극단적으로 높은 점수는 더 낮아지고(평균에 더 가깝게), 극단적으로 낮은 점수는 더 높아진다(평균에 더 가깝게).

평균으로의 회귀는 흡연 실험에서 만약 참가자들이 극단적으로 흡연을 많이 하는 것으로 보였기 때문에 선택되었다면, 문제가 된다. 해당 프로그램에 사전검사에서 가장 높은 점수를 보였던 사람들을 선택하는 것은 연구자가 측정을 시행한 그 특정한 시점에 어떠한 이유에서든 보통보다 훨씬 더 많이 흡연을 하는 사람들을 선택한 것이다. 보통보다 훨씬 더 흡연을 많이 하는 사람들은 그들이 측정을 다시 받을 때에는 그보다 덜 흡연을 할 가능성이 있다. 그러면 만약 우리가 해당 프로그램 전후의 흡연량을 비교한다면, 그 사람들은 덜 흡연하는 것으로 나타날 것이다. 이에 대한 대안적 설명은 흡연 감소가 그 프로그램의 효과가 아니라 통계적 회귀에 기인한다는 것이다.

평균으로의 회귀는 특정 시기에 극단적으로 높은 점수를 수집하고, 그 점수들을 다른 시점에 측정한 점수와 비교할 때에는 언제라도 발생할 것이다. 이 문제는 측정의 신뢰도에 실제로 근간을 둔다. 5장에서, 어떠한 측정치도 진점수와 측정오차를 반영한다고 한 내용을 상기해 보라. 만일 완벽한 신뢰도가 있다면, 그 두 측정치들은 동일할 것이다(점수를 낮추거나 높이는 아무런 일이 발생하지 않았다면). 만약 흡연 측정이 완벽히 신뢰롭다면, 오늘 20개비를 흡연하는 것으로 보고한 사람은 2주 후에도

20개비를 흡연하였다고 보고할 것이다. 그러나 두 측정치가 완벽히 신뢰롭지 않고 측정오차가 있다면, 대부분의 점수들은 진점수에 근접할 것이지만, 일부는 그보다 높아지고, 일부는 그보다 더 낮아질 것이다. 따라서 하루 20개비를 보고한 어떤 흡연자는 어떤 날은 5개비를 흡연할 수도 있고, 어떤 날은 35개비를 흡연할 수도 있다. 그러나 대부분의 날에서, 그 숫자는 극단치보다는 20개비에 가까울 것이다. 또 다른 흡연자는 35개비의 진점수를 가지고 있지만 우연히 20개비보다 적게 흡연할 수도 있고 50개비 이상 흡연할 수도 있다. 이제, 전날 35개비를 흡연하였다고 말한 두 사람을 선택하고, 이들을 집단에 포함하였다고 가정하자. 즉, 비정상적인 날이었던 첫 번째 사람을 선택하였고, 매우 평범한 날이었던 두 번째 사람을 선택하였다. 2주 후 이 사람들을 측정할 때, 첫 번째 사람은 아마도 20개비에 가까운 흡연량을 보고할 것이고, 두 번째 사람은 35개비에 가까울 것이다. 이 둘을 평균 내면, 전체적으로 흡연량에서의 감소가 나타날 것이다.

측정이 완벽히 신뢰롭다면 어떨까? 이 경우에, 20개비의 진점수를 지닌 사람은 항상 이 양을 보고할 것이고, 따라서 극단적으로 흡연을 많이 하는 집단(35개비 이상)에는 포함되지 않을 것이다. 오직 35개비 이상의 진점수를 지닌 사람들만이 그 집단에 포함될 것이며, 흡연량에서의 어떠한 감소도 그 처치 프로그램에 기인한 것이 된다. 여기서의 핵심은 평균으로의 회귀는 측정오차가 있을 때 문제가 된다는 것이다.

통계적 회귀는 실제 세상에서의 사건을 설명하려고 할 때 또한 발생하게 된다. 스포츠 기고가들은 종종 *Sports Illustrated* 등의 스포츠 잡지의 표지에 등장할 선수를 기다리는 마법사로 불린다. 수많은 선수들의 수행은 스포츠 잡지의 표지기사에 실린 이후 상당히 떨어진다. 비록 이 표지기사가 낮은 수행을 야기할 수도 있지만(아마도 그 평판이 긴장을 일으키고, 집중력을 감소시켰을 수 있다), 통계적 회귀 또한 한 가지 설명이 될 수 있다. 운동선수는 그 선수가 극히 높은 수준으로 수행을 보이기 때문에 잡지의 표지기사에 선택된다. 즉, 평균으로의 회귀라는 원리는 매우 높은 수행은 저하될 것이라고 말한다. 우리는 만약 스포츠 잡지가 슬럼프에 빠진 선수들을 표지기사로 싣는다면, 이는 그들에게 좋은 징조가 된다는 것 또한 알고 있다.

이러한 모든 문제들은 적절한 통제집단의 사용으로 제거될 수 있다. 실험처치를 받지 않는 집단은 역사, 통계적 회귀 등의 영향에 대한 적절한 통제를 제공해 준다. 예컨대, 외부의 역사적 사건은 실험집단과 통제집단 모두에게 동일한 영향을 줄 것이다. 만일 실험집단이 조작 이후 시행된 종속측정치에서 통제집단과 다르다면, 두 집단 간 차이는 실험 조작의 효과로 여겨질 수 있다.

이러한 문제들에도 불구하고, 단일집단 사전사후 설계가 사용되는가? 이 설계는 실제로 많은 응용 상황에서 사용된다. 비상시 절차에 관하여 직원들을 교육시키는 프로그램의 평가의 예를 회상해 보라. 단일집단 사전사후 설계를 이용하여, 관련 지식에 관한 검사가 훈련 전후에 시행될 수 있다. 사전검사로부터 사후검사로의 변화를 관찰할 수 있는 능력은 비록 우리가 알고 있는 내적 타당도에 대한 위협을 지니고는 있지만, 사후 설계의 단점을 보완하고 있음을 보여 준다. 이에 더하여, 이 설계로부터 얻은 자료를 사용할 수 있는 점은 만약 그 연구가 다른 참가자들에 대하여 다른 시간에 반복된다면, 향상될 수 있다. 그러나 통제집단을 갖는 것은 언제나 이 설계를 강화하는 최선의 방법이다.

어떤 통제집단에서라도, 실험 조건과 통제 조건의 참가자들은 동등해야 한다. 만약 두 집단의 참가자들이 조작 이전에 서로 다르다면, 그들은 조작 이후에도 또한 다를 것이다. 다음 설계가 이 문제를 설명하고 있다.

✿ 비동등 통제집단 설계

비동등 통제집단 설계(nonequivalent control group design)는 별개의 통제집단을 가지지만, 실험집단과 통제집단의 두 조건에 포함된 참가자들이 동등하지 않다. 이 차이는 결과에 대한 대안적 설명을 제공하는 혼입변인이 된다. **선택 차이**(selection difference) 또는 선택 편향(selection bias)이라고 불리는 이 문제는, 일반적으로 실험에서 두 집단을 형성하는 참가자들이 이미 존재하는 자연적 집단으로부터 선택될 때 발생한다. 만약 이완훈련 프로그램이 비동등 통제집단 설계로 연구된다면, 그 설계는 다음과 같을 것이다.

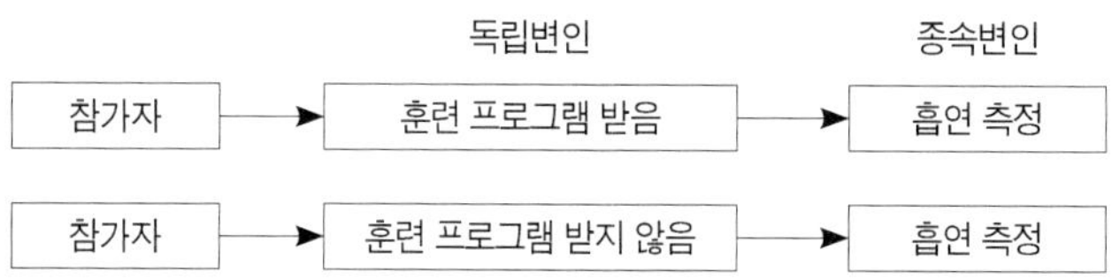

첫 번째 집단의 참가자들은 이완훈련 프로그램을 완료한 이후 흡연빈도에 대한 측정을 받는다. 두 번째 집단의 사람들은 어떠한 프로그램에도 참여하지 않는다. 이 설계에서, 연구자는 어느 참가자가 각 집단에 포함될지에 대해 어떠한 통제도 하지 않는다. 예컨대, 이 연구가 큰 회사의 부서에서 수행되었다고 가정해 보자. 흡연을 하는 모든 직원들을 확인하고, 훈련 프로그램 참여를 위해 참가자를 모집하게 될 것이다. 프로그램에 자원하는 사람들은 실험 조건에 할당하고, 훈련 프로그램에 참여하지

않는 흡연자들은 단순히 통제집단이 된다. 선택 차이의 문제는 참여를 선택한 흡연자들이 그렇지 않은 사람들과 어떤 중요한 방식에서 다를 수 있기 때문에 발생한다. 예를 들면, 그들은 다른 사람들에 비해 이미 흡연을 적게 하는 사람들일 수 있고, 그 프로그램이 도움이 될 수 있을 것이라는 더 많은 확신을 할 수 있다. 만약 그렇다면, 흡연 측정치에서 집단 간의 어떠한 차이라도 이완훈련의 효과라기보다는 이미 존재하는 차이를 반영하는 것일 수 있다.

선택 차이의 문제는 연구자가 유사한 두 집단을 이용하여 독립변인을 성공적으로 조작하였음이 분명한 경우에조차 이 설계에서 발생한다는 점을 주목하는 것이 중요하다. 예컨대, 연구자는 그 회사의 개발 부서에 있는 모든 흡연자들을 이완훈련 프로그램에 참여하도록 하고, 영업 부서에 있는 흡연자들을 통제집단으로 포함할지도 모른다. 물론, 여기에서의 문제는 두 부서에 있는 흡연자들이 이완훈련 이전에 이미 흡연 패턴에서 차이가 있었을 것이라는 것이다.

✿ 비동등 통제집단 사전사후 설계

비동등 통제집단 사후 설계는 사전검사를 가질 때 크게 향상될 수 있다. 이것이 수행될 때, 우리는 **비동등 통제집단 사전사후 설계**(nonequivalent control group pretest-posttest design)를 가지게 되는 것이며, 이는 가장 유용한 준실험 설계 중 하나다. 이 설계는 다음과 같이 표현할 수 있다.

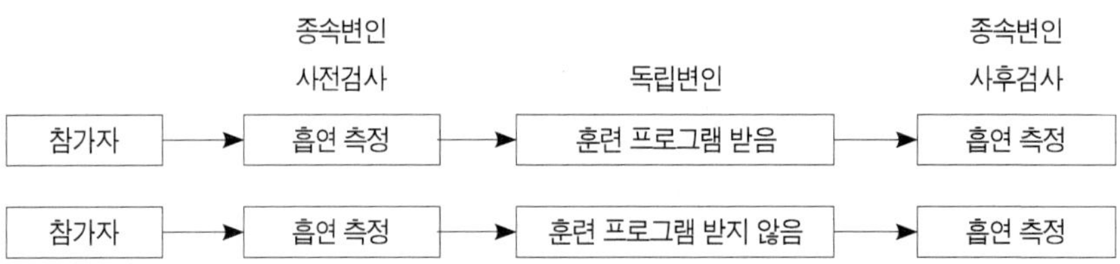

이는 집단에 대한 할당이 무선적이지 않기 때문에 진실험 설계가 아니다. 즉, 두 집단이 동등하지 않을 수 있다. 그러나 우리는 사전점수를 안다는 장점을 가지고 있다. 따라서 우리는 사전검사에서 두 집단이 서로 같은지를 알 수 있다. 두 집단이 동등하지 않다고 하더라도, 우리는 사전검사에서 사후검사로의 점수의 변화를 볼 수 있다. 만약 독립변인이 효과를 가지고 있다면, 실험집단은 통제집단보다 더 큰 변화를 보여야 한다(Kenny, 1979를 보라). 그러한 변화점수들에 대한 통계분석을 위한 전략은 Shadish, Cook과 Campbell(2002)과 Trochim(2006)에서 다루고 있다.

알코올 점검의 날(National Alcohol Screening Day, NASD)의 평가는 비동등 통제집단 사전사후 설계의 사용에 대한 한 가지 예를 제공한다(Aseltine, Schilling, James, Murray, & Jacobs, 2008). NASD는 지역 중심의 프로그램으로, 무료 알코올 점검, 그 결과에 대한 건강 전문가와의 상담, 교육적 재료, 그리고 필요한 경우에는 병원에 보낼 정보 등을 제공한다. 평가에 관하여, 다섯 지역 사회의 NASD 참가자들이 최근 알코올 소비에 대한 기저선(사전검사) 측정을 받았다. 이 측정은 사후검사로서 3개월 후에 다시 시행되었다. 통제집단은 건강 관련 조사에 참가하라고 초대하는 광고를 통해 동일한 장소에서 NASD 1주 뒤에 구성하였다. 이 사람들은 동일한 사전검사 측정을 받았으며, 사후검사를 위해 3개월 후 다시 측정을 받았다. 자료 분석은 위험-음주자로 분류된 참가자들에 초점을 두었다. NASD 참가자들은 통제집단의 유사한 참가자들과 비교하였을 때, 사전검사와 비교한 사후검사에서 알코올 소비의 유의미한 감소를 보였다.

✿ 비동등 처치집단과 통제집단에 대한 성향점수 대응하기

비동등 통제집단 설계는 조건들에 대한 무선할당이 되지 않고, 따라서 집단들은 중요한 방식에서 실제로 다를 수 있다. 예컨대, 알코올 점검 행사에 참여하기로 결정하는 사람들은 건강 점검에 관심이 있는 사람들과 다를 수 있다. 건강 점검에 참여한 사람들은 아마도 실제로는 알코올 점검 행사 참가자들보다 더 건강할 것이다.

건강과 같은 변인에 집단들을 동등하게 만들기 위한 한 가지 방법은 건강의 측정치에 대하여 조건들 간 참가자들을 대응시키는 것이다(이는 8장에서 소개한 대응쌍 설계와 유사하다). 건강 측정치는 처치 조건에 있는 모든 사람들과 통제 조건에 포함된 모든 사람들에게 시행할 수 있다. 이제, 처치 조건에 있는 각 개인은 동일하거나 매우 유사한 건강 점수를 지닌 통제집단 개인과 대응될 수 있다. 일단 이것이 이루어지면 종속측정치에 대한 분석이 수행될 수 있다. 이 절차는 대응을 위해 사용되는 측정이 매우 신뢰롭고, 두 조건의 참가자들이 매우 유사하다고 알려진 경우에 가장 효과적이다. 그럼에도 불구하고, 측정되지 않은 다른 변인들에서 두 집단이 다를 가능성은 여전히 존재한다.

통계방법의 발달로 인해 다양한 변인들에서 개인들을 동시에 대응시키는 것이 가능해졌다. 건강과 같이 단지 하나의 변인에 대해서 대응시키는 것 대신에, 연구자는 집단들을 비교할 때 중요할 것으로 생각되는 다른 변인들의 측정치들을 얻을 수 있다. 이 변인들에 대한 점수들은 결합되어 **성향점수**(propensity score)라고 부르는 것을 산출한다(이에 관한 통계절차는 이 책의 범위를 넘는다). 그러면 처치집단과 통제집단의 개인들은 성향점수에 근거하여 대응될 수 있다. 이 절차를 **성향점수 대응**(propensity score matching)이라고 한다(Guo & Fraser, 2010; Shadish, Cook, & Campbell, 2002).

✿ 틈입 시계열 설계와 통제 시계열 설계

Campbell(1969)은 특정한 법 개정(1955년 코네티컷 주의 과속에 대한 강력단속)에 대한 평가를 상세히 논의하였다. 비록 겉으로는 아주 오래전의 사건으로 보이겠지만, 이 예는 중요한 방법론적 논쟁에 대한 아주 좋은 예다. 이 강력단속은 1955년에 교통사고 사망자의 수치가 매우 높게 기록된 이후 도입되었다. 이 개정을 평가하는 가장 쉬운 방법은 1955년(강력단속 이전)의 교통사고 사망자 수를 1956년(강력단속 이후)의 교통사고 사망자 수와 비교하는 것이다. 정말로 교통사고 사망자 수는 1955년 324명에서 1956년 284명으로 감소하였다. 이 단순한 비교는 실제로 단일집단 사전사후 설계로, 내적 타당도에 대한 이 설계의 문제점을 모두 가지고 있다. 즉, 교통사고 사망자 수가 감소한 다른 많은 이유들이 있다. 한 가지 대안은 그 개정이 도입되기 전과 후에, 확장된 기간에 걸쳐 교통사고 사망률을 조사하는 **틈입 시계열 설계**(interrupted time series design)를 사용하는 것이다. **그림 11.4**는 1951~1959년 동안의 이 정보를 보여준다. Campbell(1969)은 1955년에서 1956년으로의 감소는 이전 연도에서의 큰 변동

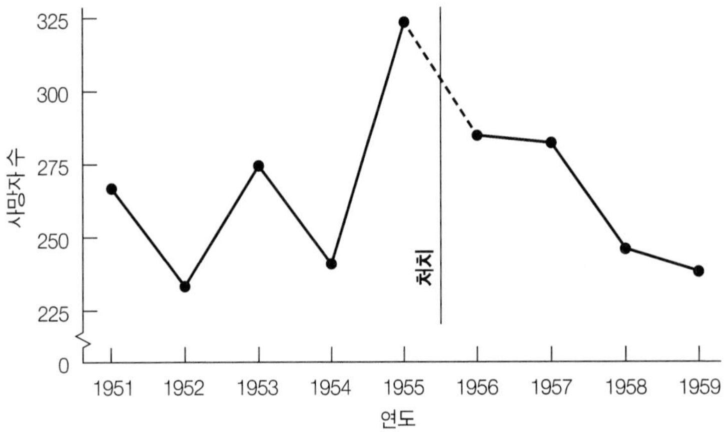

그림 11.4 코네티컷 주의 교통사고 사망자 수(1951~1959)

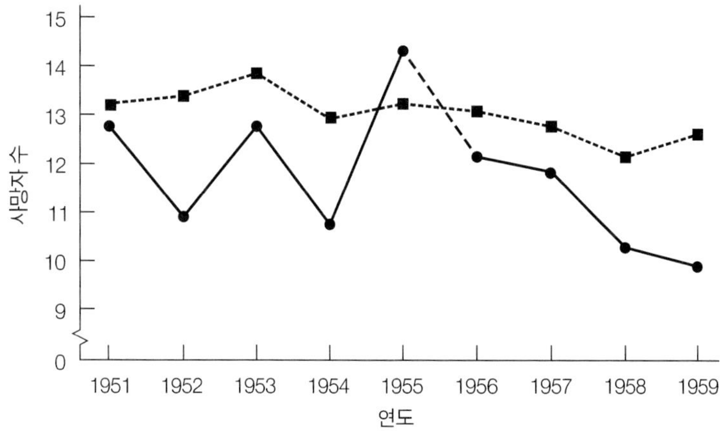

그림 11.5 코네티컷 주의 교통사고 사망률(실선)을 다른 네 개의 주들에서의 사망률(점선)과 비교하는 통제 시계열 설계

을 바탕으로 보면 특별히 인상적으로 보이지는 않지만, 그 개정 이후로 사망자 수에서 꾸준한 감소 경향이 있다고 주장하였다. 그러나 여기에서조차 Campbell은 해석상의 문제를 발견하였다. 즉, 그 감소는 통계적 회귀에 기인할 수 있다. 1955년은 높은 기록을 보인 해였기 때문에, 감소는 아무튼 일어날 개연성이 충분히 있다. 그럼에도, 그 개정의 전후로 확장된 기간 동안의 자료는 단지 1955년과 1956년에 관한 자료만으로 가능한 것보다 덜 모호한 해석을 가능하게 해준다.

틈입 시계열 설계를 향상시키는 한 가지 방법은 어떤 유형의 통제집단을 찾는 것이다. 이를 **통제 시계열 설계**(control series design)라고 한다. 코네티컷 주의 과속 단속에서, 다른 주들에서는 법 개정이 도입되지 않았기 때문에 이것이 가능하였다. **그림 11.5**는 코네티컷 주의 교통사고 사망자에 대한 동일한 자료와, 이에 더하여 동일한 기간 동안 다른 네 개의 주에서의 교통사고 사망률을 보여 준다. 코네티컷 주에서의 사망률은 지속적으로 감소한 반면에 통제 주들에서의 사망률은 상대적으로 일정하게 유지된다는 사실로부터 Campbell은 강력단속이 실제로 효과가 있었다고 결론 내렸다.

✿ 결론

이전에, 우리는 약물남용 예방교육과 같은 프로그램들을 평가하는 것이 필요하다고 기술하였다. 실제로 많은 연구자들은 단기간과 장기간의 효과를 연구하기 위한 준실험 설계를 사용하여 결과물 평가 연구들을 수행한다. 대부분의 연구들은 약물남용 예방교육 프로그램을 가지고 있는 학교의 학생들과 그렇지 않은 학교의 학생들을 비교한다. 일반적인 결론은 약물남용 예방교육이 참가자들에게 매우 작은 효과만을 갖는다는 것이다(Ennett, Tobler, Ringwalt, & Flewelling, 1994; West & O'Neal, 2004 참조). 더욱이, 장기간의 효과를 조사한 연구들은 그 프로그램의 장기적인 이득은 없다고 결론 내린다(Rosenbaum & Hanson, 1998). 예를 들면, 아동기나 청소년기에 약물남용 예방교육에 참가하였던 대학생들은 그 프로그램에 전혀 참가한 경험이 없는 학생들과 같은 양의 약물을 사용하였다(Thombs, 2000). 이러한 결과들은 개정된 약물남용 예방교육 프로그램의 개발로 이끌었으며, 이는 다시 평가되어야 한다.

위에서 주지한 바와 같이, 다른 준실험 설계들은 이 책의 범위를 벗어난다. 또한 Bamberger 등(2004)과 같은 연구자들은 평가 연구를 수행할 때 발생하는 구체적인 문제들에 대한 보완을 하는 체계적인 접근법을 개발하고 있다. 그들은 시간과 예산, 자료 수집 선택에서 제한사항들이 있을 때, '구두끈 평가'라는 것을 시행한다고 말한다.

발달연구 설계

발달심리학자들은 종종 연령에 대한 함수로서 개인이 변화하는 방식을 연구한다. 연구자는 아동이 성장함에 따른 추론능력의 변화나 어린 아동에게서 자기인식이 발달하는 연령, 혹은 청소년부터 노년기까지 사람들이 가지고 있는 전반적 가치 등과 관련한 이론을 검증할지도 모른다. 모든 경우들에서, 주요 변인은 연령이다. 발달 연구자들은 그들의 연구를 설계하는 데 있어 한 가지 흥미로운 선택을 해야 하는데, 이는 서로 다른 연령의 개인들을 연구하는 두 가지 일반적인 방법, 즉 횡단법과 종단법이 있기 때문이다. 당신은 종단법이 독립집단 설계와 유사성을 공유하는 반면, 종단법이 반복측정 설계와 유사하다는 것을 알게 될 것이다. 우리는 또한 순차법이라 부르는 혼합적 접근도 살펴볼 것이다. 이 세 가지 접근법들이 **그림 11.6**에 제시되어 있다.

횡단법

횡단법(cross-sectional method)을 이용한 연구에서는 서로 다른 연령의 개인들이 오

횡단법

	출생년도(동년배)	시점 1: 2005
집단 1:	1950	55세
집단 2:	1945	60세
집단 3:	1940	65세

종단법

	출생년도(동년배)	시점 1: 2005	시점 2: 2010	시점 3: 2015
집단 1:	1950	55세 →	60세 →	65세

순차법

	출생년도(동년배)	시점 1: 2005	시점 2: 2010	시점 3: 2015
집단 1:	1950	55세 →	60세 →	65세
집단 2:	1940	65세 →	70세 →	75세

그림 11.6 발달연구를 위한 세 가지 설계

직 한 시점에 연구된다. 사람들이 연령이 증가함에 따라 컴퓨터 프로그램을 학습하는 능력이 어떻게 변화하는지를 연구하는 데 관심이 있다고 가정해 보자. 횡단법을 이용하여, 당신은 현재 20, 30, 40, 50세인 사람들을 연구할 수 있다. 이 연구의 참가자들은 동일한 컴퓨터 학습 과제를 받고, 당신은 그들의 수행을 집단 간 비교할 것이다.

✿ 종단법

종단법(longitudinal method)에서는 동일한 집단의 사람들이 그들의 연령이 증가함에 따라 서로 다른 시점에서 관찰된다. 아마도 가장 유명한 종단연구는 스탠퍼드 대학교 심리학자인 Lewis Terman이 1921년에 시작한 Terman의 생애주기 연구(Terman Life Cycle Study)일 것이다. Terman은 지능검사 점수에서 최소 135점을 받은 캘리포니아 주 아동 1,528명을 연구하였다. 그들 자신을 '흰개미(Termite)'라고 불렀던 참가자들은 1921년과 1922년에 그들의 인지적 · 사회적 발달에 관한 많은 측면에 대해 최초로 측정을 받았다. Terman과 동료들은 그 참가자들을 아동기와 청소년기, 성인기 전체 기간 동안 연구를 계속 진행하였다(Terman, 1925; Terman & Oden, 1947, 1959 참조). 스탠퍼드 대학교의 Terman의 후임자들은 참가자들이 죽을 때까지 그들을 지속적으로 추적하였다. 이 연구는 매우 지능이 높은 개인들의 삶에 대한 풍부한 설명을 제공하였고, 높은 지능에 대한 많은 부정적인 고정관념이 틀렸음을 확인시켜 주었다(예: 그 참가자들은 사회적으로, 정서적으로 모두 잘 적응하였다). 이 자료는 이제 다른 연구자들에 의해 사용이 가능하도록 저장되어 있는데, 예컨대 Friedman과 Martin(2011)은 성격과 다른 특성들이 건강과 장수에 관련이 있는가를 연구하기 위해 이 자료를 이용하였다. 연구를 완성하기 위해, Friedman과 Martin은 그 참가자들이 얼마나 오래 살았고, 죽음의 원인이 무엇이었는가에 관한 세부적인 자료를 얻기 위해 그들의 사망증명서를 얻었다. 나타난 한 가지 강력한 패턴은 아동기에 측정하였던 성실성(자기훈련이 되고 자기조직적인 특성)의 성격 차원이 장수와 관련된다는 것이다. 흥미로운 것 중의 하나는 성격에서의 변화 또한 장수에 영향을 주었다는 점이다. 성인 시기에 덜 성실하게 된 참가자들은 덜 장수하였으며, 성인 시기에 더 성실하게 된 사람들은 더 오래 살았다. 또 다른 흥미로운 발견은 애완동물과의 상호작용과 관련된다. 참가자들이 16세가 되던 해에 동물들에 관한 질문들을 하였는데, 일반적인 믿음과는 반대로, 애완동물과 지내는 것은 장수와 관련되지 않았다.

Nun 연구(Nun Study)라고 불리는, 노화와 알츠하이머병에 관한 유일한 종단연구는 다른 접근법을 보여 준다(Snowden, 1997). 1991년에, 1917년 이전에 태어난 특정 종교집단의 모든 구성원들에게 그들의 기록물과 연구의 과정에서 인계받은, 매년 측정한 다양한 의학적 · 심리학적 측정치들에 대한 접근 권한을 제공함으로써 참여를 요청하였다. 그 표본은 평균 83세의 678명의 여성으로 구성되었다. 이 연구의 한 가지 대단히 흥미로운 발견은 1930년에 모든 자매들이 직접 작성한 기록에 근거한다(Donner, Snowden, & Friesen, 2001). 연구자들은 그 기록의 긍정적인 정서 내용을 측정하기 위한 입력체계를 고안하였다. 더 긍정적인 정서는 연구 과정 동안 실제 생존율과 강하게 관련되었다. 다른 종단연구들은 단지 몇 년 동안에 걸쳐 개인들을 연구한다. 예컨대, 미국 아동에 대한 9년간의 연구는 어린 시절 어머니의 부재의 다양한 긍정적 · 부정적 영향을 발견하였다(NICHD Early Child Care Research Network, 2005).

✿ 종단법과 횡단법의 비교

횡단법은 종단법보다 훨씬 더 일반적인데, 그 이유는 우선적으로 횡단법이 훨씬 비용이 덜 들고 즉시 결과를 산출하기 때문이다. 종단설계로는, 20세에서 50세까지 동일한 개인들의 집단을 연구하는 데 30년이 걸리지만, 횡단설계로는 서로 다른 연령 집단 간의 비교를 통해 상대적으로 빨리 결과를 얻을 수 있다는 점을 주목하라.

그러나 횡단설계의 단점이 있다. 가장 중요한 것은, 연구자가 연령 집단 간 차이가 연령이라는 발달적 변인에 의한 것이라는 추론을 해야만 한다. 발달적 변화를 동일 집단의 사람들로부터 직접적으로 얻는 것이 아니라, 서로 다른 사람들로 이루어진 동년배 간의 비교에 기초하여 얻는다. 거의 같은 시기에 태어나고, 한 사회에서 동일한 사건들에 노출되었으며, 이혼율이나 가족 크기와 같은 동일한 인구통계적 경향에 의해 영향을 받은 사람들의 집단으로서 **동년배**(cohort)를 생각할 수 있다. 만약 당신이 알고 있는 사람들의 30대, 40대, 50대, 60대 때의 머리 모양에 관하여 생각해 본다면, 당신은 즉시 동년배 집단의 중요성을 인식하게 될 것이다. 더욱 결정적으로, 동년배들 간의 차이는 사회에서 서로 다른 경제적 · 정치적 조건들과 서로 다른 음악과 미술, 서로 다른 교육 체계, 서로 다른 자녀 양육 관습을 반영한다. 횡단연구에서는, 서로 다른 연령 집단 간의 차이는 발달적 연령 변화를 반영할 수 있다. 그러나 그 차이는 또한 **동년배 효과**(cohort effect)에 의한 것일 수 있다(Schaie, 1986).

이 문제를 설명하기 위해, 컴퓨터를 이용한 학습에 관한 가설적 연구로 돌아가 보자. 연령이 그 능력에서의 감소와 관련되어서 50대 집단의 사람들이 40대보다 학습 측정치에서 낮은 점수를 보였고, 다른 연령대에서도 이와 유사한 결과가 관찰되었다고 가정해 보자. 당신은 컴퓨터 프로그램을 사용하는 것을 학습하는 능력이 연령 증가와 함께 감소된다고 결론 내려야 하는가? 아마도 그것이 정확한 결론일 수 있다. 그러나 대안적으로, 그 차이는 동년배 효과에 기인한 것일 수 있다. 즉, 노인들은 그들이 자라면서 컴퓨터에 대한 경험을 덜 하였다. 여기서 핵심은 횡단법은 연령에 동년배 효과가 혼입된다는 것이다(8장의 서두에 혼입과 내적 타당도에 대한 논의를 다시 보라). 끝으로, 동년배 효과는 연구자가 넓은 범위의 연령(예: 청소년부터 노인까지)에 걸친 연령 효과를 연구하고 있을 때, 더욱 문제가 된다는 점을 알아야 한다.

사람들이 나이가 증가함에 따라 발생하는 변화를 확정적으로 연구하는 유일한 방법은 종단설계를 사용하는 것이다. 또한, 종단연구는 한 연령에서 어떤 변인에 대한 점수가 이후 연령에서 다른 변인과 어떻게 관련되는가를 연구하는 가장 우수한 방법이다. 예컨대, 국가아동연구(National Children's Study, http://www.nationalchildrensstudy.gov)의 연구자들은 미국 전역에 걸친 105개의 연구 장소에서 2009년부터 자료를 수집하기 시작하였다. 그 연구 장소들 각각에서, 참가자들(새로운 부모)은 그들의 자녀가 출생부터 시작해서 21세가 될 때까지 진행될 연구에 참여하기 위해 모집되고 있다. 이 연구의 목표는 환경과 유전의 상호작용, 그리고 아동의 건강과 안녕에 관한 그 효과를 더 잘 이해하는 데 있다. 이 사례의 대안으로 다양한 연령대에 있는 아동의 표본들을 연구하여, 그 아동이나 부모들에게 초기의 가정환경에 관해 질문을 하는 것일 수 있다. 이 **회고적** 접근은 사람들이 먼 과거에 있었던 사건들을 기억하는 것을 어렵다고 생각할 때, 그 자체의 문제점을 가지고 있다.

따라서, 비용이 많이 들고 수행이 어려운데도 불구하고, 종단적 접근은 확실한 장점을 지니고 있다. 그러나 여기에 한 가지 주요 문제가 있다. 종단연구의 과정에 걸쳐, 사람들이 이사를 하거나, 죽거나, 해당 연구에 대한 관심을 잃을 수 있다. 종단연구를 수행하는 연구자들은 사람들을 지속시키기 위해 설득하는 데 능숙해지고, 종종 더 많은 자료를 수집하기 위해 어디라도 다니며, 더 좋은 결과를 얻기 위해 탈락한 사람들의 검사 점수들을 남아 있는 사람들과 비교한다. 다시 말하면, 연구자는 상당한 경제적 자원과 엄청난 인내와 에너지가 없이는 종단연구에 착수하지 말아야 한다.

✿ 순차법

종단법과 횡단법의 절충안은 **순차법**(sequential method)을 사용하는 것이다. 이 방법은 횡단법, 종단법과 함께 **그림 11.6**에 묘사되어 있다. 그림에서, 연구의 목적은 55세와 65세를 최소한으로 비교하는 것이다. 예를 들어, 당신은 55세와 65세인 사람들의 집단을 연구할 수 있을 것이다. 그다음 이 개인들은 각 개인이 최소한 한 번 더 검사를 받는 종단법을 사용하여 연구된다.

Orth, Trzesniewski와 Robins(2010)는 순차법을 사용하여 시간 경과에 따른 자기존중감의 발달을 연구하였다. '미국인들의 변화되는 삶 연구(Americans' Changing Lives study)'의 자료를 이용하여, Orth와 동료들은 서로 다른 여섯 연령 동년배들(25~34세, 35~44세, 45~54세, 55~64세, 65~74세, 75세 이상)을 확인하였고, 1986년, 1989년, 1994년, 2002년으로부터 얻은 그들의 자기존중감 평정치들을 조사하였다. 따라서 그들은 다양한 연령대에 있는 참가자들에 대하여 시간 경과에 따른 자기존중감의 변화에 관심이 있었다. 그들의 발견은 자기존중감이 시간이 흐름에 따라 어떻게 변화하는가에 대한 흥미로운 그림을 제공한다. 즉, 그들은 자기존중감이 25세에서 60세 근처까지 점진적으로 증가한 다음, 이후에는 감소한다는 것을 발견하였다. 만약 이 연구가 완전한 종단연구의 형태로 수행되었다면, 이를 완료하는 데 100년이 걸렸을 것이다!

명백히, 이 방법은 종단연구보다 완료하는 데 더 적은 기간과 더 적은 노력이 들고, 연구자는 서로 다른 연령 집단에 관한 자료가 연구의 첫해에 가용하기 때문에 즉각적인 보상을 획득한다. 반면, 참가자들은 완전한 종단연구에서와 같은 전체 시간 동안 참여하지 않는다. 즉, Orth 연구의 그 누구도 25세에서 100세까지 전체 기간 동안 참여하지 않았다.

우리는 이제 연구를 설계하는 주요 방법들에 대한 대부분을 기술하였다. 다음 두 장들에서는, 우리는 연구 자료를 분석하는 방법을 생각해 볼 것이다.

✻ 읽을거리: 준실험 설계

대학 내 성폭력은 광범위한 문제가 되었다. 대학 내 성폭력을 예방하기 위해 고안된 프로그램들이 혼재된 결과들을 보여 왔다. 즉, 어떤 증거는 그 프로그램들이 효과적일 수 있다고 하지만, 다른 증거는 그렇지 않음을 보여 준다.

Banyard, Moynihan과 Crossman(2009)은 "성폭력의 문제에 관한 인식을 불러일으키고, 그것을 멈추기 위해 사용할 수 있는 기술을 개발하기 위해" 대학의 특정 하위 집단들을 활용하는 예방 프로그램을 시행하였다. 그들은 기숙사 관리자를 '방관자로부터 데려오기(Bringing in the Bystander)'라고 부른 프로그램을 접하게 하였고, 여섯 가지 결과 측정치(예: 기꺼이 도움을 주고자 함)뿐만 아니라 태도에서의 변화를 평정하였다.

먼저, 다음의 논문을 읽어 보라.

> Banyard, V. L., Moynihan, M. M., & Crossman, M. T. (2009). Reducing sexual violence on campus: The role of student leaders as empowered bystanders. *Journal of College Student Development*, *50*, 446–457. doi: 10.1353/csd.0.0083

논문을 읽은 후, 다음을 생각해 보라.

1. 이 연구는 준실험이다. 구체적인 설계는 무엇인가?
2. 이 설계의 잠재적 약점은 무엇인가?
3. 이 연구가 예방 프로그램의 전체적인 효과성을 평가하려는 시도를 하였다는 점을 생각한다면, 이는 프로그램 평가로 볼 수 있다. 이 연구가 프로그램 평가 연구의 어떤 단계(그림 11.3)에 속한다고 생각하는가?
4. 이 논문의 논의는 이 문장으로 시작한다. "이 연구의 결과들은 ~ 조짐이 있다." 당신은 이에 동의하는가, 동의하지 않는가? 당신의 의견을 지지하라.

5. 당신의 대학에서 성폭력 문제를 다룰 필요가 있는지를 당신은 어떻게 결정하겠는가? 만약 그러한 필요가 있다고 발견한다면, 여기서 기술한 프로그램이 적절하겠는가? 왜 그런가, 혹은 왜 그렇지 않은가?

✻ 주요 용어

검사 효과(testing effect) 272
결과 평가(outcome evaluation) 269
과정 평가(process evaluation) 269
기저선(baseline) 262
단일사례 실험설계(single-case experimental design) 269
단일집단 사전사후 설계(one-group pre-test-posttest design) 271
단일집단 사후 설계(one-group posttest-only design) 271
도구의 쇠퇴(instrument decay) 273
동년배(cohort) 283
동년배 효과(cohort effect) 283
비동등 통제집단 사전사후 설계(nonequivalent control group pretest-posttest design) 276
비동등 통제집단 설계(nonequivalent control group design)
선택 차이(selection difference) 275
성숙 효과(maturation effect) 272
성향점수 대응(propensity score matching) 278
순차법(sequential method) 284
역사 효과(history effect) 272
역전 설계(reversal design) 263
요구 평가(needs assessment) 268
종단법(longitudinal method)
준실험 설계(quasi-experimental design) 279
중다 기저선 설계(multiple baseline design) 265
통제 시계열 설계(control series design) 279
틈입 시계열 설계(interrupted time series design) 278
평균으로의 회귀(regression toward the mean) 273
프로그램 이론 평가(program theory assessment) 268
프로그램 평가(program evaluation) 267
횡단법(cross-sectional method) 280
효율성 평가(efficiency assessment) 269

✻ 복습문제

1. 다섯 가지 유형의 평가 연구 질문 각각을 다룰 때 프로그램 평가 연구자의 목표가 무엇인지를 기술하라.
2. 역전 설계란 무엇인가? 왜 ABAB 설계가 ABA 설계보다 나은가?
3. 단일사례 설계에서 기저선이 의미하는 바는 무엇인가?

4. 중다 기저선 설계란 무엇인가? 이것이 왜 사용되는가? 피험자 간, 행동 간, 상황 간 중다 기저선 설계를 구분하라.
5. 왜 연구자는 진실험 설계가 아니라 준실험 설계를 사용하려고 하는가?
6. 통제집단을 갖는 것이 왜 단일집단 사전사후 설계와 관련된 문제들을 제거하는가?
7. 본문에서 논의한 내적 타당도에 대한 위협을 기술하라. 역사, 성숙, 검사, 도구의 쇠퇴, 평균으로의 회귀, 선택 차이.
8. 비동등 통제집단 사전사후 설계를 기술하라. 왜 이것이 진실험 설계가 아니라 준실험 설계인가?
9. 틈입 시계열 설계와 통제 시계열 설계를 기술하라. 틈입 시계열 설계와 비교하여, 통제 시계열 설계의 강점은 무엇인가?
10. 종단법, 횡단법, 순차법을 구분하라.
11. 동년배 효과는 무엇인가?

✻ 실전문제

1. 당신이 직장에 있는 동안 당신의 개는 외로워하며, 그 결과로 커튼을 끌어 내리거나 세탁바구니의 내용물을 바닥 전체에 흩뿌리는 것과 같은 파괴적인 활동을 한다. 당신은 당신이 없는 동안 라디오를 틀어 놓는 것이 도움이 될 것이라고 생각한다. 이 '처치'가 효과적인지를 어떻게 결정하겠는가?
2. 당신의 친한 친구가 자주 심한 두통을 겪고 있다. 당신은 그 친구가 많은 다이어트 콜라를 소비한다는 것을 알아차렸고, 그래서 콜라에 들어 있는 인공 감미료가 두통의 원인이라는 가설을 생각한다. 단일사례 설계를 이용하여 당신의 가설을 검증하기 위한 방법을 고안하라. 만일 당신의 가설이 옳다면 무엇을 발견할 것으로 기대하는가? 만약 기대한 결과를 얻는다면, 인공 감미료가 두통에 미치는 효과에 관하여 어떤 결론을 내리겠는가?
3. Smith 박사는 대학의 어떤 여학생 동아리에서 매킨토시 컴퓨터를 여러 대 구매하였고, 다른 여학생 동아리에서는 윈도 기반 컴퓨터를 여러 대 구매하였다는 것을 알았다. Smith 박사는 컴퓨터 유형이 학생들의 보고서의 질에 영향을 미치는지에 관심이 있었고, 그래서 각 동아리에 가서 그 구성원들로부터 보고서의 표본들을 수집하였다. 영문학과의 두 대학원생들이 그 보고서의 질을 평정하였다.

Smith 박사는 그 보고서의 질이 한 동아리에서 다른 동아리보다 더 높다는 것을 발견하였다. 이 연구에서 독립변인과 종속변인은 무엇인가? Smith 박사가 사용한 설계의 유형을 확인하라. 어떤 변인들이 독립변인과 혼입되었는가? Smith 박사의 원래의 질문을 다루기 위한 진실험을 설계하라.

4. Gilovich(1991)는 이스라엘을 방문하는 동안 읽었던 한 가지 사건을 묘사하였다. 대규모의 죽음이 이스라엘의 한 지역에서 짧은 기간 동안 발생하였다. 한 무리의 랍비들이 그 죽음을 여자들이 장례식에 참여하는 것을 허가한 종교적 관행에서의 최근의 변화 때문이라고 말하였다. 여자들이 그 지역에서 장례식에 참여하는 것이 즉시 중지되었고, 사망자의 수가 이후 감소하였다. 이 현상을 당신은 어떻게 설명할 것인가?
5. 대도시 경찰 부서의 각 구역 소장이 인종적 · 민족적 집단 차이와 지역 문제에 대한 민감성을 증가시킴으로써 편견을 감소시키도록 고안된 프로그램에 참여시키기 위해 두 명의 경관들을 선택하였다. 훈련 프로그램은 매주 금요일 아침에 석 달 동안 진행되었다. 첫 번째와 마지막 회기에서 경관들은 편견에 대한 측정을 완료하였다. 이 프로그램의 효과성을 평정하기 위해, 첫 번째 회기의 평균 편견 점수를 마지막 평균 점수에 비교하였다. 그 훈련 프로그램 이후에 실제로 평균 점수가 감소된 것을 발견하였다. 이것은 어떠한 유형의 설계인가? 만약 당신이 그 훈련 프로그램이 편견 감소의 원인이라고 결론 내리려 한다면 어떠한 구체적인 문제들이 발생하는가?
6. 한 학생 동아리는 심리학과의 통계 수업을 듣는 학생들을 위한 동료 튜터링 프로그램을 시행하는 것을 결정하려고 한다. 통계 수업을 이미 들은 동아리 구성원들은 현재 그 수업을 듣는 학생들에게 튜터링을 제안할 것이다. 당신은 프로그램 평가에 대한 강좌를 진지하게 듣기로 결정하고, 그다음 평가 연구를 수행할 전략을 개발한다.
   a. 그러한 프로그램에 대한 요구가 있는지를 당신은 어떻게 측정하겠는가?
   b. 튜터링 프로그램을 어떻게 시행할지를 간단히 기술하라. 그 프로그램을 어떻게 모니터할 것인가?
   c. 그 프로그램이 효과적인지를 평가하기 위한 준실험 설계를 제안하라.
   d. 그러한 프로그램에 대한 경제적 효율성을 어떻게 결정하겠는가?
7. 많은 초등학교가 '지속적으로 조용히 읽기' 시간을 매일 시행하였는데, 이 프로그램 동안 학생, 교사, 직원들은 15~20분간 그들이 선택한 책을 조용히 읽었다. 이 정책에 대한 옹호자들은 이 활동이 요구된 조용한 책 읽기 시간 이외에도 읽기의

즐거움을 북돋는다고 주장한다. 이 주장을 검증하기 위한 비동등 통제집단 사전 사후 준실험을 설계하라. 이유가 충분한 종속측정치 또한 포함하라.

8. 위 상황에 대하여, 진실험을 수행하는 것에 대비하여 준실험 설계를 사용하는 것의 장점과 단점을 논하라.
9. Cardenas 박사는 20대, 40대, 60대의 서로 다른 연령 집단 간 정치적 태도를 연구하였다. 정치적 태도는 60대 집단에서 가장 많이 보수적이었고, 20대 집단에서 가장 덜 보수적이었다는 것을 발견하였다.
   a. 어떤 유형의 방법이 이 연구에서 사용되었는가?
   b. 사람들이 나이가 들어 감에 따라 정치적으로 더 보수적이 된다고 결론 내릴 수 있는가? 왜 그런가, 혹은 왜 그렇지 않은가?
   c. 이 주제를 연구하는 대안적 방법들을 제안하라.

12

연구 결과의 이해: 기술과 상관

학습 목표

- ❖ 연구 결과를 기술하는 세 가지 방법을 비교하기: 집단 백분율 비교, 점수들 간의 상관, 집단 평균 비교
- ❖ 빈도분포를 나타내는 다양한 방법을 포함하여 빈도분포를 기술하기
- ❖ 집중경향과 변산성의 측정치들을 기술하기
- ❖ 상관계수를 정의하기
- ❖ 효과크기를 정의하기
- ❖ 행동을 예측하기 위한 회귀방정식과 중다상관의 사용을 기술하기
- ❖ 부분상관이 어떻게 제3 변인 문제를 다루는가를 논의하기
- ❖ 구조방정식 모형의 목적을 요약하기

통계는 연구에서 수집한 자료를 이해하는 데 두 가지 근본적인 방식으로 도움을 준다. 첫째, 통계는 자료를 기술하는 데 사용된다. 둘째, 통계는 표본 자료를 기반으로 하여 모집단에 관한 추론을 하고 결론을 도출하는 데 사용된다. 우리는 이 장에서 기술통계와 상관에 대하여 살펴볼 것이다. 추론통계는 13장에서 논의될 것이다. 이 장은 통계적 결정을 하기 위한 기본적인 논리와 일반적인 절차에 관하여 초점을 둘 것이다. 다양한 통계치들을 위한 세부적인 계산은 제시하지 않는다.

측정 척도: 개관

통계를 들여다보기 전에, 우리는 측정 척도의 개념을 개관할 필요가 있다. 어떤 변인이 연구된다면, 연구자는 그 변인에 대한 조작적 정의를 내려야 하고, 그 변인에 대한 둘 이상의 수준을 고안해야 한다. 우리는 5장에서, 변인의 수준이 네 개의 측정 척도, 즉 명목척도, 서열척도, 등간척도, 비율척도 중 하나로 기술될 수 있다고 설명하였다. 사용된 척도는 연구의 결과를 분석할 때 적절한 통계치 유형을 결정한다. 또한 변인에서의 특정한 값의 의미가 그 변인이 측정되거나 조작되었을 때, 어떤 유형의 척도가 사용되는지에 달려 있다는 것도 회상하라.

명목척도(nominal scale) 변인의 수준은 어떠한 수치적 · 양적 속성도 가지고 있지 않다. 수준들은 단순이 다른 범주나 집단을 나타낸다. 실험에서 대부분의 독립변인들은 명목척도인데, 예컨대 우울증에 대한 행동치료와 인지치료를 비교하는 실험에서와 같다. 성별, 눈 색상, 손잡이 우세, 대학 전공, 결혼 상태와 같은 변인들은 명목척도 변인들이다. 왼손잡이와 오른손잡이 사람들은 서로 다르지만 양적인 방식으로 차이가 있는 것은 아니다.

서열척도(ordinal scale) 수준을 지닌 변인들은 최소한의 양적 차이를 나타낸다. 우리는 연구하고 있는 변인의 수준을 낮은 것부터 높은 것으로 순위를 매길 수 있다. 서열척도의 가장 명확한 예는 사람들에게 순위 매기기 판단을 하라고 요청하는 것이다. 예컨대, 당신은 사람들에게 당신이 살고 있는 지역에서 오늘날 마주하고 있는 가장 중요한 문제들의 순위를 매기라고 요청할 수 있다. 만약 교육이 가장 먼저 순위에 오르고, 그다음 건강 문제, 그리고 범죄가 뒤따른다면, 당신은 그 순서를 알지만, 사람들이 그 문제 각각에 관하여 얼마나 강하게 느끼는가를 알지 못한다. 즉, 교육과 건강 문제는 그 심각성에서 서로 매우 비슷하지만, 범죄는 차이가 나는 3위일 수 있다. 서열척도로는, 항목들 각각의 간격이 거의 동일하지 않다.

등간척도와 비율척도 변인들은 훨씬 많은 상세한 양적 속성을 가지고 있다. **등간척도**(interval scale) 변인에서, 수준들 간 간격은 그 크기가 동일하다. 예를 들어, 척도상에서 1과 2의 차이는 2와 3의 차이와 같다. 등간척도는 일반적으로 다섯 수준 이상의 양적 수준을 가지고 있다. 당신은 사람들에게 그들의 기분을 '매우 부정적임'부터 '매우 긍정적임'까지의 7점 척도상에서 질문할 수 있을 것이다. 기분이 존재하지 않음을 의미하는 절대영점은 없다. 행동과학에서, 서열척도 또는 등간척도가 사용되고 있는지를 정확하게 아는 것이 종종 어려울 때가 있다. 그러나 등간척도는 서열척도보다 더욱 복잡한 통계적 처치를 가능하게 해주기 때문에, 그 변인이 등간척도로 측정되고 있다고 가정하는 것이 종종 유용하다. 물론, 만약 측정치가 순위를 매긴 것이라면(예: 인기도에 근거한 학급 학생들의 순위), 서열척도가 분명히 사용되고 있는 것이다.

비율척도(ratio scale) 변인은 동일한 간격과 측정되는 변인이 존재하지 않음을 뜻하는 절대영점을 모두 가지고 있다. 시간, 무게, 길이, 그리고 다른 물리적 측정치들이 비율척도의 가장 좋은 예들이다. 등간척도와 비율척도 변인들은 개념적으로 서로 다르다. 그러나 그러한 변인들을 가지고 있는 자료를 분석하는 데 사용되는 통계 절차는 동일하다. 등간척도와 비율척도의 한 가지 중요한 함의는 자료가 평균이나 산술평균을 이용하여 요약될 수 있다는 점이다. 어떤 변인의 평균적인 양을 나타내는 숫자를 제시하는 것이 가능하다. 예컨대, '콘테스트에서 승리한 사람들의 평균 기분은 5.1이다' 또는 '체중 감량 프로그램을 완료한 남성의 평균 체중은 85킬로그램이었다'와 같은 표현이 가능하다.

연구 결과를 분석하기

측정 척도는 연구의 결과를 기술하고 분석할 방법에 관하여 중요한 함의를 지닌다. 대부분의 연구들은 변인들 간의 관계에 대한 연구에 초점을 둔다. 그 변인들이 연구되는 방법에 따라서, 그 결과를 기술하는 세 가지 기본적인 방법이 있다. 즉, (1) 집단 백분율을 비교하거나, (2) 두 변인에 대한 개인들의 점수들을 상관시키거나, (3) 집단 평균들을 비교하는 것이다.

✿ 집단 백분율 비교하기

남성과 여성이 그들의 여행에 대한 관심에 차이가 있는가를 알고 싶다고 가정해 보자. 당신의 연구에서, 당신은 남성과 여성이 여행을 좋아하는지 혹은 싫어하는지를 질문한다. 이 결과를 기술하기 위해, 당신은 여행을 좋아하는 여성의 비율을 계산하고, 이를 여행을 좋아하는 남성의 비율과 비교하게 될 것이다. 당신이 50명의 여성과 50명의 남성을 조사하였고, 40명의 여성과 30명의 남성이 여행을 좋아한다고 표현하였다는 가정을 하자. 이 결과를 기술하는 데 있어, 당신은 60%의 남성들이 여행을 좋아하는 것에 비교하여, 80%의 여성들이 여행을 좋아한다고 보고할 것이다. 따라서 성별과 여행 변인 간의 관계가 존재하는 것으로 보인다. 여행 변인이 명목척도이기 때문에 우리는 백분율에 초점을 두고 있다는 사실을 주목하라. 좋아함과 싫어함은 단순히 서로 다른 두 개의 범주다. 당신의 자료를 기술한 이후, 그다음 단계는 남성과 여성 간에 통계적으로 유의미한 차이가 있는지를 결정하기 위한 통계분석을 수행하는 것이 된다. 통계적 유의도는 13장에서 논의된다.

✿ 개인 점수들을 상관시키기

두 번째 유형의 분석은 구별되는 피험자 집단들을 가지고 있지 않을 때 필요하다. 대신, 개인들이 두 변인들에 대해 측정을 받고, 각 변인은 다양한 수치적 값을 가진다. 예를 들어, 교실에서 앉는 위치와 그 학급에서의 성적 간에 관계에 관한 자료 분석을 생각해 볼 수 있다. 즉, 앞쪽에 앉는 사람들은 더 높은 성적을 받는가?

✿ 집단 평균들을 비교하기

많은 연구들은 둘 이상의 집단에 있는 참가자들의 평균 반응을 비교하기 위해 설계된다. 예컨대, 공격적 성인에 대한 노출의 효과를 연구하기 위해 설계된 실험에서, 한 집단의 아동은 공격적으로 행동하는 성인 '모델'을 관찰하고, 통제집단의 아동은 그렇게 하지 않는다. 그다음 각 아동을 장난감이 많이 있는 방 안에서 10분간 혼자서 놀도록 하는데, 관찰자는 그 아동이 노는 동안 공격적으로 행동하는 횟수를 기록하게 된다. 여기서 공격성은 그 척도상에 동일한 간격을 갖고, 절대영점이 있기 때문에 비율척도다.

표 12.1 모델링과 공격성에 관한 가설적 실험의 공격성 점수

모델링 집단	통제집단
3	1
4	2
5	2
5	3
5	3
5	3
6	4
6	4
6	4
7	5
$\Sigma X = 52$	$\Sigma X = 31$
$\overline{X} = 5.20$	$\overline{X} = 3.10$
$s^2 = 1.29$	$s^2 = 1.43$
$s = 1.14$	$s = 1.20$
$n = 10$	$n = 10$

이 경우, 우리는 더 공격적인 모델을 관찰하였던 아동이 통제 조건의 아동보다 더 공격적인지를 결정하기 위해 두 조건에 있는 아동에 의해 행해진 공격적 행동의 평균 횟수를 비교하는 데 관심이 있을 것이다. 각 조건에 10명의 아동이 있는 그러한 실험으로부터 나온 가설적 자료가 표 12.1에 나타나 있다. 표의 점수들은 각 아동에 의해 행해진 공격적 행동의 횟수를 나타낸다. 이 경우, 모델링 집단의 평균 공격성 점수는 5.20이고, 통제집단의 평균 점수는 3.10이다. 다음 장에서 우리는 이 차이가 통계적으로 유의미한지를 결정하기 위해 통계검증을 수행할 것이다.

모든 유형의 자료에 대하여, 수집된 자료를 세심하게 기술함으로써 그 결과를 이해하는 것이 중요하다. 우리는 빈도분포를 구성하는 것으로 시작한다.

빈도분포

결과를 분석할 때, 연구자들은 그 자료의 빈도분포를 구성하는 것으로 시작한다. **빈**

도분포(frequency distribution)는 한 변인에서 가능한 각각의 점수를 받은 개인들의 수를 의미한다. 시험 점수의 빈도분포는 대부분의 학생들에게 친숙할 것이다. 그것은 그 시험에서 얼마나 많은 학생들이 그 점수를 받았는가를 말해 준다. 각 반응 또는 각 점수와 관련된 개인들의 수와 함께, 그 수와 관련된 백분율을 살펴보는 것이 유용하다.

✿ 빈도분포를 그래프로 그리기

빈도분포를 그래프로 그리는 것이 유용하다. 여러 유형의 그래프들(파이 그래프, 막대 그래프, 빈도 다각형)을 살펴보자.

파이 그래프 **파이 그래프**(pie chart)는 원, 즉 파이를 상대적 백분율을 나타내는 조각들로 나눈다. **그림 12.1**은 70%의 사람들이 여행을 좋아하고 30%는 여행을 싫어한다는 빈도분포를 나타낸 파이 그래프를 보여 준다. 그래프에 두 가지 정보만이 있기 때문에, 이 파이에는 두 조각만이 있다. 파이 그래프는 명목척도 정보를 나타낼 때 특히 유용하다. 그림에서, 각 반응을 선택한 사람들의 수가 백분율로 변환되었다(물론, 원래의 수 또한 대신 쓸 수 있다). 파이 그래프는 한 변인에 관한 범주들의 단순한 묘사를 그래프로 나타낼 때 가장 흔히 사용된다. 이는 대중들을 위해 쓰여지는 응용연구에 관한 보고서나 기사에 유용하다. 과학 학술지 논문은 더 복잡한 정보를 나타내는 것을 요구한다.

막대 그래프 **막대 그래프**(bar graph)는 각 정보를 위해 별개의 구분된 막대를 사용한다. **그림 12.2**는 여행에 관한 동일한 정보를 막대 그래프를 이용하여 나타낸다. 이 그래프에서 *x*축 혹은 수평축은 두 가지 가능한 반응들을 나타낸다. *y*축 혹은 수직축은

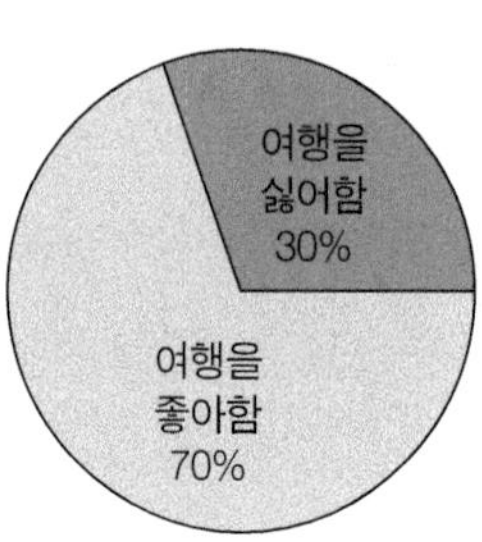

그림 12.1 파이 그래프

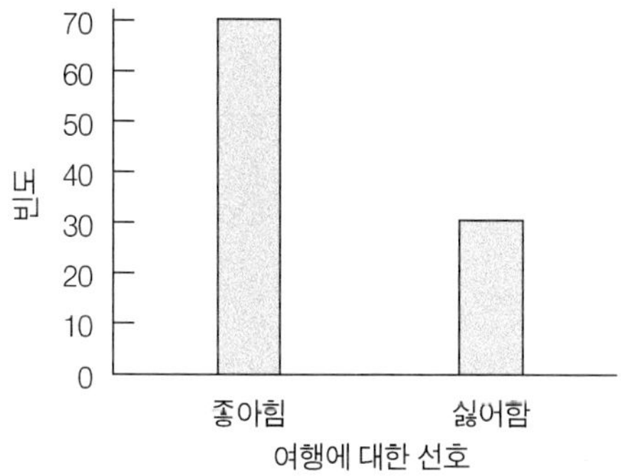

그림 12.2 두 집단에서 얻은 자료를 나타내는 막대 그래프

각 반응을 선택한 사람들의 수를 나타내며, 따라서 각 막대의 높이는 여행하는 것을 좋아하거나 싫어하는 선택지에 반응한 사람들의 수를 표현한다.

빈도 다각형 **빈도 다각형**(frequency polygon)은 점수들의 빈도에 대한 분포를 나타내기 위한 선분을 사용한다. 이것은 표 12.1에 나타내는 모델링과 공격성에서처럼 등간척도나 비율척도로 표현된 자료를 나타낼 때 가장 유용하다. 여기에는 관찰 기간 동안의 공격적 행동의 수라는 명확한 수치적 척도가 있다. 그림 12.3은 각 집단에 대하여 각각 빈도 다각형을 이용한 가설적 실험의 자료를 나타낸다. 실선은 통제집단을 나타내고, 실선은 모델링 집단을 표현한다.

히스토그램 **히스토그램**(histogram)은 양적 변인에 대한 빈도 분포를 나타내는 막대들을 사용한다. 이 경우에, 척도 값들은 연속적이고, 연령이나 혈압, 스트레스와 같은

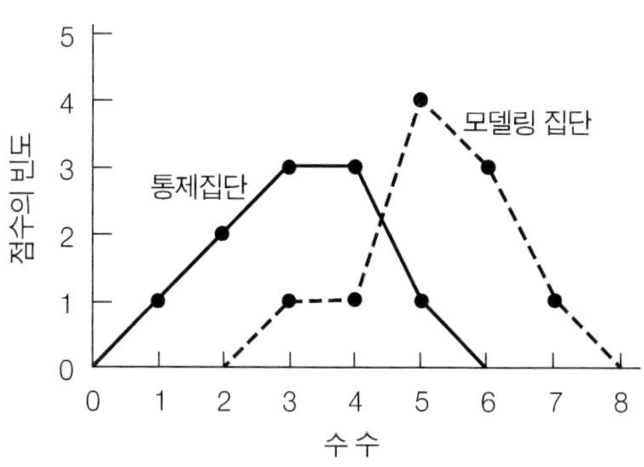

그림 12.3 표 12.1의 점수들에 대한 분포를 나타내는 빈도 다각형

주: 각 빈도 다각형은 각 집단에 근거한다(통제집단에서는 0~6, 모델링 집단에서는 2~8).

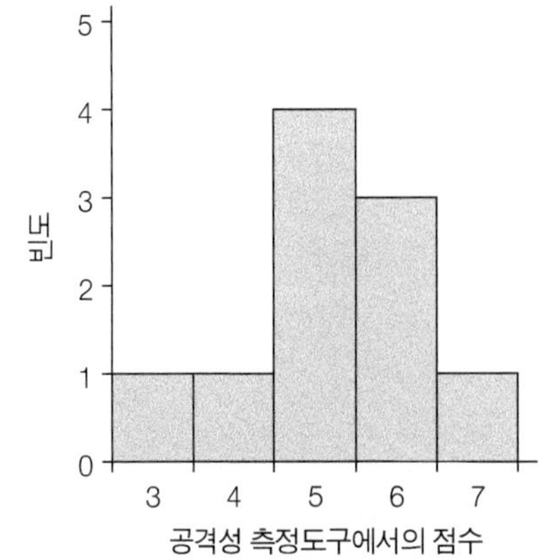

그림 12.4 모델링 집단의 반응의 빈도를 보여 주는 히스토그램

변인에서 증가하는 양을 보여 준다. 값들이 연속적이기 때문에, 막대들은 서로 붙어 있다. 표 12.1의 모델링 집단에 대한 자료를 사용한 히스토그램이 **그림 12.4**에 제시되어 있다.

빈도분포를 살펴봄으로써 무엇을 발견하였는가? 첫째, 당신은 참가자들이 어떻게 반응했는가를 직접 관찰할 수 있다. 또한 어떤 점수들이 가장 빈번한가를 볼 수 있고, 점수들의 분포의 형태를 볼 수 있다. 또한 이상치(드물거나, 기대하지 않았거나, 다른 참가자들의 점수들과 매우 다른 점수)가 있는지의 여부를 말할 수 있다. 실험에서, 당신은 집단들의 점수 분포를 비교할 수 있다.

기술통계치

점수들의 분포를 살펴보는 것에 더하여, 당신은 기술통계치를 계산할 수 있다. **기술통계치**(descriptive statistics)는 연구자들이 자료에 관한 정밀한 진술을 하는 것을 가능하게 해준다. 두 가지 통계치가 자료를 기술하는 데 필요하다. 한 가지 숫자는 집중경향, 즉 참가자들의 점수가 전체적으로 어떠한지를 기술하는 데 사용될 수 있다. 또 다른 숫자는 변산성, 즉 점수들의 분포가 어떻게 퍼져 있는지를 기술한다. 이 두 숫자들은 빈도분포에 포함된 정보를 요약한다.

집중경향

집중경향(central tendency) 통계치는 하나의 전체로서, 즉 평균으로서 표본이 무엇과 같은지를 말해 준다. 평균, 중앙치, 최빈치의 세 가지 집중경향치가 있다. **평균**(mean)은 모든 점수들을 더하고 그 점수들의 개수로 나눔으로써 얻어지는 점수다. 이것은 $\overline{X}$로 표기된다. 과학 보고서에서, 이는 *M*이라는 약어로 표현된다. 평균은 점수들이 등간척도나 비율척도로 측정된 경우에만 적절한 집중경향의 지표인데, 그 이유는 실제 숫자로 표현된 값들이 평균을 계산하는 데 사용되기 때문이다. 표 12.1에서, 통제집단에 대한 평균 점수는 3.10이고, 모델링 집단은 5.20이다. 표 12.1의 그리스 문자 Σ(시그마)는 숫자들의 합계라는 통계적 표기법이다. 따라서 ΣX는 '*X*변인 점수들의 값들의 합'이라는 의미다.

중앙치(median)는 집단을 반으로 나누는 값이다(즉, 50%는 중앙치 이상이고, 50%는 중앙치 이하). 과학 보고서에서 중앙치를 *Mdn*이라는 약어로 쓴다. 중앙치는 점수들이 서열척도일 때 적절한데, 그 이유는 중앙치가 점수들의 순위만을 설명할 수 있기 때문이다. 그러나 등간척도나 비율척도 변인들에 대해서도 또한 유용하다. 통제집단의 중앙치는 3이고, 모델링 집단의 중앙치는 5이다.

최빈치(mode)는 가장 빈번하게 관찰된 점수다. 최빈치는 명목척도가 사용된 경우에 적절한 유일한 집중경향치다. 최빈치는 척도상 실제의 값을 사용하지 않고, 가장 빈번하게 출현하는 값을 나타낸다. 통제집단에는 두 개의 최빈치, 3과 4가 똑같이 빈번하게 나타난다. 모델링 집단의 최빈치는 5이다.

중앙치나 최빈치는 만약 일부 특이한 점수들이 평균을 편향시킬 때, 집중경향치로서 평균보다 더 좋은 지표가 될 수 있다. 예컨대, 한 국가의 가구수입에 대한 중앙치는 대체로 평균 가구수입보다 더 좋은 집중경향치다. 극단적으로 높은 수입을 가진 소수의 개인들 때문에, 평균을 사용하는 것은 보통 사람들의 실제 수입보다 더 많은 것으로 보이게 된다.

변산성

또한 우리는 점수들에 얼마나 큰 **변산성**(variability)이 존재하는지를 결정할 수 있다. 변산성의 측정치는 점수들의 분포에서 퍼져 있는 정도를 특정하는 숫자다. 그러한 한 가지 측정치는 **표준편차**(standard deviation)로, *s*로 표현한다. 이는 점수들이 평균으로부터 떨어진 평균적인 편차를 나타낸다. 수입이 좋은 예다. 인구조사국은 2009년 미국의 가구수입의 중앙치가 50,229달러라고 보고한다(http://quickfacts.census.gov/qfd/index.html). 미국 중앙치에 해당하는 지역에 당신이 살고 있고, 그 중앙치 근처에 매우 적은 변산이 있다고(즉, 모든 가구들이 50,229달러 정도로 수입이 있다고) 가정해 보자. 수입 중앙치는 같지만 더 큰 변산을 가지고 있는 또 다른 지역(예: 많은 사람들이 15,000달러 정도를 벌고 또 많은 다른 사람들이 500만 달러를 버는 곳)과 비교하면, 당신의 지역은 가구수입에서 더 작은 표준편차를 보일 것이다. 두 지역이 상당히 서로 다른 변산성을 가지면서도 집중경향치가 서로 비슷한 것이 가능하다.

과학 보고서에서, 표준편차는 *SD*라는 약어로 표현된다. 표준편차는 먼저 **변량**(variance) 또는 분산을 계산함으로써 나오게 되는데, 변량을 s^2으로 나타낸다. 점수들의 표준편차는 대부분의 사람들이 평균에 가깝게 유사한 점수를 가지고 있을 때 작아진다. 표준편차는 더 많은 사람들이 평균보다 더 멀리 떨어진 점수를 가질수록 더 커지게 된다. 모델링 집단에 대하여, 표준편차는 1.14인데, 이는 그 조건의 대부분의 점수들이 평균보다 1.14만큼 높거나 낮은 단위 내에, 즉 4.06과 6.34 사이에 놓여 있다는 것을 말해 준다. 따라서 평균과 표준편차는 분포에 관한 많은 정보를 제공해 준다. 평균에서 그러한 것처럼, 표준편차의 계산은 그 점수들의 실제 값들을 사용한다는 점을 주목하라. 따라서 표준편차는 등간척도와 비율척도 변인들에 대해서만 적절하다.

또 다른 변산성의 측정치는 **범위**(range)로, 이는 단순히 최고점과 최저점 간의 차이다. 모델링 집단과 통제집단 모두 범위는 4이다.

관계를 그래프로 표현하기

변인들 간의 관계를 그래프로 나타내는 것을 4장에서 간단히 소개하였다. 변인들 간 관계를 그래프로 나타내는 한 가지 흔한 방법은 막대 그래프나 선 그래프를 사용하는 것이다. 그림 12.5는 모델링 집단과 통제집단에 대하여 평균들을 나타낸 막대 그래프다. 독립변인의 수준들(모델링과 통제)은 수평축인 *x*축에 나타나 있고, 종속변인 값들은 수직축인 *y*축에 보여진다. *y*축을 따라서 집단들의 평균을 나타내는 눈금들이 있고 , 각 집단에 대하여 하나의 막대가 평균을 시각적으로 표현하기 위해 그려져 있다. 막대 그래프는 *x*축의 값들이 명목 범주들일 때 사용된다(예: 통제 및 모델링 조건). 선

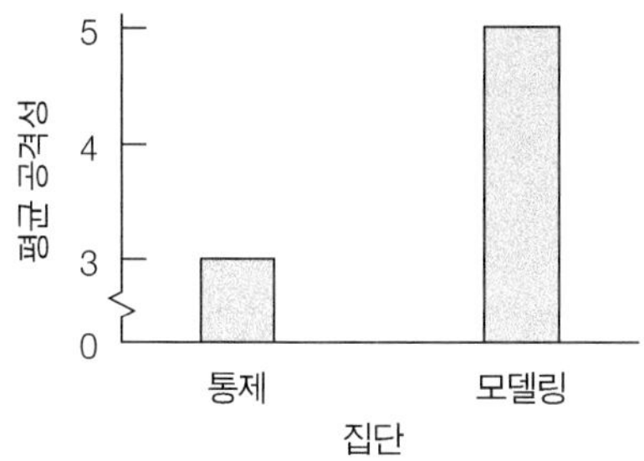

그림 12.5 평균 공격성 점수들을 보여 주는 모델링 실험의 결과에 대한 그래프

그래프는 x축에 있는 값들이 수치일 때 사용된다(예: **그림 7.1**에 나타난 바와 같이 시간 경과에 따른 대마초 사용). 선 그래프에서 선분은 변인들 간의 관계를 나타내는 자료 점들을 연결하기 위해 그려진다.

막대 그래프를 위한 눈금을 선택하는 것은 과학자들에 의해 때때로 사용되고, 광고업자들에 의해 너무 일반적으로 사용되는 흔한 조작을 가능하게 한다. 이 속임수는 결과를 실제보다 더 극적으로 보이도록 만들기 위해, 측정 척도의 눈금들 간의 거리를 과장하는 것이다. 예컨대, 한 콜라 회사(콜라 A)가 52%의 참가자들이 콜라 A를 선호하고 48%의 참가자들이 콜라 B를 선호하는 것을 보여 주는 시음회를 수행한다고 가정해 보라. 콜라 회사는 이 결과를 어떻게 제시해야 할까? **그림 12.6**의 두 개의 막대 그래프는 가장 정직한 방법과 훨씬 더 극적인 방법을 보여 준다. 그래프에 그려진 눈금들의 숫자들을 항상 주의 깊게 바라보는 것이 현명하다.

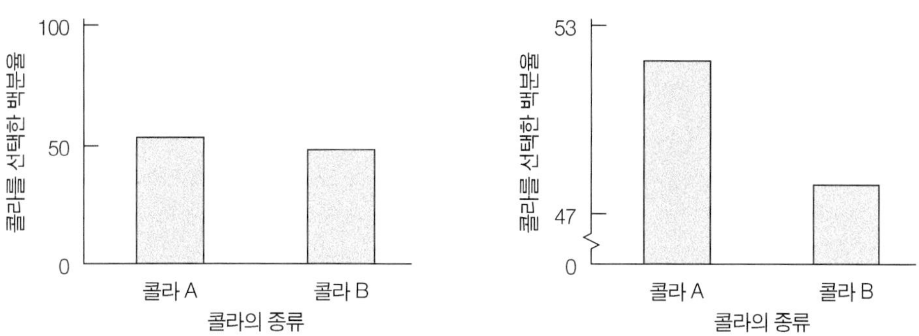

그림 12.6 동일한 자료를 보여 주는 두 가지 방식

상관계수: 관계의 강도를 기술하기

변인들 간의 관계가 상대적으로 약한지, 강한지에 대해 아는 것이 중요하다. **상관계수**(correlation coefficient)는 변인들이 서로 얼마나 강하게 관련되는지를 기술하는 통계치다. 당신은 아마도 **피어슨 적률상관계수**(Pearson product-moment correlation coefficient)에 가장 친숙할 것인데, 이는 두 변인들이 등간척도나 비율척도의 속성을 가질 때 사용된다. 피어슨 적률상관계수는 r이라고 불린다. r의 값은 0.00±1.00의 범위 안에 놓인다. 즉, r은 관계의 강도와 그 방향에 관한 정보를 제공한다. 0.00의 상관은 변인들 간 관계가 전혀 없음을 나타낸다. 상관이 1.00(+ 또는 −)에 근접해짐에 따라, 그 관계는 더 강해진다. 1.00의 상관은 때때로 완전한 관계라고 불리는데, 그 이유는 두 변인들이 완전한 형태로 함께 변화하기 때문이다. r의 기호는 그 관계의 방향에 관하여, 즉 변인들 간에 정적 관계가 있는지, 아니면 부적 관계가 있는지를 말해 준다.

형제자매 간 지능검사 점수의 유사성을 조사하는 연구들로부터의 자료는 상관계수의 크기와 관계의 강도 간의 연결을 묘사한다. 함께 길러진 일란성 쌍생아의 점수들 간의 관계는 .86이고, 따로 길러진 일란성 쌍생아의 상관은 .74로, 이는 이 쌍들에 대한 검사 결과들의 강한 유사성을 보여 준다. 함께 길러진 이란성 쌍생아의 상관은 .59로 덜 강하다. 함께 키워진 쌍생아가 아닌 형제자매의 상관은 .46이며, 따로 키워진 쌍생아가 아닌 형제자매의 상관은 .24이다. 이와 같은 자료는 연구자들이 지능의 유전 가능성에 관한 추론을 이끌어 내도록 해준다(Devlin, Daniels, & Roeder, 1997).

다른 많은 유형의 상관계수의 유형이 있다. 각 계수는 두 변인들에 대해 적용된 측정 척도에 따라 다소 다르게 계산된다. 언급하였듯이, r 상관계수는 두 변인들의 값들이 모두 등간척도 또는 비율척도 상에 있을 때 적절하다. 우리는 피어슨 적률상관계수의 세부적인 내용에 초점을 둘 것이다.

피어슨 적률상관계수

상관계수를 계산하기 위해, 우리는 각 피험자로부터 관찰치 쌍들을 얻는 것이 필요하다. 따라서 각 개인은 변인들 각각으로부터 두 개의 점수를 가지게 된다. 표 12.2는 교실에서 앉는 자리와 시험 성적에 대한 변인들에 대해 측정한 10명의 학생들에 대한

표 12.2 앉기 패턴과 시험 점수에 관한 10명의 참가자들에 대한 점수 쌍(허구의 자료)

피험자 번호	앉기 점수	시험 점수
01	2	95
02	5	50
03	1	85
04	4	75
05	3	75
06	5	60
07	2	80
08	3	70
09	1	90
10	4	70

허구의 자료를 보여 준다. 첫째 줄에 앉은 학생들은 1점의 앉기 점수를 받고, 둘째 줄에 앉은 사람들은 2점을 받는 식이다. 일단 관찰을 수행하면, 우리는 두 변인들이 관련되는지를 알 수 있게 된다. 변인들이 체계적 방식으로 함께 변화하는가?

r은 변인들 간의 관계에 관한 두 가지 유형의 정보를 제공한다. 첫 번째는 관계의 강도, 두 번째는 그 관계의 방향이다. 이전에 언급한 바와 같이, r의 값은 0.00±1.00의 범위 안에 놓일 수 있다. r의 절대값은 그 관계의 강도를 나타내는 계수다. 0.11의 값은 관계가 전혀 없음을 나타낸다. 상관이 1.00(+ 또는 −)에 근접해짐에 따라, 그 관계는 더 강해진다. 그 부호는 두 변인들 간 정적 선형 관계 또는 부적 선형 관계가 있는지를 나타낸다. 상관의 부호가 아닌 계수의 크기가 그 관계의 강도를 나타낸다는 것을 기억하는 것이 중요하다. 따라서 −.54의 계수는 +.45의 계수보다 더 강한 관계를 나타낸다.

산포도 표 12.2의 자료는 각 점수 쌍이 그래프에 점으로 표현되는 **산포도**(scatterplot)에 시각화될 수 있다. **그림 12.7**은 두 개의 산포도를 보여 준다. 첫 번째 변인의 값들은 x축에 나타내지고, 두 번째 변인의 값들이 y축에 보여진다. 이 산포도들은 완전한 정적 관계(+1.00)와 완전한 부적 관계(−1.00)를 보여 준다. 당신은 이들이 왜 완전한 관계인지를 쉽게 알아차릴 수 있을 것이다. 즉, 두 변인들이 점수들이 그림의 대각선에 놓이는 한 직선으로 떨어진다. 한 변인에서의 개인의 점수는 다른 변인에서의 그 개인의 점수와 정확하게 상관된다. 만약 우리가 변인들 중 하나에 대한 개인의

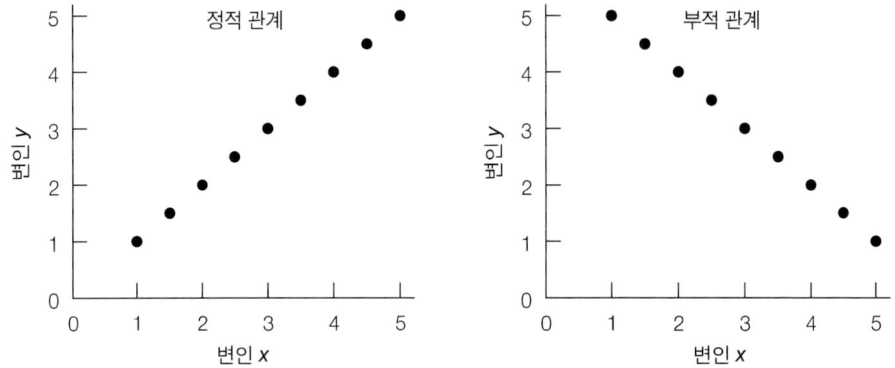

그림 12.7 완전한 관계(±1.00)에 대한 산포도

점수를 안다면, 다른 변인에서 그 사람의 점수가 무엇인지를 정확히 예측할 수 있다. 이러한 완전한 관계는 실제에서는 거의 관찰되지 않는다.

그림 12.8의 산포도들은 연구 결과를 살펴볼 때 우리가 좀 더 마주하게 될 것으로 기대되는 상관의 패턴들을 보여 준다. 첫 번째 그림은 +.65의 정적 상관을 가진 점수 쌍들을 보여 주고, 두 번째 그림은 −.77의 부적 관계를 보여 준다. 이 두 산포도에 있는 자료점들은 정적 관계나 부적 관계의 일반적인 패턴을 나타내지만, 완전한 관계는 아니다. 예를 들어, 당신은 첫 번째 그림에서 한 변인에서 점수가 높을수록 다른 변인에서의 점수도 높다는 일반적인 예측을 할 수 있다. 그러나 첫 번째 변인에서 어떤 사람의 점수를 안다고 해서 그 사람의 점수가 두 번째 변인에서 무엇일지를 완벽하게 예측할 수는 없다. 이를 확인하기 위해, 정적 관계를 보이는 산포도에서 x변인(수평축)의 1이라는 값을 보라. y축을 따라서 올라가다 보면, 두 명이 x변인 값 1을 가지고 있다는 것을 알아차릴 것이다. 이 중 한 명은 y변인에서 1을 가지고 있고, 다른 사람은 3을 가지고 있다. 이 자료점들은 **그림 12.7**에 나타나는 완전한 대각선으로 떨어지지 않는다. 그보다는 완전한 대각선에서 변산(즉, 산포)이 있다.

세 번째 그림은 상관이 전혀 없는(r=0.00) 산포도를 보여 준다. 자료점들이 완전한 무선적 형태로 그림 전체에 퍼져 있다. 따라서 x변인의 점수들은 y변인 점수들과 관련되지 않는다.

네 번째 그림은 비워져 있는데, 당신은 **표 12.2**에 있는 자료를 이용하여 이 그림을 완성할 수 있다. x축은 앉기 패턴 변인을 위한 축이고, y축은 시험 점수 변인을 위한 축이다. 산포도를 완성하기 위해, 당신은 10개의 점수 쌍들을 그려 넣어야 한다. 표본에 있는 각 개인에 대해 앉기 패턴 변인에서의 점수를 찾은 다음, y축에 있는 그 사람

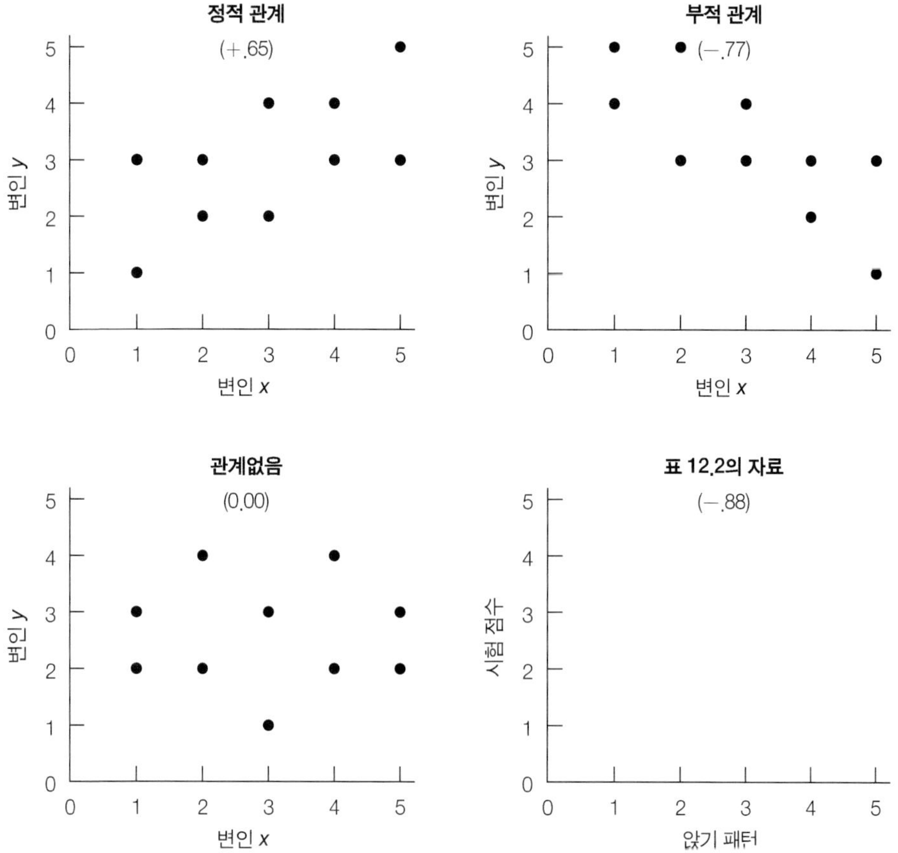

그림 12.8 상관의 형태를 나타내는 산포도

의 시험 점수에 도달할 때까지 그 점수로부터 올라가라. 그곳에 있는 점이 두 변인에 대한 점수를 보여 줄 것이다. 완성된 산포도에는 10개의 자료점들이 있을 것이다.

이 자료로부터 계산된 상관계수는 변인들 간 부적 상관($r = -.88$)을 보여 준다. 다른 말로 하면, 앉는 자리의 거리가 교실 앞으로부터 증가할수록, 시험 점수는 낮아진다. 비록 이 자료는 허구이지만, 이 부적 관계는 실제 연구 결과와 일치한다(Brooks & Rebata, 1991).

✿ 중요한 고려사항

범위 한정 연구자는 변인들의 가능한 모든 범위로부터 자료를 수집하는 것이 중요하다. 만일 가능한 값들의 범위가 한정되면, 상관계수의 크기가 감소된다. 예컨대, 만약 앉기 패턴 점수들의 범위가 첫 두 줄만으로 한정된다면, 당신은 앉기 패턴과 시험 점수 간의 관계에 대한 정확한 그림을 얻지 못할 것이다. 사실, 첫 두 줄에 앉는 학생들의 점수들만을 고려한다면, 두 변인 간의 상관은 정확히 0.00이다. 한정된 범위는 점수들에서의 변산성을 한정시키고, 따라서 더 적은 변산성만이 설명될 수 있다.

범위 한정(restriction of range)의 문제는 표본에 포함된 개인들이 연구하고 있는 변인에서 매우 유사할 때 발생한다. 예를 들어, 만일 당신이 한 변인으로 연령을 연구한다면, 6세와 7세만을 검사하는 것은 연령효과를 찾을 수 있는 가능성을 감소시킬 것이다. 마찬가지로, 지능의 상관물을 연구하려고 하는 것은 표본의 모든 사람들이 지능에서 매우 유사한 경우라면 거의 불가능하다.

곡선형 관계 피어슨 적률상관계수(r)은 오직 선형 관계를 탐지하기 위해 고안된 것이다. 만약 관계가 **그림 12.9**에 산포도로 나타난 바와 같이 곡선형이라면, r은 관계의 존재를 탐지하지 못할 것이다. 두 변인들 간 분명한 관계가 있음에도 불구하고 이 자료로부터 계산된 피어슨 적률상관계수는 정확히 0.00이다.

관계는 곡선형일 수도 있기 때문에, 상관계수의 크기를 보는 것에 더하여 산포도를 그려 보는 것이 중요하다. 산포도는 그 관계의 형태를 시각적으로 보여 주기 때문에 가치가 있다. 통계분석을 위한 컴퓨터 프로그램은 일반적으로 산포도를 나타내 주며, 따라서 당신은 그 자료가 선형 관계나 곡선형 관계에 얼마나 잘 들어맞는지를 알 수가 있다. 관계가 곡선형이라면, 다른 유형의 상관계수가 그 관계의 강도를 결정하는 데 사용되어야 한다.

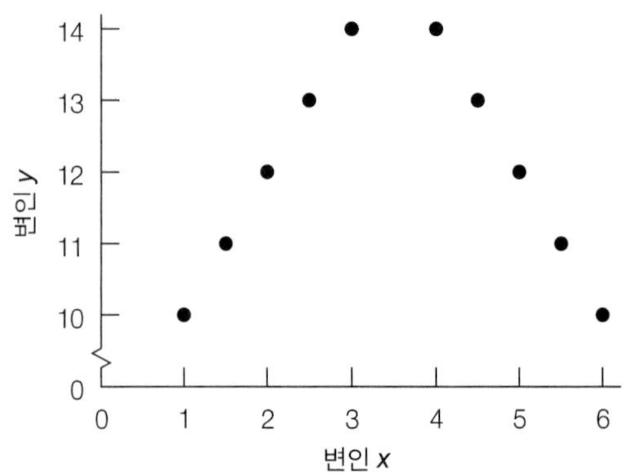

그림 12.9 곡선형 관계에 대한 산포도(피어슨 적률상관계수=0.00)

효과크기

우리는 피어슨 적률상관계수가 등간척도 또는 비율척도의 속성을 지닌 두 변인들 간의 관계를 기술하는 데 적합한 방법이라고 제시하였다. 또한 연구자들은 모든 연구들에서 변인들 간의 관계의 강도를 기술하는 것을 원한다. **효과크기**(effect size)는 변인들 간 관련성의 강도를 말한다. 피어슨 적률상관계수는 효과크기에 대한 하나의 지표다. 즉, *r*은 두 변인들 간의 선형적인 관련성의 강도를 나타낸다. 둘 이상의 처치 조건이 있는 실험에서는 독립변인이 종속변인에 미치는 효과의 크기를 나타내기 위해 다른 유형의 상관계수가 계산될 수 있다. 예컨대, 공격적 모델을 관찰하는 것이 아동의 공격적 행동에 미치는 영향에 관한 이전의 실험에서, 우리는 두 집단 간 평균을 비교하였다. 평균을 아는 것에 더하여, 그 효과크기를 아는 것도 가치 있는 일이다. 효과크기 상관계수가 모델링과 공격성 실험을 위해 계산될 수 있다. 이 경우에, 효과크기 상관의 값은 .69이다. 모든 상관계수와 마찬가지로, 이 효과크기 상관은 0.00에서 1.00 사이에 놓일 수 있다(여기서 우리는 관계의 방향에 관해서는 염려할 필요가 없기 때문에, + 또는 −의 부호는 사용되지 않는다). 이 효과크기 상관을 계산하는 데 사용되는 공식은 13장에 소개된다.

효과크기를 보고하는 것의 장점은 그것이 모든 유형의 연구들에 걸쳐 일정한 척도의 값을 제공한다는 것에 있다. 사용된 변인이나 선택된 특정 연구설계, 연구에 포함된 참가자들의 수에 관계없이, 그 값들은 0.00에서 1.00 사이에 있다. 당신은 어떤 상관계수가 작은 효과, 중간의 효과, 큰 효과를 나타내는 것으로 생각되어야 하는지에 관해 궁금해할 수 있다. 일반적으로 .15 근처(.10에서 .20)는 작은 효과로, .30 근처는 중간 효과로, .40 이상은 큰 효과로 간주된다.

상관계수의 제곱된 값을 보고하는 것이 때때로 선호된다. 즉, *r* 대신에 r^2을 보게 될 것이다. 따라서 만일 $r=.50$을 얻었다면, $r^2=.25$를 보고한다. 왜 *r*의 값을 변환하는가? 그 이유는 이 변환이 얻은 *r*을 백분율로 바꾸기 때문이다. 이 백분율은 한 변인이 다른 변인에 의해 설명되는 변량의 백분율을 나타낸다. r^2의 범위는 0.00(0%)에서 1.00(100%)가 될 수 있다. r^2 값은 때때로 두 변인 간 공유된 변량의 백분율로 설명된다. 이것은 정확히 무슨 뜻인가? 어떤 점수들에서의 변산성의 개념을 회상해 보라. 만약 미국 성인들에 대한 무선표본의 체중을 측정한다면, 상대적으로 낮은 체중에서 상대적으로 높은 체중까지를 포함하는 체중들에서의 변산성을 관찰하게 될 것이다. 만약 사람들의 체중에 영향을 주는 요인들을 연구하고 있다면, 당신은 체중과 그 영향 변인 간의 관계를 살펴보려고 할 것이다. 그러한 한 가지 변인은 성별이 될 수 있을 것이다. 실제로 성별과 체중의 상관은 약 .70이다(남성이 여성보다 더 체중이 많이 나감). 이 말은 체중에서 나타나는 변산성의 약 49%(.70의 제곱)가 성별에서의 변산성으로 설명된다는 것이다. 따라서 당신은 체중의 변산성을 49% 설명하며, 51%는 여전히 설명하지 못한다. 이 변산성은 생물학적 부모의 체중이나 태아기 스트레스, 다이어트, 운동 등과 같은 다른 변인들에 의해 설명될지도 모른다. 이상적으로는, 만일 당신이 사람들의 체중에 미치는 다른 모든 변인들에 관한 충분한 정보를 가지고 있다면, 체중에서의 변산성을 100% 설명할 수 있을 것이다. 여기서 각 변인은 모든 변산성이 설명될 때까지 점진적으로 설명량을 증가시킬 것이다.

회귀방정식

회귀방정식(regression equation)은 한 사람의 어떤 변인에서의 점수를 다른 변인에서의 그 사람 점수가 이미 알려져 있을 때 예측하는 데 사용되는 계산이다. 이것은 두 변인 간의 관계에 관해 알려진 정보를 기반으로 하는 예측 방정식이다. 예컨대, 앉기 패턴과 시험 점수가 관련되는 것으로 밝혀진 다음, 회귀방정식은 어떤 사람이 교실 내에서 어디에 앉는가에 관한 정보만을 바탕으로 그 사람의 시험 점수를 예측을 위한 계산에 사용될 수 있다. 회귀방정식의 일반적인 형태는 다음과 같다.

$$Y = a + bX$$

여기서 Y는 우리가 예측하고자 하는 점수이고, X는 알려진 점수, a는 상수, 그리고 b는 X에 곱해지는 가중치 조정 요인이다(b는 이 방정식으로 만들어진 직선의 기울기다). 앉기 패턴과 시험 점수의 예에서, 다음의 회귀방정식이 자료로부터 계산된다.

$$Y = 99 + (-8)X$$

따라서 우리가 만일 어떤 사람의 X(앉기 패턴)에서의 점수를 안다면, 이 방정식에 대입하여, 그 사람의 시험 점수(Y)가 무엇일지를 예측할 수 있다. 만약 그 사람의 X 점수가 2라면(즉, 둘째 줄에 앉는 사람이라면), 우리는 그 사람의 시험 점수를 $Y = 99 + (-16)$, 즉 83점일 것이라고 예측할 수 있다. 이와 같은 회귀방정식의 사용을 통하여, SAT 성적으로 대학 성적을 예측하는 데 이용할 수 있다.

연구자들이 어떤 변인[**예언변인**(predictor variable)이라고 함]에서의 점수를 기초로 다른 어떤 미래의 행동[**준거변인**(criterion variable)이라고 함]을 예측하는 데 관심이 있다면, 그 준거변인과 예언변인 간에 상당히 높은 상관이 있다는 것을 증명하는 것이 먼저 필요하다. 이후 회귀방정식은 예언변인 점수만을 기초로 하여 예측을 하는 방법을 제공할 것이다.

중다상관/중다회귀

우리는 지금까지 동시에 두 변인들 간의 상관에 초점을 두었다. 연구자들은 서로 다른 많은 변인들이 어떤 하나의 행동에 관련될 수 있음을 인식한다(이는 체중에 기여하는 요인들에 대한 논의에서 지적한 것과 동일한 요점이다). **중다상관**(multiple correlation)이라고 불리는 기법은 주어진 준거변인 혹은 결과변인들에 대한 예측의 정확성을 높이기 위해, 많은 예언변인들을 결합하는 데 사용된다.

중다상관(단순 r과 구분하기 위해 R로 표현됨)은 결합된 여러 예언변인들과 하나의 준거변인 간의 관계다. 모든 예언변인들을 고려하는 것은 일반적으로 하나의 변인이 홀로 고려될 때보다 더 큰 예측의 정확성을 가능하게 한다. 예컨대, 심리학 대학원 지원자들은 중다상관을 이용하여 결합된 여러 예언변인들에 근거하여 평가될 수 있다. 여기서 예언변인들은 (1) 대학 성적, (2) GRE 적성검사 점수, (3) GRE 심리학 검사 점수, (4) 추천서의 호감도 등이 될 수 있을 것이다. 이들 중 어느 하나도 대학원에서의 성공에 대한 완벽한 예언변인이 아니지만, 이 변인들의 조합은 더욱 정확한 예측을 가능하게 해준다. 중다상관은 대체로 그 예언변인들 중 어느 하나와 준거변인 혹은 결과변인 간의 상관보다 더 높다.

실제 행해지는 관점에서, 예측은 이전에 설명한 회귀방정식 기법의 확장된 형태로서 이루어진다. 중다회귀방정식은 다음 형태로 계산될 수 있다.

$$Y = a + b_1X_1 + b_2X_2 + \cdots + b_nX_n$$

여기서 Y는 준거변인이고, X_1부터 X_n까지는 예언변인, a는 상수, 그리고 b_1부터 b_n까지는 예언변인들의 값에 곱해지는 가중치들이다. 예컨대, 대학원 입학을 위한 회귀방정식은 다음과 같다.

$$\text{예측된 성적 평균} = a + b_1(\text{대학 성적}) + b_2(\text{GRE 적성검사 점수}) + b_3(\text{GRE 심리학 검사 점수}) + b_4(\text{추천서의 호감도})$$

연구자들은 기초연구 주제를 연구하기 위해 중다회귀를 사용한다. 예컨대, Ajzen과 Fishbein(1980)은 특정 행동의 의도(예: 일요일에 교회를 가려고 하는 것, 특정 제품을 사려고 하는 것, 알코올 중독 회복 프로그램)를 두 가지 예언변인을 기초로 예측하기 위해 중다상관과 중다회귀를 이용하는 '이유 있는 행동에 대한 이론'이라고 불리는 모형을 개발하였다. 두 가지 예언변인들은 행동에 대한 태도와 그 행동을 하도록 하는 지각된 규범적 압력이다. 태도는 그 행동에 대한 자신의 평가이고, 규범적 압력은 부모나 친구와 같은 다른 사람들로부터 온다. 한 연구에서, Codd와 Cohen (2003)은 대학생들의 알코올 문제에 관한 도움을 찾으려는 의도와 태도 및 규범의 조합된 예언변인 간의 중다상관이 .35라는 것을 발견하였다. 회귀방정식은 다음과 같다.

$$\text{의도} = .29(\text{태도}) + .18(\text{규범})$$

이 공식은 이전에 기술한 것들과 조금 다른 형태다. 기초연구에서, 당신은 정확한 점수(예: 시험 점수나 학점)를 예측하는 것에 관심이 있지 않기 때문에, 수학적 계산은 모든 변인들이 동일한 척도에서 측정되었다는 가정을 할 수 있다. 이 가정이 이루어지면, 가중치 요인은 준거변인과 각 예언변인 간의 상관의 강도를 나타낸다. 도움 찾기의 예에서, 태도 예언변인의 가중치는 규범 예언변인의 가중치보다 약간 더 높다. 이는 태도가 규범보다 의도의 예언변인으로서 더 중요하다는 것을 보여 준다. 그러나 다른 행동들에 대해서는 태도는 규범보다 덜 중요할 수 있다.

회귀방정식을 시각적으로 나타내는 것도 가능하다. 도움 찾기 예에서, 변인들 간의 관계들은 다음과 같이 그림으로 나타낼 수 있다.

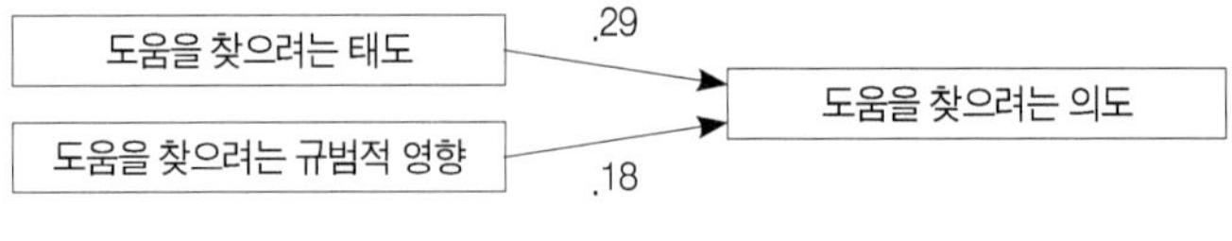

중다상관계수의 제곱(R^2)은 상관계수의 제곱(r^2)과 동일한 방식으로 해석된다. 즉, R^2은 예언변인들의 조합에 의해 설명되는 준거변인에서의 변산성의 백분율을 말해 준다. 다시 말하면, 이 값은 단일한 예언변인 각각에 대한 값보다 높을 것이다.

부분상관과 제3 변인 문제

연구자들은 비실험적 연구에서 일부 통제되지 않은 또 다른 변인이 관심 있는 두 변인들 간의 관계를 설명할 수 있을 때 제3 변인의 문제에 직면하게 된다. 이 문제는 실험적 연구에서는 존재하지 않는데, 그 이유는 그 변인들을 일정하게 유지하거나, 무선화를 이용함으로써 모든 외생변인들을 통제하기 때문이다. **부분상관**(partial correlation)이라고 불리는 기법은 제3의 변인들을 통계적으로 통제하는 방법을 제공한다. 부분상관은 제3 변인의 영향을 원래의 상관으로부터 제거한 상태에서 관심 있는 두 변인들 간의 상관이다. 이는 만약 제3의 변인이 일정하게 유지되었다면 그 두 변인들 간의 상관이 어떨까에 대한 지표를 제공한다. 이는 실제로 변인들을 일정하게 유지하는 것과 같지는 않지만, 유용한 근사치다.

한 연구자가 가구 밀집의 지표로서, 개인당 침실의 수(즉, 높은 수는 그 가구 내 개인을 위해 가용한 더 많은 공간이 있음을 나타냄)에 대한 측정에 관심이 있다고 가정해 보자. 이 정보를 얻은 다음, 연구자는 이러한 가구들에서 살고 있는 아동에게 인지검사를 시행한다. 개인당 침실 수와 검사 점수 간의 상관이 .50이다. 따라서 더 공간이 넓은 집에서 살고 있는 아동이 검사에서 더 높은 점수를 보인다. 연구자는 제3 변인이 작용하고 있을지 모른다고 의심을 한다. 사회계층이 집의 크기와 이런 유형의 검사 수행에 영향을 줄 수 있을 것이다. 만약 사회계층이 측정된다면, 사회계층을 일정하게 한 상태에서 개인당 침실 수와 검사 점수 간의 관계를 보는 부분상관 계산이 포함될 수 있다. 부분상관을 계산하기 위해, 당신은 두 가지 주요 관심 변인들과 살펴보기를 원하는 제3의 변인에 관한 점수들을 모두 가지고 있어야 한다.

부분상관이 계산될 때, 제3의 변인이 효과를 가졌는지를 알기 위해, 그 부분상관을 원래의 상관에 비교할 수 있다. 원래의 상관(.50)이 사회계층이 일정하게 유지될 때 실질적으로 감소하였는가? **그림 12.10**은 두 가지 서로 다른 부분상관을 보여 준다. 두 경우 모두에서, 개인당 침실 수와 검사 점수 간에 .50의 상관이 있다. 개인당 침실 수와 검사 점수 간의 첫 번째 부분상관은 사회계층이 일정하게 유지될 때 .09로 떨어졌는데, 그 이유는 사회계층이 주요 관심 변인들과 높게 상관되기 때문이다. 그러나 두 번째 예에서 부분상관은 .49로 높은데, 그 이유는 그 변인들과 사회계층과의 상관이 상대적으로 작기 때문이다. 따라서 부분상관의 결과는 제3 변인과 주요 관심 변인들 간의 상관의 강도에 따라 달라진다.

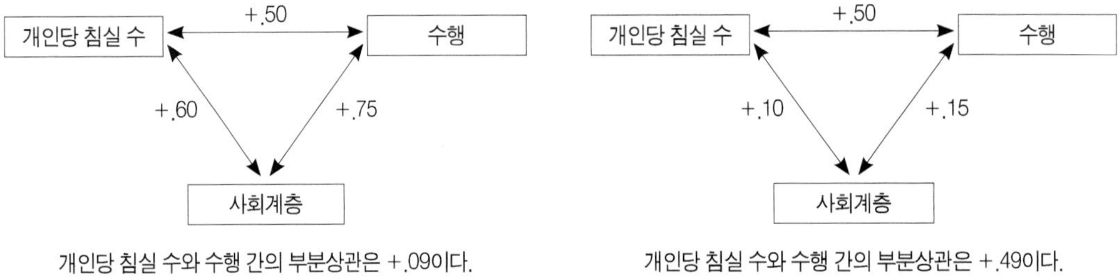

그림 12.10 개인당 침실 수와 수행 간의 두 부분상관

구조방정식 모형

통계방법에서의 진보는 양적인 비실험법을 이용하여 변인들 간의 관계들을 구체화하는 모형을 연구하는 기법을 만들어 냈다(Raykov & Marcoulides, 2000; Ullman, 2007 참조). **구조방정식 모형**(structural equation modeling, SEM)은 이러한 기법들을 칭하는 일반적인 용어다. 구조방정식 모형의 방법은 이 책의 범위를 넘어서지만, 이를 사용한 연구 결과들을 종종 만나게 될 것이다. 따라서 이에 관해 간략히 개관하는 것은 가치가 있다. 모형은 어떤 변인들의 집합들 간의 관계에 대한 예측된 패턴이다. 제안된 모형은 그 변인들이 서로 어떻게 인과적으로 관련되는가에 대한 이론에 기초한다. 자료가 수집된 다음, 통계방법이 제안된 모형이 실제로 수집된 자료에 얼마나 근접하게 적합하는지를 살펴보기 위해 적용될 수 있다.

연구자들은 전형적으로 검증되고 있는 모형들을 시각적으로 표현하기 위해 경로그림을 제공한다. 경로그림은 변인들 간의 이론적인 인과적 경로를 보여 준다. 이전에 보았던 태도와 의도에 관한 중다회귀 그림이 매우 단순한 모형에 대한 경로그림이다. 이유 있는 행동에 대한 이론은 행동을 예측하는 추가적인 구성개념을 지닌 더 복잡한 '계획된 행동에 대한 이론'으로 발전되었다, Huchting, Lac, 그리고 LaBrie(2008)는 어느 사립대학에서 247명의 여학생 동아리 구성원들의 알코올 소비를 연구하였다. 그들은 연구의 초기에 네 가지 변인들을 측정하였다. 즉, (1) 그 여학생들이 알코올을 소비하는 것이 긍정적 결과를 수반한다고 얼마나 강하게 믿는지에 기초한 알코올 소비에 대한 태도, (2) 주관적 규범, 혹은 지각된 다른 여학생 동아리 구성원들의 알코올 소비, (3) 알코올을 섭취를 중단하는 데 있어서의 어려움의 정도에 관한 믿음에 근거한 지각된 행동적 통제의 결핍, (4) 앞으로 30일 동안 소비할 것으로 예측된 양에 근거한 알코올 소비에 대한 의도, 이렇게 네 변인들이었다.

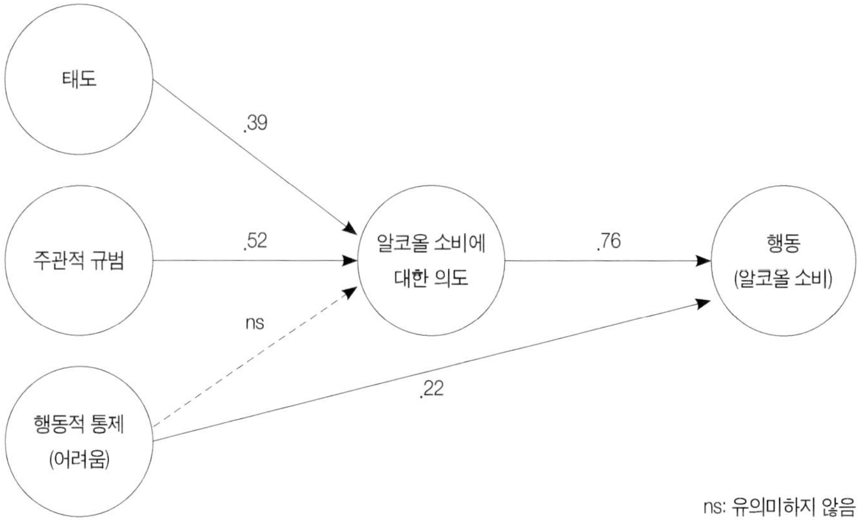

그림 12.11 Huchting, Lac, 그리고 LaBrie(2008)의 자료에 기초한 구조 모형

계획된 행동에 대한 이론은 태도, 주관적 규범, 그리고 행동적 통제가 알코올 소비에 대한 행동적 의도를 각각 예언할 것이라고 예측한다. 의도는 그다음으로 실제 행동을 예측할 것이다. 연구자들은 이 모형을 연구하기 위해 구조방정식 모형을 사용하였다. 그림 12.11에 제시된 바와 같은 경로그림을 이용하여 결과를 시각화하는 것이 가장 쉬운 방법이다. 경로그림에서, 한 변인에서 다른 변인으로 끝나는 화살표들은 모형에서 변인들을 관련시키는 경로를 나타낸다. 이 화살표들은 인과적 연쇄를 나타낸다. 이 모형이 태도, 주관적 규범, 그리고 행동적 통제가 의도와 관련되고, 의도는 그다음에 실제 행동을 야기한다고 구체화하고 있음을 주목하라. 통계분석은 **경로계수**(path coefficient)라고 하는 것을 제공하는데, 이는 이전에 기술한 회귀방정식에서 나온 표준화된 가중치와 유사하다. 이 경로계수들은 우리가 친숙한 −1.00에서 +1.00까지 관계의 강도를 나타낸다.

그림 12.11에서, 당신은 태도와 주관적 규범이 둘 다 알코올 소비에 대한 의도의 유의한 예언변인이라는 것을 볼 수 있다. 그러나 행동적 통제와 의도 간의 예측된 관계는 유의미하지 않았다(그래서 경로는 점선으로 나타나 있다). 의도는 실제 행동과 강하게 관련되었다. 또한 행동적 통제는 행동에 직접적 경로를 가지고 있음을 주목하라. 이는 알코올 소비를 통제하는 데 있어서의 어려움이 실제 소비에 직접 관련된다는 것을 나타낸다.

어떻게 변인들이 관련되는가를 묘사하는 것에 더하여, Huchting 등의 연구에서

구조방정식 모형의 마지막 적용은 획득한 자료가 구체화된 모형에 얼마나 적합하는가를 평가하는 것이다. 연구자들은 모형이 실제로 자료에 가깝게 적합된다고 결론 내렸다. 행동적 통제로부터 의도에 이르는 경로의 부재는 확실한 이유는 확실하지 않은데, 이는 이후의 연구로 이끌 것이다.

구조방정식 모형에 대한 다른 많은 적용들이 있다. 예컨대, 연구자들은 각 모형이 획득된 자료에 얼마나 적합되는지의 측면에서 두 경쟁 모형을 비교할 수 있다. 또한 연구자들은 훨씬 더 많은 변인들을 포함하는 훨씬 더 복잡한 모형들을 살펴볼 수도 있다. 이러한 기법들은 비실험적 자료를 더욱 복잡한 방법으로 연구할 수 있도록 해준다. 이런 유형의 연구는 변인들 간 관계의 복잡한 네트워크에 대한 더 나은 이해를 가능하게 해준다.

다음 장에서, 우리는 자료의 기술이 아니라 통계적 유의성에 관한 의사결정에 관한 내용을 다룰 것이다. 이 두 주제들은 물론 관련된다. 이 장에서 기술한 효과크기의 주제는 통계적 유의성을 평가하는 데 또한 매우 중요하다.

✻ 주요 용어

구조방정식 모형(structural equation modeling, SEM) 312
기술통계치(descriptive statistics) 298
등간척도(interval scale) 293
막대 그래프(bar graph) 296
명목척도(nominal scale) 292
범위(range) 300
범위 한정(restriction of range) 306
변량(variance) 300
변산성(variability) 299
부분상관(partial correlation) 311
비율척도(ratio scale) 293
빈도 다각형(frequency polygon) 297
빈도분포(frequency distribution) 296
산포도(scatterplot) 303
상관계수(correlation coefficient) 302
서열척도(ordinal scale) 292
예언변인(predictor variable) 309
준거변인(criterion variable) 309
중다상관(multiple correlation) 309
중앙치(median) 299
집중경향(central tendency) 299
최빈치(mode) 299
파이 그래프(pie chart) 296
평균(mean) 299
표준편차(standard deviation) 299
피어슨 적률상관계수(Pearson product-moment correlation coefficient) 302
회귀방정식(regression equation) 308
효과크기(effect size) 307
히스토그램(histogram) 297

✻ 복습문제

1. 백분율 비교, 평균 비교, 점수들 간의 상관을 구하는 것을 구분하라.
2. 빈도분포는 무엇인가?
3. 파이 그래프, 막대 그래프, 빈도 다각형을 구분하라. 각 하나씩 만들어 보라.
4. 집중경향치는 무엇인가? 평균, 중앙치, 최빈치를 구분하라.
5. 변산성의 측정치는 무엇인가? 표준편차와 범위를 구분하라.
6. 상관계수는 무엇인가? 상관계수의 크기와 부호는 변인들 간의 관계에 관하여 우리에게 무엇을 말해 주는가?
7. 산포도는 무엇인가?
8. 산포도가 곡선형 관계를 보여 준다면 어떤 일이 발생하는가?
9. 회귀방정식은 무엇인가? 고용주가 회귀방정식을 어떻게 사용할 수 있겠는가?
10. 중다상관은 어떻게 예측의 정확률을 증가시키는가?
11. 부분상관의 목적은 무엇인가?
12. 경로그림이 보여지면, 어떤 정보가 한 변인에서 다른 변인으로 향하는 화살표들에 의해 전달되는가?

✻ 실전문제

1. 당신이 선호하는 신문, 잡지, 뉴스와 관련된 웹사이트는 다양한 주제에 관한 기술통계치들의 풍부한 출처다. 지난주의 뉴스를 살펴보라. 제시된 실제 자료에 대하여 최소한 다섯 가지의 예를 기술하라. 이들은 조사나 실험, 사업 자료, 스포츠 정보를 포함할 수 있다.
2. Hill(1990)은 사회학 개론 수업의 기말고사 점수와 여러 다른 변인들(예: 결석 수) 간의 상관을 연구하였다. 기말고사 점수와의 다음과 같은 피어슨 적률상관계수를 얻었다.

   전체 대학 학점: .72
   결석 수: −.51
   주중에 공부하는 시간: −.11(유의미하지 않음)
   주말에 공부하는 시간: .31

각 상관을 기술하고, 각 관계의 일반적인 형태를 묘사하는 그래프를 그려 보라. 왜 주말에 공부하는 시간은 성적과 관련되지만 주중에 공부하는 시간은 관련되지 않는가?

3. 대학에 있는 20명의 학생들에게 얼마나 많은 학점을 수강하고 있는지, 일주일에 얼마나 오랜 시간 시간제 일을 하는지를 질문하라. 빈도분포를 만들고, 각 자료에 대하여 평균을 확인하라. 수업 부하량과 주당 근로시간 간의 관계를 보여 주는 산포도를 그려 보라. 두 변인들 간에 어떠한 관계가 있는 것으로 보이는가?(주: 극히 드문 학생, 혹은 대부분의 학생이 거의 같은 학점을 듣고 있기 때문에 범위한정의 문제가 있을 수도 있다. 만일 그렇다면, 일주일 동안 공부하는 시간이나 TV를 보는 시간과 같은 다른 질문을 해보라)
4. 학년의 시작 이전에, King 교사는 4학년 학생들에 대한 누적된 자료를 살펴보았다. 그는 읽기이해 검사에서 학생들의 점수들의 표준편차가 정확히 0.00인 것을 발견하였다. 이는 그에게 어떤 정보를 제공해 주고 있는가? 그 정보가 유용하다는 것을 어떻게 증명하겠는가?
5. 아래 그림을 보고, a, b, c 각각에 대해 올바른 답을 하라.

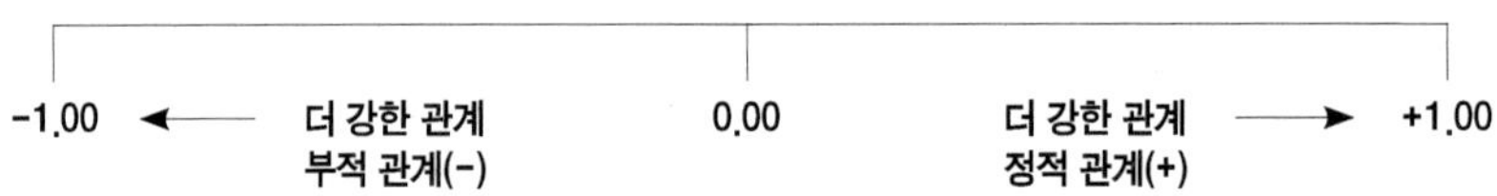

상관계수의 크기(값)는 그 관계의 강도를 나타낸다.
상관계수의 부호(+ 혹은 −)는 그 선형 관계의 방향을 나타낸다.

a. 다음 중 상관계수가 아닌 것은?

−.99 +.71 +1.02 +.01 +.38

b. 다음 중 어떤 상관계수가 가장 강한 관계를 나타내는가?

+.23 −.89 −.10 −.91 +.77

c. 다음 중 어떤 상관계수가 가장 약한 부적 관계를 나타내는가?

−.28 +.08 −.42 +.01 −.29

✻ 정답

a. +1.02

b. −.91

c. −.28

13 연구 결과의 이해: 통계적 추론

학습 목표

- ❖ 연구자들이 표본 자료를 평가하기 위해 어떻게 추론통계를 사용하는지 설명하기
- ❖ 영가설과 연구가설을 구분하기
- ❖ 통계적 추론에서 통계적 유의성을 포함하여 확률을 논의하기
- ❖ t검증을 기술하고, 일방검증과 양방검증의 차이를 설명하기
- ❖ 체계적 변량과 오차 변량을 포함하여 F검증을 기술하기
- ❖ 신뢰구간이 자료에 대해 무엇을 말해 주는가를 기술하기
- ❖ 1종 오류와 2종 오류를 구분하기
- ❖ 2종 오류의 가능성에 영향을 주는 요인들을 논의하기
- ❖ 연구자가 유의미하지 않은 결과를 얻을 수 있는 이유를 논의하기
- ❖ 통계검증의 검증력을 정의하기
- ❖ 적절한 통계검증을 선택하는 기준을 기술하기

이전 장에서, 우리는 기술통계치를 이용하여 연구 결과를 기술하는 방법과 이를 다양하게 시각적으로 표현하는 방법에 대하여 살펴보았다. 기술통계치에 더하여, 연구자들은 자료에 관한 더 일반적인 결론을 도출하기 위해 추론통계를 사용한다. 간단히 말하면, 추론통계는 연구자들이 (1) 그들의 결과가 더 큰 모집단에서 무엇이 참인지를 반영하는지에 대해 얼마나 확신하는지를 평정하도록 해주고, (2) 그들의 연구가 계속해서 반복되더라도 여전히 그 결과가 발생할 가능성을 평정하도록 해준다. 이 장에서, 우리는 이를 위한 방법들을 살펴본다.

표본과 모집단

추론통계는 연구의 결과가 그 연구에 참여한 하나의 표본으로부터 획득한 자료에만 기초하기 때문에 연구자들은 전체 모집단을 연구하지는 않는다. 즉, 연구자들의 결과는 표본 자료에 기초한다. 그러나 표본 자료를 기술하는 것에 더하여, 우리는 모집단에 관하여 진술하기를 원한다. 그 연구 결과가 만일 그 실험이 매번 새로운 표본에 대하여 반복적으로 수행되어도 관찰될 것인가?

12장에서 기술한 가설적 실험에서(표 12.1을 보라), 평균 공격성 점수들이 모델링 조건과 통제 조건에서 획득되었다. 이 평균들은 다르다. 즉, 공격적 모델을 관찰한 아동은 그 모델을 관찰하지 않은 아동보다 이후에 더 공격적으로 행동하였다. **추론통계**(inferential statistics)는 그 결과가 만일 우리가 그 실험을 다양한 표본에 대하여 반복적으로 수행할 때 발생할 것으로 기대되는 것에 들어맞는지를 결정하는 데 사용된다. 본질적으로, 우리는 표 12.1에 보여지는 표본 평균들에서의 차이가 모집단 평균들에서의 실제 차이를 반영한다고 추론할 수 있는지를 질문하는 것이다.

조사 자료의 주제에 관해 7장에서 이 문제에 관해 논의한 내용을 회상해 보라. 당신의 주에 거주하는 사람들의 표본이 57%의 사람들이 민주당 후보를 선호하고, 43%는 공화당 후보를 선호한다고 말하였다고 하자. 그러면 보고서는 이 결과들이 95% 신뢰수준에서 3% 내에서 정확하다고 말할 것이다. 이 말은 연구자들이 만약 표본이 아닌 전체 모집단에 대하여 연구할 수 있었다면, 민주당 후보를 선호하는 실제 백분율은 60%와 54% 이내에서 관찰될 것이고, 공화당 후보를 선호하는 백분율은 46%와 40% 이내에서 관찰될 것이라는 것을 매우(95%) 확신한다는 것이다. 이 경우에, 연구자는 민주당 후보가 이길 것이라는 것을 큰 확신을 가지고 예측할 수 있게 되는데, 그 이유는 예상된 모집단 값들에서 중첩되는 부분이 없기 때문이다. 그러나 우리가 매우 확신할 수 있는 경우라도(이 경우, 95%), 여전히 5%의 확률로 틀릴 수 있다는 것을 명심해야 한다.

추론통계는 표본 자료를 기초로 하여 우리가 그러한 결론에 도달하도록 해준다. 모델링과 통제 조건에 관한 우리의 연구에서, 관찰된 표본 평균에서의 차이가 전체 모집단에서 획득될 것이라고 추론할 수 있을 정도로 충분히 다르다는 것을 확신하는가?

추론통계

실험설계에 대한 이전의 많은 논의는 독립변인 조작을 제외하고서는 모든 방면에서 집단들이 동등하다는 것을 확실히 하는 것의 중요성에 초점을 두었다. 집단의 동등성은 다른 모든 변인들을 실험적으로 통제하거나 무선화함으로써 이루어진다. 여기서 가정은 만약 집단들이 동등하다면, 종속변인에서의 어떠한 차이도 독립변인의 효과에 기인해야 한다는 것이다.

이 가정은 일반적으로 타당하다. 그러나 어떠한 집단 간의 차이도 거의 0이 되지는 않을 것이라는 것도 또한 사실이다. 다른 말로 하면, 실험설계에 대한 모든 원칙들을 철저하게 따랐다고 하더라도 표본 평균들에는 약간의 차이가 있다. 이는 우리가 모집단이 아닌 표본들을 다루기 때문에 발생한다. 무선오차 혹은 우연적 오차는 독립변인이 종속변인에 미치는 효과가 없는 경우에도 그 평균들에서의 차이를 일부 설명한다.

그러므로 표본 평균들에서의 차이는 모집단 평균들에서의 실제 차이(즉, 독립변인의 효과)에 더하여 어떤 무선오차를 보여 주는 것이다. 추론통계는 연구자들이 표본 자료를 기반으로 모집단에서의 실제 차이에 관한 추론을 하는 것을 가능하게 해준다. 특히, 추론통계는 평균들 간의 차이가 실제 차이가 아닌 무선오차를 반영하는 가능성을 제공해 준다.

영가설과 연구가설

추론통계는 영가설과 연구가설(혹은 대립가설)로 시작한다. **영가설**(null hypothesis)은 모집단 평균들이 동일하다는 것이다. 즉, 관찰된 차이가 무선오차에 기인한다는 것이다. **연구가설**(research hypothesis)은 모집단 평균들이 실제로 동일하지 않다는 것이다. 영가설은 독립변인이 효과가 없다고 진술하는 반면, 연구가설은 독립변인이 효과를 가지고 있다고 진술한다. 공격성 모델링 실험에서, 영가설과 연구가설은 다음과 같다.

H_0(영가설): 통제집단의 모집단 평균은 모델링 집단의 모집단 평균과 같다.
H_1(연구가설): 통제집단의 모집단 평균은 모델링 집단의 모집단 평균과 같지 않다.

영가설의 논리는 다음과 같다. 만약 우리가 영가설이 거짓이라고 결정할 수 있다면, 연구가설이 참이라고 받아들인다. 연구가설을 받아들인다는 의미는 독립변인이 종속변인에 미치는 효과가 있다는 것을 의미한다.

영가설은 모집단 평균이 정확히 같다는 매우 상세한 진술문이기 때문에 사용된다. 이는 우리로 하여금 만약 그 영가설이 참일 경우에 얻을 수 있는 결과들의 확률을 정확하게 알려 준다. 이러한 정밀성은 연구가설에 대해서는 불가능하기 때문에, 우리는 오직 영가설을 기각함으로써 연구가설이 참이라는 것을 추론할 수 있다. 우리는 획득한 결과가 무선오차에 의해서 설명되는 확률이 매우 낮은 것을 발견할 때 영가설을 기각한다. 이는 **통계적 유의성**(statistical significance)이라는 것의 의미다. 즉, 유의미한 결과는 모집단 평균이 같다면 발생할 수 있는 매우 낮은 확률을 가진 결과를 말한다. 더 단순히 말하면, 유의성은 획득한 표본 평균들 간의 차이가 무선오차에 기인하는 확률이 매우 낮음을 나타낸다. 즉, 유의성은 확률의 문제다.

확률과 표집분포

확률(probability)은 어떤 사건이나 결과가 일어날 가능성이다. 우리 모두는 일상생활에서 확률을 빈번하게 사용한다. 예컨대, 만약 당신이 이 교과목에서 A 성적을 받을 확률이 높다고 말한다면, 당신은 이 결과가 나타날 가능성이 높다는 것을 의미한다. 당신의 확률에 관한 진술문은 시험에서의 성적과 같은 구체적인 정보에 기반한다. 기상 예보관은 오늘 비가 내릴 확률이 10%라고 말한다. 이는 비가 내릴 확률이 매우 낮음을 의미한다. 도박을 하는 사람은 특정한 말의 과거 기록을 바탕으로 하여 그 말이 경주에서 이길 확률을 계측한다.

통계적 추론에서 확률은 이와 동일한 방법으로 사용된다. 우리는 어떤 사건(이 경우, 표본 평균들의 차이)이 모집단에서 차이가 없다면 발생할 가능성을 명시하는 것을 원한다. 여기서 질문은 다음과 같다. 만약 무선오차만이 작용하고 있다면, 이 결과를 얻을 확률이 얼마인가? 만약 이 확률이 매우 낮다면, 우리는 단지 무선오차가 평균에서의 관찰된 차이를 설명할 확률을 기각한다.

✿ 확률: 초능력의 사례

통계적 추론에서 확률을 사용하는 것은 한 단순한 예에서 직관적으로 이해될 수 있다. 한 친구가 초능력을 가지고 있다고 주장한다고 가정해 보자. 당신은 초능력 연구에서 일반적으로 사용되는 다섯 장의 카드를 가지고 당신의 친구를 검사한다. 이 각 카드에는 서로 다른 기호가 포함되어 있다. 초능력 검사에서, 당신은 각 카드를 바라보고, 그 기호에 관하여 생각을 하고, 당신의 친구는 어떤 기호를 당신이 생각하고 있는지를 말한다. 실제 실험에서, 당신은 10개의 시행을 포함한다. 다섯 장의 카드 각각이 무선적인 순서로 두 번씩 제시된다. 당신의 과제는 당신의 친구의 대답이 무선오차(추측)인지, 혹은 무선오차가 일어난 것보다는 더한 어떤 것이 있다고 보여지는지를 알고자 하는 것이다. 당신의 연구에서 영가설은 무선오차만이 작용한다는 것이다. 이 경우에, 연구가설은 정답의 수가 무선오차 혹은 추측보다 더 많다는 것을 보여준다는 것이다(그러나 연구가설을 받아들이는 것이 당신의 친구가 초능력을 가지고 있다는 것을 의미할 수 있지만, 그 카드에 표시가 되어 있었을 수도 있고, 그 표시들에 관해 생각할 때 당신의 친구에게 어떤 식으로 단서를 주었을 수도 있다는 것을 명심해야 한다).

당신은 만약 영가설이 참이라면 기대할 수 있는 정답의 개수를 쉽게 결정할 수 있다. 단지 추측만으로는, 5개 중에 1개(20%)는 정답일 것이다. 10개 시행에서는 영가설하에서 2개의 정답이 기대된다. 실제 실험에서, 만약 2개보다 많거나 적은 정답을 관찰한다면, 그 자료가 무선오차를 반영한다고 결론 내릴 것인가, 아니면 무선적인 추측보다는 더한 어떤 것이 있다고 결론 내릴 것인가?

당신의 친구가 정답 3개를 맞혔다고 가정하자. 그러면 당신은 오직 추측만으로 맞힌 것이라고 결론 내리려고 할 것인데, 왜냐하면, 당신은 오직 2개의 정답이 영가설하에서 기대될지라도 3개의 정답이 있을 가능성이 높다는 것을 알기 때문이다. 당신은 10개 시행 중 2개의 대답은 만일 이 피험자에 대해 반복해서 계속 실험을 수행한다면, 장기적으로는 맞을 것이라고 예상한다. 그러나 예상된 2개로부터 떨어진 작은 편차는 10개의 표본에서 나타날 가능성이 높다.

당신의 친구가 7개의 정답을 맞혔다고 가정해 보자. 당신은 10개의 관찰치로 구성된 하나의 표본에서 무선오차보다는 더 많다는 것을 나타낸다고 결론 내릴지도 모른다. 이 결론은 20%가 기대될 때 70%의 결과는 매우 나타날 가능성이 적다는 직관적인 판단에 근거한 것이다. 이 시점에서, 당신은 영가설을 기각하고, 그 결과가 유의미하다고 결정할 것이다. 유의미한 결과는 영가설이 참일 때, 그 결과가 나타날 가능성이 매우 적은 결과다.

이제 핵심 질문이 나오게 된다. 우리가 그 결과가 유의미하다고 결정하기 전에 그 결과가 얼마나 나올 가능성이 낮아야 하는가? 결정규칙은 자료 수집 이전에 정해진다. 유의성에 필요한 확률을 **알파수준**(alpha level)이라고 부른다. 가장 일반적으로 사용되는 알파수준은 .05이다. 연구의 결과는 그 결과를 얻을 확률이 .05 이하일 때 유의미하다고 간주된다. 즉, 그 결과가 모집단으로부터 나온 하나의 표본에서 무선오차에 기인할 기회가 100번 중 5번밖에 안 된다는 것이다. 무선오차가 획득한 결과를 설명할 가능성이 매우 낮다면, 영가설은 기각된다.

✿ 표집분포

당신은 10개 시행 중에서 7개의 정답을 얻는 것은 일어날 가능성이 매우 적다는 직관적인 판단을 할 수 있었을 것이다. 다행히도, 우리는 다른 결과들에 대한 가능성을 결정하는 데 직관에 의존할 필요가 없다. 표 13.1은 20% 정답을 기대하는 영가설에 대하여 10개 시행을 지닌 초능력 실험에서 가능한 결과들 각각을 실제로 얻을 확률을 보여 준다. 2개의 정답이 나오는 것이 가장 높은 확률을 나타낸다. 또한, 직관이 제안하는 바와 같이, 3개의 정답이 나올 가능성은 높지만, 7개의 정답이 나올 가능성은 매우 낮다.

표 13.1에 보여지는 확률들은 이항분포(binomial distribution)라고 불리는 확률분포로부터 가져온 것이다. 모든 통계적 유의성 판단은 이와 같은 확률분포에 기반한다. 그러한 분포를 **표집분포**(sampling distribution)라고 부른다. 표집분포는 영가설이 참이라는 가정에 기초한다. 초능력의 예에서, 영가설은 그 사람이 단지 추측만을 하며, 따라서 20%의 정답을 보인다는 것이다. 그러한 분포에서 동일한 관찰치를 지닌 연구를 반복해서 수행한다면, 가장 빈번한 결과는 20%일 것이다. 그러나 각 표본에서 가능한 무선오차 때문에, 다른 결과들과 관련된 특정한 확률이 존재한다. 예상

표 13.1 10개의 시행을 지닌 초능력 실험의 가능한 각각의 결과의 정확 확률

정답 수	확률
10	.00000+
9	.00000+
8	.00007
7	.00079
6	.00551
5	.02642
4	.08808
3	.20133
2	.30199
1	.26844
0	.10737

하는 20%의 영가설 값에 가까운 결과들은 나타날 가능성이 매우 높다. 그러나 영가설이 참일 때 그 예상된 결과로부터 더욱 멀리 떨어진 결과들은 더욱 나타날 가능성이 낮을 것이다. 실제로 영가설에 의해 명시된 분포들로부터 표집을 하는 경우라도, 당신이 얻은 결과들이 매우 나타날 가능성이 낮다면, 당신은 그 영가설이 거짓이라고 결론 내릴 것이다. 당신의 표본 결과들이 장기적인 기대치인 20%로부터 무선적 편차를 반영한다고 결론 내리는 것 대신에, 영가설이 거짓이라고 결정한다. 즉, 당신은 영가설에 의해 명시된 표집분포로부터 표집을 하지 않았다고 결론 내린다. 대신, 초능력 실험의 예에서, 만약 당신이 그 개인을 반복적으로 검사한다면 당신은 대부분의 결과들이 당신이 얻은 7개의 정답이라는 결과 근처에 존재하는 다른 표집분포에서 나온 것이라고 결정한다.

모든 통계검증은 그 결과가 영가설과 일치하는 확률을 결정하는 표집분포에 의존한다. 획득한 자료가 영가설 예측에 따르면 매우 나타날 가능성이 적다면(일반적으로 .05 이하의 확률), 연구자는 영가설을 기각하고, 따라서 연구가설을 받아들이는 결정을 한다.

✿ 표본크기

초능력 실험의 예는 또한 통계적 유의성을 결정하는 데 있어서 표본크기(전체 관찰치

의 수)의 영향을 보여 준다. 당신이 친구를 10개의 시행이 아니라 100개의 시행을 검사했고, 30개의 정답을 얻었다고 가정해 보자. 10개의 시행에서 2개의 정답을 예상하였던 것과 마찬가지로, 이제 당신은 100개의 대답 중 20개의 정답을 기대할 것이다. 그러나 100개 중 30개의 정답은 10개 중 3개가 나타날 가능성보다 훨씬 낮다. 그 이유는, 더 많은 관찰치를 표집할수록, 실제 모집단 값의 정확한 추정치를 얻을 가능성이 더 높아지기 때문이다. 따라서 표본크기가 증가할수록, 당신의 결과가 영가설 예측으로부터 실제로 다르다는 확신을 더 많이 할 수 있다.

예: *t*검증과 *F*검증

여러 통계검증은 영가설을 기각할지를 결정할 확률을 사용하도록 해준다. 이 절에서, 우리는 *t*검증과 *F*검증을 살펴볼 것이다. ***t*검증**(*t*-test)은 두 집단이 통계적으로 서로 다른지를 살펴보는 데 일반적으로 사용된다. 공격성에 대한 모델링의 효과에 관한 가설적 실험에서, 우리는 통제집단의 평균이 모델링 집단의 평균과 다른지를 질문하고 있기 때문에 *t*검증이 적절하다. *F*검증은 셋 이상의 집단들에서 차이가 있는지를 묻거나, 혹은 요인설계(10장에서 논의하였음)의 결과를 평가하기 위해 사용될 수 있는 더 일반적인 통계검증이다.

통계검증을 사용하기 위해서는, 평가하고 있는 영가설과 연구가설을 먼저 명시해야 한다. 모델링 실험에 관한 영가설과 연구가설은 이전에 기술하였다. 영가설을 기각할지를 결정하는 데 사용될 유의수준, 즉 알파수준도 명시해야 한다. 언급한 바와 같이, 연구자들은 일반적으로 .05의 유의수준을 사용한다.

*t*검증

*t*값의 모든 가능한 표집분포가 **그림 13.1**에 나타나 있다(이 특정한 분포는 모델링과 공격성에 관한 가설적 실험에서 사용된 표본크기에 관한 것이다. 즉, 표본크기는 각 집단에 10명씩 포함된 20명이다). 이 표집분포는 평균 0과 표준편차 1을 가지고 있다. 이는 만약 우리가 두 집단 간의 평균을 비교하고 영가설이 참일 때 우리가 기대할 수 있는 모든 가능한 결과들을 보여 준다.

이 분포를 우리의 자료를 평가하는 데 사용하기 위해, 우리는 주어진 자료로부터

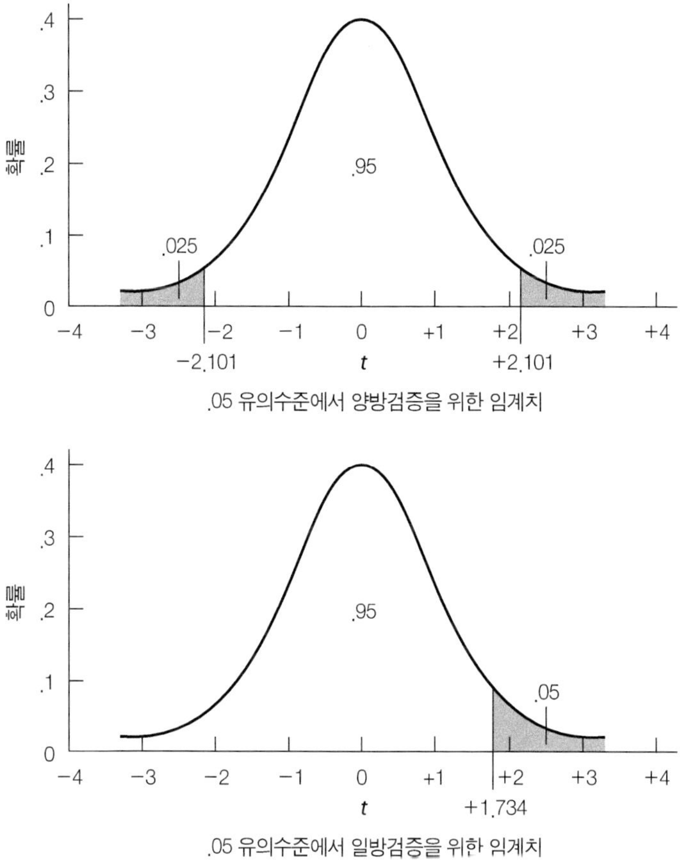

그림 13.1 자유도 18인 t값의 표집분포

t값을 계산해야 하고, 구해진 t를 영가설에 기초한 t의 표집분포의 맥락에서 평가해야 한다. 만약 구해진 t값이 나타날 확률이 낮다면(.05 이하), 영가설은 기각된다.

t값은 자료의 두 가지 측면에 대한 비율로, 집단 간 평균의 차이와 집단 내 변산성을 고려한다. 그 비율은 다음과 같이 표현될 수 있다.

$$t = \text{집단 간 차이}/\text{집단 내 변산성}$$

집단 간 차이는 구해진 평균들 간의 단순한 차이로, 영가설에서 이 차이는 0으로 기대된다. 구해진 표본 평균들 간 차이가 증가함에 따라 t값도 증가한다. t값의 표집분포는 모집단 평균들에서 차이가 없다는 것을 가정한다. 따라서 t의 예측된 값은 영가설에서 0이다. 집단 내 변산성은 평균에 관하여 점수들에 대한 변산성의 크기다. t공식의 분모는 근본적으로 표본에서의 무선오차의 크기에 대한 지표다. 12장에서 표준편차(s)와 변량(s^2)이 점수들이 집단 평균으로부터 얼마나 차이가 나는지에 대한 지표라고 한 것을 회상해 보라.

t검증에 대한 계산의 구체적인 예는 이 개념을 명확히 하는 데 도움이 될 것이다. 각 집단에 동일한 수의 참가자를 지닌 두 집단에 대한 t검증을 위한 공식은 다음과 같다.

$$t = \frac{\overline{X}_1 - \overline{X}_2}{\sqrt{\frac{s_1^2}{n_1} + \frac{s_2^2}{n_2}}}$$

이 공식의 분자는 단순히 두 집단 간 평균에서의 차이다. 분모에서, 우리는 각 집단의 변량(s_1^2과 s_2^2)을 해당 집단의 피험자 수(n_1과 n_2)로 먼저 나누고, 이를 서로 더한다. 그다음, 그 결과의 제곱근을 계산한다. 이는 제곱화된 수(변량)를 표준편차로 변환하게 된다. 끝으로, 우리는 집단 간 평균 차이를 이 표준편차로 나눔으로써 t값을 구하게 된다. 이 공식을 표 12.1에 있는 자료에 적용한다면, 다음과 같다.

$$\begin{aligned} t &= \frac{5.20 - 3.10}{\sqrt{\frac{1.29}{10} + \frac{1.43}{10}}} \\ &= \frac{2.1}{\sqrt{.1289 + .1433}} \\ &= 4.02 \end{aligned}$$

따라서 자료로부터 계산된 t값은 4.02이다. 이것이 유의미한 결과인가? 이 결과를 컴퓨터 프로그램을 이용하여 분석하면, 전체 20명의 표본크기에서 이 t값을 얻을 확률을 즉시 알려 준다. 그러나 그런 프로그램이 없다면, 다른 통계 교재들에서 제시하는 t의 임계치 표를 참조할 수 있다. 더 많이 나아가기 전에, 얻어진 이 결과가 유의미하다는 것을 알아야 한다. .05의 유의수준을 사용하면, t의 표집분포로부터 임계치는 2.101이다. 2.101 이상인 t값은 영가설의 가정하에서 나타날 확률이 .05 이하다. 우리가 얻은 값이 이 임계치보다 크기 때문에, 우리는 영가설을 기각하고, 표본에서 얻은 평균 차이가 모집단에서 실제 차이를 반영한다고 결론 내릴 수 있다.

✿ 자유도

당신은 아마도 임계치가 표에서 어떻게 선택되는가를 궁금해할 수 있을 것이다. 이

표를 이용하기 위해서, 당신은 먼저 검증을 위한 **자유도**(degree of freedom, *df*)를 결정해야 한다. 두 개의 평균을 비교할 때, 자유도는 n_1과 n_2-2, 혹은 전체 참가자들의 수에서 집단의 수를 뺀 값이다. 우리의 실험에서 자유도는 10+10−2=18이다. 자유도는 일단 평균이 알려지면 자유롭게 변화할 수 있는 점수들의 개수다. 예컨대, 만약 한 집단의 평균이 6이고, 그 집단에 다섯 개의 점수가 있다면, 4개의 자유도가 있다. 즉, 네 개의 점수를 가지게 되면, 그 평균이 6이 되어야 하기 때문에 다섯 번째 점수를 알 수 있다.

✿ 일방검증과 양방검증

표에서, 당신은 연구가설이 (1) 두 집단 간 차이의 방향을 구체화되어 있거나(예: 집단 1이 집단 2보다 더 클 것이다), (2) 차이의 방향을 구체화하지 않은(예: 집단 1은 집단 2와 다를 것이다) 상황을 위한 *t*임계치를 선택해야 한다. 조금 다른 *t*임계치가 이 두 상황에 사용된다. 즉, 전자를 일방검증, 후자를 양방검증이라고 부른다.

이는 그림 13.1에 나타난 바와 같이 자유도 18에 대한 *t*값들의 표집분포를 보면 시각적으로 잘 이해할 수 있을 것이다. 그림에서 알 수 있듯이, 0.00의 값은 가장 빈번하게 예측된다. 0보다 크거나 작은 값들은 일어날 가능성이 더 작다. 첫 번째 분포는 양방검증의 논리를 보여 준다. 우리는 .05 유의수준에서 2.101을 *t*임계치로 사용하는데, 이는 그 차이의 방향이 예상되지 않았기 때문이다. 이 임계치는 이 점으로부터 바깥쪽이 정적인 *t*값들의 2.5%와 부적인 *t*값들의 2.5%가 놓이는 지점이다(즉, 표집분포의 양방향으로부터 결합하면, .05의 전체 확률이 된다). 두 번째 분포는 일방검증을 보여 준다. 만약 방향성이 있는 차이가 예상되었다면, 임계치는 1.734가 된다. 이는 그 지점 바깥으로 그 분포의 한쪽 방향으로만 *t*값들의 5%가 놓이는 점이다. 일방검증을 사용할지, 아니면 양방검증을 사용할지는 연구가 방향적 가설을 검증하기 위해 설계되었는지에 따라 다를 것이다.

✿ *F*검증

변량분석(analysis of variance) 또는 ***F*검증**(*F* test)은 *t*검증의 확장이다. 변량분석은 *t*검증보다 더욱 일반적인 통계절차다. 어떤 연구가 오직 두 집단을 지닌 한 독립변인만을 가지고 있다면, *F*검증과 *t*검증은 동일하다. 이 경우, *F*값은 t^2과 같다. 그러나 변량분석은 또한 독립변인에 세 수준 이상이 있을 때, 그리고 둘 이상의 독립변인이 사용되는 요인설계가 사용되었을 때에도 사용된다. 따라서 *F*검증은 가장 단순한 실험설계뿐만 아니라, 10장에서 논의한 더 복잡한 설계들에 대해서도 적절하다. *t*검증이 먼저 소개된 이유는 *t*값의 공식은 집단 간 차이와 집단 내 변산성의 관계를 통계검증의 결과로 쉽게 증명할 수 있기 때문이다. 그러나 실질적으로는 변량분석이 더 일반적인 절차다.

*F*통계치는 두 가지 유형의 변량, 즉 체계적 변량과 오차 변량의 비율이다(그래서 변량분석이라고 부른다). **체계적 변량**(systematic variance)은 전체 평균(모든 집단에 있는 모든 개인들의 평균 점수)과 집단 평균의 편차다. 집단 간 평균 차이가 작을 때 체계적 변량도 작고, 집단 간 평균 차이가 커질수록 체계적 변량도 커진다. **오차 변량**(error variance)은 각 집단 평균과 해당 집단에 포함된 참가자 점수들의 편차다. 체계적 변량과 오차 변량이라는 용어 대신에, 많은 연구들에서는 **집단 간 변량**(between-group variance)과 **집단 내 변량**(within-group variance)이라는 용어를 쓰기도 한다. 체계적 변량은 집단 간 점수들의 변산성이고, 오차 변량은 집단에 점수들의 변산성이다. *F*비가 커질수록, 결과가 유의미할 가능성이 더 높아진다.

✿ 효과크기의 계산

효과크기의 개념은 12장에서 논의하였다. 통계적으로 유의미한 독립변인의 효과가 있음을 결정한 후에는, 연구자들은 그 효과의 크기를 알고 싶어 할 것이다. 따라서 우리는 효과크기의 추정치를 계산하고자 한다. *t*검증에 관하여, 그 계산은 다음과 같다.

$$\text{효과크기 } r = \sqrt{\frac{t^2}{t^2 + df}}$$

여기서 *df*는 자유도다. 따라서 구해진 *t*값 4.02와 자유도 18을 이용하면 우리는 다음과 같이 할 수 있다.

$$\text{효과크기 } r = \sqrt{\frac{(4.02)^2}{(4.02)^2 + 18}} = \sqrt{\frac{16.201}{34.201}} = .69$$

이 값은 0.00에서 1.00까지로 나타날 수 있는 상관계수의 한 유형이다. 12장에서 언급한 바와 같이, .69는 큰 효과크기로 간주된다. 효과크기 계산에 관한 추가적인 정보를 위해서는, Rosenthal(1991)을 보라. 12장에서 하였던 r과 r^2 간의 동일한 구분이 여기서도 적용된다.

두 집단 간 비교를 할 때 사용되는 또 다른 효과크기 추정치는 Cohen의 d라고 불린다. Cohen의 d는 효과크기를 표준편차 단위로 표현한다. 1.0의 d값은 그 평균들이 1 표준편차 단위로 떨어져 있다는 것을 나타낸다. $d = .2$라면, 평균들이 .2 표준편차만큼 떨어져 있다는 것을 나타낸다.

Cohen의 d값은 두 집단의 평균(M)과 표준편차(SD)를 이용하여 다음과 같이 계산할 수 있다.

$$d = \frac{M_1 - M_2}{\sqrt{\frac{(SD_1^2 + SD_2^2)}{2}}}$$

이 공식에서 $\bar{X}$와 s 대신에 M과 SD를 사용하였음을 주목하라. 이 약어들은 APA 양식에서 사용된다.

d의 값은 동일한 자료로 계산된 r보다 더 크지만, d를 r의 값으로 변환하는 것은 쉽다. 두 통계치 모두 연구된 변인들 간의 관계의 크기에 관한 정보를 제공해 준다. 변인들 간 관계가 없다면, 두 효과크기 추정치들은 모두 0.00의 값을 보인다. r의 값은 1이라는 최댓값을 가지고 있지만, d는 최댓값을 가지고 있지 않다.

✿ 신뢰구간과 통계적 유의성

신뢰구간(confidence interval)은 7장에서 설명하였다. 표본의 값을 얻은 후에는, 우리는 신뢰구간을 계산할 수 있다. 이 신뢰구간은 실제 모집단 값들이 있을 가능성이 가장 높은 범위를 정의한다. 이 범위는 신뢰구간의 크기와 관련되어 있다. 즉, 95% 신뢰구간은 모집단의 실제 값이 그 범위에 놓일 것을 95% 확신한다는 것을 나타내며, 99%의 신뢰구간은 더 큰 확신성을 제공할 것이지만, 그 값들의 범위도 더 커질 것이다.

신뢰구간은 공격성 실험의 평균들 각각에 대하여 얻을 수 있다. 두 조건에 대한 95% 신뢰구간은 다음과 같다.

	관찰된 값	낮은 모집단 값	높은 모집단 값
모델링 집단	5.20	4.39	6.01
통제집단	3.10	2.24	3.96

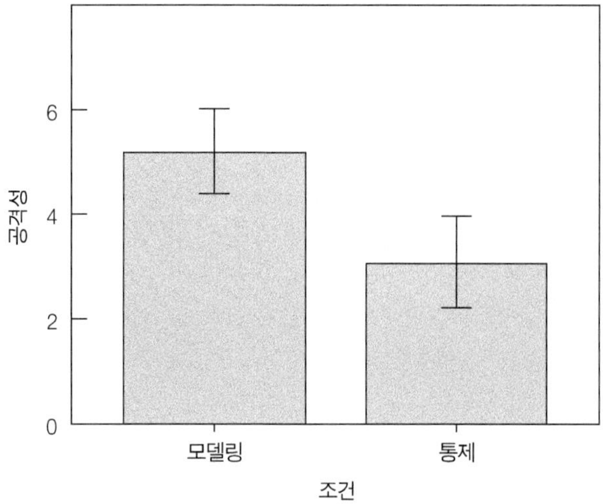

그림 13.2 95% 신뢰구간을 포함한 가설적 모델링 실험으로부터 나온 평균 공격성 점수

신뢰구간에 대한 시각적 묘사를 포함하는 막대 그래프가 매우 유용할 것이다. 공격성 실험에서 나온 평균들이 **그림 13.2**에 제시되어 있다. 어두운 막대들은 두 집단에서의 평균 공격성 점수들을 나타낸다. 각 집단에 관한 신뢰구간이 95% 신뢰구간에 대한 상한계와 하한계의 경계를 나타내는 수직의 I 형태의 선분으로 보여진다. 획득한 자료의 의미에 관하여 더 잘 이해하기 위해 신뢰구간을 살펴보는 것이 중요하다. 비록 획득한 표본 평균들이 모집단 값들에 대한 가장 좋은 추정치를 제공하지만, 가능한 값들의 범위를 살펴보는 것도 가능하다. 그 구간의 크기는 표본의 크기와 신뢰수준 모두에 관련된다. 표본크기가 증가할수록 신뢰구간은 좁아진다. 이는 더 큰 표본크기에서 얻은 표본 평균은 모집단 평균을 반영할 가능성이 더 크기 때문이다. 둘째, 높은 확신은 더 큰 구간과 관련된다. 만약 신뢰구간이 실제 모집단 평균을 포함할 가능성을 매우 높게 만들고 싶다면(예: 99% 신뢰구간), 당신은 더 많은 가능성들을 포함해야 할 것이다. 두 집단에 대한 95% 신뢰구간은 겹치지 않는 것을 주목하라. 이는 그 차이가 통계적으로 유의미할 것이라는 단서가 된다. 실제로, 신뢰구간을 살펴보는 것은 통계적 유의성에 관하여 생각하는 것의 한 가지 대안이 된다. 영가설은 모집단 평균들에서의 차이가 0.00이라는 것이다. 그러나 만약 통제 조건에서 95% 신뢰구간에 있는 모든 평균들을 모델링 조건의 모든 평균들로부터 뺀다면, 이 차이들 중 마무것도 0.00을 포함하지 않을 것이다. 따라서 우리는 영가설이 기각되어야 한다는 매우 높은 확신을 할 수 있다.

✿ 통계적 유의성: 개관

통계검증 사용의 근원적인 논리는 통계이론에 의존한다. 그러나 통계검증을 수행할 때 무엇을 하고 있는지를 이해하는 데 도움이 되는 몇 가지 일반적인 개념들이 있다. 첫째, 검증의 목적은 획득한 결과들이 신뢰로운지에 관한 결정을 하도록 해준다. 즉, 당신은 만약 그 연구를 반복해서 계속 수행한다면 유사한 결과를 얻을 것이라는 확신을 갖고자 한다. 둘째, 선택한 유의수준(알파수준)은 그 결정을 할 때 얼마나 확신하고자 하는가를 나타낸다. 유의수준이 .05라는 것은 당신의 결과에 대한 신뢰성에 대하여 95% 확신한다는 것을 말한다. 하지만 5%의 확률로 틀릴 수 있다는 것 또한 말해준다(우리 삶에서 확실한 것은 거의 없다). 셋째, 더 큰 표본크기를 가지고 있을 때 유의미한 결과를 얻을 가능성이 더 높은데, 이는 더 큰 표본크기가 실제 모집단 값에 대한 더 나은 추정치를 제공해 주기 때문이다. 끝으로, 효과크기가 클 때, 즉 집단 간 차이가 크고, 집단 내 점수들의 변산성이 작을 때, 유의미한 결과를 얻을 가능성이 매우 높다.

이 장의 후반부는 이 내용들을 확장할 것이다. 우리는 결과가 유의미한지에 관한 의사결정이 함의하는 바와, 유의수준을 결정하는 방식, 그리고 유의미하지 않은 결과를 해석하는 방식을 살펴볼 것이다. 그런 다음 다양한 연구설계들에 대해 적절한 통계검증를 선택하는 몇몇 지침을 제공할 것이다.

1종 오류와 2종 오류

영가설을 기각하는 결정은 확실성에 근거하는 것이 아니라 확률에 근거한다. 즉, 모집단의 실제 현상에 관한 직접적인 지식이 없이 이루어진다. 따라서 그 결정은 옳지 않을 수 있다. 추론통계를 사용하는 것으로부터 오류가 발생할 수 있다.

의사결정표가 **그림 13.3**에 제시되어 있다. 두 가지 가능한 결정이 있다는 것을 주목하라. 즉 (1) 영가설을 기각하거나 (2) 영가설을 받아들인다. 또한 모집단에 관한 두 가지 가능한 진실이 있다. 즉, (1) 영가설이 참이거나 (2) 영가설이 거짓이다. 즉, 의사결정표에서 보여지듯이, 두 종류의 올바른 결정과 두 종류의 틀린 결정이 있다.

결정		모집단의 상태: 영가설이 참	모집단의 상태: 영가설이 거짓
	영가설 기각	1종 오류 (α)	정확한 결정 ($1-\beta$)
	영가설 채택	정확한 결정 ($1-\alpha$)	2종 오류 (β)

그림 13.3 1종 오류와 2종 오류에 관한 의사결정표

✿ 올바른 결정

한 가지 올바른 결정은 모집단에서 연구가설이 참일 때 우리가 영가설을 기각하는 경우다. 여기서 우리의 결정은 모집단 평균들이 같지 않고, 실제로 그것이 모집단에서 참인 경우다. 이는 당신이 연구를 시작할 때 하고자 원하였던 그 결정이다.

두 번째 올바른 결정은 모집단에서 영가설이 참일 때(즉, 모집단 평균들이 실제로 동일할 때) 우리가 영가설을 받아들이는 경우다.

✿ 1종 오류

1종 오류(type I error)는 영가설이 실제로는 참인데 우리가 영가설을 기각할 때 발생한다. 우리의 결정은 모집단 평균들이 실제로는 같은데 같지 않다고 하는 것이다. 1종 오류는 우리가 큰 *t*값이나 *F*값을 얻었을 때 단순히 우연에 의해 발생한다. 예컨대, 만약 모집단 평균들이 실제로 같다면 우리가 4.025라는 *t*값은 관찰될 가능성이 매우 낮음에도 불구하고(100번 중 5번), 이는 발생할 수 있다. 그런 높은 *t*값을 우연히 얻었을 때, 우리는 독립변인이 효과를 가지고 있다는 잘못된 결정을 하게 된다.

1종 오류를 범할 확률은 유의수준, 또는 알파수준(그리스 문자 α로 나타냄)의 선택에 의해 결정된다. 영가설을 기각할지에 대한 결정을 위한 유의수준이 .05라면, 1종 오류(알파)의 확률은 .05다. 만약 영가설이 기각된다면, 그 결정이 틀릴 확률이 100번 중에 5번이 된다는 것이다. 1종 오류를 범할 확률은 유의수준을 낮추거나 높임으로써 변화시킬 수 있다. 예컨대, 만약 낮은 알파수준인 .01을 사용한다면, 1종 오류를 범할 확률이 더 낮아지게 된다. 유의수준 .01에서는, 만약 영가설이 참이라면, 그 결과를 얻을 확률이 .01 이하일 때에만 그 영가설을 기각한다.

✿ 2종 오류

2종 오류(type II error)는 모집단에서 연구가설이 참인데도 불구하고 영가설을 받아들일 때 발생한다. 모집단 평균들이 같지 않지만, 실험의 결과가 영가설을 기각하는 결정으로 이끌지 않는 것이다.

연구는 2종 오류의 확률(이 확률을 베타, 즉 β라고 한다)이 낮도록 설계되어야 한다. 2종 오류를 범할 확률은 세 가지 요인과 관련된다. 첫 번째는 유의수준(알파수준)이다. 만약 우리가 1종 오류의 가능성을 낮추기 위해 매우 낮은 유의수준을 적용한다면, 우리는 2종 오류의 가능성을 높이게 된다. 다른 말로, 영가설을 기각하는 것을 매우 어렵게 만들면, 영가설을 잘못 받아들일 확률이 증가하게 된다.두 번째 요인은 표본크기다. 실제 차이들은 표본크기가 클 때 탐지될 가능성이 더 높다. 세 번째 요인은 효과크기다. 만약 효과크기가 크다면, 2종 오류의 가능성은 낮아진다. 그러나 작은 효과크기는 작은 표본에 대해서는 유의미하지 않을 것이다.

✿ 일상생활에서의 1종 오류와 2종 오류

통계분석에서 사용되는 의사결정표는 사람들이 실생활에서 빈번하게 해야 하는 다양한 결정에 적용될 수 있다. 예컨대, 형사 재판에서 배심원에 의한 결정을 생각해 보자. 통계에서와 마찬가지로, 피고가 무죄인가 유죄인가에 관한 결정은 증거에 기반하여 이루어져야 한다. 그러나 결정은 배심원들에 의해 달려 있고, 실제 현상(그 사람이 실제로 무죄인지 유죄인지)을 반영하지는 않는다.

배심원의 의사결정표가 **그림 13.4**에 나타나 있다. 통계적 의사결정과 유사하게 진행하기 위해, 영가설은 그 피고가 무죄라고 가정하자(즉, 유죄라고 판명되기 전까

결정	실제 상태: 영가설이 참 (무죄)	실제 상태: 영가설이 거짓 (유죄)
영가설 기각 (유죄 선고)	1종 오류	정확한 결정
영가설 채택 (무죄 선고)	정확한 결정	2종 오류

그림 13.4 배심원의 의사결정표

지, 그 사람은 무죄다). 따라서 영가설을 기각하는 것은 피고가 유죄라고 결정하는 것을 의미하고, 영가설을 수용하는 것은 그 피고가 무죄라고 결정하는 것을 의미한다. 의사결정표는 또한 영가설이 실제로 참이거나 거짓일 수 있다는 것을 보여 준다. 통계적 의사결정에서 묘사한 것과 같이, 두 종류의 올바른 결정과 두 종류의 오류가 있다. 1종 오류는 그 사람이 실제로는 무죄인데 유죄라고 결정하는 경우에, 2종 오류는 피고가 실제로는 유죄인데 무죄라고 결정하는 경우에 해당한다. 우리 사회에서, 배심원들에 의한 1종 오류는 일반적으로 2종 오류보다 더욱 심각한 것으로 간주된다. 따라서 어떤 사람이 유죄라는 것을 발견하기 전에, 배심원은 그 사람이 합리적인 의심을 넘어서는 범위에서 유죄라는 것을 확실히 하거나, 혹은 무죄인 한 사람을 유죄라고 결정짓는 것보다 유죄인 100명을 풀어 주는 것이 더 낫다는 것을 생각해야 한다.

환자를 수술할 것인지, 하지 않을 것인지에 대한 의사의 의사결정은 어떻게 의사결정표가 작용하는지를 보여 주는 또 다른 예를 제공한다. 이 표는 **그림 13.5**에 제시되어 있다. 여기서, 영가설은 수술이 필요하지 않다는 것이다. 결정은 영가설을 기각하여 수술을 할 것인가, 아니면 영가설을 수용하여 수술을 하지 않을 것인지에 관한 것이다. 실생활에서, 외과의사는 두 가지 가능성에 직면한다. 즉, 수술이 불필요하거나(영가설이 참) 수술을 하지 않으면 그 환자는 죽을 것이다(영가설이 거짓인 경우). 이 경우에 어떤 오류가 더욱 심각한가? 대부분의 의사들은 실제로 수술이 필요한 환자에 대한 수술을 하지 않는 것(2종 오류)이 실제로 수술이 필요하지 않은 사람에게 수술을 하는 것(1종 오류)보다 더욱 심각하다고 믿을 것이다.

의사결정표를 사용하는 마지막 예는 누군가와 결혼을 하기 위한 중요한 결정을 포함한다. 영가설은 그 사람이 당신에게 '어울리지 않는다'이다. 그리고 실제 상태는 그 사람이 '어울리는' 사람이거나 '어울리지 않는' 사람일 수 있다. 이제, 당신은 그 사람과의 결혼을 진행할지를 결정해야 한다. 당신은 이 특정한 문제를 위한 의사결정표

		실제 상태	
		영가설이 참 (수술이 필요하지 않음)	영가설이 거짓 (수술이 필요함)
결정	영가설 기각 (수술을 함)	1종 오류	정확한 결정
	영가설 채택 (수술을 하지 않음)	정확한 결정	2종 오류

그림 13.5 의사의 의사결정표

를 만들 수 있을 것이다. 어떤 오류가 더욱 비용이 많이 드는가? 1종 오류인가, 아니면 2종 오류인가?

유의수준 선택하기

연구자들은 전형적으로 영가설을 기각하기 위한 의사결정에서 .05 혹은 .01의 유의수준을 사용해 왔다. 만약 결과가 무선오차 때문에 관찰되었을 확률이 .05 혹은 .01보다 작으면, 그 결과는 유의미하다고 말할 수 있다. 그러나 .05 혹은 .01의 유의수준에 관한 어떠한 마법도 없다. 선택한 유의수준은 단지 만약 영가설이 기각되었다면 발생할 1종 오류의 확률을 명시할 뿐이다. 연구자들이 선택하는 유의수준은 일반적으로 1종 오류와 2종 오류를 범하였을 때의 심각성에 의존한다. 이미 언급한 바와 같이, 배심원에 대해서는 1종 오류가 2종 오류보다 더욱 심각하지만, 의사의 경우에서는 2종 오류가 더욱 심각한 것이다.

연구자들은 1종 오류를 범하는 것의 심각성이 2종 오류와 관련된 심각성보다 더욱 심각하다고 믿는다. 만약 영가설이 기각되면, 연구자는 그 결과를 학술지에 출판할 것이고, 그 결과들은 교재나 신문, 아니면 다른 잡지 기사들에서 다른 사람들에 의해 보고될 것이다. 연구자들은 신뢰롭지 않고, 그래서 반복될 수 없는 결과를 출판함으로써 사람들을 호도하거나 그들의 명성에 위험을 감수하기를 원하지는 않는다. 따라서 연구자들은 상당히 낮은 유의수준(.05 혹은 .01)을 사용함으로써 1종 오류를 범할 확률에 대해 조심하고 싶어 한다. 거짓의 결과를 출판하는 것의 심각성에 반하여, 2종 오류의 심각성은 그렇게 심각한 것으로 여겨지지 않는다.

따라서, 연구자들은 그들의 결과가 출판되었을 때, 1종 오류를 범하는 것을 피하기 위해 많은 주의를 기울이고자 한다. 그러나 특정한 환경에서는, 1종 오류가 심각한 것이 아니다. 예컨대, 만일 당신이 예비연구나 탐색적 연구에 관여하였다면, 그 결과는 그 연구 아이디어가 지속할 가치가 있는 것인지를 결정하는 데 우선적으로 사용될 것이다. 이런 상황에서, 매우 보수적인 유의수준을 사용함으로써 잠재적으로 중요한 자료를 간과하는 실수를 범할 수 있다. 탐색적 연구에서 .25의 유의수준은 연구를 더 할지를 결정하는 데 더욱 적절한 수준일 수 있다. 선택한 유의수준과 1종 오류 및 2종 오류의 심각성은 그 결과가 무엇을 위해 사용될 것인가에 의해 결정된다는 것을 기억하라.

유의하지 않은 결과 해석하기

비록 '영가설을 수용하는 것'이 편리한 용어일 수 있지만, 연구자들은 영가설을 수용하는 것에는 일반적으로 관심이 없다는 점을 아는 것이 중요하다. 연구는 변인들 간의 관계가 없음을 보여 주는 것이 아니라, 변인들 간의 관계가 있다는 것을 보여 주기 위해 설계된다.

더욱 중요한 것은, 단일 연구가 유의미한 결과를 보여 주지 않을 때 영가설을 수용하는 결정을 하는 것은 문제가 될 수 있는데, 그 이유는 부적인, 혹은 유의미하지 않은 결과들은 해석이 어렵기 때문이다. 이러한 이유로, 연구자들은 종종 영가설을 '기각하는 데 실패하였다' 혹은 '기각하지 않는다'와 같이 단순히 말한다. 연구 결과는 모집단에서 그 변인들 간의 관계가 실제로 존재할 때조차 유의미하지 않을 수 있다. 이는 2종 오류다. 때때로, 2종 오류의 원인은 실험에 사용된 절차 때문일 수 있다. 예컨대, 연구자는 참가자들에게 잘 이해가 되지 않는 지시를 할 수도 있고, 독립변인의 조작을 매우 약하게 할 수도 있으며, 혹은 신뢰롭지 않거나 민감하지 않은 종속측정치를 사용한 이유 때문에 유의미하지 않은 결과를 얻을 수도 있다. 변인들이 관련되지 않는다고 결론 내리기보다는, 연구자들은 더욱 세심하게 수행된 연구에서는 변인들이 관련된다는 것을 찾을 수 있을 것이라는 결정을 할 것이다.

또한 우리는 2종 오류에 대한 통계적 이유도 고려해야 한다. 2종 오류의 확률은 유의수준, 표본크기, 그리고 효과크기에 의해 영향을 받는다고 한 것을 기억하라. 따라서 유의미하지 않은 결과는 연구자가 알파수준을 선택하는 데 너무 신중한 경우에 나타날 가능성이 더 높다. 만일 연구자가 .05가 아니라 .001의 유의수준을 사용한다면, 영가설을 기각하는 것은 더 어려워진다(그러나 1종 오류의 확률은 낮아짐을 기억하라). 그러나 이것은 또한 틀린 영가설을 수용할 더 높은 가능성이 있음을 의미한다(즉, 2종 오류가 더 높을 수 있다). 다른 말로, 의미 있는 발견을 간과할 가능성이 유의수준이 매우 낮을 때 더 높다.

2종 오류는 또한 변인들 간의 실제 관계를 탐지하지 못할 정도로 표본크기가 너무 작은 것이 원인일 수 있다. 일반적인 원칙은 표본크기가 클수록 유의미한 결과를 얻을 가능성이 더 높아지는 것이다. 이는 큰 표본크기가 작은 표본크기보다 실제 모집단에 대한 더 정확한 추정치를 제공하기 때문이다. 어떠한 연구에서든, 유의미한 결과를 탐지하는 것을 가능하게 하지 못할 정도로 표본크기가 너무 작을 수 있다.

유의미하지 않은 발견의 세 번째 이유는 효과크기가 작은 것이다. 매우 작은 효과크기는 대규모 표본크기를 갖지 않는 한 탐지하기가 어렵다. 일반적으로, 표본크기는 그 효과가 작다고 하더라도 실제 효과를 찾을 수 있을 정도로 충분히 커야 한다.

매우 작은 효과가 통계적으로 유의미한 것이 가능하다는 것은 또 다른 문제를 발생시킨다. 대규모의 표본크기는 평균들 간에 유의미한 차이를 발견하는 것을 가능하게 할 것이다. 그러나 통계적으로 유의미할지라도, 이 차이는 실질적인 유의성은 거의 없을 것이다. 예컨대, 값비싼 새로운 심리치료 기법이 입원기간을 60일에서 59일로 감소시킨다면, 그 기법을 사용하는 것은 그 효과성에 대한 증거에도 불구하고 실용적이지 않을 것이다. 하루 입원비를 추가하는 것이 그 치료보다는 비용이 덜 들 것이다. 그러나 매우 작은 효과크기를 지닌 치료가 상당한 실질적인 유의성을 가진 다른 상황들도 있다. 대체로 이는 매우 큰 모집단이 상대적으로 덜 비싼 치료에 의해 영향을 받을 때 발생한다. 직원들을 위한 단순한 근무시간 자유선택 정책이 1년간 이직률을 1% 감소시킨다고 가정해 보자. 이는 큰 효과로 들리지는 않는다. 그러나 만약 한 회사에서 매년 보통 2,000명이 이직을 하고, 새로운 직원을 훈련시키는 비용이 10,000달러라면, 그 회사는 그 새로운 절차를 통해 1년에 200,000달러를 절약하게 된다. 이 수치는 그 회사에게는 실용적인 유의성을 지닐 것이다.

여기서 핵심은 단지 결과가 유의미하지 않기 때문에 영가설을 수용할 필요는 없다는 것이다. 유의미하지 않은 결과가 영가설이 옳다는 것을 나타내지는 않는다. 그러나 우리가 영가설을 수용하고 변인들이 실제로 관련되지 않는다고 결론 내릴 수 있는 상황이 반드시 있을 것이다. Frick(1995)는 영가설을 수용할 결정을 하는 데 있어 사용될 수 있는 여러 기준들을 제시한다. 예컨대, 우리는 민감한 종속측정치와 독립변인 조작이 의도한 효과를 지니고 있는지를 점검하는 조작 점검으로부터 증거를 지니고 있는 잘 설계된 연구들을 찾아야 한다. 이에 더하여, 그 연구가 표본이 너무 작은 가능성을 배제시키기 위해 충분히 큰 표본을 가져야 한다. 더욱이, 변인들이 관련되지 않는다는 증거가 여러 연구들로부터 나와야 한다. 이러한 상황에서는, 실제로 관계가 없다는 결론을 내리는 것이 정당하다.

표본크기 선택하기: 검증력 분석

우리는 9장에서 종종 연구자들이 특정한 연구 분야에서 전형적인 것에 근거하여 표

표 13.2 *t*검증에서 유의미한 차이를 탐지하기 위해 필요한 전체 표본크기

효과크기 *r*	검증력=.80	검증력=.90
.10	789	1052
.20	200	266
.30	88	116
.40	52	68
.50	26	36

주: 효과크기는 양방검증에 기초한 상관이다.

본크기를 선택한다고 언급하였다. 대안적 접근은 영가설을 정확 기각할 기대확률에 기반하여 표본크기를 선택하는 것이다. 이 확률을 통계검증의 **검증력**(power)이라 부른다. 이는 2종 오류의 확률에 분명히 관련된다.

$$\text{검증력} = 1 - p(\text{2종 오류})$$

우리는 이전에 2종 오류의 확률이 유의수준, 표본크기, 효과크기와 관련된다고 말하였다. Cohen(1988)과 같은 통계학자들은 이러한 요인들에 근거하여 표본크기를 결정하기 위한 절차를 개발하였다. 표 13.2는 유의수준 .05에서 두 집단으로 구성된 실험을 위해 필요한 전체 표본크기를 보여 준다. 이 표에서, 효과크기는 .10에서 .50으로 변화하고, 기대 검증력은 .80과 .90을 나타낸다. 더 작은 효과크기는 .05 수준에서 유의미하기 위해서는 더 큰 표본크기를 필요로 한다. 더 높은 기대 검증력은 더 큰 표본크기를 요구하는데, 이는 결과가 통계적으로 유의미할 것을 어떤 식으로 보장할 것을 더 많이 원하기 때문이다. 연구자들은 표본크기를 결정하기 위해 이 방법을 사용할 때, 대체로 .70에서 .90 사이의 검증력을 사용한다. 여러 컴퓨터 프로그램들이 효과크기 추정치, 유의수준, 기대 검증력에 기초하여 표본크기를 결정하는 데 필요한 계산을 더 쉽게 할 수 있도록 하기 위해 개발되었다.

당신은 검증력 분석을 수행할 필요가 전혀 없을 수도 있다. 그러나 이 개념의 중요성을 인식해야만 한다. 만약 연구자가 .20의 효과크기 상관을 가진 관계를 연구하고 있다면, .05의 유의수준을 위해서는 상당히 큰 표본크기가 필요할 것이다. 이 상황에서 부적절하게 작은 표본크기는 유의미하지 않은 결과를 만들어 낼 가능성이 높다.

반복의 중요성

통계분석에 대한 이러한 논의에서, 초점은 하나의 연구 결과에 있었다. 평균과 표준편차는 무엇인가? 평균 차이가 통계적으로 유의미한가? 만약 결과가 유의미하다면, 당신은 만약 그 연구가 반복된다면 그 결과를 계속해서 얻을 것이라고 결론 내린다. 우리는 이제 연구 결과를 이해하기 위한 틀을 가지고 있다. 그러나 과학자들은 하나의 연구 결과에 대해 그렇게 많은 중요성을 두지는 않는다는 것을 알아차려야 한다. 어떤 현상에 관한 풍부한 이해는 같은 변인들에 관한 수많은 연구들의 결과로부터 나온다. 하나의 연구에 기초하여 모집단 값을 추론하는 것 대신에, 우리는 이전 연구들을 반복하는 여러 연구들의 결과를 볼 수 있다(Cohen, 1994를 보라). 반복의 중요성은 14장의 핵심 개념이다.

피어슨 적률상관계수의 유의성

12장에서 피어슨 적률상관계수가 두 변인들이 등간척도나 비율척도 속성을 가지고 있을 때 그 변인들 간의 관계의 강도를 기술하는 데 사용된다고 한 내용을 회상해 보라. 그러나 그 상관이 통계적으로 유의미한지에 관한 문제는 남아 있다. 이 경우에 영가설은 실제 모집단 상관이 0.00이라는 것이다(즉, 두 변인이 관련되지 않음). .27의 상관을 얻었다면 어떻게 될까? 통계적 유의성 검증이 이 영가설을 기각할지를, 그리고 실제로 모집단 상관이 0.00보다 크다고 결론 내릴지를 결정하도록 해줄 것이다. 이를 위한 기술적인 방법은 구한 상관계수를 0.00의 영가설 상관과 비교하는 t검증을 수행하는 것이다.

컴퓨터를 이용한 자료 분석

이 장과 12장에 제공되어 있는 공식들을 이용하여 계산기로 통계치를 계산할 수 있기는 하지만, 대부분의 자료 분석은 컴퓨터 프로그램에 의해 수행된다. 정교한 통계분석 소프트웨어 패키지들이 어떠한 자료들에 대해서도 쉽게 통계치를 계산할 수 있게 해준다. 기술통계치와 추론통계치들을 매우 빨리 얻을 수 있고, 계산은 정확하며, 통계적 유의성에 관한 정보는 결과 창에서 제공된다. 또한 컴퓨터는 자료를 그래프의 형태로 보여 줄 수 있다.

몇몇 주요 통계 프로그램들은 SPSS, SAS, SYSTAT, 그리고 무료로 이용이 가능한 R과 MYSTAT를 포함한다. 다른 프로그램들이 사용되기도 한다. 많은 사람들은 마이크로소프트 엑셀과 같은 스프레드시트 프로그램들을 이용하여 대부분의 통계분석을 한다. 당신은 이러한 소프트웨어를 이용하기 위해서는 구체적인 항목들을 배워야 할 것이다. 어떠한 프로그램도 다른 프로그램보다 더 낫지는 않다. 그 프로그램들은 결과물의 형태와 자료입력에 필요한 구체적일 절차에서 모두 다를 뿐이고, 다양한 검증을 수행할 수 있다. 그러나 분석을 수행하는 일반적인 절차들은 모든 통계 프로그램들에서 매우 유사하다.

분석을 수행하는 첫 번째 단계는 자료를 입력하는 것이다. 모델링과 공격성 실험 자료인 **표 12.1**의 자료를 입력한다고 가정해 보자. 자료들은 열의 형태로 입력된다. 컴퓨터 분석을 위해서는 자료를 행과 열을 가지고 있는 행렬로 생각하는 것이 가장 쉽다. 각 연구 참여자를 위한 자료가 행렬에서 열에 해당한다. 하나의 열은 각 참가자의 하나의 점수를 포함하며, 더 많은 측정치들을 위해서는 더 많은 열이 필요하다. 또한 추가적인 열이 각 개인이 어떤 조건(예: 집단 1 혹은 집단 2)에 있는지를 알기 위한 부호를 입력하기 위해 필요할 것이다. SPSS의 자료행렬이 **그림 13.6**에 나타나 있다. '집단' 열의 숫자들은 해당 개인이 집단 1(모델링 집단) 또는 집단 2(통제집단)에 있는지를 나타내며, '공격성 점수' 열의 숫자들은 **표 12.1**에 있는 공격성 점수들이다.

다른 프로그램들은 자료입력에서 조금 다른 방법을 요구할 수 있다. 예를 들어, 엑셀에서는, **그림 13.6**에 보여지는 것과 같이 각 집단에 대하여 별개의 열을 만드는 것이 대체로 가장 쉬운 방법이다.

다음 단계는 통계분석을 위한 과정을 실행하는 것이다. 다시 말하지만, 각 프로그램들은 분석을 수행하는 데 있어 조금씩 다른 절차를 사용한다. 대부분은 다양한 메뉴 옵션으로부터 분석을 선택하도록 한다. 분석이 완료되면, 당신이 수행한 통계절차의 결과를 보여 주는 결과 창이 나타난다. 당신은 그 결과물을 어떻게 해석할지를 배워야 할 필요가 있을 것이다. **그림 13.6**은 엑셀을 이용한 t검증의 결과물을 보여 주고 있다.

통계분석 프로그램 사용을 배우게 될 때, 통계 책에 있는 자료를 사용하여 당신이 동일한 결과를 얻는지를 확실히 하는 연습을 하는 것이 좋다. 이는 당신이 자료를 정확하게 입력하고 분석을 수행할 수 있도록 해줄 것이다.

	집단	공격성 점수
1	1	3
2	1	4
3	1	5
4	1	5
5	1	5
6	2	1
7	2	2
8	2	2
9	2	3
10	2	3
11	1	5
12	1	6
13	2	3
14	2	4
15	2	4

SPSS의 자료행렬

	A	B
1	모델링	통제
2	3	1
3	4	2
4	5	2
5	5	3
6	5	3
7	5	3
8	6	4
9	6	4
10	6	4
11	7	5
12		
13		

엑셀에서의 자료입력

*t*검증: 등분산 가정 두 집단

	모델링	통제
평균	5.200	3.100
분산	1.289	1.433
관측 수	10.000	10.000
통합 분산	1.361	
가설 평균차	0.000	
자유도	18.000	
t 통계량	4.025	
P(T<=t) 일방검증	0.000	
t 임계치 일방검증	1.734	
P(T<=t) 양방검증	0.001	
t 임계치 양방검증	2.101	

엑셀을 이용한 *t* 검증의 결과

그림 13.6 표 12.1의 자료(모델링 실험)를 이용한 컴퓨터 입력과 결과물의 예

적절한 통계검증 방법 선택하기

우리는 다양한 유형의 설계와 우리가 연구하는 변인들이 명목척도, 서열척도, 등간척도, 비율척도의 속성을 지니고 있음을 살펴보았다. 자료를 분석하기 위해 적절한 통계검증을 어떻게 선택할까? 다행히도, 다음과 같은 많은 온라인 가이드와 지침들이 있다. http://www.socialresearchmethods.net/selstat/ssstart/htm, http://wise.cgu.edu/choosemod/opening.htm. 또한 SPSS는 그 결정에 도움이 되는 통계 코치(statistics coach)를 가지고 있다.

우리는 가능한 분석을 모두 포함할 수는 없다. 우리는 (1) 명목척도 속성(남성과 여성처럼 둘 이상의 별개의 값)을 지니고 있거나, 아니면 (2) 반응시간이나 평정척도와 같은 많은 변인들에 대한 등간척도/비율척도 속성(연속변인이라고도 불림)을 지닌 변인들에 대해서만 초점을 둘 것이다. 우리는 서열척도의 값들을 지닌 변인들은 다루지 않을 것이다.

✿ 두 변인을 지닌 연구(이변량 연구)

이 경우에, 연구자는 두 변인들이 관련이 있는지를 연구한다. 일반적으로, 우리는 첫 번째 변인을 독립변인으로, 두 번째 변인을 종속변인으로 나타낸다. 그러나 실험연구를 하는지 아니면 비실험적 연구를 하는지는 관계가 없기 때문에, 우리는 쉽게 두 변인을 변인 X와 변인 Y라고 부르거나, 변인 A와 변인 B로 부를 수도 있다.

독립변인	종속변인	통계검증
명목 남성-여성	명목 채식주의자(예/아니요)	카이 제곱(Chi-square)
명목(2집단) 남성-여성	등간/비율 성적 평균	t검증
명목(3집단) 공부시간(낮음, 중간, 높음)	등간/비율 검사 점수	일원 변량분석
등간/비율 낙관성 점수	등간/비율 지난 해 아팠던 날의 수	피어슨 적률상관

✿ 여러 독립변인들을 지닌 연구

다음의 경우에서, 우리는 단일 종속변인에 대하여 둘 이상의 독립변인을 지닌 좀 더 복잡한 연구설계를 가지고 있다.

독립변인	종속변인	통계검증
명목 (둘 이상의 변인)	등간/비율	변량분석(요인설계)
등간/비율 (둘 이상의 변인)	등간/비율	중다회귀

이러한 연구설계 상황은 이전 장들에서 기술하였다. 물론 다른 많은 유형의 설계들이 있다. 다양한 변인들을 지닌 설계들(다변량 통계)은 Tabachnick와 Fidell(2007)이 상세하게 다루고 있다. 서열 수준의 측정치를 이용하는 연구의 절차는 Siegel과 Castellan(1988)의 책에서 찾아볼 수 있을 것이다.

이제까지 연구 아이디어를 어떻게 만들어 내고, 그 아이디어를 검증하기 위해 연구를 어떻게 수행하고, 그 결과의 통계적 유의성을 어떻게 평가하는지를 살펴보았다. 마지막 장에서, 우리는 연구가 수행된 특정 상황을 넘어서서 연구 결과들을 일반화하는 문제들을 살펴볼 것이다.

✻ 주요 용어

검증력(power) 338
변량분석(analysis of variance) 327
신뢰구간(confidence interval) 329
알파수준(alpha level) 322
연구가설(research hypothesis) 320
영가설(null hypothesis) 319
오차 변량(error variance) 328
자유도(degree of freedom, *df*) 327
체계적 변량(systematic variance) 328
추론통계(inferential statistics) 318
통계적 유의성(statistical significance) 320
표집분포(sampling distribution) 322
확률(probability) 320
1종 오류(type I error) 332
2종 오류(type II error) 333
*F*검증(*F* test) 327
*t*검증(*t*-test) 324

✻ 복습문제

1. 영가설과 연구가설을 구분하라. 연구자는 언제 영가설을 기각할 결정을 하는가?
2. 통계적 유의성이 의미하는 것은 무엇인가?
3. 어떤 요인들이 획득한 결과가 유의미할 것인지를 결정하는 데 가장 중요한가?
4. 1종 오류와 2종 오류를 구분하라. 왜 유의수준이 1종 오류를 범할 확률인가?
5. 유의수준을 선택하는 데 관련되는 요인들은 무엇인가?
6. 무엇이 2종 오류의 확률에 영향을 주는가?
7. 통계적 유의성과 실질적 유의성의 차이는 무엇인가?
8. 연구자가 유의미하지 않은 결과를 얻을 수 있는 이유를 논의하라.

✻ 실전문제

1. 한 실험에서, 한 집단의 참가자들이 오탈자를 찾기 위한 10장의 재료를 받았다. 다른 집단은 동일한 재료를 컴퓨터 화면에서 보고 같은 과제를 수행하였다. 종속변인은 5분 동안에 찾은 오탈자의 수다. .05의 유의수준이 이 결과를 평가하는 데 사용된다.
   a. 어떤 통계검증이 사용되는가?
   b. 영가설은 무엇인가? 연구가설은 무엇인가?
   c. 1종 오류는 무엇인가? 2종 오류는 무엇인가?
   d. 1종 오류를 범할 확률은 무엇인가?
2. Dre 교수의 연구에서, 인쇄된 조건과 컴퓨터 조건에서 발견된 오탈자의 평균 수는 각각 38.4와 13.2였다. 이 차이는 통계적으로 유의미하지 않았다. Seuss 교수가 동일한 실험을 수행하였을 때, 두 집단의 평균은 각각 21.1과 14.7이었는데, 이 차이는 통계적으로 유의미하였다. 어떻게 이런 일이 발생할 수 있는지를 설명하라.
3. 당신이 지역에 있는 아동 사회서비스 기관에서 일한다고 가정해 보라. 당신의 일은 가능한 아동 방치나 아동 학대의 실례들을 조사하는 것이다. 다양한 출처로부터 온 증거를 수집한 이후에, 당신은 그 아동을 그 집에 두어야 할지, 아니면 보호구치소로 보내야 할지를 결정해야만 한다. 이 상황에 대한 영가설과 연구가설을 명시하라. 1종 오류와 2종 오류는 무엇이 되는가? 1종 오류와 2종 오류 중에서 어

떤 오류가 이 상황에서 더욱 심각한가? 왜 그런가?

4. 연구자가 휠체어를 타고 있는 사람에 대한 태도를 조사하였다. 질문은 다음과 같았다. 사람들은 휠체어를 일시적으로 타고 있다고 지각한 사람에게 영구적인 장애가 있는 사람들과 다르게 반응할 것인가? 참가자들은 두 집단으로 무선적으로 할당되었다. 한 집단의 참가자들은 휠체어에 앉아 있는 공모자와 함께 다양한 과제들을 수행하였다. 다른 집단의 참가자들은 휠체어에 앉아 있는 동일한 공모자와 함께 과제들을 수행하였는데, 여기서 공모자들은 다리 깁스를 하고 있었다. 과제를 수행하는 세션이 지나고, 참가자들은 연구에 대한 그들의 반응과 관련된 설문지를 작성하였다. 한 질문은 다음과 같이 질문하였다. "앞으로 수업 과제에 당신의 짝과 함께 일할 생각이 있습니까?" 여기서 응답은 '예' 또는 '아니요'만으로 주어졌다. 이 실험을 위한 적절한 유의성 검증은 무엇이겠는가? 종속변인에 대한 비평을 할 수 있겠는가? 만약 당신이 종속변인을 바꾼다면, 유의성 검증의 선택에 영향을 미치겠는가? 만일 그렇다면, 어떻게 그러한가?

14

결과의 일반화

학습 목표

- 대학생들을 연구 참가자로 이용하는 것에서의 잠재적 문제를 포함하여, 연구 결과를 다른 모집단에 일반화하는 것에서 나타나는 문제들을 논의하기
- 연구 결과를 다른 문화와 다른 인종 집단에 일반화하는 것에 관한 문제를 논의하기
- 다른 실험자로의 일반화의 잠재적인 문제를 기술하고, 가능한 해결책을 제안하기
- 반복의 중요성을 정확 반복과 개념적 반복을 구분하여 논의하기
- 문헌 개관과 메타분석을 구분하기

이 장에서, 우리는 연구 결과의 일반화에 대한 문제를 생각해 볼 것이다. 어떤 연구가 특정한 표본과 특정한 절차를 통해 수행될 때, 그 결과는 다른 모집단에도, 혹은 변인을 조작하고 측정하는 다른 방식에도 일반화될 수 있는가? 4장에서 내적 타당도는 변인들 간 인과적 관계를 추론할 수 있는 능력을 말한다고 한 것을 회상해 보라. **외적 타당도**(external validity)는 결과들이 일반화될 수 있는 범위를 말한다.

다른 모집단에 일반화하기

연구자가 참가자들을 실험 조건들에 무선적으로 할당한다고 하더라도, 참가자들이 일반적인 모집단에서 무선적으로 선택되는 경우는 거의 없다. 우리가 7장과 9장에서 언급한 바와 같이, 심리학 연구에 참여하는 개인들은 대체로 그들이 가용하기 때문에 선택되고, 가장 가용한 모집단은 대학생들로 구성된다. 특히, 교양 학점을 채우기 위해 심리학 개론 수업을 듣는 1학년생이나 2학년생이 대부분이다. 또한 참가자들은 특정한 대학으로 모집되며, 자원할 수도 있으며, 대부분 남성이거나 대부분 여성일 수도 있다. 우리의 연구 결과들은 이런 유형의 피험자들에 대해서만 한정되는가? 우리의 발견들을 좀 더 일반적인 모집단으로 일반화할 수 있는가? 이러한 문제들을 고려한 후, 우리는 문화와 관련된 더 큰 논쟁과 어떻게 연구 결과들을 다른 문화 집단에 일반화할 수 있는가를 살펴볼 것이다.

대학생(그리고 쥐)

Smart(1966)는 1962년과 1964년 사이에 *Journal of Experimental Psychology*와 *Journal of Abnormal and Social Psychology*에 출판된 논문들 중에서 70% 이상이 대학생들을 연구하였다는 것을 발견하였다. Sears(1986)는 1980년과 1985년에 다양한 사회심리학 학술지들에서 유사한 백분율을 보고하였고, Arnett(2008)은 *Journal of Personality and Social Psychology*의 2007년에 게재된 논문들의 67%가 대학생 표본을 사용하였다는 것을 발견하였다. 잠재적 문제는 그러한 연구들이 매우 한정된 모집단을 사용한다는 것이다. Sears는 대부분의 학생들이 심리학 개론 수업을 듣는 1학년생과 2학년생이라는 점을 지적한다. 따라서 참가자들이 어린 경향성이 있고, 후기 청소년기의 특성을 보유하는 경향성이 있다. 이들은 자기정체감이 여전히 발달 중이고, 사회적 · 정치적 태도가 아직 변화하는 상태에 있고, 동료 승인에 대한 높은 요구가 있으며, 동료들 간 관계가 안정적이지 않다. 그들은 높은 인지능력을 보유한 지적인 사람들이다. 따라서 일반적인 사람들에 관해 아는 것은 실제로는 매우 선택적이고 흔치 않은 집단에 제한된 것일 수 있다. 게다가, Peterson(2001)은 집단으로서 학생들은 학생이 아닌 표본들보다 더 동질이라는 것을 발견하였다. 즉, 일반적인 모집단에서 성인들이 다른 성인들과 유사한 것보다 더 학생들은 다른 학생들과 유사하다.

Henry(2008)의 연구는 대학생들을 사용하는 것이 어떻게 편견에 관한 연구의 외적 타당도에 영향을 미칠 수 있는지를 보여 준다. 1990년부터 2005년까지의 그의 논문들에서, 점점 더 많은 비율의 대학생들이 참가자들로 이용되었다. 더욱이, 대학생들과 성인들을 비교한 편견에 관한 연구의 실제 결과를 바탕으로, 그는 성인들과 대학생들 간의 다양한 차이를 보고하였다. 예를 들면, 대학생들은 여성과 소수인종들에게 덜 보수적이었고, 더 선호한다고 평정하였다.

어떻게 대학생들이 흰쥐와 같은가? 동물을 대상으로 하는 많은 연구들은 오로지 악명 높은 흰쥐에 의존한다. 왜인가? 부분적으로는 Beach(1950)가 지적하듯, "쥐들은 강인하고, 싸고, 기르기가 쉬우며 실험실 환경에 잘 적응하기"(p. 119) 때문이다. 따라서 대학교 1학년생과 2학년생들처럼, 대학에서 쉽게 구할 수 있다.

✿ 자원자

연구자들은 일반적으로 연구 참여를 자원하도록 요청해야 한다. 많은 대학에서, 심리학 개론 수업을 듣는 학생들은 연구에 자원하거나 대안적인 과제를 수행하는 요구를 받는다. 대학생들이 아닌 모집단을 연구한다면, 당신은 더욱 자원자들에 의존하게 된다. 예컨대, 부부간 상호작용에 관한 연구에 참여하도록 입주자협회 회의에서 사람들에게 요청하거나, 사람들에게 당신의 웹 페이지에 가서 그 연구에 참여하는 것을 동의하도록 하거나, 건강관리 요구를 결정하기 위해 지역 거주자들에 대한 전화 조사를 수행할 수 있다. 이러한 모든 경우들에서, 결과의 외적 타당도는 제한될 수 있는데, 그 이유는 자원자들로부터 나온 자료는 일반적인 표본에서 얻은 것과는 다를 수 있기 때문이다. 일부 연구는 자원자들은 비자원자들과 여러 방식에서 다르다는 것을 지적한다. 이 주제에 관한 종합적인 연구에서, Rosenthal과 Rosnow(1975)는 자원자들은 보다 더 교육을 많이 받고, 더 높은 사회경제적 지위를 가지고 있으며, 더 많은 승인 요구를 보였으며, 더 사회적인 경향이 있었다.

더욱이, 다른 유형의 사람들이 다른 유형의 실험에 자원을 한다. 대학에서는, 많은 연구들의 제목 목록이 있는 게시판이 있을 수 있다. 서로 다른 유형의 사람들이 '소집단 상호작용'이라는 제목의 연구보다는 '문제해결'이라는 제목의 연구에 더 많이 참여할지도 모른다. 가용한 증거는 실제로 제목이 누가 참여할지에 대해 영향을 미친다는 것을 보여 준다(Hood & Back, 1971; Silverman & Margulis, 1973).

✿ 인터넷 연구

또 다른 중요한 고려사항은 참가자들에게 인터넷을 통해 자원하라고 요청할 때 발생한다. 인터넷 조사는 매우 일반적이다. 이메일 계정을 지닌 모든 사람들은 한 번 이상 조사에 참여하라는 요청을 받아 보았을 것이고, 인터넷 조사에 참여하는 것은 자원의 형태다. 이는 외적 타당도에 대한 중요한 함의를 지닌다. 첫째, 인터넷이 우리의 일상에서 기본적이고 필수적인 부분이 되었지만, 그 사용은 여전히 특정한 인구분포에서 더욱 일반적이다. Pew 연구소의 인터넷과 미국인 생활 연구(Pet Internet, 2010)는 도시와 비도시 지역에 사는 것, 대학교육을 받는 것, 나이가 어린 것, 수입이 높은 것들이 인터넷을 더 많이 사용한다고 보고하는 것과 관련된다는 것을 발견하였다. 따라서 인터넷 조사를 위해 자원자를 모집하는 것은, 연구자들이 관심 모집단에 잘 일반화되지 않을 수도 있는 특정 인구들로부터 표집하는 것이다. 이 문제에 더하여, 인터넷 사용자들 간에서조차 자원자들을 찾아야 하고, 그리고 인터넷 기반 연구가 어떤 방식들에서 수행하는 것이 더 쉽다고 할지라도 그것이 외적 타당도의 관점에서 잠재적으로 중요한 교환이 있다고 결론 내리는 것은 어렵지 않다.

✿ 성별에 대한 고려

때때로 연구자들은 오직 남성이나 여성만(혹은 남성과 여성 간 비균등한 비율로)을 사용하는데, 이는 단순히 그것이 편리하거나 연구 절차가 특정 성별에 더 잘 맞는 것으로 보이기 때문이다. 그러나 남성과 여성의 가능한 차이로 인하여, 그러한 연구들의 결과는 일반화되지 못할 수 있다(Denmark, Russo, Frieze, & Sechzer, 1988). Denmark 등은 단지 여성이 피임에 책임이 있다는 진부한 가정 때문에 오직 여성들만을 대상으로 한 피임실천에 관한 연구들의 예를 제공한다. 또한 그들은 연령이나 직업상태에 성별이 혼입되는 것이나 성별에 대해 고정관념적인 반응 측정도구를 선택하는 것을 포함하여 성별 편향이 심리학 연구에서 일어날 수 있는 여러 가지 다른 방식들에 대하여 지적한다. 해결책은 가능한 성차를 인식하는 것이며, 연구에 남성과 여성 모두를 포함시키는 것이다. 더욱이, 남성과 여성이 독립변인 처치나 설문지에서 질문하는 항목들을 다른 방식으로 해석할 수 있다는 것을 아는 것이 중요하다.

✿ 지역

참가자들이 모집된 지역 또한 연구의 외적 타당도에 영향을 줄 수 있다. 한 지역으로부터 모집된 참가자들은 다른 지역의 참가자들과 다를 수 있다. 예컨대, UCLA 학생들은 근처의 다른 주립대학의 학생들과 다를 수 있고, 또한 그 다른 주립대학 학생들은 그 지역의 전문대학 학생들과 다를 수 있다. 아이오와 주에 사는 사람들은 뉴욕시티에 사는 사람들과 다를 수 있다. 따라서 한 가지 유형의 교육환경이나 한 지역에 있는 학생들로부터 얻은 발견은 다른 환경이나 지역에 일반화되지 않을 수도 있다. 실제로, 연구들은 외향성(사회적 자극을 찾으려는 경향성)과 새로운 경험에 대한 개방성과 같은 성격 특질이 지역들에 걸쳐 어떻게 다른가를 연구하였다. Rentfrow, Gosling과 Potter(2008)는 다양한 지역에 살고 있는 미국인들 사이에 성격 특질들에서의 지역적 차이를 살펴보았고, 외향성이 지역에 따라 변한다는 것을 발견하였다. 중서부 주들에 사는 사람들은 북동부 주들에 사는 사람들보다 더 외향적인 경향을 보였고, 서부 주들에 사는 사람들은 새로운 경험에 대하여 더 개방적인 경향을 보였다. 따라서 한 지역에서 수행된 연구는 다른 지역으로 잘 일반화되지 않을 수도 있는데, 특히, 변인들이 지역과 어떤 식으로든 관련이 있을 때 더 그러하다.

✿ 통계적 상호작용으로서 일반화

일반화의 문제는 요인설계에서 상호작용으로 간주될 수 있다(10장을 보라). 상호작용은 한 조건에서는 변인들 간의 관계가 존재하지만, 다른 조건에서는 존재하지 않을 때, 혹은 관계의 속성이 한 조건과 다른 조건에서 서로 다를 때 발생한다. 따라서 만약 오직 남성들만을 사용한 연구의 일반화 가능성을 질문한다면, 당신은 성별과 독립변인 간 상호작용이 있나는 것을 제안하고 있는 것이다. 예컨대, 한 연구가 남성들 사이에서 밀집과 공격성의 상호작용을 살펴보고 있고, 밀집이 높은 수준의 공격성과 관련된다고 보고한다고 가정해 보자. 당신은 그러면 그 결과가 여성에게도 일반화될 수

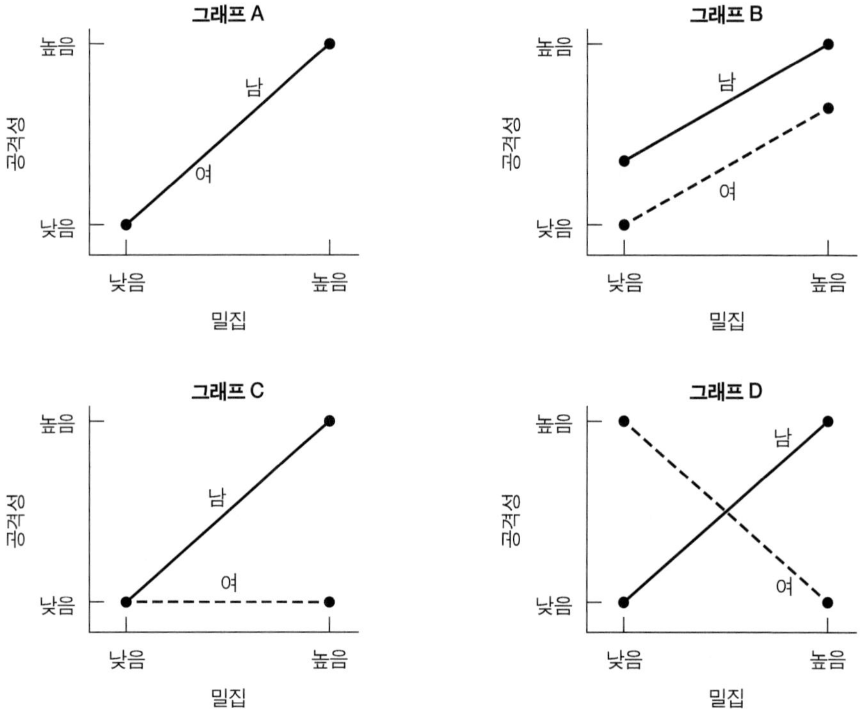

그림 14.1 밀집과 공격성에 관한 가설적 실험의 결과

주: 상호작용의 존재는 남성에 대한 결과를 여성에게 일반화할 수 없다는 것을 가리킨다.

있는지를 물어볼 수 있다.

그림 14.1은 남성과 여성 모두에 대하여 검사한 밀집과 공격성에 관한 가설적 연구의 네 가지 가능한 결과를 보여 준다. 각 그래프에서, 남성에 대한 밀집과 공격성 간의 관계는 그대로 유지되고 있다. 그래프 A에서는 상호작용이 없다. 즉, 남성과 여성의 행동이 거의 같다. 그래프 B에서도 또한 상호작용은 없다. 밀집의 효과는 남성과 여성에게서 동일하다. 그러나 이 그래프에서는 남성이 여성보다 전체적으로 더 공격적이다. 비록 이러한 차이가 흥미롭지만, 밀집과 공격성 간의 전체적인 관계가 남성과 여성에게 모두 나타나기 때문에 이것은 일반화의 요인이 아니다.

그래프 C와 D는 상호작용을 보여 준다. 둘 다에서, 남성에 대한 원래의 결과는 여성에게 일반화될 수 없다. 그래프 C에서, 여성에게는 밀집과 공격성 간에 아무런 관계가 없다. 그래프 D에서는, 그 상호작용은 남성에게는 밀집과 공격성 간에 정적인 관계가 존재하지만, 여성에게는 부적 관계가 존재한다는 것을 말해 준다. 밝혀진 바에 의하면, 그래프 D가 이 주제에 관한 여러 연구들의 결과를 묘사해 준다(Freedman,

Levy, Buchanam, & Price, 1972 참조).

연구자들은 해당 연구에 피험자 유형을 변인으로 포함시킴으로써 서로 다른 모집단의 사용으로부터 출발하는 외적 타당도의 문제를 다룰 수 있다. 성별이나 연령, 혹은 인종 집단과 같은 변인들을 연구설계에 포함시킴으로써, 그 결과를 **그림 14.1**에 묘사된 것과 같이 상호작용이 있는지를 결정하기 위해 분석할 수 있을 것이다.

✿ 대학생(그리고 쥐)에 대한 방어

피험자 특성에 기반하여 연구를 비평하는 것은 쉬운 일이지만, 비평 그 자체가 결과를 일반화할 수 없다는 것을 뜻하지는 않는다. 비록 우리가 대학생과 같은 유일한 모집단으로부터 일반화를 하는 것에 대한 잠재적인 문제에 관심을 가져야 할 필요가 있지만(Sears, 1986 참조), 우리는 이 문제에 관해 생각할 때 여러 가지를 또한 고려해야 한다. 첫째, 연구에서 대학생과 같은 어떤 특정한 유형의 참가자들을 사용하는 것에 대한 비평은 다른 유형의 피험자들에게는 관계가 발견되지 않을 수 있다는 좋은 이유로 인해 한 걸음 물러나야 한다. 대학생들도 결국은 인간이고, 연구자들은 특정 유형의 피험자들에게 일반화하는 것에 관하여 고민하지 않았다는 이유로, 그렇게 할 만한 좋은 이유가 있지 않음에도 불구하고, 비난받아야 할 필요는 없다. 더욱이, 대학생들의 신체는 점점 더 다양하고 점점 더 전체로서 그 사회를 대표한다(비록 대학생들은 항상 대학 학위를 받기 위한 능력과 동기를 가지고 있는 것으로 묘사될 수 있음에도 불구하고). 둘째, 연구의 반복은 단일 연구의 제한된 외적 타당도에 대한 보호수단을 제공한다. 연구들은 다른 학생들의 조합을 이용하여 다른 대학에서 반복되며, 최초에 대학생들을 대상으로 이루어진 많은 발견들은 이후에 아동이나, 노인, 다른 국가의 사람들과 같은 다른 모집단에게 적용된다. 인터넷 표본들이 많은 유형의 연구들에 점점 더 많이 사용되고 있다는 것을 언급하는 것도 필요하다. 그러한 연구들이 외적 타당도에 관한 스스로의 문제들을 불러일으키지만, 그 연구들은 대학생 표본들을 기반으로 하는 보완 연구들을 종종 수행한다.

끝으로, 실제로 쥐들이 강건하고 값싸지만, 쥐(그리고 비둘기 같은 다른 동물들)를 연구하는 것의 가치는 그 결과들을 인간에게 적용하는 연구들에 의해 증명되었다. 이러한 적용은 기억에 대한 생물학적 기초, 음식 선호, 성적 행동, 선택 행동, 그리고 약물 중독 등을 포함한다.

문화적 고려사항

광범위한 외적 타당도의 문제는 이론과 연구 결과들이 문화에 걸쳐 일반화되는가에 관한 질문이다. 현재의 심리학 연구에 대한 일부 관찰자들은 행동 연구에 참여하는 표본들의 유형에 대하여 매우 회의적이다. Arnett 등(2008)에 의한 출판된 연구들에 대한 분석에 기초하여, Henrich, Heine, 그리고 Norenzayan(2010)은 심리학이 이상한(WEIRD, Western, Educated, Industrialized, Rich, Democratic, 즉 서구의, 교육받은, 산업화된, 부유한, 민주주의적인) 사람들에 대한 연구를 기반으로 한다고 주장하였다. 많은 경우들에서, 연구 표본들은 우선적으로 미국이나 다른 영어 문화권의 국가들, 유럽에 있는 대학생들로 구성된다. 궁극적으로 연구자들은 보편적으로 적용되는 인간 행동의 측면들을 발견하기를 기대하지만, 실제로는 그들의 제한된 표본을 넘어서서 일반화할 수는 없다. 이는 그 본질에 있어 행동 연구의 외적 타당도에 대한 비판이다. 즉, 인간 행동 연구가 모든 사람들에게 일반화되는가, 아니면 그것이 실제로 '이상한(WEIRD)' 사람들에 대한 연구인가?

분명히, 만일 심리학자들이 인간의 행동을 이해하고 싶다면, 그들은 문화에 걸친, 문화들 간의 인간의 행동을 이해해야만 한다(Henrich et al., 2010; Miller, 1999). Miller는 문화를 심리학 이론에 포함하는 것의 이점을 설명하기 위해 Kitayama, Markus, Matsumoto와 Norasakkunkit(1997)의 자기개념에 관한 연구를 기술하였다. 자기개념에 대한 전통적인 이론들은 미국과 서유럽의 문화에 근거를 둔다. 여기서 '자기'는 사람들이 다른 사람들과 독립적이고, 자기 고양이 개인적 성취로부터 나오는 개인주의적 개념이다. Kitayama와 동료들은 더 광범위한 문화적 조망을 택하였다. 즉, 미국식 자기라는 개념에 반하여, 다른 문화에서 '자기'는 자기존중감이 타인과의 관계로부터 유래되는 집단적 개념이다. 종종 일본인은 자기비판을 하게 되는데, 이는 관계 유지의 관점으로 볼 수 있는 반면, 미국인들은 자기존중감을 유지하고 증진시키기 위해 일을 한다. 따라서 이 두 문화에서 매우 다른 활동들이 긍정적인 자기개념에 기여한다(Kitayama et al., 1997). 이는 심리적 과정에 문화를 결합시키는 연구에서 매우 일반적인 주제다. "그러나 자기존중감의 의미는 문헌에서 전형적으로 제안되는 것보다 더욱더 문화 특수적일 것이다"(p. 1262).

이러한 문화적 연구의 많은 부분이 성격이나 다른 심리적 특성에 존재할 수 있는 유사성과 차이뿐만 아니라, 서로 다른 문화에서 온 사람들이 동일한 환경에 반응하는 방식을 확인하는 데 초점을 둔다(Matsumoto, 1994). Kim, Sherman과 Taylor(2008)의 연구는 문화집단에 걸친 외적 타당도의 한계에 대한 또 다른 예를 제공한다. 이 연구는 서로 다른 문화에서 온 사람들이 스트레스 대처를 위해 사회적 지원을 어떻게 사용하는지에 초점을 두었다. 이 주제에 관한 연구를 개관하면서, 그들은 아시아 사람들과 아시아계 미국인들은 유럽 출신의 미국인들에 비하여 사회적 지원의 다른 양식으로부터 이득을 얻을지 모른다고 결론을 내렸다. 예컨대, 아시아계 미국인들은 많은 유럽계 미국 집단에서 지원의 보증이 되는 개인적인 스트레스 사건과 느낌에 대한 극심한 공개와 같은 것들을 수반하지 않는 지원으로부터 이득을 얻을 가능성이 더 높다. 그들은 아시아 사람들과 아시아계 미국인들이 공유보다는 근접성(가까운 친구들과 있는 것)에 대한 편안함으로 얻게 되는 지원으로부터 더 많은 이득을 취한다고 제안한다.

이 예들은 모두 문화들 간의 차이에 초점을 두었다. 또한 많은 연구들이 문화에 걸친 유사성을 찾는다. 예를 들어, 진화심리학자들은 특정한 행동이나 태도가 우리의 진화적 과거에 의해 설명될 수 있는지를 알기 위해, 문화에 걸친 유사성을 찾고 있기 때문에 종종 서로 다른 문화 집단들에서 연구를 수행한다. 예컨대, Singh, Dixson, Jessop, Morgon과 Dixon(2010)은 아름다움의 특정한 측면이 더 큰 번식 성공과 관련되는가를 알고 싶어 하였다. 그것은 허리-엉덩이 비율(예: 허리가 25인치이고, 엉덩이가 35인치인 비율은 .71이다)로, 성호르몬과 관련이 있고, 따라서 생식력과 관련이 되며, 문화에 걸쳐 매력적인 것으로 나타날 수 있다. 아프리카, 사모아, 인도네시아, 뉴질랜드의 다양한 집단들이 허리-엉덩이 비율이 작거나 큰 여성의 사진을 평가하였다. 연구자들은 실제로 여성들 중에 허리-엉덩이 비율이 낮은 사람들이 모든 집단에 걸쳐 더 매력적인 것으로 나타났다. 이 예에서, 한 문화에서 얻은 결과는 다른 문화들에 일반화된다.

다른 실험자들에게 일반화하기

실험을 실제로 수행하는 사람은 또 다른 외적 타당도 문제의 출처다. 대부분의 연구에서, 오직 한 실험자만이 관여를 하고, 실험자의 개인적 특징에 대해서는 많은 주의를 기울이지 않는다(McGuigan, 1963). 주된 목적은 실험 내내 실험자가 피험자에게 주는 어떠한 영향도 일정하게 하도록 하기 위함이다. 그러나 결과가 특정한 유형의 실험자에게만 일반화될 수 있을 가능성이 항상 존재한다.

실험자의 중요한 특징들 중의 일부를 Kintz와 동료들이 논의하였다(Kintz, Delprato, Mettee, Persons, & Schappe, 1965). 이들은 실험자의 성격과 성별, 그리고 실험자 역할에 대한 연습량을 포함한다. 따뜻하고 친절한 실험자는 거의 확실히 차갑고 불친절한 실험자와는 거의 확실히 다른 결과를 만들어 낼 것이다. 참가자들 또한 남성 실험자와 여성 실험자에 대해 서로 다르게 행동할 수 있다. 심지어 토끼들도 경험 많은 실험자에 의해 훈련을 받을 때 더 빠르게 학습한다는 것이 증명되었다(Brogden, 1962)! 실험자의 영향은 또한 참가자들의 특성에도 의존할 수 있다. 예컨대, 참가자들은 다른 성별의 실험자에 의해 검사를 받을 때 수행이 더 우수한 것으로 보인다(Stevenson & Allen, 1964).

다른 실험자에 대한 일반화 문제를 위한 한 가지 해결책은 둘 이상의 실험자를 포함하는 것이다. 여러 명의 실험자들을 이용하는 것의 한 가지 좋은 예는 Rubin (1975)의 연구로, 이 연구에서는 자기노출을 조사하기 위해 여러 명의 남성과 여성 실험자들을 보스턴 공항으로 보냈다. 실험자들은 남성과 여성 여행객들에 관한 다른 유형의 정보를 발견하였고, 그다음 여행객들의 자기노출을 기록하였다. 한 가지 흥미로운 결과는 여성들은 남성 실험자에게 자기 자신에 관하여 더 많이 드러냈고, 남성들은 여성 실험자에게 자기 자신에 관하여 더 많이 드러냈다는 것이다.

사전검사와 일반화

연구자들은 종종 사전검사를 해야 하는지에 관한 결정에 직면하게 된다. 직관적으로, 사전검사를 시행하는 것은 좋은 생각으로 보인다. 연구자는 사전검사에서 집단들이 동등하다는 것을 확실히 할 수 있고, 단지 사후검사에서 집단 평균을 보는 것보다 개인들의 점수가 변화하는 것을 보는 것에 대하여 더 만족스러워할 수 있다. 그러나 사전검사를 시행하는 것은 사전검사를 받지 않은 모집단으로 일반화하는 능력에 제약을 가할 수 있다. 실생활에서, 사람들은 사전검사를 거의 받지 않는다. 예컨대, 정치 연설을 듣기 전이나 광고를 보기 전에 태도를 측정하지는 않는다(Lana, 1969 참조).

사전검사를 사용하는 중요한 이유는 일부 참가자들이 실험으로부터 철회할 가능성이 높을 때 연구자로 하여금 탈락(혹은 소모)의 효과를 평가하는 것을 가능하게 한다는 것이다. 만약 사전검사를 시행한다면, 철회한 사람들이 연구를 완료한 사람들과 서로 다른지를 결정할 수 있다. 8장에서, 솔로몬 네 집단 설계(Solomon, 1949)가 사전검사가 바람직하지만 그 사전검사를 받는 것의 가능한 영향에 관한 염려가 있는 상황에서 사용될 수 있다고 한 것을 회상해 보라. **솔로몬 네 집단 설계**(Solomon four-group design)에서, 참가자들의 절반은 사전검사를 받고, 나머지 반은 사후검사만을 받는다. 즉, 동일한 실험이 사전검사와 함께, 그리고 사전검사 없이 수행된다. 탈락의 효과는 사전검사 조건들에서 평가될 수 있다. 또한, 연구자는 독립변인과 사전검사 간에 상호작용이 있는가를 살펴볼 수 있다. 즉, 종속변인에서 사후검사 점수가 사전검사를 받았는지의 여부에 따라 서로 다른가? 때때로 연구자들은 하나의 단일 실험에서 네 집단 모두를 포함하는 연구를 수행하는 것이 가능하지 않다는 것을 발견한다. 이런 경우에는, 첫 번째 연구에서 사전검사를 포함할 수 있고 이후에 사전검사 없이 그 연구를 반복할 수 있다.

실험실 환경으로부터 일반화하기

실험실 환경에서 수행되는 연구는 실험자가 통제가 잘된 조건들에서 독립변인들의 영향을 연구할 수 있게 해주는 장점을 가지고 있다. 여기서는 연구의 내적 타당도가 주된 고려사항이다. 그러나 실험실 환경의 인위성이 실험실에서 얻은 결과를 실생활 환경으로 일반화하는 능력을 제한하는지에 관해서는 질문에 제기된다.

Mook(1983)는 인위성 문제에 대한 한 가지 응답을 분명히 설명하였다. 즉, 연구의 목적이 주의 깊게 통제된 조건들에서 인과적 관계를 살펴보는 것일 때에는 실생활 환경으로의 일반화는 관련이 없다는 것이다. Mook는 외적 타당도에 근거한 실험실 연구에 대한 반사적인 비평이 너무 일반적이라는 것에 우려를 표한다. 좋은 연구가 가장 중요한 것이다.

실험실 인위성과 관련한 비평에 대한 또 다른 응답은 현장 실험의 결과를 살펴보는 것이다. 현장 연구에서는 연구자가 자연적 환경(예: 공장, 학교, 거리 등)에서 독립변인을 조작한다고 한 4장의 내용을 회상해 보라.

Anderson, Lindsay와 Bushman(1999)은 동일한 변인을 연구하는 실험실 실험과 현장 실험이 실제로 동일한 결과를 산출하는가를 질문하였다. 이 질문에 답하기 위해, 그들은 실험실 실험이 대응되는 현장 실험을 가지고 있는 38개의 연구 쌍들을 확인하였다. 이 연구들은 공격성이나, 도움행동, 기억, 리더십 유형, 우울 등을 포함하는 다양한 연구 분야로부터 나온 것들이었다. 실험실 실험과 현장 실험의 결과는 실제로 매우 유사하였다. 즉, 종속변인에 대한 독립변인의 효과크기가 두 유형의 연구들에서 매우 유사하였다. 따라서 실험실 실험과 현장 실험이 서로 다른 환경에서 수행되었음에도 불구하고, 결과들은 서로 모순되는 것이 아니라 상호보완적이다. 연구의 발견이 중다 방법을 이용하여 반복될 때, 그 발견에 대한 외적 타당도에 관한 우리의 확신은 증가한다.

반복의 중요성

연구의 **반복**(replication)은 단일 연구에서 발생하는 일반화의 문제를 극복하는 한 가지 방법이다. 고려해야 하는 두 가지 유형의 반복이 있는데, 그 중 한 가지는 정확 반복이고, 다른 하나는 개념적 반복이다.

정확 반복

정확 반복(exact replication)은 한 연구의 절차를 정확히 반복하여 동일한 결과를 얻는지를 확인하기 위한 시도를 말한다. 예상하지 않은 결과를 얻는 연구자는 종종 그 결과가 신뢰로운가를 확실히 하기 위해 반복을 수행할 것이다. 만약 당신이 어떤 문제에 관한 연구를 시작하고 있다면, 당신이 그 절차들을 정확히 이해하고, 동일한 결과를 얻을 수 있을지를 확실히 하기 위해 중요한 연구를 반복하고자 할 수 있다. 종종, 정확 반복은 연구자가 이전 연구의 결과들에 기반할 때 나타난다. 예컨대, 당신이 이전에 언급되었던 Singh 등(2010)의 허리-엉덩이 비율에 관한 연구에 매우 흥미를 가졌다고 가정해 보자. Singh는 .70의 비율을 지닌 여성을 가장 매력적인 것으로 평가한다고 보고한다. 당신의 연구에서, 당신은 원래의 연구에서 사용되었던 절차들을 반복하고, 그 연구를 확장할 수 있을 것이다. 예를 들어, 당신은 원래의 표본과 유사한 남성들뿐만 아니라 다른 문화나 다른 연령 집단의 남성들로 이 현상을 연구할 수 있을 것이다. 당신이 원래의 연구 결과를 매우 유사한 절차들을 이용하여 반복할 때, 원래의 결과에 대한 외적 타당도에서 당신의 확신은 증가된다.

'모차르트 효과'는 반복의 중요성에 대한 흥미로운 예를 제공해 준다. Rauscher, Shaw와 Ky(1993)에 의해 수행된 원래의 연구에서, 대학생들은 모차르트 소나타를 10분간 들었다. 그다음 이 학생들은 스탠퍼드-비네 지능검사의 공간추론 검사에서 이완 음악이나 단순히 조용한 조건에 노출된 학생들보다 더 우수한 수행을 보였다. 이 발견은 언론에서 엄청난 주목을 받았고, 사람들은 그 결과를 모차르트 소나타로 아동의 지능을 증가시킬 수 있는 가능성으로 재빠르게 일반화하였다. 사실, 한 주정부에서 모차르트 CD를 산부인과 분만실에 배부하기 시작하였고, 사업가들은 모차르트 세트를 인터넷을 통해 부모에게 판매하기 시작하였다. 그러나 몇 년이 지나는 동안, 모차르트 효과를 반복하는 것에 실패하였다(Steele, Bass, & Crook, 1999를 보라). 반복의 실패는 그 효과를 산출하기 위한 정확한 조건들이 사용되지 않았기 때문에 발생할 수 있다고 위에서 언급하였다. 이 경우에 대해, Rauscher와 Shaw(1998)는 모차르트 효과를 산출하는 데 필수적인 조건들을 상세하게 기술함으로써 많은 반복 실패에 대해 응답하였다. 그러나 Steele 등(1999)과 McCutcheon(2000)은 Rauscher와 Shaw의 권고를 따랐는데도 불구하고 효과를 얻을 수 없었다. 모차르트 효과에 관한 연구는 계속되고 있다. 일부 최근의 발견은 그 효과가 각성 또한 증가시키는 음악에 한정된다고 제안한다. 즉, 이 각성이 그 음악에 대한 노출 이후에 더 나은 수행을 야기하는 원인이 될 수 있다(Thompson, Schellenberg, & Husain, 2001). Bangerter와 Heath(2004)는 모차르트 효과에 관한 연구의 발달에 대한 상세한 분석을 제공한다.

그럼에도 반복에 대한 단 한 번의 실패가 많은 것을 드러내지는 않는다. 즉, 반복에 대한 단 한 번의 실패에 기반하여, 이전 연구가 필연적으로 타당하지 않다고 가정하는 것은 비현실적이다. 반복에 대한 실패는 13장에서 언급한 바와 같이, 유의미하지 않은 결과와 마찬가지 문제를 공유한다. 반복의 실패는 원래의 결과가 타당하지 않다는 것을 의미할 수도 있지만, 그것은 또한 반복의 시도에 결함이 있음을 의미할 수도 있다. 예컨대, 만약 반복이 학술지 논문에 보고된 절차를 기반으로 한다면, 그 논문이 절차들 중에서 어떤 중요한 측면을 빠뜨렸을 가능성이 있다. 이러한 이유로, 연구에서 사용된 모든 재료들에 관하여 상세한 정보를 작성하는 것이 대체로 좋은 생각이다.

반대로, 우리가 보았던 모차르트 효과의 경우에서처럼, 많은 연구자들이 반복을 시도하기 때문에, 반복의 시도는 별개로 일어나지 않는다. 되풀이되는 반복에 대한 실패는 원래의 결과가 우연이었다는, 즉 1종 오류가 발생하였다는 결론으로 이끌 수 있다. 또 다른 가능성은 그 결과가 오직 특정적으로 제한된 상황에서만 얻어질 수 있다는 것을 보여 줄 수 있다. 소수의 경우들에서, 원래의 연구자들이 어떤 방식으로 그 결과를 잘못 표현하였다는 것이 밝혀질 수 있다(사기의 예를 탐지하는 데 있어 반복의 역할에 대해 논의한 3장의 내용을 보라).

✿ 개념적 반복

개념적 반복(conceptual replication)은 연구 결과를 반복하기 위해 다른 절차들을 사용하는 것이다. 개념적 반복에서, 연구자들은 추상적인 개념적 변인들 간의 관계를 그 변인들에 대한 새롭거나 다른 조작적 정의를 사용함으로써 이해하기 위한 시도를 한다. 개념적 반복은 행동에 대한 우리의 이해를 더 발전시키는 데 있어 정확 반복보다 더 중요하다.

대부분의 연구에서, 핵심 목표는 개념적 변인들 간의 관계가 존재하는지를 발견하는 것이다. 원래의 모차르트 효과 연구에서, 연구자들은 고전음악에 대한 노출이 공간추론에 미치는 효과를 살펴보았다. 이것들은 개념적 변인들이다. 즉, 실제 연구에서는 변인들에 대한 구체적인 조작적 정의가 사용되었다. 고전음악에 대한 노출은 모차르트의 《두 대의 피아노를 위한 소나타 D장조》에 대한 10분간의 노출로 조작적 정의가 이루어졌다. 공간추론은 특정한 공간추론 측정도구에서의 수행으로 조작적 정의가 이루어졌다.

개념적 반복에서, 동일한 독립변인은 다른 방법으로 조작적 정의가 이루어지고, 종속변인 또한 다른 방식으로 측정될 수 있다. 개념적 반복은 사용되는 변인들이 복잡하고, 서로 다른 방법으로 조작적 정의가 이루어질 수 있기 때문에 사회과학에서 매우 중요하다. 어떤 변인에 대한 완전한 이해는 다양한 조작적 정의를 사용하여 변인들을 연구하는 것을 수반한다. 핵심적인 일반화 질문은 그 관계가 변인들에 대한 다른 방식의 조작이나 측정이 사용될 때에도 유지되는지의 여부다. 때때로 개념적 반복은 대안적인 자극(예: 다른 모차르트 소나타나 다른 작곡가의 음악) 또는 대안적인 종속 측정도구(예: 다른 공간추론 과제)를 수반할 수 있다. 또는 이전에 언급한 바와 같이, 동일한 변인들은 때때로 실험실 상황과 현장 상황 모두에서 연구될 수 있다. 개념적 반복이 유사한 결과를 산출할 때, 변인들 간 관계에 대한 일반화 가능성에서 우리의 확신은 크게 증가한다.

이 논의는 또한 연구 발견에 관해 생각하는 중요한 방식을 일깨워 준다. 연구 결과는 개념적 변인들 간의 관계를 나타내는 것이지, 구체적인 조작적 정의에 기반하는 것이 아니다. 당신은 20년 전에 수행된 한 연구에서 적용한 특정한 방법에 관하여 읽고, 그 연구가 오늘날 반복될 수 있을 것인가에 대해 궁금해하였을 수 있을 것이다. 또한 당신은 한 연구에서 사용된 방법이 매우 특이해서 다른 상황에 절대 일반화되지 않을 것이라고 생각하였을 수도 있다. 이러한 우려는 개념적 반복의 맥락에서 생각하면 그렇게 심각한 것은 아닌데, 그 이유는 조작적 정의는 시간 경과에 따라 변할 수 있지만 종종 이에 기반하는 개념적 변인은 더욱 일정하게 유지되기 때문이다. 인정하는 바와 같이 어느 한때 수행된 어떤 연구의 특정한 방법은 현재의 정치적 · 문화적 상황에서의 변화 때문에 오늘날에는 효과적이지 않을 수 있다. 그러나 그 조작의 개념적 반복은 개념적인 이론적 변인들 간의 관계는 여전히 존재한다는 것을 증명하게 될 것이다. 유사하게, 특정 연구의 좁은 초점은 만일 다른 절차를 이용하여 일반적인 발견이 반복된다면 거의 문제가 되지 않는다.

문헌 개관과 메타분석을 통해 일반화를 평가하기

연구자들은 연구 결과에 대한 외적 타당도에 관한 결론을 전통적으로 문헌 개관을 통해 이끌어 내었다. **문헌 개관**(literature review)에서, 연구자는 특정한 주제를 다루는 수많은 연구들을 읽고, 그 문헌들을 요약하고 평가하는 논문을 쓴다. 『미국심리학회 출판지침』은 다음과 같이 기술한다. "연구 종합과 메타분석을 포함하는 문헌 개관은 이미 출판된 자료들에 대한 비평적 평가다. 이미 출판된 자료들에 대한 조직화, 통합, 그리고 평가를 통해, 문헌 개관의 저자들은 문제를 명확하게 하는 방향으로 연구의 진행을 고려한다"(APA, 2010, p. 10). 문헌 개관은 (1) 무엇이 발견되었는가를 요약하고, (2) 어떤 발견들이 그 문헌에서 강하게 지지되고 약하게 지지되는지를 말하며, (3) 불일치하는 발견들과 그 연구가 부족한 영역에 대해 지적하고, (4) 앞으로의 연구를 위한 방향을 논의하는 정보를 제공한다.

때때로 개관은 저자가 연구 발견에 대한 기술을 제공하고 그 문헌에 관한 결론을 이끌어 내는 방식에서 서술식일 수 있다. 서술적 문헌 개관에서의 결론은 그 저자의 주관적인 인상에 기초한다. 한 영역의 수많은 연구들을 비교하는 또 다른 기법은 **메타분석**(meta-analysis)이다(Borenstein, Hedges, Higgins, & Rothstein, 2009). 메타분석에서, 연구자는 수많은 연구들의 실제 결과들을 조합한다. 이 분석은 많은 다른 연구들에 걸친 결과를 비교하기 위해 효과크기를 사용하는 통계적 절차들로 구성된다. 서술적 문헌 개관에서 얻은 판단에 의존하는 것 대신, 메타분석은 그 자료들로부터 통계적 결론을 이끌어 낼 수 있다. 이 통계적 절차들을 염려할 필요는 없다. 그 절차들은 획득한 효과크기와 신뢰구간을 포함하는 연구 결과들에 대한 여러 속성들을 살펴보는 것을 수반한다. 여기서 중요한 점은 메타분석이 많은 다른 연구들로부터 나온 결과들을 살펴보는 것으로 그 발견의 신뢰성을 결정하기 위한 방법이라는 것이다.

Stewart와 Chambless(2009)는 불안 장애를 위한 인지행동치료의 효과성에 관한 연구들에 대한 메타분석을 수행하였다. 전통적인 문헌 개관과 메타분석은 모두 그 주제에 관한 이전 연구들로 시작한다. 이 경우, Stewart와 Chambless는 불안 장애(공황장애, 사회불안, 외상 후 스트레스 장애, 범불안 장애, 그리고 강박 장애 포함)로 진단받은 성인들에게 인지행동치료를 시행한 56개의 연구들을 포함하였다. 추가적인 약물치료를 포함한 연구들은 제외되었다. 연구자들은 이 연구들의 결과에 대한 통계분석을 수행하였고, 인지행동치료가 모든 유형의 불안 장애를 치료하는 데 효과적이라는 결론을 내렸다. 전통적인 문헌 개관에서, 메타분석으로 도달할 수 있는 일반적인 결론의 유형을 제공하는 것은 어려울 수 있는데, 그 이유는 서로 다른 실험설계와, 장애, 그리고 불안의 측정치들을 가진 많은 연구들로부터의 정보를 통합하는 것이 필수적이기 때문이다.

메타분석이 분명한 결론을 이끌어 낼 수 있는 가장 중요한 이유들 중 하나는 메타분석 연구들이 효과크기에 중점을 두기 때문이다(효과크기가 두 변인들이 관련된 정도를 나타낸다고 한 이전의 내용을 회상해 보라). 메타분석에서의 전형적인 표는 다양한 연구들에 걸친 평균 효과크기에 대한 요약과 더불어 수많은 연구들에서 얻은 효과크기를 보여 줄 것이다. 더욱 중요하게, 이 분석은 가설을 검증하는 것을 가능하게 해주는, 서로 다른 연구 유형들 간의 효과크기를 비교하는 것을 가능하게 해준다. 예컨대, Miller와 Downey(1999)는 체중과 자기존중감의 관계를 조사한 71개의 연구결과들을 분석하였다. **표 14.1**은 그 결과들 중 일부를 보여 준다. 모든 연구들에 걸친 평균 효과크기 r은 $-.18$이었다. 즉, 더 높은 체중은 더 낮은 자기존중감과 관련되었다. 그러나 여러 변인들이 체중과 자기존중감 간의 관계를 조절하였다. 즉, 체중 변인이 실제 체중이 아닌 지각된 체중으로 보고되었을 때 효과크기가 더 컸고, 체중과 자기존중감 간의 관계는 남성보다 여성에게서 조금 더 컸다. 끝으로, 그 효과는 높은 사회경제적 배경을 지닌 개인들에게 더 컸다.

서술적 개관과 메타분석 모두 가치 있는 정보를 제공하며 실제로 상호보완적이다. 메타분석은 통계적인, 양적인 결론을 가능하게 해주는 반면, 서술적 개관은 문헌들에서의 경향과 앞으로의 연구에 대한 방향을 확인하게 해주는 좀 더 질적인 접근이다. Bushman과 Wells(2001)는 메타분석에 대한 지식이 문헌 개관에 관한 정보를 해석하는 방식을 향상시킬 수 있는 흥미로운 방법을 시사한다. 그들의 연구에서 개관을 한 사람들은 매력도에 대한 태도 유사성의 효과를 다루는 20개 연구들의 결과에 관한 제목과 정보를 제공받은 대학생들이었다. 때때로 어떤 제목들은 그 결과에 대하여 핵심적이었고(예: '유유상종'), 다른 제목들은 그렇지 않았다(예: '누가 누구를 좋아하는

표 14.1 체중과 자기존중감에 관한 메타분석 결과의 일부

변인	효과크기 r
전체 관계	−.18
체중 측정치	
실제 체중	−.12
지각된 체중	−.34
성별	
여성	−.23
남성	−.19
사회경제적 지위	
저	−.16
중	−.19
고	−.31

주: Miller와 Downey(1999)에서 발췌함.

가에 관한 연구'). 핵심적 제목들은 분명히 기억하기가 더 쉬웠다. 그 발견들에 관한 결론을 이끌어 내라고 요청하였을 때, 메타분석에 관한 지식이 없는 대학생들은 핵심적인 제목들을 제공받았을 때, 유사성과 매력도 관계의 크기를 과내추정하였나. 개관을 했던 다른 대학생들은 메타분석에 대한 짧은 훈련을 받았다. 이들은 실제 발견에 관하여 정확한 결론을 이끌어 냈다. 즉, 그들은 논문 제목에 의해 영향을 받지 않았다. 따라서 메타분석을 수행하지 않고서도 메타분석에 관한 배경지식이 연구 결과들을 개관할 때 이로울 수 있다.

❦ 삶을 향상시키기 위해 연구를 활용하기

미국심리학회의 회장단 연설에서, George Miller(1969)는 '인간의 복지를 강화시키는 도구로서의 심리학'에 관하여 논의하였고, '심리학의 환원'에 대해 말하였다. Miller는 일반화의 폭넓은 문제를 다루면서, 우리가 인간의 행동에 관하여 아는 것을 바탕으로 일상생활의 모든 영역에서 심리학을 많은 사람들에게 환원해야 한다고 하였다. Zimbardo(2004)의 미국심리학회 회장단 연설에서 Miller의 심리학 환원에 대한 선언

을 기리는 많은 방법들을 제안하였다. 심리학 연구의 영향은 건강(스트레스나 심장병, 그리고 성병과 관련된 건강관련 행동들을 촉발시키는 프로그램들), 법과 형사행정학(6명과 12명 배심원의 효과에 관한 자료를 제공하는 것과 법률 집행자들이 목격자 확인의 정확성을 향상시킬 수 있는지를 보여 주는 것), 교육(학업수행을 북돋우거나, 서로 다른 인종 집단 간의 갈등을 감소시키는 방법을 제공하는 것), 그리고 작업환경(근로자에게 더 많은 통제를 부여하는 것과 사람들이 작업공간에서 컴퓨터와 다른 기계들과 상호작용하는 방식을 향상시키는 것)과 같이 많은 영역에서 볼 수 있다. 이에 더하여, 심리학자들은 양육과 교육, 정신건강, 그리고 많은 다른 주제들에 관한 정보를 공공에게 제공하기 위해 인터넷을 사용하고 있다. 예컨대, 미국심리학회(American Psychological Association, http://www.apa.org)와 심리과학협회(Association for Psychological Science, http://psychologicalscience.org), 국립정신건강정보센터(National Mental Health Information Center, http://www.mentalhealth.samsha.gov), 그리고 그들의 전문지식을 공공과 공유하는 많은 심리학자들이 있다.

우리는 기초연구가 사람들의 삶을 향상시키는 데 적용되는 방법들 중의 일부만을 살펴보았다. 이 장에서 강조하였던 연구 결과를 일반화하는 모든 잠재적인 문제들에도 불구하고, 많은 증거들은 우리가 우리의 발견을 우리 삶의 많은 측면으로 일반화할 수 있다는 것을 제안한다.

✻ 읽을거리: 결과의 일반화

1,800킬로그램에 가까운 자동차를 운전하는 것은 위험한 일이다. 자동차 사고는 매년 미국에서 가장 예방할 수 있는 사망 원인들 중의 하나다. 방해자극은 자동차 사고의 가장 일반적인 원인들 중의 하나이고, 다른 사람에게 말하는 것이 가장 일반적인 방해자극이다.

운전 중 대화의 효과를 관찰하기 위한 노력으로, Drews, Pasupathi와 Strayer(2008)는 운전자들이 범하는 오류를 추적하는 운전 시뮬레이터를 이용한 연구를 수행하였다. 연구자들은 대화의 유형을 변화시켰다. 한 조건에서, 참가자들은 동승자와 대화를 하였다. 다른 조건에서, 참가자들은 휴대전화로 대화를 하였다. 또한 통제 조건인 대화가 없는 조건도 포함되었다. 당신이 예상하듯, 어떠한 대화를 하더라도 더 많은 오류를 산출하였다. 그러나 운전 오류의 수는 휴대전화 조건에서 가장 높았다.

먼저, 다음의 논문을 읽어 보라.

Drews, F. A., Pasupathi, M., & Strayer, D. L. (2008). Passenger and cell phone conversations in simulated driving. *Journal of Experimental Psychology: Applied*, *14*, 392–400. doi: 10.1037/a0013119

논문을 읽은 후, 다음을 생각해 보라.

1. 이 연구의 참가자들에 대한 표본이 다른 집단의 사람들에게 얼마나 잘 일반화된다고 생각하는지를 기술하라. 연령에 관해서는 어떠한가? 성별에 관해서는 어떠한가?
2. 이 연구에서, 참가자들은 '그들의 삶이 위협당하였을' 때에 관한 대화를 하도록 요청받았다. 이 연구의 결과가 만약 대화가 다른 것에 관한 것이었다면 달라졌을 것이라고 생각하는가? 어떻게 그러한가? 왜 그러한가?
3. 이 연구의 결과가 다른 문화에 일반화될 것이라고 생각하는가? 멕시코나 이탈리아, 독일의 대학생 표본이 유사한 결과를 나타낼 것이라고 생각하는가? 왜 그런가, 혹은 왜 그렇지 않은가?
4. 운전 시뮬레이터가 실제 세계의 운전에 얼마나 잘 일반화될 것이라고 생각하는가? 시뮬레이터의 일반화 가능성을 향상시키기 위해 당신은 무엇을 바꿀 것인가?
5. 이 연구의 내적 타당도를 평가하라. 당신의 답을 설명하라.
6. 이 연구의 외적 타당도를 평가하라. 당신의 답을 설명하라.

✻ 주요 용어

개념적 반복(conceptual replication) 360
메타분석(meta-analysis) 361
문헌 개관(literature reviews) 361
반복(replication) 358
솔로몬 네 집단 설계(Solomon four-group design) 357
외적 타당도(external validity) 348
정확 반복(exact replication) 358

✻ 복습문제

1. 외적 타당도는 무엇인가?
2. 왜 연구자는 다른 모집단에 대한 일반화에 관하여 염려해야 하는가?
3. 대부분의 연구들이 대학생, 자원자, 그리고 제한된 지역과 문화에 있는 사람들에

게 수행된다는 사실이 외적 타당도에 잠재적으로 어떻게 영향을 미치는가?

4. 피험자를 모집하고 자료를 수집하는 데 인터넷을 사용하는 것이 내적 타당도에 어떻게 영향을 미치는가?
5. 다른 실험자로의 일반화의 문제에 대한 출처는 무엇인가? 어떻게 이 문제를 해결할 수 있는가?
6. 일반화에 관한 문제에서 사전검사가 왜 중요한가? 사전검사를 포함하는 것이 결과를 일반화하는 능력에 영향을 미칠 수 있는 이유를 논의하라.
7. 정확 반복과 개념적 반복을 구분하라. 개념적 반복의 가치는 무엇인가?
8. 메타분석은 무엇인가?

✻ 실전문제

1. 인터넷에서 실험과 조사를 위한 자료를 수집하는 것은 쉽다. 인터넷에 연결된 세상에 있는 누구라도 온라인 실험이나 조사에 참여할 수 있다. 'psychological research on the internet'과 같은 검색어를 사용하여 현재 수행되고 있는 연구들을 찾아보라. 그러한 연구들의 결과를 해석할 때, 일반화에 대한 어떤 문제가 제기될 수 있는가? 연구에서 컴퓨터와 관련한 측면이 그 연구를 전통적인 연구보다 일반화 가능성을 더 낮추는가, 아니면 전 세계에 있는 사람들이 참여할 수 있다는 사실이 일반화 가능성을 더 높이는가? 이 질문에 대하여 경험적인 답변을 할 수 있겠는가?
2. PsycINFO를 이용하여 인종, 민족, 성별, 국적과 같은 것을 핵심 변인으로 포함하고 있는 논문들의 초록을 찾아보라. 신체상, 반추, 학업성취, 정체성 발달과 같은 주제를 생각해 보라. 그 연구들의 저자들은 일반화에 관하여 어떤 결론을 이끌어 내는가?
3. 학술지에 출판된 메타분석을 찾아보라. 두 가지 좋은 출처는 *Review of Educational Research*와 *Psychological Bulletin*이다. 메타분석으로부터 어떤 결론이 나왔는가? 분석을 위해 다른 연구들을 어떻게 선택하였는가? 메타분석에서 효과크기의 개념은 어떻게 논의되었는가?

참고 문헌

Abel, E. L., & Kruger, M. L. (2010). Smile intensity in photographs predicts longevity. *Psychological Science, 21*, 542–544. doi:10.1177/0956797610363775

American Psychological Association. (2010). *Concise rules of APA style* (6th ed.). Washington, DC: Author.

American Psychological Association. (2010). *Publication manual of the American Psychological Association* (6th ed.). Washington, DC: Author.

Anderson, C. A., Lindsay, J. J., & Bushman, B. J. (1999). Research in the psychological laboratory: Truth or triviality? *Current Directions in Psychological Science, 8*, 3–9.

Arnett, J. J. (2008). The neglected 95%: Why American psychology needs to become less American. *American Psychologist, 63*, 602–614.

Aronson, E., Brewer, M., & Carlsmith, M. (1985). Experimentation in social psychology. In G. Lindzey & E. Aronson (Eds.), *Handbook of social psychology* (3rd ed.). New York, NY: Random House.

Asch, S. (1956). Studies of independence and conformity: A minority of one against a unanimous majority. *Psychological Monographs*, 709 (Whole No. 416).

Aseltine, Jr., R. H., Schilling, E. A., James, A., Murray, M., & Jacobs, D. G. (2008). An evaluation of National Alcohol Screening Day. *Alcohol & Alcoholism, 43* (1), 97–103.

Bakeman, R. (2000). Behavioral observation and coding. In H. T. Reis & C. M. Judd (Eds.), *Handbook of research methods in social and personality psychology* (pp. 138–159). New York, NY: Cambridge University Press.

Bakeman, R., & Brownlee, J. R. (1980). The strategic use of parallel play: A sequential analysis. *Child Development, 51*, 873–878.

Bamberger, M., Rugh, J., Church, M., & Fort, L. (2004). Shoestring evaluation: Designing impact evaluations under budget, time and data constraints. *American Journal of Evaluation, 25*, 5–37.

Bangerter, A., & Heath, C. (2004). The Mozart effect: Tracking the evolution of a scientific legend. *British Journal of Social Psychology, 43*, 605–623.

Barlow, D. H., Nock, M. K., & Hersen, M. (2009). *Single case experimental designs: Strategies for studying behavior change* (3rd ed.). Boston, MA: Allyn & Bacon.

Baron, R. M., & Kenny, D. A. (1986). The moderator-mediator variable distinction in social psychological research: Conceptual, strategic, and statistical considerations. *Journal of Personality and Social Psychology, 51,* 1173–1182.

Barrett, L. F., & Barrett, D. J. (2001). Computerized experience-sampling: How technology facilitates the study of conscious experience. *Social Science Computer Review, 19,* 175–185.

Baum, A., Gachtel, R. J., & Schaeffer, M. A. (1983). Emotional, behavioral, and psychological effects of chronic stress at Three Mile Island. *Journal of Consulting and Clinical Psychology, 51,* 565–572.

Beach, F. A. (1950). The snack was a boojum. *American Psychologist, 5,* 115–124.

Bem, D. J. (1981). Writing the research report. In L. H. Kidder (Ed.), *Research methods in social relations.* New York: Holt, Rinehart & Winston.

Bem, D. J. (2003). Writing the empirical journal article. Retrieved July 16, 2008 from http://dbem.ws/WritingArticle.pdf

Blanchflower, D. G., & Oswald, A. J. (2008). Is well-being U-shaped over the life cycle? *Social Science & Medicine, 66* (8), 1733–1749.

Borenstein, M., Hedges, L. V., Higgins, J. P. T., & Rothstein, H. R. (2009). *Introduction to meta-analysis.* Hoboken, NJ: John Wiley & Sons.

Bornstein, B. H. (1998). From compassion to compensation: The effect of injury severity on mock jurors' liability judgments. *Journal of Applied Social Psychology, 28,* 1477–1502.

Bortnik, K., Henderson, L., & Zimbardo, P. (2002). The Shy Q, a measure of chronic shyness: Associations with interpersonal motives and interpersonal values. Retrieved November 10, 2002, from http://www.shyness.com/documents/2002/SITAR2002poster_handout.pdf

Bowman, L. L., Levine, L. E., Waite, B. M., & Gendron, M. (2010). Can students really multitask? An experimental study of instant messaging while reading. *Computers & Education, 54,* 927–931. doi:10.1016/j.compedu.2009.09.024

Bröder, A. (1998). Deception can be acceptable. *American Psychologist, 53,* 805–806.

Brogden, W. J. (1962). The experimenter as a factor in animal conditioning. *Psychological Reports, 11,* 239–242.

Brooks, C. I., & Rebata, J. L. (1991). College classroom ecology: The relation of sex of student to classroom performance and seating preference. *Environment and Behavior, 23,* 305–313.

Brown, A. S., & Rahhal, T. A. (1994). Hiding valuables: A questionnaire study of mnemonically risky behavior. *Applied Cognitive Psychology, 8,* 141–154.

Buchanan, T., & Williams, J. E. (2010). Ethical issues in psychological research on the Internet. In S. D. Gosling & J. A. Johnson (Eds.), *Advanced methods for conducting online behavioral research* (pp. 255–271). Washington, DC: American Psychological Association.

Bushman, B., Wang, M., & Anderson, C. (2005). Is the curve relating temperature to aggression linear or curvilinear? Assaults and temperature in Minneapolis reexamined. *Journal of Personality and Social Psychology, 89* (1), 62–66.

Bushman, B. J., & Wells, G. L. (2001). Narrative impressions of the literature: The availability bias and the corrective properties of meta-analytic approaches. *Personality and Social Psychology Bulletin, 27,* 1123–1130.

Buss, D. M. (2011). *Evolutionary psychology: The new science of the mind* (4th ed.). Needham Heights, MA: Allyn & Bacon.

Byrne, G. (1988, October 7). Breuning pleads guilty. *Science, 242*, 27–28.

Cacioppo, J. T., & Tassinary, L. G. (1990). Inferring psychological significance from physiological signals. *American Psychologist, 45*, 16–28.

Campbell, D. T. (1968). Quasi-experimental design. In D. L. Gillis (Ed.), *International encyclopedia of the social sciences* (Vol. 5). New York, NY: Macmillan and Free Press.

Campbell, D. T. (1969). Reforms as experiments. *American Psychologist, 24*, 409–429.

Campbell, D. T., & Stanley, J. C. (1966). *Experimental and quasi-experimental designs for research.* Chicago, IL: Rand McNally.

Carroll, M. E., & Overmier, J. B. (Eds.). (2001). *Animal research and human health: Advancing human welfare through behavioral science.* Washington, DC: American Psychological Association.

Chaiken, S., & Pliner, P. (1987). Women, but not men, are what they eat: The effect of meal size and gender on perceived femininity and masculinity. *Personality and Social Psychology Bulletin, 13*, 166–176.

Chambless, D. L., Sanderson, W. C., Shoham, V., Bennett, S. B., Pope, K. S., Crits-Christoph, P., Baker, M.,... McCurry, S. (1996). An update on empirically validated therapies. The Clinical Psychologist, *49*, 5–18.

Chandra, A., Martino, S. C., Collins, R. L., Elliott, M. N., Berry, S. H., Kanouse, D. E., & Miu, A. (2008). Does watching sex on television predict teen pregnancy? Findings from a national longitudinal survey of youth. *Pediatrics, 122*, 1047–1054.

Chastain, G. D., & Landrum, R. E. (Eds.). (1999). *Protecting human subjects: Department subject pools and institutional review boards.* Washington, DC: American Psychological Association.

Christensen, L. (1988). Deception in psychological research: When is its use justified? *Personality and Social Psychology Bulletin, 14*, 664–675.

Clark, K. B., & Clark, M. P. (1947). Racial identification and preference in Negro children. In T. M. Newcomb & E. L. Hartley (Eds.), *Readings in social psychology.* New York, NY: Holt, Rinehart & Winston.

Clay, R. A. (2010). Psychology's voice is heard. *APA Monitor, 41* (7), 22.

Codd, R. T., III, & Cohen, B. N. (2003). Predicting college student intention to seek help for alcohol abuse. *Journal of Social and Clinical Psychology, 22*, 168–191.

Cohen, D., Nisbett, R. E., Bowdle, B. F., & Schwarz, N. (1996). Insult, aggression, and the southern culture of honor: An "experimental ethnography." *Journal of Personality and Social Psychology, 70*, 945–960.

Cohen, J. (1988). *Statistical power analysis for the behavioral sciences.* Hillsdale, NJ: Erlbaum.

Cohen, J. (1994). The earth is round (*p* < OS). *American Psychologist*, *49*, 997–1003.

Coile, D. C., & Miller, N. E. (1984). How radical animal activists try to mislead humane people. *American Psychologist*, *39*, 700–701.

Collins, B. E. (2002). Coping with IRBs: A guide for the bureaucratically challenged. *APS Observer*, *15* (10). Retrieved January 15, 2005 from http://www.psychologicalscience.org/observer/2002/1202/irb.cfm

Coltheart, V., & Langdon, R. (1998). Recall of short word lists presented visually at fast rates: Effects of phonological similarity and word length. *Memory & Cognition*, *26*, 330–342.

Cook, T. D., & Campbell, D. T. (1979). *Quasi-experimentation: Design and analysis issues for field settings*. Boston: Houghton-Mifflin.

Costa, P. T., Jr., & McCrae, R. R. (1985). *The NEO Personality Inventory manual*. Odessa, FL: Psychological Assessment Resources.

Cramer, S., Mayer, J., & Ryan, S. (2007). College students use cell phones while driving more frequently than found in government study. *Journal of American College Health*, *56*, 181–184. doi:10.3200/JACH.56.2.181-184

Crawford, F. (2000). Researcher in consumer behavior looks at attitudes of gratitude that affect gratuities. *Cornell Chronicle*. Retrieved February 28, 2005 from http://www.news.cornell.edu/Chronicle/00/8.17.00/Lynn-tipping.html

Cunningham, M. R., Druen, P. B., & Barbee, A. P. (1997). Angels, mentors, and friends: Tradeoffs among evolutionary, social, and individual variables in physical appearance. In J. A. Simpson & D. T. Kenrick (Eds.), *Evolutionary social psychology* (pp. 109–140). Mahwah, NJ: Erlbaum.

Curtiss, S. R. (1977). *Genie: A psycholinguistic study of a modern-day "wild child."* New York, NY: Academic Press.

Danner, D. D., Snowden, D. A., & Friesen, W. V. (2001). Positive emotions in early life and longevity: Findings from the Nun Study. *Journal of Personality and Social Psychology*, *80*, 804–813.

Denmark, F., Russo, N. P., Frieze, I. H., & Sechzer, J. A. (1988). Guidelines for avoiding sexism in psychological research: A report of the Ad Hoc Committee on Nonsexist Research. *American Psychologist*, *43*, 582–585.

Devlin, B., Daniels, M., & Roeder, K. (1997). The heritability of IQ. *Nature*, *388* (6641), 468–471.

Dill, C. A., Gilden, E. R., Hill, P. C., & Hanslka, L. L. (1982). Federal human subjects regulations: A methodological artifact? *Personality and Social Psychology Bulletin*, *8*, 417–425.

Dillman, D. A. (2000). *Mail and Internet surveys: The tailored design method* (2nd ed.). New York, NY: Wiley.

Duncan, S., Rosenberg, M. J., & Finklestein, J. (1969). The paralanguage of experimenter bias. *Sociometry*, *32*, 207–219.

Dunn, A. L., Trivedi, M. H., Kampert, J. B., Clark, C. G., & Chambliss, H. O. (2005). Exercise treatment for depression. *American Journal of Preventive Medicine*, *28* (1), 1–8.

Elliot, A. J., & Niesta, D. (2008). Romantic red: Red enhances men's attraction to women. *Journal of Personality and Social Psychology, 95*, 1150–1164.

Ennett, S. T., Tobler, N. S., Ringwalt, C. L., & Flewelling, R. L. (1994). How effective is drug abuse resistance education? A meta-analysis of Project D.A.R.E. outcome evaluations. *American Journal of Public Health, 84*, 1394–1401.

Epstein, Y. M., Suedfeld, P., & Silverstein, S. J. (1973). The experimental contract: Subjects' expectations of and reactions to some behaviors of experimenters. *American Psychologist, 28*, 212–221.

Finkel, E. J., Eastwick, P. W., & Matthews, J. (2007). Speed-dating as an invaluable tool for studying romantic attraction: A methodological primer. *Personal Relationships, 14*, 149–166.

Fiske, S. T., & Taylor, S. E. (1984). *Social cognition*. New York, NY: Random House.

Fisman, R., Iyengar, S. S., Kamenica, E., & Simonson, I. (2006). Gender differences in mate selection: Evidence from a speed dating experiment. *The Quarterly Journal of Economics, 121*, 673–697.

Flavell, J. H. (1996). Piaget's legacy. *Psychological Science, 7*, 200–203.

Fowler, F. J., Jr. (2009). *Survey research methods*. (4th ed.). Thousand Oaks, CA: Sage.

Fraley, R. C., & Shaver, P. R. (1998). Airport separations: A naturalistic study of adult attachment dynamics in separating couples. *Journal of Personality and Social Psychology, 75*, 1198–1212.

Frank, M. G., & Gilovich, T. (1988). The dark side of self- and social perception: Black uniforms and aggression in professional sports. *Journal of Personality and Social Psychology, 54*, 74–85.

Freedman, J. L., Klevansky, S., & Ehrlich, P. R. (1971). The effect of crowding on human task performance. *Journal of Applied Social Psychology, 1*, 7–25.

Freedman, J. L., Levy, A. S., Buchanan, R. W., & Price, J. (1972). Crowding and human aggressiveness. *Journal of Experimental Social Psychology, 8*, 528–548.

Frick, R. W. (1995). Accepting the null hypothesis. *Memory and Cognition, 25*, 132–138.

Friedman, H. S., & Martin, L. R. (2011). *The longevity project*. New York, NY: Hudson Street Press.

Furnham, A., Gunter, B., & Peterson, E. (1994). Television distraction and the performance of introverts and extroverts. *Applied Cognitive Psychology, 8*, 705–711.

Gallup, G. G., & Suarez, S. D. (1985). Alternatives to the use of animals in psychological research. *American Psychologist, 40*, 1104–1111.

Gardner, G. T. (1978). Effects of federal human subjects' regulations on data obtained in environmental stressor research. *Journal of Personality and Social Psychology, 34*, 774–781.

Gardner, L. E. (1988). A relatively painless method of introduction to the psychological literature search. In M. E. Ware & C. L. Brewer (Eds.), *Handbook for teaching statistics and research methods*. Hillsdale, NJ: Erlbaum.

Garvin, A. W., & Damson, C. (2008). The effects of idealized fitness images on anxiety, depression and global mood states in college age males and females. *Journal of Health Psychology,*

13, 433–437.

Gilovich, T. (1991). *How we know what isn't so: The fallibility of human reason in everyday life*. New York, NY: Free Press.

Goldstein, N. J., Cialdini, R. B., & Griskevicius, V. (2008). A room with a viewpoint: Using social norms to motivate environmental conservation in hotels. *Journal of Consumer Research*, *35*, 472–482. doi:10.1086/586910

Goodstein, D. (2000). How science works. Retrieved from http://www.its.caltech.edu/~dg/HowScien.pdf

Graesser, A. C., Kennedy, T., Wiemer-Hastings, P., & Ottati, V. (1999). The use of computational cognitive methods to improve questions on surveys and questionnaires. In M. G. Sirkin, D. J. Hermann, S. Schechter, N. Schwarz, J. M. Tanur, & R. Tourangeau (Eds.), *Cognition and survey methods research* (pp. 199–216). New York, NY: Wiley.

Graham, K., Tremblay, P. F., Wells, S., Pernanen, K., Purcell, J., & Jelley, J. (2006). Harm, intent, and the nature of aggressive behavior: Measuring naturally occurring aggression in barroom settings. *Assessment*, *13*, 280–296. doi:10.1177/1073191106288180

Greenfield, D. N. (1999). *Nature of Internet addiction: Psychological factors in compulsive Internet use*. Paper presented at the meeting of the American Psychological Association, Boston, MA.

Greenwald, A. G. (1976). Within-subjects designs: To use or not to use? *Psychological Bulletin*, *83*, 314–320.

Gross, A. E., & Fleming, I. (1982). Twenty years of deception in social psychology. *Personality and Social Psychology Bulletin*, *8*, 402–408.

Groves, R. M., Fowler, J. J., Couper, M. P., Lepkowski, J. M., Singer, E., & Tourangeau, R. (2009). *Survey methodology* (2nd ed.). Hoboken, NJ: John Wiley & Sons.

Guo, S., & Fraser, M. W. (2010). *Propensity score analysis: Statistical methods and applications*. Thousand Oaks, CA: Sage Publications.

Haney, C., & Zimbardo, P. G. (1998). The past and future of U.S. prison policy: Twenty-five years after the Stanford Prison Experiment. *American Psychologist*, *53*, 709–727.

Harris, R. (2002). Anti-plagiarism strategies for research papers. Retrieved September 10, 2002, from http://www.virtualsalt.com/antiplag.htm

Hawking, S. W. (1988). *A brief history of time: From the big bang to black holes*. New York, NY: Bantam Books.

Hearnshaw, L. S. (1979). *Cyril Burt, psychologist*. Ithaca, NY: Cornell University Press.

Henle, M., & Hubbell, M. B. (1938). "Egocentricity" in adult conversation. *Journal of Social Psychology*, *9*, 227–234.

Henrich, J., Heine, S., & Norenzayan, A. (2010). The weirdest people in the world? *Behavioral and Brain Sciences*, *33* (2–3), 61–83. doi:10.1017/S0140525X0999152X

Henry, P. J. (2008). College sophomores in the laboratory redux: Influences of a narrow data base on social psychology's view of the nature of prejudice. *Psychological Inquiry*, *19*, 49–71.

Herman, D. B., Struening, E. L., & Barrow, S. M. (1994). Self-reported needs for help among homeless men and women. *Evaluation and Program Planning, 17,* 249–256.

Hermans, R., Herman, C., Larsen, J., & Engels, R. (2010). Social modeling effects on snack intake among young men. The role of hunger. *Appetite, 54,* 378–383.

Hill, L. (1990). Effort and reward in college: A replication of some puzzling findings. In J. W. Neuliep (Ed.), Handbook of replication in the behavioral and social sciences [Special issue]. *Journal of Social Behavior and Personality, 5*(4), 151–161.

Holden, C. (1987). Animal regulations: So far, so good. *Science, 238* (4829), 880–882. doi:10.1126/science.3672130

Hölzel, B. K., Carmody, J., Vangel, M., Congleton, C., Yerramsetti, S. M., Gard, T., & Lazar, S. W. (2011). Mindfulness practice leads to increases in regional brain gray matter density. *Psychiatry Research: Neuroimaging Section, 191,* 36–43.

Hood, T. C., & Back, K. W. (1971). Self-disclosure and the volunteer: A source of bias in laboratory experiments. *Journal of Personality and Social Psychology, 17,* 130–136.

Hostetler, A. J. (1987, May). Fraud inquiry revives doubt: Can science police itself ? *APA Monitor, 1,* 12.

Huchting, K., Lac, A., & LaBrie, J. W. (2008). An application of the Theory of Planned Behavior to sorority alcohol consumption. *Addictive Behaviors, 33,* 538–551.

Humphreys, L. (1970). Tearoom trade. Chicago: Aldine.

Jones, R., & Cooper, J. (1971). Mediation of experimenter effects. *Journal of Personality and Social Psychology, 20,* 70–74.

Judd, C. M., Smith, E. R., & Kidder, L. H. (1991). *Research methods in social relations* (6th ed.). Ft. Worth, TX: Holt, Rinehart & Winston.

Kamin, L. G. (1974). *The science and politics of IQ.* New York, NY: Wiley.

Kazbour, R. R., & Bailey, J. S. (2010). An analysis of a contingency program on designated drivers at a college bar. *Journal of Applied Behavior Analysis, 43* (2), 273–277.

Kazdin, A. E. (1995). Preparing and evaluating research reports. *Psychological Assessment, 7,* 228–237.

Kazdin, A. E. (2001). *Behavior modifi cation in applied settings* (6th ed.). Belmont, CA: Wadsworth.

Kazdin, A. E. (2011). *Single-case research designs: Methods for clinical and applied settings* (2nd ed.). New York, NY: Oxford University Press.

Kelman, H. C. (1967). Human use of human subjects: The problem of deception in social psychological experiments. *Psychological Bulletin, 67,* 1–11.

Kenny, D. A. (1979). *Correlation and causality.* New York, NY: Wiley.

Kim, H., Sherman, D., & Taylor, S. (2008). Culture and social support. *American Psychologist, 63* (6), 518–526. doi:10.1037/0003-066X

Kimmel, A. (1998). In defense of deception. *American Psychologist, 53,* 803–805.

Kintz, N. L., Delprato, D. J., Mettee, D. R., Persons, C. E., & Schappe, R. H. (1965). The experimenter effect. *Psychological Bulletin, 63,* 223–232.

Kirsch, I. (2010). *The emperor's new drugs: Exploding the antidepressant myth.* New York, NY:

Basic Books.

Kitayama, S., Markus, H. R., Matsumoto, H., & Norasakkunkit, V. (1997). Individual and collective processes in the construction of the self: Self-enhancement in the United States and self-criticism in Japan. *Journal of Personality and Social Psychology, 72*, 1245–1267.

Korn, J. H. (1997). *Illusions of reality: A history of deception in social psychology.* Albany: State University of New York Press.

Korn, J. H. (1998). The reality of deception. *American Psychologist, 53*, 805.

Koss, M. P. (1992). The underdetection of rape: Methodological choices influence incident estimates. *Journal of Social Issues, 48* (1), 61–75.

Kraut, R., Olson, J., Banaji, M., Bruckman, A., Cohen, J., & Couper, M. (2004). Psychological research online: Report of board of scientific affairs advisory group on the conduct of research on the Internet. *American Psychologist, 59*, 105–117.

Kremer, P., Spittle, M., McNeil, D., & Shinners, C. (2009). Amount of mental practice and performance of a simple motor task. *Perceptual and Motor Skills, 109*, 347–356.

Labranche, E. R., Helweg-Larsen, M., Byrd, C. E., & Choquette, R. A., Jr. (1997). To picture or not to picture: Levels of erotophobia and breast self-examination brochure techniques. *Journal of Applied Social Psychology, 27*, 2200–2212.

Lana, R. E. (1969). Pretest sensitization. In R. Rosenthal & R. L. Rosnow (Eds.), *Artifacts in behavioral research.* New York, NY: Academic Press.

Langer, E. J., & Abelson, R. P. (1974). A patient by any other name.. : Clinical group difference in labeling bias. *Journal of Consulting and Clinical Psychology, 42*, 4–9.

Larson, J., Newell, K., Topham, G., & Nichols, S. (2002). A review of three comprehensive premarital assessment questionnaires. *Journal of Marital and Family Therapy, 28*, 233–239.

Latané, B., Williams, K., & Harkins, S. (1979). Many hands make light the work: The causes and consequences of social loafing. *Journal of Personality and Social Psychology, 37*, 822–832.

Lee, S. S., Schwarz, N., Taubman, D., & Hou, M. (2010). Sneezing in times of a flu pandemic: Public sneezing increases perception of unrelated risks and shifts preferences for federal spending. *Psychological Science, 21*, 375–377. doi:10.1177/0956797609359876

Levin, J. R. (1983). Pictorial strategies for school learning: Practical illustrations. In M. Pressley & J. R. Levin (Eds.), *Cognitive strategy research: Educational applications* (pp. 213–238). New York, NY: Springer-Verlag.

Levine, R. V. (1990). The pace of life. *American Scientist, 78*, 450–459.

Levy, K. N., & Kelly, K. M. (2010). Sex differences in jealousy: A contribution from attachment theory. *Psychological Science, 21*, 168–173.

Lilienfeld, S., Lynn, S., & Lohr, J. (Eds.). (2003). *Science and pseudoscience in clinical psychology.* New York, NY: Guilford Press.

Lofland, J., Snow, D. A., Anderson, L., & Lofland, L. H. (2006). *Analyzing social settings: A guide to qualitative observation and analysis* (4th ed.). Belmont, CA: Wadsworth.

Loftus, E. (1979). *Eyewitness testimony.* Cambridge, MA: Harvard University Press.

Luria, A. R. (1968). *The mind of a mnemonist.* New York, NY: Basic Books.

Macintosh, N. J. (Ed.). (1995). *Cyril Burt: Fraud or framed?* New York, NY: Oxford University Press.

Marlatt, G. A., & Rohsenow, D. R. (1980). Cognitive processes in alcohol use: Expectancy and the balanced placebo design. In N. K. Mello (Ed.), *Advances in substance abuse* (Vol. 1). Greenwich, CT: JAI Press.

Martino, S. C., Collins, R. L., Elliott, M. N., Strachman, A., Kanouse, D. E., & Berry, S. H. (2006). Exposure to degrading versus non-degrading music lyrics and sexual behavior among youth. *Pediatrics, 118*, 430–441. doi:10.1542/peds.2006-0131

Matsumoto, D. (1994). Cultural influences on research methods and statistics. Belmont, CA: Brooks/Cole. Matteson, M. T., & Ivancevich, J. M. (1983). Note on tension discharge rate as an employee health status predictor. *Academy of Management Journal, 26*, 540–545.

Mazer, J. P., Murphy, R. E., & Simonds, C. J. (2009). The effects of teacher self- disclosure via Facebook on teacher credibility. *Learning, Media and Technology, 34*, 175–183. doi:10.1080/17439880902923655

McCutcheon, L. E. (2000). Another failure to generalize the Mozart effect. *Psychological Reports, 87*, 325–330.

McGuigan, F. J. (1963). The experimenter: A neglected stimulus. *Psychological Bulletin, 60*, 421–428.

Melzack, R. (2005). The McGill Pain Questionnaire: From description to measurement. *Anesthesiology, 103*, 199–202.

Meston, C. M., & Buss, D. M. (2007). Why humans have sex. *Archives of Sexual Behavior, 36*, 477–507. doi:10.1007/s10508-007-9175-2

Middlemist, R. D., Knowles, E. S., & Matter, C. F. (1976). Personal space invasion in the lavatory: Suggestive evidence for arousal. *Journal of Personality and Social Psychology, 33*, 541–546.

Middlemist, R. D., Knowles, E. S., & Matter, C. F. (1977). What to do and what to report: A reply to Koocher. *Journal of Personality and Social Psychology, 35*, 122–124.

Milgram, S. (1963). Behavioral study of obedience. *Journal of Abnormal and Social Psychology, 67*, 371–378.

Milgram, S. (1964). Group pressure and action against a person. *Journal of Abnormal and Social Psychology, 69*, 137–143.

Milgram, S. (1965). Some conditions of obedience and disobedience to authority. *Human Relations, 18*, 57–76.

Miller, A. G. (1986). *The obedience experiments: A case study of controversy in social science*. New York, NY: Praeger.

Miller, C. T., & Downey, K. T. (1999). A meta-analysis of heavyweight and self-esteem. *Personality and Social Psychology Review, 3*, 68–84.

Miller, G. A. (1969). Psychology as a means of promoting human welfare. *American Psychologist, 24*, 1063–1075.

Miller, J. G. (1999). Cultural psychology: Implications for basic psychological theory. *Psycholog-*

ical Science, *10*, 85–91.

Miller, N. E. (1985). The value of behavioral research on animals. *American Psychologist*, *40*, 423–440.

Montee, B. B., Miltenberger, R. G., & Wittrock, D. (1995). An experimental analysis of facilitated communication. *Journal of Applied Behavior Analysis*, *28*, 189–200.

Mook, D. G. (1983). In defense of external invalidity. *American Psychologist*, *38*, 379–387.

Murray, B. (2002). Research fraud needn't happen at all. *APA Monitor*, *33* (2). Retrieved July 31, 2002, from http://www.apa.org/monitor/feb02/fraud.html

National Commission for the Protection of Human Subjects of Biomedical and Behavioral Research. (April 18, 1979). *The Belmont Report: Ethical principles and guidelines for the protection of human subjects of research*. Retrieved March 19, 2003, from http://ohsr.od.nih.gov/mpa/belmont.php3

Nelson, D., & Knight, A. (2010). The power of positive recollections: Reducing test anxiety and enhancing college student efficacy and performance. *Journal of Applied Social Psychology*, *40*(3), 732–745. doi:10.1111/j.1559-1816.2010.00595.x

NICHD Early Child Care Research Network (Eds.). (2005). *Child care and child development*. New York, NY: Guilford Press.

Nicol, A. A. M., & Pexman, P. M. (2003). *Displaying your fi ndings: A practical guide for creating fi gures, posters, and presentations*. Washington, DC: American Psychological Association.

Nisbett, R. E., & Ross, L. (1980). *Human inference: Strategies and shortcomings of social judgment*. Englewood Cliffs, NJ: Prentice-Hall.

Nisbett, R. E., & Wilson, T. D. (1977). Telling more than we can know: Verbal reports on mental processes. *Psychological Review*, *84*, 231–259.

Oczak, M. (2007). Debriefing in deceptive research: A proposed new procedure. *Journal of Empirical Research on Human Research Ethics*, *2*, 49–59.

Ono, H., Phillips, K. A., & Leneman, M. (1996). Content of an abstract: De jure and de facto. *American Psychologist*, *51*, 1338–1340.

Orne, M. T. (1962). On the social psychology of the psychological experiment: With particular reference to demand characteristics and their implications. *American Psychologist*, *17*, 776–783.

Orth, U., Trzesniewski, K. H., & Robins, R. W. (2010). Self-esteem development from young adulthood to old age: A cohort-sequential longitudinal study. *Journal of Personality and Social Psychology*, *98*, 645–658. doi:10.1037/a0018769

Osgood, C. E., Suci, G. J., & Tannenbaum, P. H. (1957). *The measurement of meaning*. Urbana: University of Illinois Press.

Paulus, P. B., Annis, A. B., Seta, J. J., Schkade, J. K., & Matthews, R. W. (1976). Crowding does affect task performance. *Journal of Personality and Social Psychology*, *34*, 248–253.

Peterson, R. A., (2001). On the use of college students in social science research: Insights from a second-order meta-analysis. *Journal of Consumer Research*, *28* (3), 450–461.

Petty, R. E., & Cacioppo, J. T. (1986). *Communication and persuasion: Central and peripheral routes to attitude change.* New York, NY: Springer-Verlag.

Pew Internet. (2010). *Demographics of internet users.* http://www.pewinternet.org/Static-Pages/Trend-Data/Whos-Online.aspx

Pfungst, O. (1911). *Clever Hans (the horse of Mr. von Osten): A contribution to experimental, animal, and human psychology* (C. L. Rahn, Trans.). New York, NY: Holt, Rinehart & Winston. (Republished 1965.)

Piaget, J. (1952). *The origins of intelligence in children.* New York, NY: International Universities Press.

Plous, S. (1996a). Attitudes toward the use of animals in psychological research and education: Results from a national survey of psychologists. *American Psychologist, 51,* 1167–1180.

Plous, S. (1996b). Attitudes toward the use of animals in psychological research and education: Results from a national survey of psychology majors. *Psychological Science, 7,* 352–363.

Popper, K. (2002). *The logic of scientific discovery.* New York, NY: Routledge.

Pryor, J. H, Hurtado, S., DeAngelo, L. Palucki Blake, L., & Tran, S. (2011). *The American freshman: National norms for Fall 2010.* Los Angeles, CA: UCLA Higher Education Research Institute.

Psi Chi (2005). Tips for paper/poster presentations. Retrieved March 1, 2005, from http://www.psichi.org/conventions/tips.asp

Ramirez, G., & Beilock, S. L. (2011). Writing about testing worries boosts exam performance in the classroom. *Science, 331* (6014), 211–213.

Rauscher, F. H., & Shaw, G. L. (1998). Key components of the Mozart effect. *Perceptual and Motor Skills, 86,* 835–841.

Rauscher, F. H., Shaw, G. L., & Ky, K. N. (1993). Music and spatial task performance. *Nature, 365,* 611.

Raykov, T., & Marcoulides, G. A. (2000). *A first course in structural equation modeling.* Mahwah, NJ: Lawrence Erlbaum Associates.

Reed, J. G., & Baxter, P. M. (2003). *Library use: A handbook for psychology* (3rd ed.). Washington, DC: American Psychological Association.

Reeve, D. K., & Aggleton, J. P. (1998). On the specificity of expert knowledge about a soap opera: An everyday story of farming folk. *Applied Cognitive Psychology, 12,* 35–42.

Rentfrow, P., Gosling, S., & Potter, J. (2008). A theory of the emergence, persistence, and expression of geographic variation in psychological characteristics. *Perspectives on Psychological Science, 3,* 339–369. doi:10.1111/j.1745-6924.2008.00084.x

Reverby, S. M. (Ed.). (2000). *Tuskegee's truths: Re-thinking the Tuskegee syphilis study.* Chapel Hill, NC: University of North Carolina Press.

Reverby, S. M. (2011). "Normal exposure" and inoculation syphilis: A PHS "Tuskegee" doctor in Guatemala, 1946–1948. *Journal of Policy History, 23,* 6–28. doi:10.1017/S0898030610000291

Rhoades, G., & Stocker, C. M. (2006). Can spouses provide knowledge of each other's communication patterns? A study of self-reports, spouses' reports, and observational coding. *Family*

Process, 45, 499–511. doi:10.1111/j.1545-5300.2006.00185.x

Rhodes, N., Roskos-Ewoldsen, D., Eno, C. A., & Monahan, J. L. (2009). The content of cigarette counter-advertising: Are perceived functions of smoking addressed? *Journal of Health Communication, 14* (7), 658–673. doi:10.1080/10810730903204262

Ring, K., Wallston, K., & Corey, M. (1970). Mode of debriefing as a factor affecting subjective reaction to a Milgram-type obedience experiment: An ethical inquiry. *Representative Research in Social Psychology, 1*, 67–68.

Riordan, C. A., & Marlin, N. A. (1987). Some good news about some bad practices. *American Psychologist, 42*, 104–106.

Roberson, M. T., & Sundstrom, E. (1990). Questionnaire design, return rates, and response favorableness in an employee attitude questionnaire. *Journal of Applied Psychology, 75*, 354–357.

Robinson, J. P., Athanasiou, R., & Head, K. B. (1969). *Measures of occupational attitudes and occupational characteristics*. Ann Arbor, MI: Institute for Social Research.

Robinson, J. P., & Martin, S. P. (2009). Social attitude differences between internet users and non-users: Evidence from the General Social Survey. *Information, Communication & Society, 12* (4), 508–524. doi:10.1080/13691180902857645

Robinson, J. P., Rusk, J. G., & Head, K. B. (1968). *Measures of political attitudes*. Ann Arbor, MI: Institute for Social Research.

Robinson, J. P., Shaver, P. R., & Wrightsman, L. S. (1991). *Measures of personality and social psychological attitudes* (Vol. 1). San Diego, CA: Academic Press.

Rosenbaum, D. P., & Hanson, G. S. (1998). Assessing the effects of school-based drug education: A six-year multilevel analysis of Project D.A.R.E. *Journal of Research in Crime and Delinquency, 35*, 381–412.

Rosenthal, R. (1966). *Experimenter effects in behavior research*. New York, NY: Appleton-Century-Crofts.

Rosenthal, R. (1967). Covert communication in the psychological experiment. *Psychological Bulletin, 67*, 356–367.

Rosenthal, R. (1969). Interpersonal expectations: Effects of the experimenter's hypothesis. In R. Rosenthal & R. L. Rosnow (Eds.), *Artifacts in behavioral research*. New York, NY: Academic Press.

Rosenthal, R. (1991). *Meta-analytic procedures for social research* (Rev. ed.). Newbury Park, CA: Sage.

Rosenthal, R., & Jacobson, L. (1968). *Pygmalion in the classroom: Teacher expectation and pupils' intellectual development*. New York, NY: Holt, Rinehart & Winston.

Rosenthal, R., & Rosnow, R. L. (1975). The volunteer subject. New York, NY: Wiley. Rosnow, R. L., & Rosnow, M. (2009). *Writing papers in psychology* (8th ed.). Belmont, CA: Cengage Learning.

Rossi, P. H., Freeman, H. E., & Lipsey, M. W. (2004). *Evaluation: A systematic approach* (7th ed.). Thousand Oaks, CA: Sage.

Ruback, R. B., & Juieng, D. (1997). Territorial defense in parking lots: Retaliation against waiting drivers. *Journal of Applied Social Psychology*, *27*, 821–834.

Rubin, Z. (1973). Designing honest experiments. *American Psychologist*, *28*, 445–448.

Rubin, Z. (1975). Disclosing oneself to a stranger: Reciprocity and its limits. *Journal of Experimental Social Psychology*, *11*, 233–260.

Ryan, C. S., & Hemmes, N. S. (2005). Effects of the contingency for homework submission on homework submission and quiz performance in a college course. *Journal of Applied Behavior Analysis*, *38*, 79–88. doi:10.1901/jaba.2005.123-03

Schachter, S. (1959). *The psychology of affiliation*. Stanford, CA: Stanford University Press.

Schaie, K. W. (1986). Beyond calendar definitions of age, time, and cohort: The general developmental model revisited. *Developmental Review*, *6*, 252–277.

Schlenger, W. E., Caddell, J. M., Ebert, L., Jordan, B. K., Rourke, K. M., Wilson, D., et al. (2002). Psychological reactions to terrorist attacks: Findings from the National Study of Americans' Reactions to September 11. *Journal of the American Medical Association*, *288*, 581–588.

Schultz, W. (Ed.). (2005). *Handbook of psychobiography*. Oxford: Oxford University Press.

Schumann, K., & Ross, M. (2010). Why women apologize more than men: Gender differences in thresholds for perceiving offensive behavior. *Psychological Science*, *21*, 1649–1655. doi:10.1177/0956797610384150

Schwarz, N. (1999). Self-reports: How the questions shape the answers. *American Psychologist*, *54*, 93–105.

Scribner, S. (1997). Studying literacy at work: Bringing the laboratory to the field. In E. Torbach, R. J. Falmagne, M. B. Parlee, L. M. W. Martin, & A. S. Kapelman (Eds.), *Mind and social practice: Selected writings of Sylvia Scribner*. Cambridge: Cambridge University Press.

Sears, D. O. (1986). College sophomores in the laboratory: Influences of a narrow data base on social psychology's view of human nature. *Journal of Personality and Social Psychology*, *51*, 515–530.

Shadish, W. R., Cook, T. D., & Campbell, D. T. (2002). *Experimental and quasi-experimental designs for generalized causal inference*. Boston: Houghton Mifflin.

Shepard, R. N., & Metzler, J. (1971). Mental rotation of three-dimensional objects. *Science*, *171*, 701–703.

Sidman, M. (1960). *Tactics of scientifi c research*. New York, NY: Basic Books.

Sieber, J. E. (1992). *Planning ethically responsible research: A guide for students and internal review boards*. Newbury Park, CA: Sage.

Sieber, J. E., Iannuzzo, R., & Rodriguez, B. (1995). Deception methods in psychology: Have they changed in 23 years? *Ethics and Behavior*, *5*, 67–85.

Siegel, S., & Castellan, N. J. (1988). *Nonparametric statistics for the behavioral sciences*. New York, NY: McGraw-Hill.

Silverman, L., & Margulis, S. (1973). Experiment title as a source of sampling bias in commonly used "subject-pool" procedures. *Canadian Psychologist*, *14*, 197–201.

Singh, D., Dixson, B., Jessop, T., Morgan, B., & Dixson, A. (2010). Cross-cultural consensus for waist–hip ratio and women's attractiveness. *Evolution and Human Behavior*, *31* (3), 176–181.

doi:10.1016/j.evolhumbehav.2009.09.001

Skinner, B. F. (1947). 'Superstition' in the pigeon. *Journal of Experimental Psychology, 38*, 168–172.

Skinner, B. F. (1953). *Science and human behavior.* New York, NY: Macmillan.

Smart, R. (1966). Subject selection bias in psychological research. *Canadian Psychologist, 7*, 115–121.

Smith, C. P. (1983). Ethical issues: Research on deception, informed consent, and debriefing. In L. Wheeler & P. Shaver (Eds.), *Review of personality and social psychology* (Vol. 4). Newbury Park, CA: Sage.

Smith, R. J., Lingle, J. H., & Brock, T. C. (1978). Reactions to death as a function of perceived similarity to the deceased. *Omega, 9*, 125–138.

Smith, S. M., & Shaffer, D. R. (1991). Celerity and cajolery: Rapid speech may promote or inhibit persuasion through its impact on message elaboration. *Personality and Social Psychology Bulletin, 17*, 663–669.

Smith, S. S., & Richardson, D. (1983). Amelioration of harm in psychological research: The important role of debriefing. *Journal of Personality and Social Psychology, 44*, 1075–1082.

Smith, S. S., & Richardson, D. (1985). On deceiving ourselves about deception: A reply to Rubin. *Journal of Personality and Social Psychology, 48*, 254–255.

Smith, V. L., & Ellsworth, P. C. (1987). The social psychology of eyewitness accuracy: Misleading questions and communicator expertise. *Journal of Applied Psychology, 72*, 294–300.

Snowden, D. A. (1997). Aging and Alzheimer's disease: Lessons from the Nun Study. *Gerontologist, 37*, 150–156.

Solomon, R. L. (1949). An extension of control group design. *Psychological Bulletin, 46*, 137–150.

Springer, M. V., McIntosh, A. R., Winocur, G., & Grady, C. L. (2005). The relation between brain activity during memry tasks and years of education in young and older adults. *Neuropsychology, 19*, 181–192.

Stabell, A., Eide, H., Solheim, G. A., Solberg, K. N., & Rustoen, T. (2004). Nursing home residents' dependence and independence. *Journal of Clinical Nursing, 13*, 677–686.

Steele, K. M., Bass, K. E., & Crook, M. D. (1999). The mystery of the Mozart effect: Failure to replicate. *Psychological Science, 10*, 366–369.

Steinberg, L., & Dornbusch, S. M. (1991). Negative correlates of part-time employment during adolescence: Replication and elaboration. *Developmental Psychology, 27*, 304–313.

Stephan, W. G. (1983). Intergroup relations. In D. Perlman & P. C. Cozby (Eds.), *Social psychology.* New York, NY: Holt, Rinehart & Winston.

Sternberg, R. J. (2003). *The psychologist's companion: A guide to scientific writing for students and researchers* (4th ed.). Cambridge: Cambridge University Press.

Stevenson, H. W., & Allen, S. (1964). Adult performance as a function of sex of experimenter and sex of subject. *Journal of Abnormal and Social Psychology, 68*, 214–216.

Stewart, R. E., & Chambless, D. L. (2009). Cognitive– behavioral therapy for adult anxiety disorders in clinical practice: A meta-analysis of effectiveness studies. *Journal of Consulting and Clinical Psychology, 77,* 595–606.

Stone, V. E., Cosmides, L., Tooby, J., Kroll, N., & Knight, R. T. (2002). Selective impairment of reasoning about social exchange in a patient with bilateral limbic system damage. *Proceedings of the National Academy of Sciences, 99*(17), 11531–11536. Retrieved November 1, 2002, from http://www.pnas.org/cgi/content/full/99/17/11531

Strassberg, D. S., & Holty, S. (2003). An experimental study of women's Internet personal ads. *Archives of Sexual Behavior, 32*(3), 253–260. doi:10.1023/A:1023465601718

Sullivan, D. S., & Deiker, T. E. (1973). Subject-experimenter perceptions of ethical issues in human research. *American Psychologist, 28,* 587–591.

Szabo, A., & Underwood, J. (2004). Cybercheats: Is information and communication technology fuelling academic dishonesty? *Active Learning in Higher Education, 5,* 180–199.

Tabachnick, B. G., & Fidell, L. S. (2007). *Using multivariate statistics* (5th ed.). New York, NY: Allyn & Bacon.

Terman, L. M. (1925). *Genetic studies of genius: Vol. 1. Mental and physical traits of a thousand gifted children.* Stanford, CA: Stanford University Press.

Terman, L. M., & Oden, M. H. (1947). *Genetic studies of genius: Vol. 4. The gifted child grows up: Twenty-five years' follow-up of a superior group.* Stanford, CA: Stanford University Press.

Terman, L. M., & Oden, M. H. (1959). *Genetic studies of genius: Vol. 5. The gifted group in mid-life: Thirty fi ve years' follow-up of the superior child.* Stanford, CA: Stanford University Press.

Thomas, G. V., & Blackman, D. (1992). The future of animal studies in psychology. *American Psychologist, 47,* 1678.

Thombs, D. L. (2000). A retrospective study of DARE: Substantive effects not detected in undergraduates. *Journal of Alcohol and Drug Education, 46,* 27–40.

Thompson, W. F., Schellenberg, E. G., & Husain, G. (2001). Arousal, mood, and the Mozart effect. *Psychological Science, 12,* 248–251.

Trochim, W. M. (2006). *The research methods knowledge base* (2nd ed.). Retrieved May 1, 2008 from http://www.socialresearchmethods.net/kb/

Tucker, W. H. (1997). Re-considering Burt: Beyond a reasonable doubt. *Journal of the History of the Behavioral Sciences, 33,* 145–162.

Tufte, E. R. (1983). The visual display of quantitative information. Cheshire, CT: Graphics Press. Tufte, E. R. (1990). *Envisioning information.* Cheshire, CT: Graphics Press.

Tufte, E. R. (1997). *Visual explanations: Images and quantities, evidence and narrative.* Cheshire, CT: Graphics Press.

Tufte, E. R. (2006). *Beautiful evidence.* Cheshire, CT: Graphics Press.

Ullman, J. B. (2007). Structural equation modeling. In B. G. Tabachnick & L. S. Fidell, *Using multivariate statistics* (5th ed.). Boston, MA: Allyn & Bacon.

U.S. Department of Health and Human Services. (2001). *Protection of human subjects.* Retrieved from http://www.hhs.gov/humansubjects/guidance/45cfr46.htm

U.S. Department of Justice. (1999). *Eyewitness evidence: A guide for law enforcement.* Retrieved from http://www.nij.gov/pubs-sum/178240.htm

Vitz, P. C. (1966). Preference for different amounts of visual complexity. *Behavioral Science, 11,* 105–114.

Wampold, B. E., Minami, T., Tierney, S., Baskin, T. W., & Bhati, K. S. (2005). The placebo is powerful: Estimating placebo effects in medicine and psychotherapy from randomized clinical trials. *Journal of Clinical Psychology, 61,* 835–854. doi:10.1002/jclp.20129

Webb, E. J., Campbell, D. T., Schwartz, R. D., Sechrest, R., & Grove, J. B. (1981). *Nonreactive measures in the social sciences* (2nd ed.). Boston: Houghton Mifflin.

Wells, G. L. (2001). Eyewitness lineups: Data, theory, and policy. *Psychology, Public Policy, and Law, 7,* 791–801.

Wells, G. L., Small, M., Penrod, S. J., Malpass, R. S., Fulero, S. M., & Brimacombe, C. A. E. (1998). Eyewitness identification procedures: Recommendations for lineups and photospreads. *Law and Human Behavior, 22,* 603–647.

West, S. L., & O'Neal, K. K. (2004). Project D.A.R.E. outcome effectiveness revisited. *American Journal of Public Health, 94,* 1027–1029.

Wilkinson, L., & the Task Force on Statistical Inference. (1999). Statistical methods in psychology journals: Guidelines and explanations. *American Psychologist, 54,* 594–604.

Wilson, D. W., & Donnerstein, E. (1976). Legal and ethical aspects of nonreactive social psychological research. *American Psychologist, 31,* 765–773.

Wilson, W. H., Ellinwood, E. H., Mathew, R. J., & Johnson, K. (1994). Effects of marijuana on performance of a computerized cognitive neuromotor test battery. *Psychiatry Research, 51,* 115–125.

Winograd, E., & Soloway, R. M. (1986). On forgetting the location of things stored in special places. *Journal of Experimental Psychology: General, 115,* 366–372.

Wolpe, J. (1982). *The practice of behavior therapy* (3rd ed.). New York, NY: Pergamon.

Yin, R. K. (2009). *Case study research: Design and methods* (4th ed.). Thousand Oaks, CA: Sage.

Zimbardo, P. G. (1973). The psychological power and pathology of imprisonment. In E. Aronson & R. Helmreich (Eds.), *Social psychology.* New York, NY: Van Nostrand.

Zimbardo, P. G. (2004). Does psychology make a significant difference in our lives? *American Psychologist, 59,* 339–351.

Zitek, E. M., Jordan, A. H., Monin, B., & Leach, F. R. (2010). Victim entitlement to behave selfishly. *Journal of Personality and Social Psychology, 98,* 245–255.

찾아보기

[ㅁ]

[ㅂ]

[ㅅ]

[ㅇ]

[ㅈ]

[ㅊ]

[ㅊ]

[ㅌ]

[ㅍ]

[ㅎ]

[기타]

역자 소개

■ **김초복** ckim@knu.ac.kr

충남대학교 심리학과(학사 및 석사)

미국 뉴멕시코 주립대학교(New Mexico State University) 심리학과(박사)

미국 켄터키 대학교(University of Kentucky) 신경생물학과(박사후 연구원)

현재 경북대학교 심리학과 조교수

♣ 저서

fMRI 데이터 분석의 이해

행동과학을 위한 연구방법론, 제11판

Methods in Behavioral Research

발 행 일 | 2015년 8월 31일 초판 1쇄 발행

저 자 | Paul C. Cozby · Scott C. Bates

역 자 | 김초복

발 행 인 | 구본하

발 행 처 | 도서출판 **박학사**

주 소 | 서울시 마포구 월드컵북로5길 33 동아빌딩 2층

전 화 | (02)3142-3764~5

팩 스 | (02)3142-3766

웹사이트 | www.pakhaksa.co.kr

등록번호 | 제10-2230호

정가 20,000원 ISBN 978-89-98521-40-0